three blind mice
TBM
The Complete Disc Guide

by Takao Ogawa

Komakusa Publishing

TBM-4
峰厚介クインテット『セカンド・アルバム』

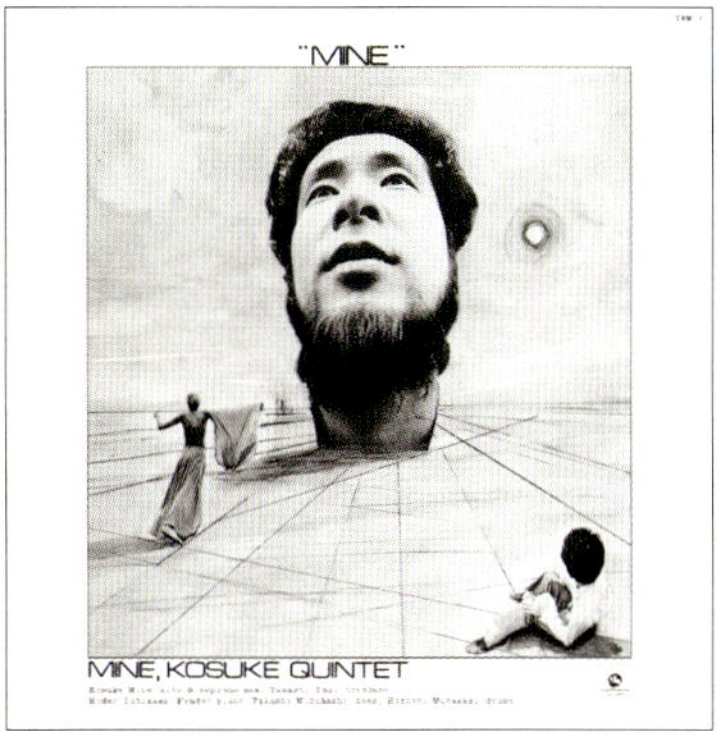

TBM-1
峰厚介クインテット『峰』

TBM-5
アルバート・マンゲルスドルフ・カルテット『ディギン』

TBM-2
今田勝カルテット『ナウ!!』

TBM-6
金井英人グループ『Q』

TBM-3
植松孝夫カルテット&クインテット『デビュー』

TBM-10
高柳昌行とニュー・ディレクション・フォー・ジ・アーツ
『フリー・フォーム組曲』

TBM-7
アラン・プラスキン・カルテット『エンカウンター』

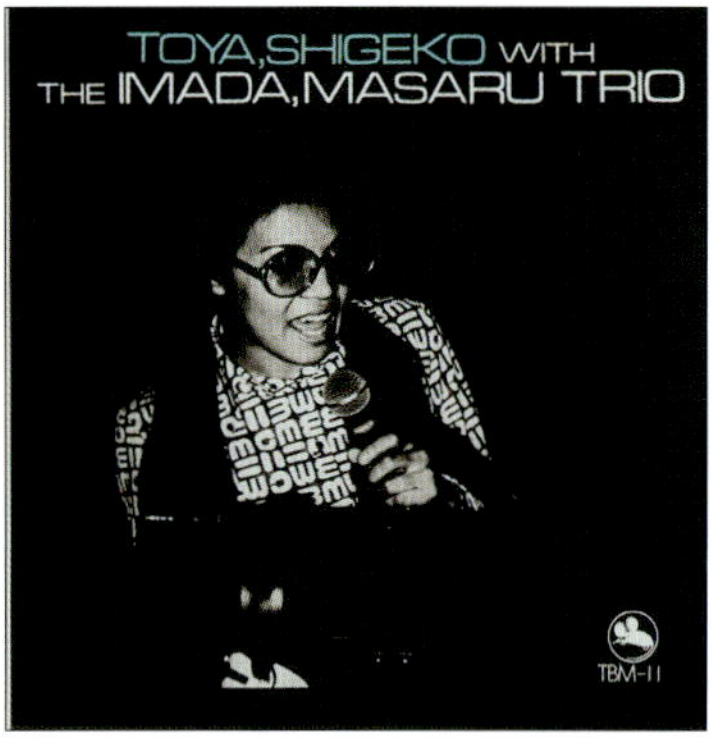

TBM-11
戸谷重子＋今田勝トリオ
『マイ・ファニー・ヴァレンタイン』

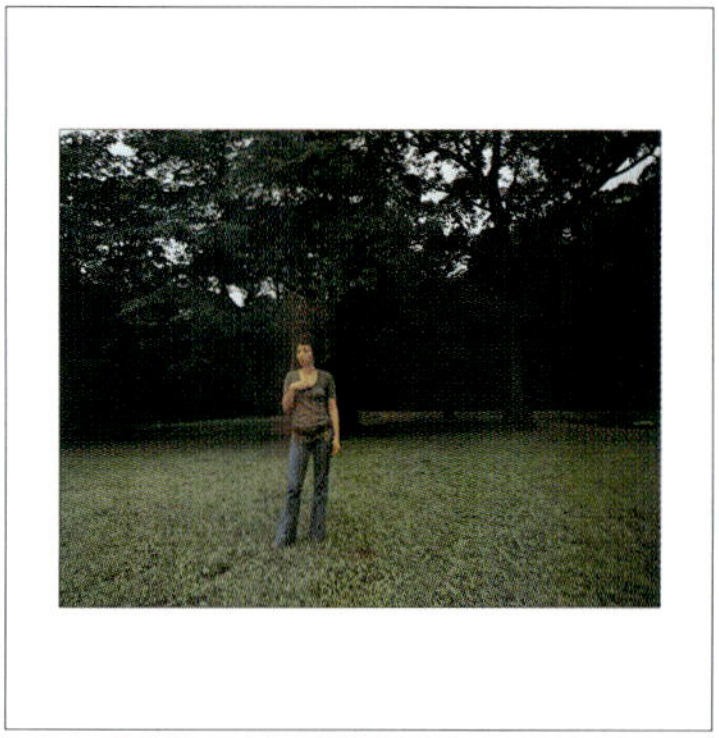

TBM-8
笠井紀美子＋峰厚介カルテット
『イエロー・カーカス・イン・ザ・ブルー』

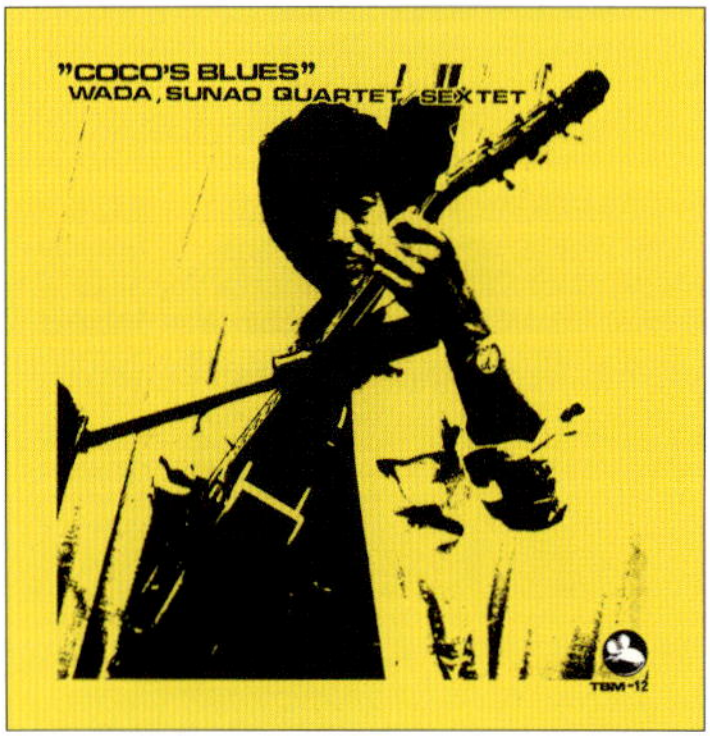

TBM-12
和田直カルテット&セクステット『ココズ・ブルース』

TBM-9
高柳昌行と新世紀音楽研究所
『銀巴里セッション～ 1963年6月26日』

TBM-16
戸谷重子とジャズ・フレンズ『ファイン・アンド・メロウ』

TBM-13
ジョージ大塚クインテット『ゴー・オン』

TBM-17
日野皓正クインテット『ライヴ!』

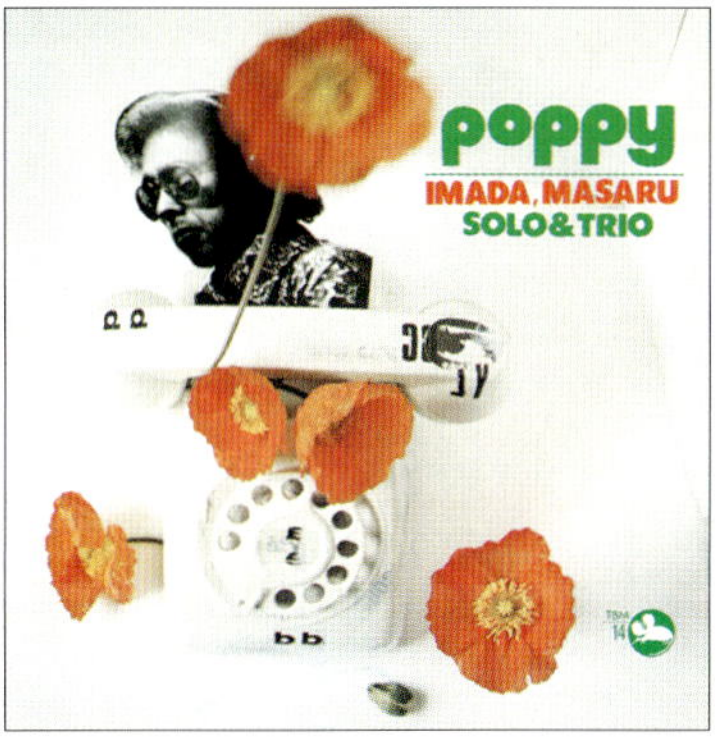

TBM-14
今田勝ソロ&トリオ『ポピー』

TBM-18
中村照夫グループ『ユニコーン』

TBM-15
鈴木勲トリオ&カルテット『ブロー・アップ』

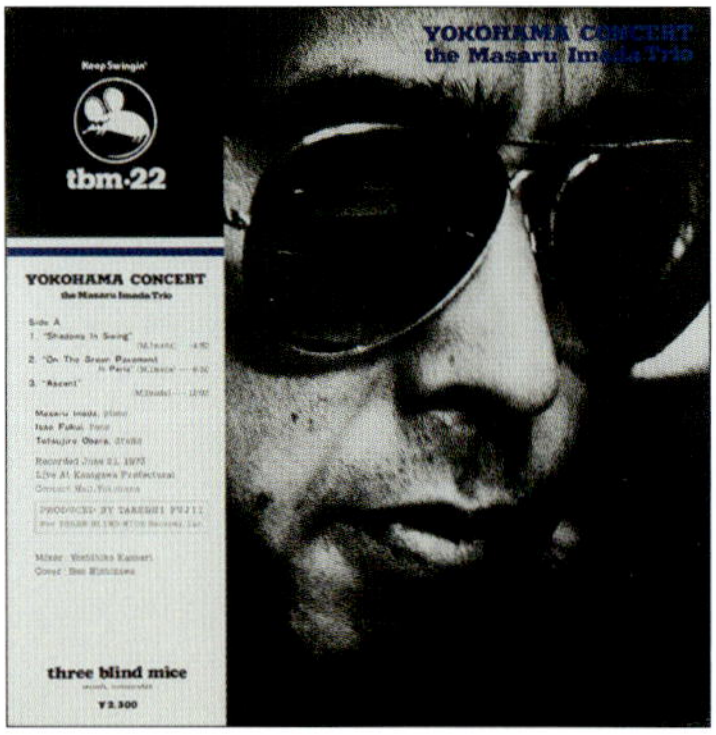

TBM-22
今田勝トリオ＋戸谷重子『横浜コンサート』
表

TBM-19
福村博クインテット『モーニング・フライト』

TBM-22
今田勝トリオ＋戸谷重子『横浜コンサート』
裏

TBM-20
宮本直介セクステット『ステップ!』

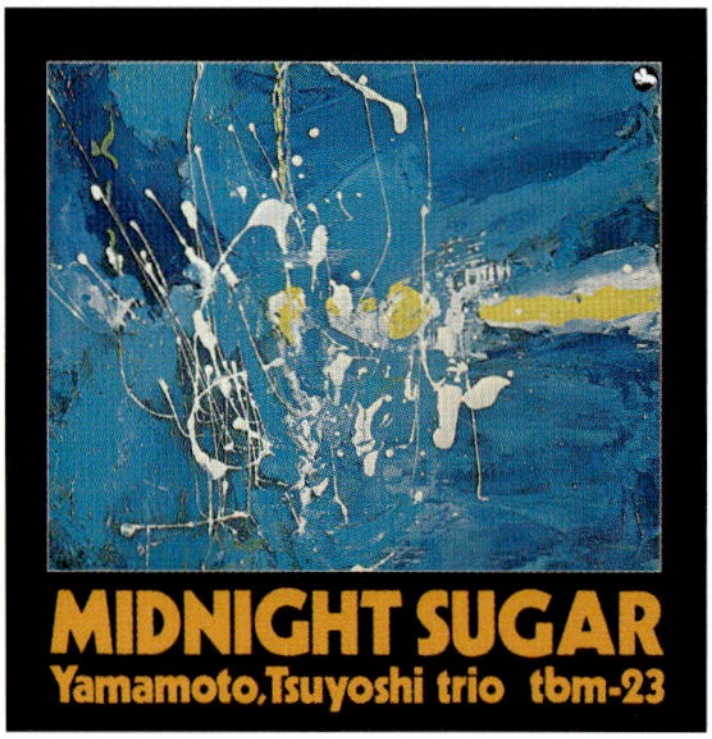

TBM-23
山本剛トリオ『ミッドナイト・シュガー』

TBM-21
中本マリ＋大沢保郎トリオ＋２

TBM-27
森剣治・市川秀男トリオ『ソロ&トリオ』

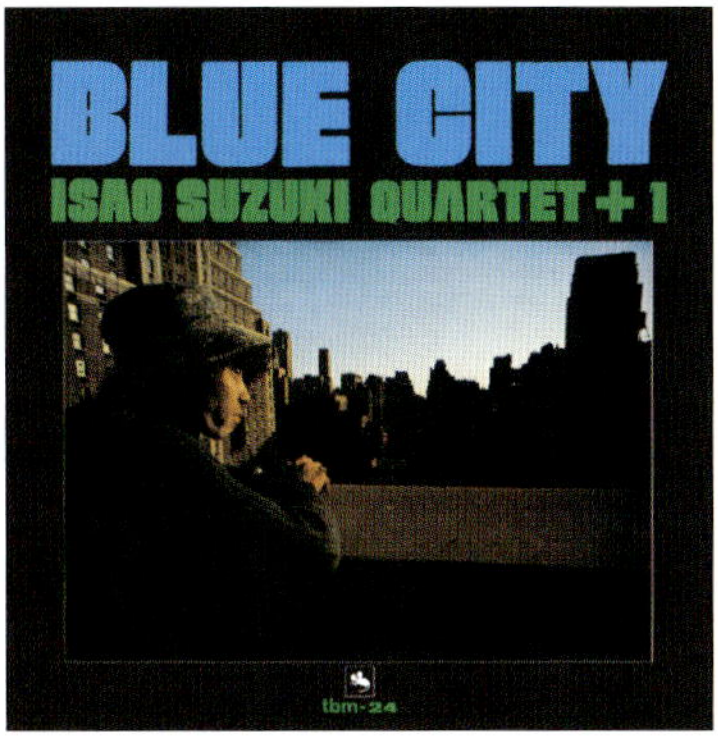

TBM-24
鈴木勲カルテット＋１『ブルー・シティ』

TBM-28
水橋孝カルテット＋２『男が女を愛する時』

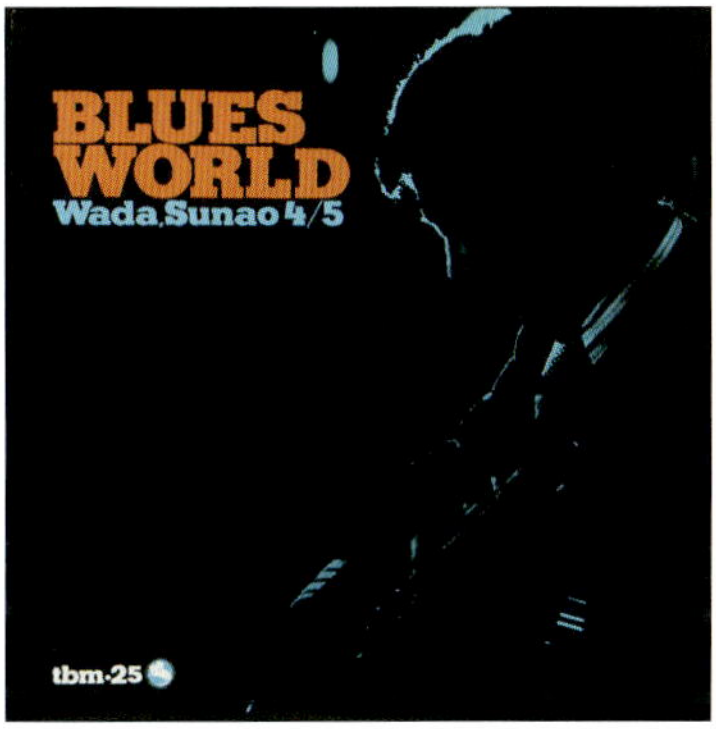

TBM-25
和田直カルテット&クインテット『ブルース・ワールド』

TBM-29
鈴木勲&和田直＋山本剛トリオ・
ジョージ大塚クインテット＋２『ナウズ・ザ・タイム』

TBM-26
菅野邦彦トリオ＋１『慕情』

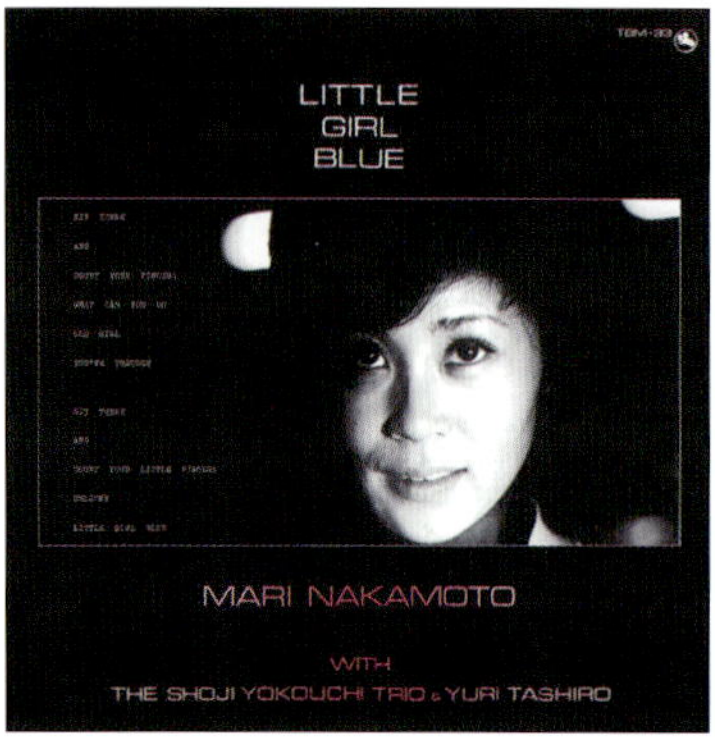

TBM-33
中本マリ&横内章次トリオ＋１『リル・ガール・ブルー』

TBM-30
山本剛トリオ『ミスティ』

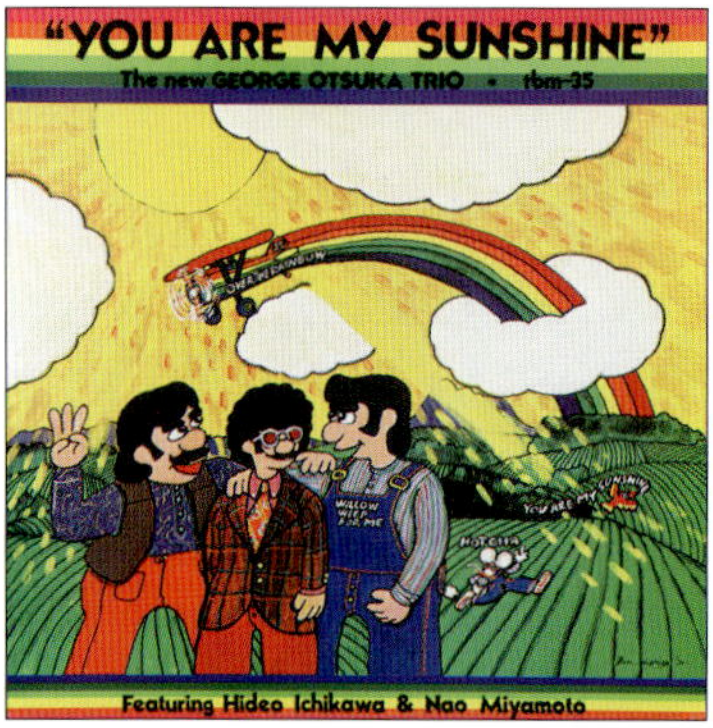

TBM-35
ジョージ大塚トリオ『ユー・アー・マイ・サンシャイン』

TBM-31
水橋孝カルテット『フー・ケアズ』

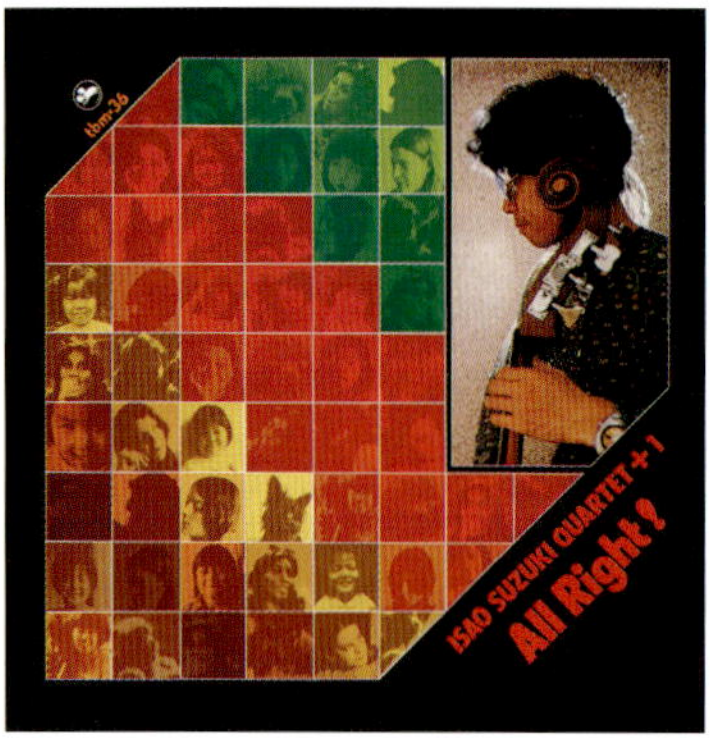

TBM-36
鈴木勲カルテット＋１『オール・ライト!』

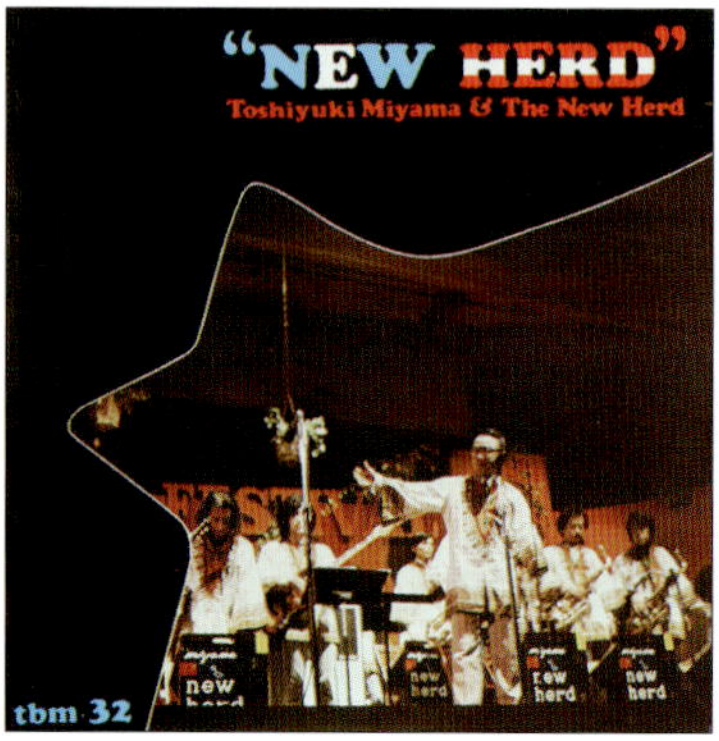

TBM-32
宮間利之とニューハード『ニューハード』

TBM-40
後藤芳子＋水橋孝カルテット『デイ・ドリーム』

TBM-37
山本剛トリオ『ライヴ・アット・ミスティ』

TBM-41
山本剛トリオ『ブルース・フォー・ティー』

TBM-38
古谷充＋大塚善章トリオ＋１『ソリチュード』

TBM-42
稲葉国光＝中牟礼貞則デュオ『カンヴァセイション』

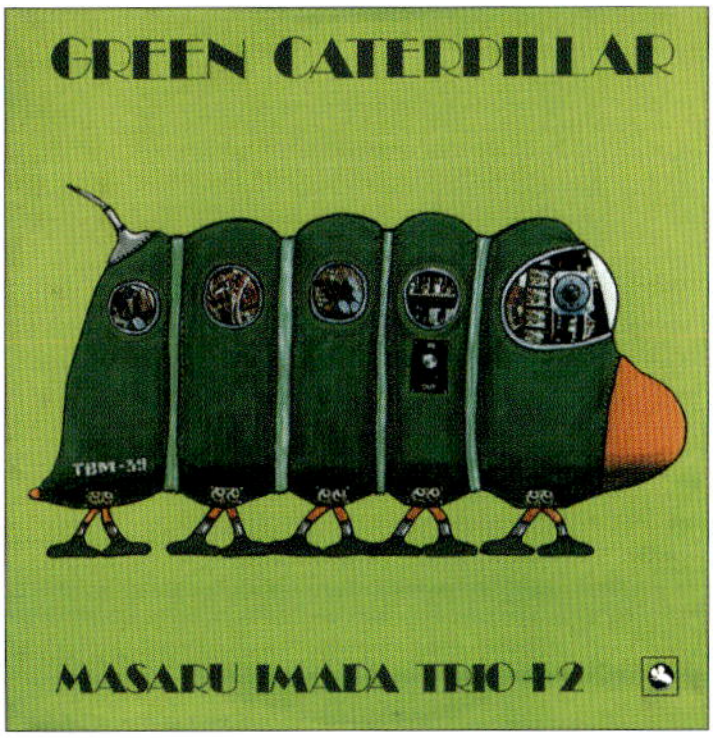

TBM-39
今田勝トリオ＋２『グリーン・キャタピラー』

TBM-47
今田勝トリオ『ワン・フォー・デューク』

TBM-44
鈴木勲カルテット＋２『オラン・ウータン』

TBM-48
宮間利之とニューハード『テイク・ジ・A・トレイン』

TBM-45
金井英人キングス・ロア『鳥の詩』

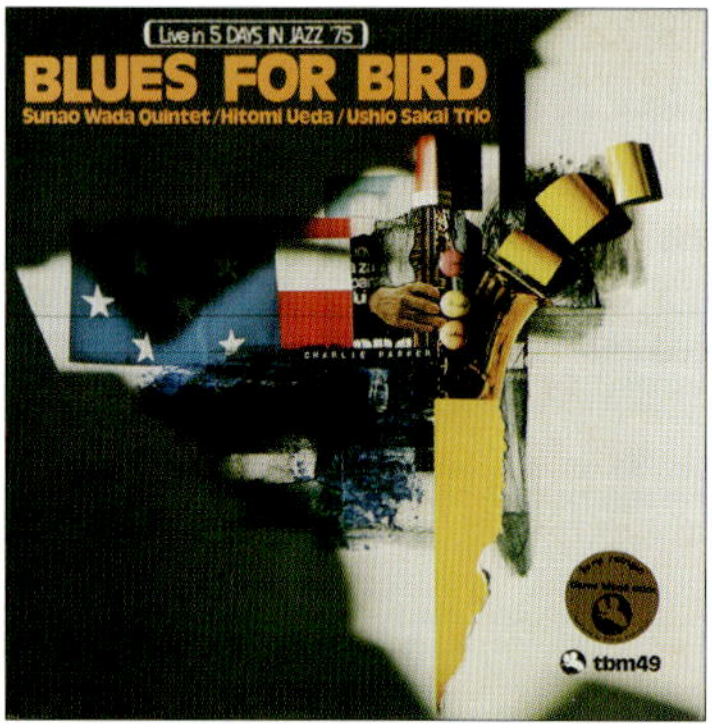

TBM-49
和田直クインテット・植田日登美・酒井潮トリオ
『ブルース・フォー・バード』

TBM-46
土岐英史カルテット『トキ』

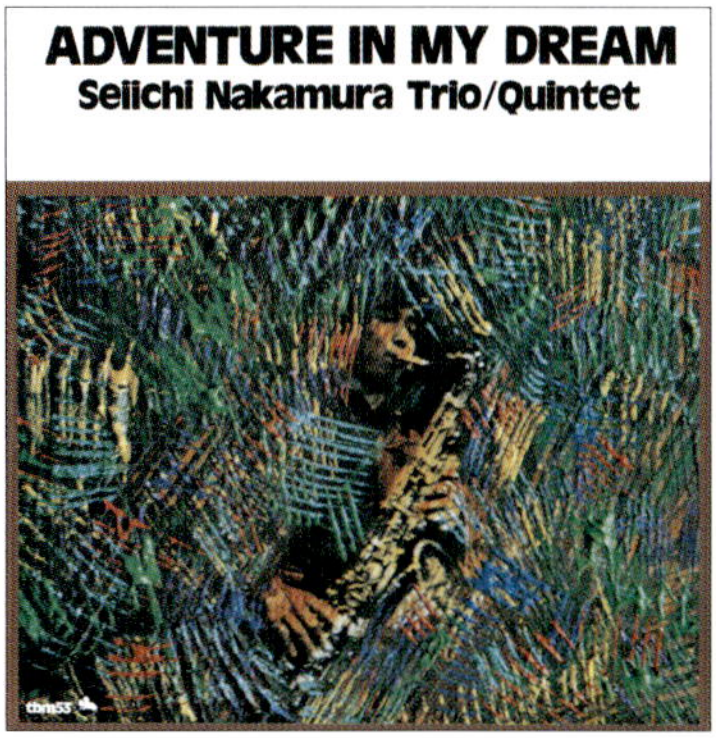

TBM-53
中村誠一トリオ&クインテット
『アドヴェンチャー・イン・マイ・ドリーム』

TBM-50
水島早苗『ユーヴ・ガット・ア・フレンド』

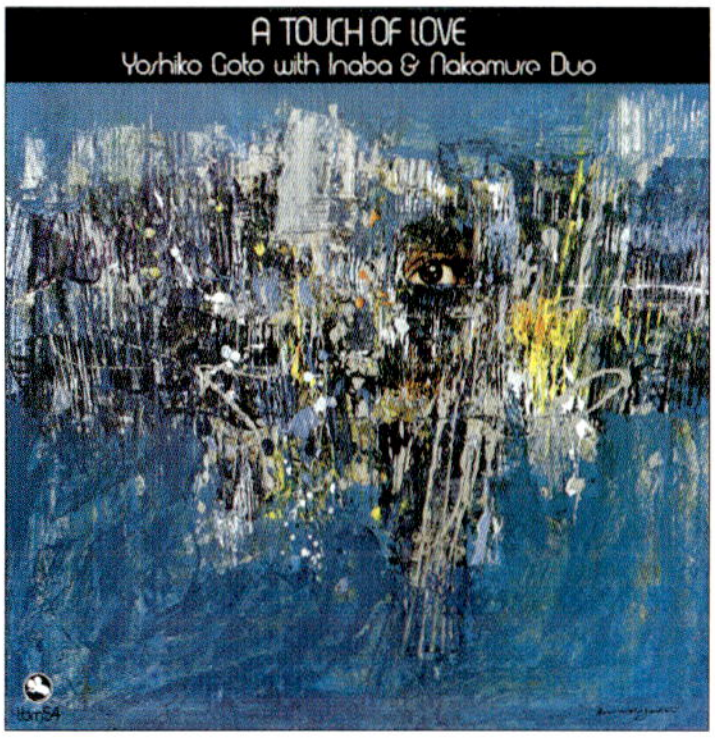

TBM-54
後藤芳子&稲葉國光＝中牟礼貞則デュオ
『ア・タッチ・オブ・ラブ』

TBM-51
大友義雄＝土岐英史アルト・マッドネス『ラヴァー・マン』

TBM-56
中本マリ&鈴木勲＝渡辺香津美デュオ
『マリ・ナカモトIII』

TBM-52
山本剛トリオ『ジ・イン・クラウド』

TBM-60
今田勝『ソロ・ピアノ』

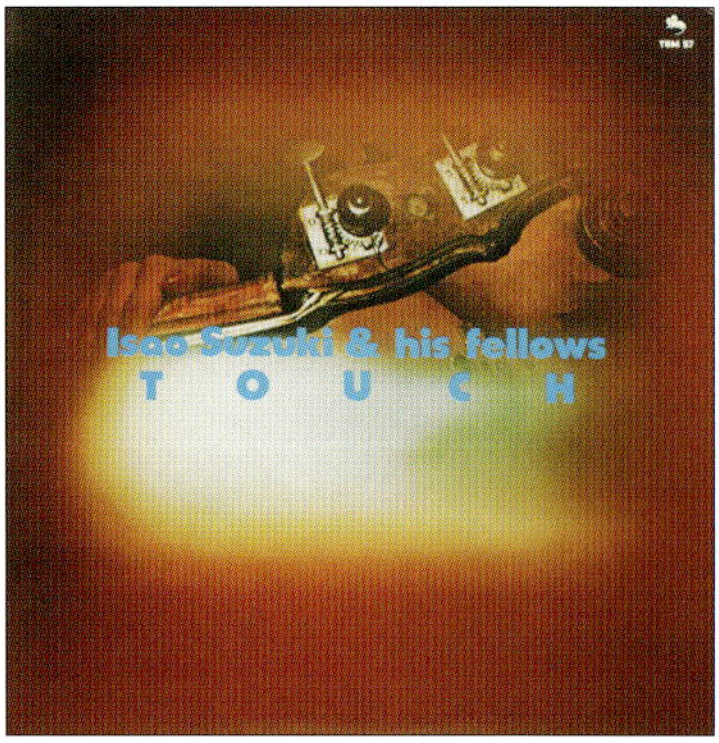

TBM-57
鈴木勲とジャズ・フレンズ『タッチ』

TBM-61
日野元彦カルテット＋１『流氷』

TBM-58
森山浩二&山本剛トリオ『ナイト・アンド・デイ』

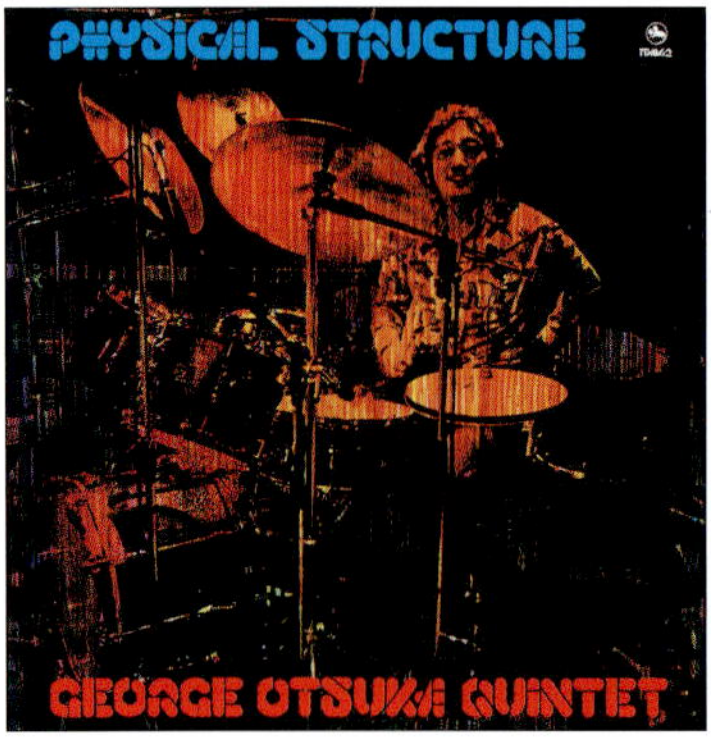

TBM-62
ジョージ大塚クインテット『フィジカル・ストラクチュア』

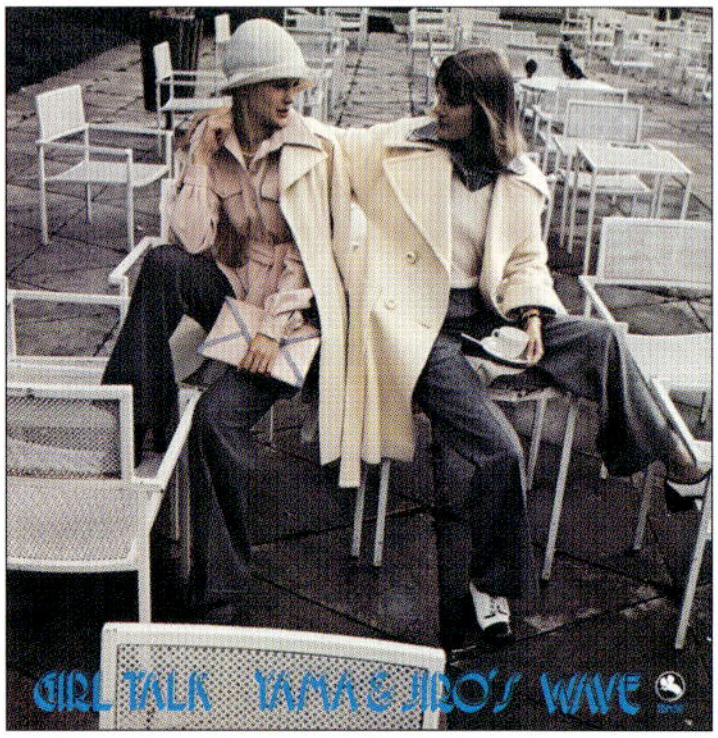

TBM-59
ヤマ&ジローズ・ウェイヴ『ガール・トーク』

TBM-66
ジョージ川口とビッグ 4『ザ・ビッグ 4 』

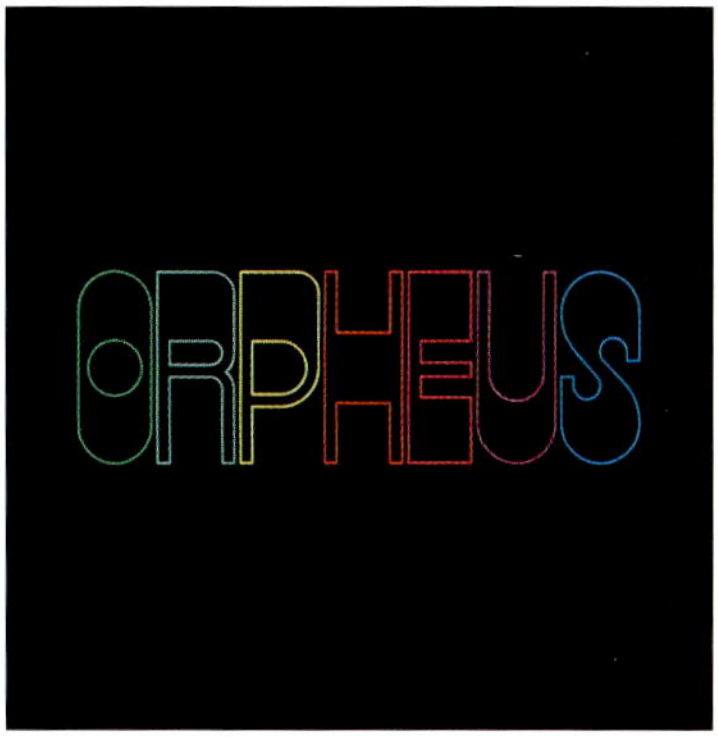

TBM-63
鈴木勲トリオ『黒いオルフェ』

TBM-67
宮間利之とニューハード『サンデイ・シング』

TBM-64
笈田敏夫『ヴェリー・グッド・イヤー』

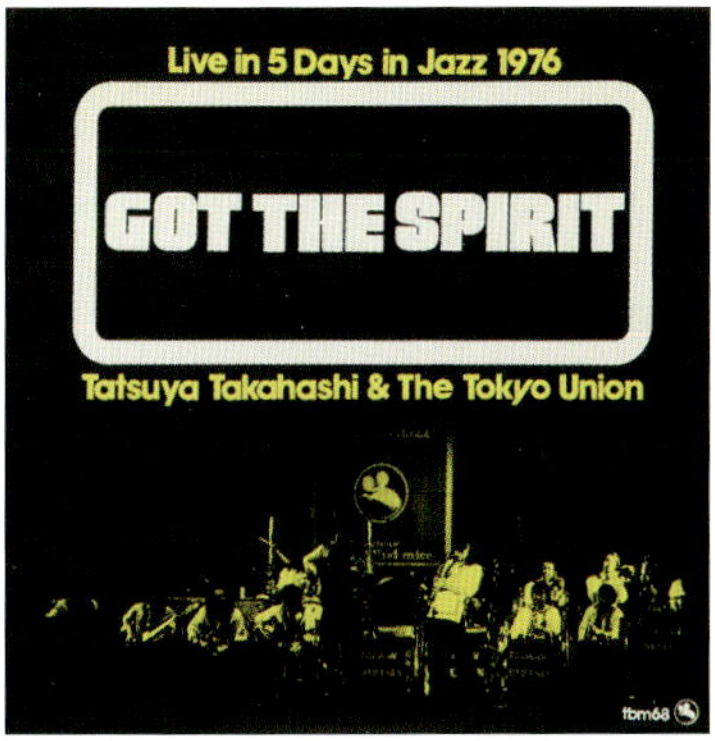

TBM-68
高橋達也と東京ユニオン『ガット・ザ・スピリット』

TBM-65
横内章次カルテット『ブロンド・オン・ザ・ロックス』

TBM-72
太田邦夫カルテット＋１『フリー・アンド・ラヴリー』

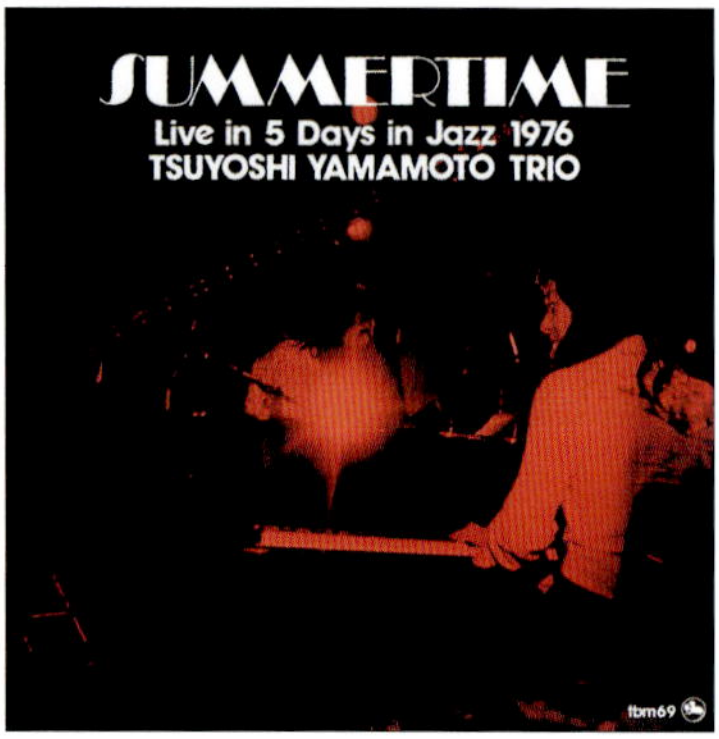

TBM-69
山本剛トリオ『サマー・タイム』

TBM-73
市川秀男トリオ『明日への旅立ち』

TBM-70
水野修孝&宮間利之とニューハード
『水野修孝の世界』

TBM-74
松本英彦カルテット『スリーピー』

TBM-71
戸谷重子&中本マリ『シゲコ&マリ』

TBM-78
福井五十雄カルテット『サンライズ／サンセット』

TBM-75
和田直クインテット＋１『フォー・シーンズ』

TBM-1001
水野修孝『ジャズオーケストラ'73』

TBM-76
鈴木勲セクステット『あこの夢』

TBM-1002/3
ジョージ大塚クインテット『イン・コンサート』

TBM-77
今田勝トリオ『スタンダード』

TBM-1005
三木敏悟&高橋達也と東京ユニオン『北欧組曲』

TBM-1004
水野修孝『ジャズオーケストラ’75』

TBM-3004
辛島文雄トリオ『ギャザリング』

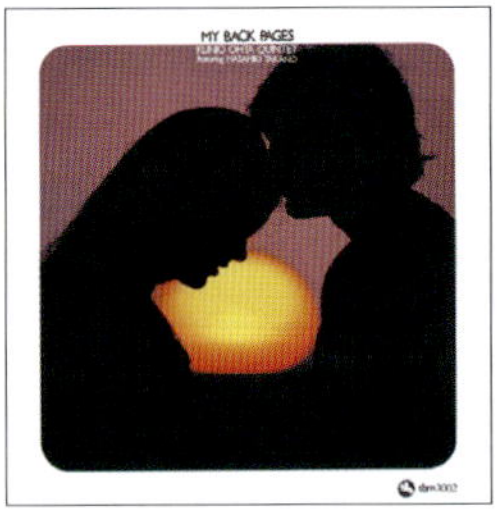

TBM-3002
太田邦夫クインテット
『俺たちの青春』

TBM(P)-1801/2
三木敏悟&インナー・ギャラクシー・
オーケストラ『モントルー・サイクロン』

TBM-3005
中本マリ〜横内章次トリオ&
セクステット『マリ』

TBM-3003
森剣治カルテット『ファイアバード』

TBM-3001
高橋達也と東京ユニオン
『処女航海』

TBM-5002
森山浩二&山本剛トリオ『スマイル』

TBM-4001
ジミー・ヨーコ&シン『清少納言』

TBM-3006
今村祐司とエアー『エアー』

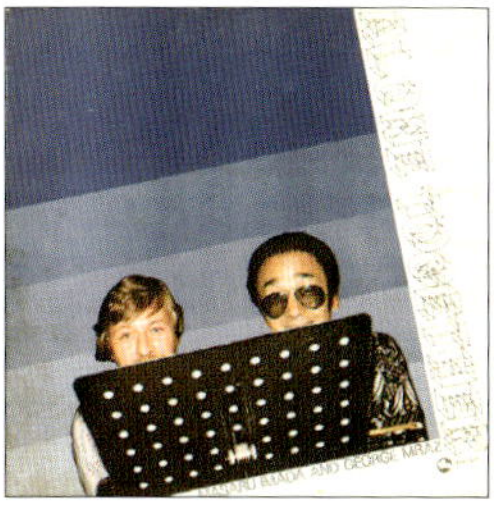

TBM-5003
今田勝&ジョージ・ムラーツ
『アローン・トゥゲザー』

TBM-4002
ウインドウ・ペイン『ウインドウ・ペイン』

TBM-3007
大友義雄カルテット『ムーン・レイ』

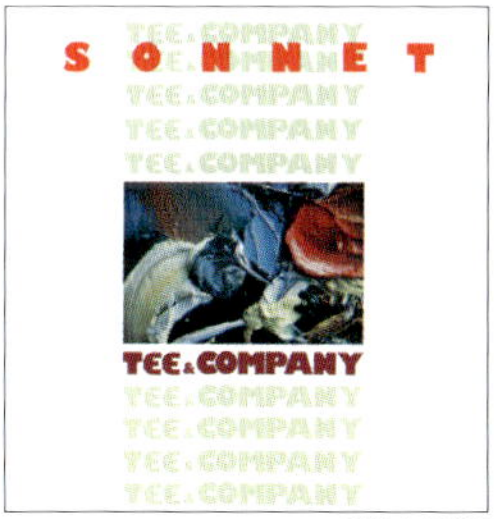

TBM-5004
ティー&カンパニー『ソネット』

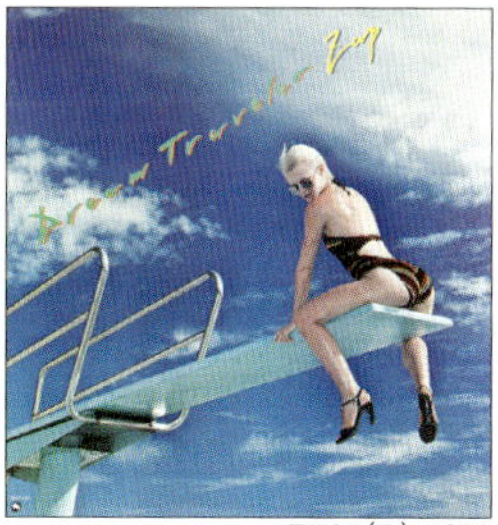

TBM(P)-4003
ZAP『ドリーム・トラヴェラー』

TBM-3008
細川綾子『ミスター・ワンダフル』

TBM-5005
細川綾子＋今田勝カルテット
『ノー・ティアーズ』

TBM-5001
和田直カルテット
『ブルース・ブルース・ブルース』

TBM-3009
山本剛ウィズ・ストリングス
『スターダスト』

TBM(P)-5014
松本英彦カルテット『サンバ・デ・サン』

TBM-5010
三木敏悟&インナー・ギャラクシー・
オーケストラ『海の誘い』

TBM-5006
ティー&カンパニー『ドラゴン・ガーデン』

TBM-5015
金井英人グループ
『ホワット〜チャールズ・ミンガスに捧げて』

TBM-5011
横内章次トリオ＋1
『グリーン・スリーヴス』

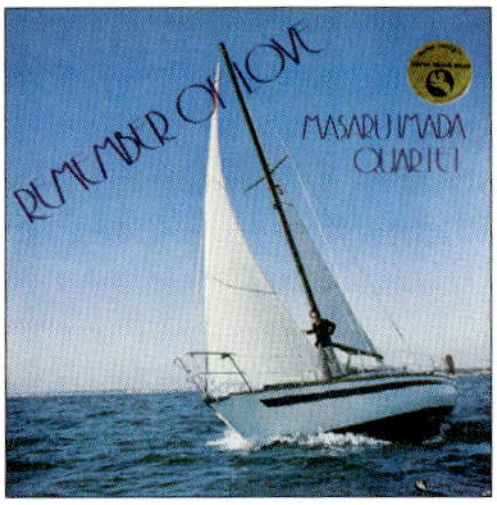

TBM-5007
今田勝カルテット
『リメンバー・オブ・ラヴ』

TBM(P)-5016
宮間利之とニューハード『ギャラリー』

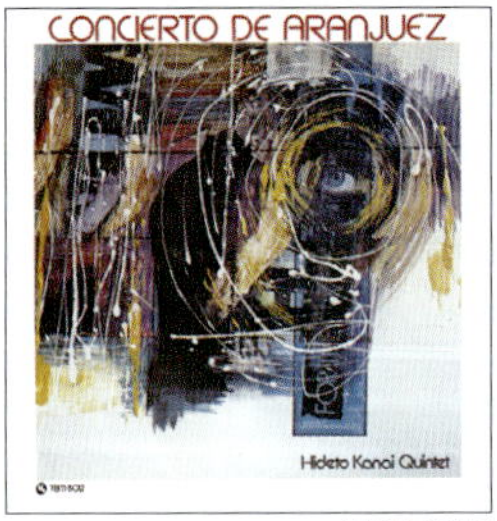

TBM-5012
金井英人グループ
『アランフェス協奏曲』

TBM-5008
ティー&カンパニー
『スパニッシュ・フラワー』

TBM(P)-5017
原信夫とシャープス&フラッツ
『活火山』

TBM-5013
細川綾子ウィズ宮間利之と
ニューハード『コール・ミー』

TBM-5009
山本剛トリオ『ミッドナイト・サン』

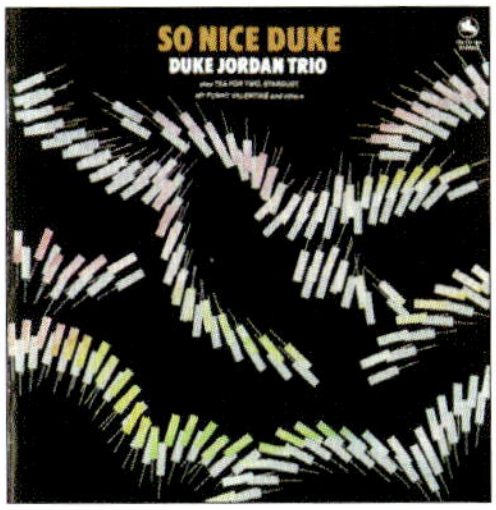

PAP-25028
デューク・ジョーダン・トリオ
『ソー・ナイス・デューク』

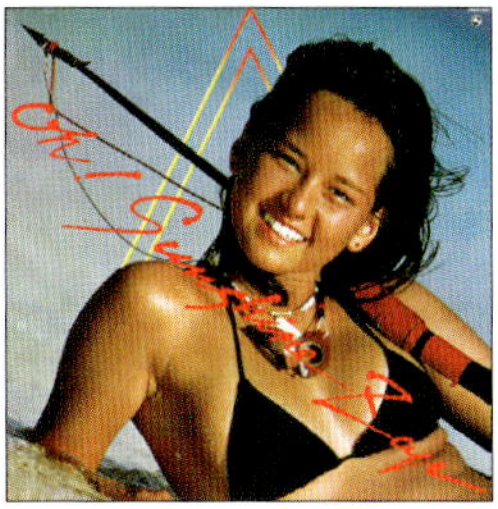

TBM(P)-5022
ZAP『オー！ サンシャイン』

TBM(P)-5018
高柳昌行セカンド・コンセプト
『クール・ジョジョ』

PAP-25030
高柳昌行ギター・ソロ
『ロンリー・ウーマン』

TBM(P)-5023
高柳昌行とニュー・ディレクション・ユニット
『メルス・ニュー・ジャズ・フェスティバル'80』

TBM(P)-5019
山本剛トリオ『ライヴ・イン・モントルー』

PAP-25036
マーサ三宅とレッド・ミッチェル・トリオ
『リメンバー』

PAP-25021
森剣治クインテット『ビ・バップ'82
ライヴ・アット・ソー・ナイス』

TBM(P)-5020
中本マリ『縁は異なもの
～中本マリ・アンソロジー』

PAP-25042
大隅寿男トリオ・フィーチャリング
青木弘武『ウォーターメロン・マン』

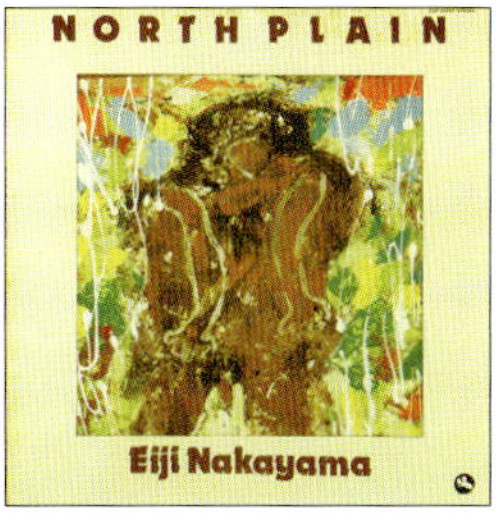

PAP-25022
中山英二グループ with 今田勝
『北の大地』

TBM(P)-5021
V.A.『スター・ダスト
～スタンダード・ジャズ・ピアノ』

TBM-XR-5041
加藤崇之『ギター・スタンダード』

TBM-CD-5037
大野俊三『マヤ』

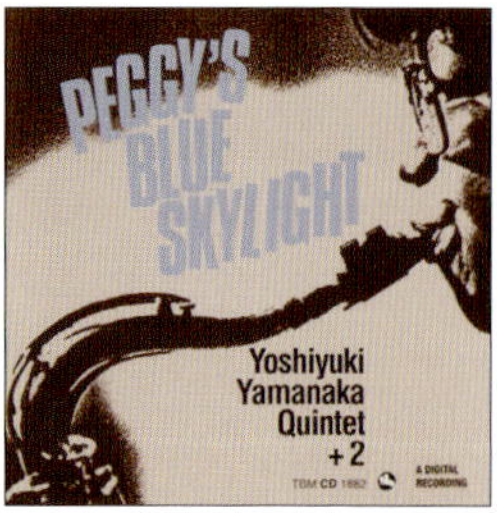

TBM-CD-5031
山中良之クインテット＋２
『ペギーズ・ブルー・スカイライト』

TBM-XR-5043
赤松敏弘『シックス・インテンション』

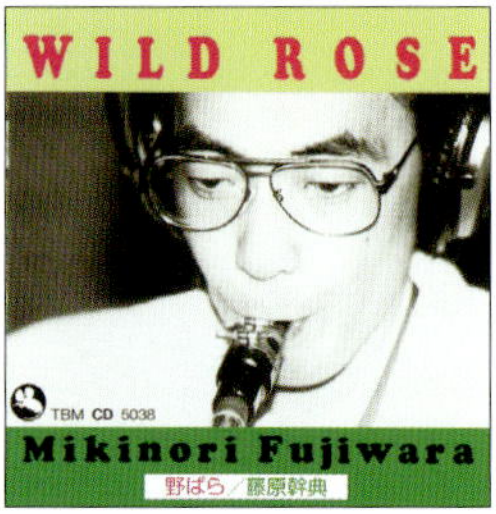

TBM-CD-5038
藤原幹典グループ『野ばら』

TBM-CD-5032
加藤崇之トリオ『ギター・ミュージック』

TBM-XR-5046
赤松敏弘『スティル・オン・ジ・エアー』

TBM-CD-5039
細川綾子『ア・ウイスパー・オブ・ラヴ』

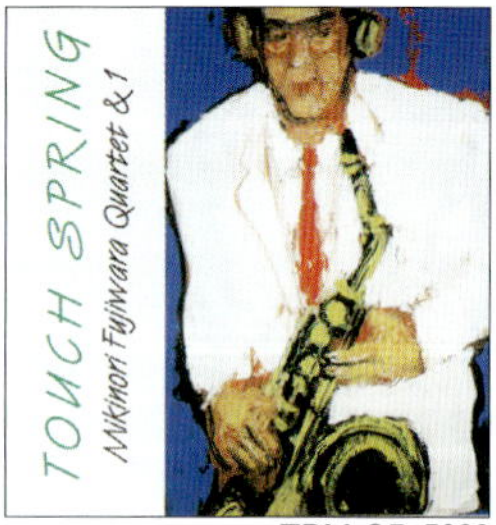

TBM-CD-5033
藤原幹典カルテット＋１
『タッチ・スプリング』

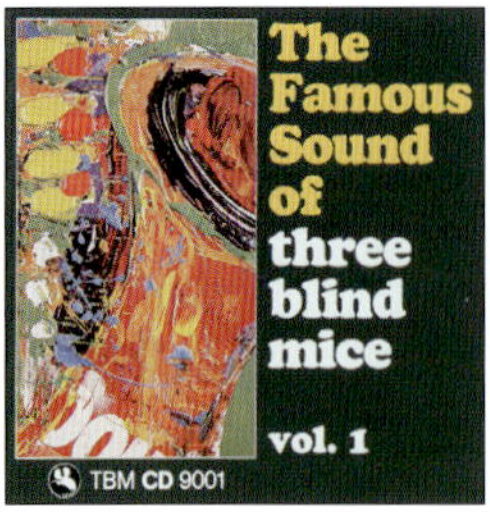

TBM-CD-9001
V.A.『フェイマス・サウンド・オブ・
スリー・ブラインド・マイス VOL.1』

TBM-CD-5040
酒井潮『ブルース・ミーティング・
フィーチャリング和田直』

TBM-CD-5034
早坂紗知とStir Up
『ストレート・トゥ・ザ・コア』

TBM-CD-1890
シナプス(加藤崇之+さがゆき)
『シナプス』

TBM-XR-9002
V.A.『スーパー・アナログ・サウンド・
オブ・スリー・ブラインド・マイス』

TBM-CD-9002
V.A.『フェイマス・サウンド・オブ・
スリー・ブラインド・マイス VOL.2』

NKCD-1486
マユミ・ロウ『イッツ・マイ・ラブ』

TBM-CD-1885
ティー&カンパニー『出雲阿国』

TBM-CD-9003
V.A.『フェイマス・サウンド・オブ・
スリー・ブラインド・マイス VOL.3』

XRCD24-NT014
中村誠一クインテット+2『ザ・ボス』

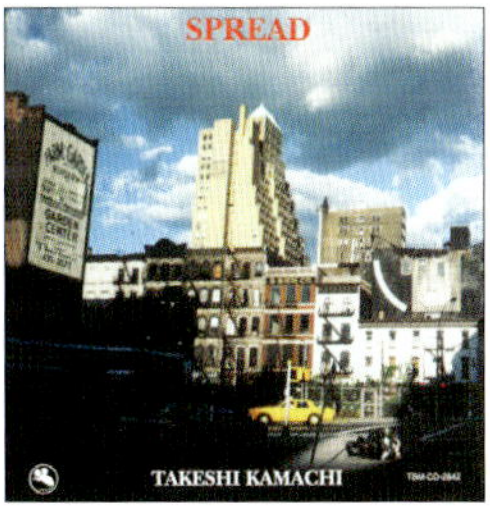

TBM-CD-2842
蒲池猛『スプレッド』

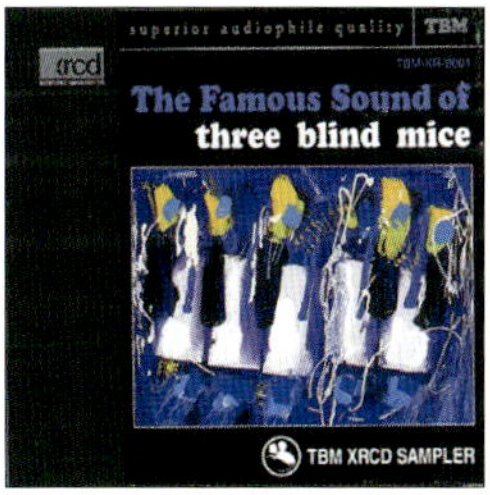

TBM-XR-9001
V.A.『フェイマス・サウンド・オブ・
スリー・ブラインド・マイス』

three blind mice

TBM

The Complete Disc Guide

伝説のジャズ・レーベル

スリー・ブラインド・マイス

コンプリート・ディスクガイド

[著]
小川隆夫

駒草出版

まえがき

一九七〇年、ぼくは一浪して新宿にある東京医科大学に入学した。あまり受験勉強はしなかったものの、まぐれ当たりか運がよかったのか、その年に受験した三校にはすべて合格することができた。それらの中から偏差値が一番低い東京医科大学を選んだのは、一にも二にもキャンパスと付属の大学病院が新宿にあったからだ。

理由は明白で、新宿がジャズとロックの街だったからだ。ジャズでいうなら、ライヴ・ハウスの「ピットイン」と「タロー」があったし、ジャズ喫茶では「ＤＩＧ」「木馬」「ポニー」など、高校のころから出入りをしていたお店がいろいろとあった。レコード店にも事欠かない。中古盤の「トガワ」、新品と中古の両方を扱う「オザワ」、名物親父がいた花園神社近くの「マルミ」、ほかにも「帝都無線」や「コタニ」など、ぼくにとっては楽しいお店がいくつもあった。

そしてこの年、日本で初のインディ・レーベル、スリー・ブラインド・マイス（ＴＢＭ）が誕生した。熱心なジャズ・ファンの藤井武（当時二十九歳）が高校時代からの夢を実現させるべく、友人の佐賀和光（建築家）と魚津佳也（レストラン、ガソリンスタンドを経営する実業家）に声をかけ、興したレコード会社だった。資本金の三百万円は全額が藤井の出資である。

ＴＢＭの第一回新譜は九月二十日に発売されている。明確に覚えているのは、前日にバンドの仕事でもらったギャラを握りしめ、「コタニ」でそれら二枚を買い求めたことだ。これで一晩のギャラはすべて消えてしまった。しかし家に戻ってレコードに針を落としたとたん、その四千円に何倍もの価値があると思われた。

高校時代からジャズに熱中して数年。一番のめり込んでいた時期である。ほとんど学校には行かず、ジャズ三昧の日々である。夜はバンド活動に熱中し、それでもらったお金はすべてレコードに注ぎ込んでいた。

海外のアルバムではブルーノートやプレスティッジの中古盤をあさり、それと同じくらい日本人アーティストのレコードも買っていた。こちらは、出れば五百円くらいで買えるものが大半だった。

「ピットイン」では、渡辺貞夫（as）が大スターで、それに続いて人気を博していたのが日野皓正（tp）やジョージ大塚（ds）たちである。六十年代後半、これらのひとたちはタクトというマイナー・レーベルからアルバムを発表し、それらを夢中になって聴いていたことが懐かしい。

　そしてタクトの活動が低調になってきたころ、入れ替わるように登場したのがＴＢＭだった。第一回新譜の二枚、すなわち『峰厚介／峰』（ＴＢＭ-1）と『今田勝／ナウ!!』（ＴＢＭ-2）でリーダーとなったふたりは、どちらも「ピットイン」で聴いていたし、やがてこのレーベルのドル箱スターになる山本剛（ｐ）はいくつかのライヴ・ハウスで、そして鈴木勲（ｂ）は自由が丘の「ファイヴ・スポット」で何度も聴いているプレイヤーだった。

　初期のカタログを飾ったリーダーの多くは、自分にとってお馴染みのひとたちである。それもあり、ＴＢＭから出る作品には常に大きな関心を払っていた。やがて、白レーベルのテスト・プレス盤が発売日の直前に「トガワ」で売られるようになった。不埒なひとがいたのかもしれないが、これがＴＢＭのレコード購入に拍車をかける。

　ＴＢＭは数か月に二作品ずつを発売していた。七十年代前半までは、日本人が録音したジャズ・レコードはそれほど注目を浴びていなかった。だから首尾よくＴＢＭのテスト・プレス盤をほぼ毎回手に入れることができたし、ほかのレーベルから出ていた日本人アーティストのレコードも、ほとんど競争相手がいなかったので、大学に通っている間に中古でかなりの数を集めることができた。本書は、そんな日々がすごせたから書くことができたと思っている。

　ＴＢＭが誕生してから四十五年以上の歳月がすぎたことに改めて大きな感慨を覚えている。ＴＢＭの諸作品を聴くと、当時のことが鮮明に甦ってくる。そして、それらの大半は少しも色あせていない。

　これは、ひとえに当時の日本のジャズ・シーンが、そしてジャズ・ミュージシャンがいかに充実していたかの証である。しかしそれらを記録に残さなければ、その事実は「伝説」、あるいは「語り草」で終わってしまう。ＴＢＭの功績がここにある。藤井武という、日本のジャズが世界に通用すると信じて疑わなかった熱狂的なジャズ・ファンがいたからこそ最良のものが記録として残せたのである。

　便宜上、本書ではカタログ番号のＴＢＭ-1から78までを紹介したあとに、１０００番シリーズ、３０００番シリーズ、４０００番シリーズ、５０００番シリーズなどが続く（いくつかの欠番や新たなカタログ番号のついた再発盤もある）。しかし発売はこの順ではなく、1番から始まるシリーズ継続中にもほかのシリーズの作品が出たこともあり、少々ややこしい。５０００番シリーズでは、途中でトリオ・レコードからアルバムが発売されることになったため（ＰＡＰシリーズ）、５０００番シリーズを「パート１」と「パート２」にわけ、その間にＰＡＰシリーズを組み込むことにした。ほとんどの作品は録音日順に発売されているので、あと先については第1章のデータ欄で確認していただきたい。

　ＴＢＭが世に送り出したアルバムは全部で百四十一作品。ただしコンピレーションが七枚あるから、それらを除けば百三十四作品になる。それと「カタログ編」の最後で紹介した『マユミ・ロウ／It's my love』（ＮＫＣＤ-１４８６）と『中村誠一クインテット＋２／ザ・ボス』（XRCD24-NT014）もある。これらをＴＢＭ作品とするには疑問もあるが、「コンプリート」を謳うには落とすわけにいかないとの判断から、紹介することにした。

　なお「コンプリート・ディスクガイド」と謳ってはいるものの、「絶対にそうか？」と問われれば、自信をもって「そうだ」とはいいにくい。オーナーだった藤井武氏にあたり、現在の原盤所有者であるソニー・ミュージックダイレクトにもあたり、当時の『スイングジャーナル』誌やそのほかのジャズ雑誌もチェックし、ほかにも思いつく限りの手段を講じて調べた結果のラインアップである。

　それでも抜けている作品があれば、ぜひとも出版社にご連絡をいただきたい。データの誤りがあれば、そちらもご指摘いただければと思う。万全を期し、さまざまなデータにあたったつもりだが漏れはあるものだ。あってはいけないと肝に銘じて資料を渉猟《しょうりょう》したものの、これだけはどうにもならない。本書をお買い求めいただいた皆様の手で完成度をさらに高めることができるなら、それは筆者にとって願ってもないことだ。ご教示、ご指摘はいついかなるときでも大歓迎である。

three blind mice

The Complete Disc Guide

CONTENTS

［コラム］TBMトピックス

【注】

アルバムのリーダー名、タイトル、曲目などの表記は各作品の初版に準じているが、表記の統一を図るため変更したものも一部ある。

本書では、LPで最初に出された作品は[SIDE A][SIDE B]として曲目を紹介している。

データ欄に「ディスク大賞」とあるのは『スイングジャーナル』誌主催の賞を意味している。

TBMは1979年から81年まで日本フォノグラムと販売委託契約を交わしている。この間に制作・発売されたレコードにはカタログ番号の前に(P)がつけられている。

(例) TBM(P)-5014『松本英彦カルテット／サンバ・デ・サン』

大半の作品はCD化されたときもLP時代の番号が踏襲されているが、トリオ・レコード時代に制作された作品には同社のカタログ番号(PAP)が用いられている。

(例) PAP-25021『森剣治クインテット／ビバップ '82 ライヴ・アット・ソー・ナイス』

なお同社との契約が解除されたのちに別の番号で再発されたものもある。

(例)『マーサ三宅とレッド・ミッチェル・トリオ／リメンバー』はトリオ時代にPAP-25036で発売されたが、権利がTBMに戻ったあとはTBM-XR-5045で再発された。こうした場合、本書ではオリジナル盤の番号で紹介し、5000番シリーズでは紹介していない。

LPの再発やCD化にあたって、カタログ番号の1番から79番までのシリーズには2500番台が使われている。

(例) TBM-1→TBM-2501

【楽器等略号】

afl	アルト・フルート
arr	編曲
as	アルト・サックス
b	ベース
bcl	ベース・クラリネット
bs	バリトン・サックス
btb	ベース・トロンボーン
cho	コーラス
cl	クラリネット
com	作曲
con	指揮
ds	ドラムス
elb	エレクトリック・ベース
elp	エレクトリック・ピアノ
fgh	フリューゲルホーン
fl	フルート
frh	フレンチホーン
g	ギター
hca	ハーモニカ
org	オルガン
p	ピアノ
per	パーカッション
pic	ピッコロ
ss	ソプラノ・サックス
syn	シンセサイザー
tb	トロンボーン
tp	トランペット
ts	テナー・サックス
vib	ヴァイブ
vln	ヴァイオリン
vo	ヴォーカル
vtb	ヴァルブ・トロンボーン

第1章
ディスクガイド編
TBM Disc Guide

TBM-1

峰厚介クインテット
『峰』

ＴＢＭの記念すべき一作目。第一回目の新譜として、このアルバムと今田勝の『ナウ!!』（ＴＢＭ-２）が一九七〇年九月二十日に発売された。以後は、基本的に三か月に一度、二作ずつが発売されていく。

峰は前年の九月に菊地雅章（ｐ）のグループに抜擢され、脚光を浴びようとしているタイミングだった。合間には自身のクインテットで新宿「ピットイン」の「昼の部」などにも出演。現在はテナー・サックスをメインに吹いているが、この時代はアルト・サックスとソプラノ・サックスが主要楽器だった。

レーベルのスタートを飾る大切なレコーディングである。売れることなど念頭になかったプロデューサーでオーナーの藤井武はもっとも活きのいいコンボを録音しようと考え、その眼鏡にかなったのが峰のクインテットだった。前年に結成されたときは、ベースが萩原栄次郎でピアノが菊地の実弟、菊地雅洋。しかししばらくして水橋孝（ｂ）が、そしてレコーディング直前になってジョージ大塚（ds）トリオを退団した市川秀男（ｐ）が参加してくる。今井尚《たかし》（tb）と村上寛（ds）は結成以来のメンバーだ。

収録された四曲のうち三曲までが十二〜三分の長さで、もう一曲のＢ②にしても九分以上である。聴きやすい内容ではないが、ジャズの現況をしっかりと伝えている。そこにレーベルのスピリットが凝縮されていた。

[SIDE A]
①あさ
②アイソトープ
[SIDE B]
①ドリーム・アイズ
②ワーク・ワン

○パーソネル
峰厚介（as-A① B② ss-A② B①）、今井尚（tb）、市川秀男（elp）、水橋孝（b）、村上寛（ds）
1970年8月4（A①② B①）、5日（B②）録音
東京「アオイ・スタジオ」

レコーディング・エンジニア：大河原克夫（アオイ）
エンジニア助手：神成芳彦（アオイ）
カバー写真：馬場直樹
アート・ディレクター：西沢勉

70年度「ジャズ・ディスク大賞 日本ジャズ賞 第5位」

発売＝スリー・ブラインド・マイス・レコード
再発＝TBM-2501（LP スリー・ブラインド・マイス・レコード）
15PJ-1021（LP 日本フォノグラム）
PAP-20031（LP トリオ・レコード）
TBM-CD-2501（CD TBMビデオ）
MHCP-10042（CD ソニー・ミュージックダイレクト）
THCD-217（CD ディスクユニオン）

TBM-2

今田勝カルテット
『ナウ!!』

[SIDE A]
①ノスタルジア
②オルター
[SIDE B]
①ゲーヒ・ドリアン
②シャドウ・オブ・キャッスル

○パーソネル
今田勝(p)、三森一郎(ts-A① B①② ss-A②)、水橋孝(b)、小津昌彦(ds)

1970年8月10、11日(A-2のみ)録音
東京「アオイ・スタジオ」

レコーディング・エンジニア：神成芳彦(アオイ)
エンジニア助手：黒田賢志
カバー写真&アート・ディレクター：西沢勉

70年度『ステレオ・サウンド』誌「録音グランプリ 金賞」

発売＝スリー・ブラインド・マイス・レコード
再発＝TBM-42(LP スリー・ブラインド・マイス・レコード)
TBM-2502(LP スリー・ブラインド・マイス・レコード)
TBM-2 (LP TBMビデオ)
TBM-CD-2502(CD TBMビデオ)
MHCP-10043(CD ソニー・ミュージックダイレクト)
THCD-301(CD ディスクユニオン)

ＴＢＭから発売された最初の二枚のうちのもう一枚。この時期の今田勝はスタジオ・ミュージシャンとしても多忙を極め、ジャズの現場での露出はあまり多くなかった。とはいえ、この作品は彼にとって二作目で、デビュー作は同じ年に日本ビクターで吹き込んだ『ＭＡＫＩ』である。メンバーも本作と同じ四人だが、このときの名義は「今田勝トリオ＋１」となっていた。

そちらの作品ではオリジナル曲に混ざって〈枯葉〉と〈グリーン・ドルフィン・ストリート〉も収録されていたが、ＴＢＭ盤は全曲がオリジナルで固められている。この違いは、それだけ多くの自由が与えられていたことを意味している。それに伴い、内容でもＴＢＭ盤のほうがフリー・ジャズ度が高い。

その中で、とくに重要な役割を演じているのが三森一郎（ts ss）だ。今田とウエストライナーズで一緒だった彼は、ジョン・コルトレーン（ts）があと一歩でフリー・ジャズに足を踏み入れる時期のスタイルを、独自の解釈で堂々と演じてみせる。今田のプレイもかなりフリー・ジャズ志向だ。その後の活動からすれば、この時期の演奏がもっとも過激だった。そんなプレイを引き出してみせたところにＴＢＭの制作方針がうかがえる。

なお、この作品から神成芳彦がエンジニア（ＴＢＭ-１の『峰』ではアシスタント）となり、本作は『ステレオ・サウンド』誌で「録音グランプリ金賞」を受賞する。

植松孝夫カルテット&クインテット
『デビュー』

オリジナルのライナーノーツ冒頭で、執筆者の油井正一は「一九七〇年が生んだテナーの新星」と書いている。レコーディングが行なわれた時点で、植松孝夫は一部の熱心なジャズ・ファンの間で話題になっていたにすぎない。しかしその逸材ぶりは、今井尚（tb）、菊地雅洋（p）、川崎燎（g）、杉本喜代志（g）、ジョージ大塚（ds）、猪俣猛（ds）のサウンド・リミテッドなど、注目のグループで演奏したことによって知るひとぞ知る存在になっていた。しかも、これらの活躍が七十年に入ってからのことである。それ以前の植松はほとんどジャズ的な演奏をしていない。

海のものとも山のものともつかない植松に、しかもサイドマンとしてのレコーディング経験すらない彼に、いきなりリーダー作を吹き込ませてしまう。そこがＴＢＭのＴＢＭたるゆえんだ。彼をサポートするのは日常的に共演している仲間である。それだけに、初レコーディングでもいつもの実力が発揮できたのだろう。

ＬＰではＡ面がワン・ホーン・カルテット、Ｂ面が今井を加えたクインテット編成になっている。植松のプレイにはジョン・コルトレーンのテナー・サックスを彷彿とさせる大胆なフレージングが息づいている。クインテットで演奏される二曲は、渡辺貞夫（as）のグループで注目されていた鈴木良雄（b）のオリジナルで、ここにも進取の気配が感じ取れる。

[SIDE A]
①内なるもの
②ステラ・バイ・スターライト
[SIDE B]
①T.I.
②スリープ・マイ・ラヴ

○パーソネル
植松孝夫(ts)、今井尚(tb-B①②のみ)、藤井貞泰(elp)、鈴木良雄(b)、ジョージ大塚(ds)

1970年11月19日録音
東京「ニッポン放送 第1スタジオ」

レコーディング・エンジニア：神成芳彦(アオイ)
エンジニア助手：中村勝男(アオイ)
カバー写真&アート・ディレクター：西沢勉

発売＝スリー・ブラインド・マイス・レコード
再発＝TBM-2503(LP スリー・ブラインド・マイス・レコード)
TBM-CD-1803(CD TBM レコード)
THCD-218(CD ディスクユニオン)

峰厚介クインテット
『セカンド・アルバム』

[SIDE A]
①Y.M.
②義兄弟
[SIDE B]
①ストライプド・スラックス
②チンサン（テイク1）
③チンサン（テイク2）

○パーソネル
峰厚介（as ss-A①のみ）、今井尚（tb）、増尾好秋（g）、鈴木良雄（b）、村上寛（ds）

1970年11月29日、12月2日録音
東京「アオイ・スタジオ」

レコーディング・エンジニア：神成芳彦（アオイ）
エンジニア助手：黒田賢志（アオイ）
アート・ディレクター：西沢勉

発売＝スリー・ブラインド・マイス・レコード
再発＝TBM-2504（LP スリー・ブラインド・マイス・レコード）
THCD-249（CD ディスクユニオン）

『峰』（TBM-1）が発売された二か月後に早くも録音された峰厚介の二作目。TBM作品を置いてもらえるレコード店がほとんどなかったため、売り上げ枚数もたかが知れている。それでもレコーディングに踏み切ったのは、藤井武が彼に惚れ込んでいたからだ。

デビュー作のメンバーもよかったが、今回はそのうちのふたりが入れ替わり、ともに渡辺貞夫（as）カルテットに参加したことで急成長を遂げていた増尾好秋（g）と鈴木良雄（b）が迎えられている。のちに今井尚（tb）と村上寛（ds）も渡辺のグループに抜擢されることを考えれば、この顔ぶれは実に興味深い。

それにしても〈勢い〉というのはすごい。全員が上り調子にあった時期の吹き込みである。それだけに、テンションの高い演奏が聴くものの胸を熱くさせる。とくに、峰のサックスが爆発するA①とB①でのスピーディなプレイは鳥肌が立つほどスリリングだ。

この時期、ファンの注目は増尾に集まっていた。渡辺のグループばかりでなく、ロック系のセッションにも顔を出し、新時代のギタリストぶりをアピールしていたのが彼である。ここでも従来のジャズの枠を軽く超え、個性的なプレイを随所で披露してみせる。

増尾との名コンビで知られる鈴木は、前作に続いて今回もメロディ・メイカーぶりを遺憾なく発揮する。彼が書いたA②とB①を聴けば、そのことがわかるはずだ。

TBM-5

アルバート・マンゲルスドルフ・カルテット
『ディギン』

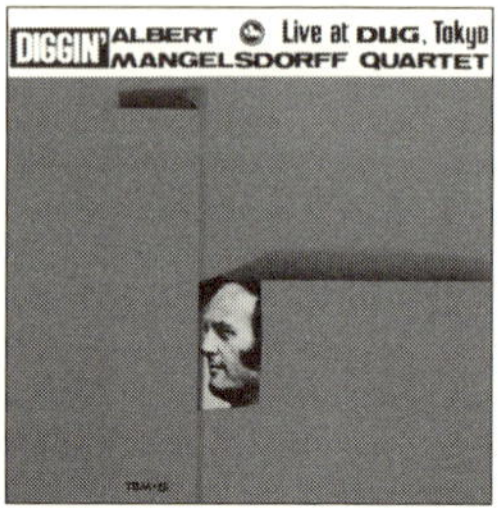

[LP]
[SIDE A]
①スプリング&スウィング
②オープン・スペース
[SIDE B]
①マヒュザリ
②トリプル・トリップ

[CD]
①スプリング&スウィング
②オープン・スペース
③マヒュザリ
④トリプル・トリップ
⑤ボストン・ハイウェイ(未発表ボーナス・トラック)

○パーソネル
アルバート・マンゲルスドルフ(tb)、ハインツ・ザウアー(ts)、ギュンター・レンツ(b)、ラルフ・ヒューブナー(ds)

1971年2月15日
東京「新宿DUG」で実況録音

レコーディング・エンジニア:神成芳彦(アオイ)
エンジニア助手:黒田賢志(アオイ)
カバー写真:中平穂積
アート・ディレクター:西沢勉
共同プロデューサー:ホルスト・ウェーバー

発売=スリー・ブラインド・マイス・レコード
再発=TBM-2505(LP スリー・ブラインド・マイス・レコード)
TBM-CD-2505(TBMビデオ)
CD-2006-2(Enja)
THCD-302(ディスクユニオン)

わが国のミュージシャンを紹介するのが趣旨のTBMにとって、本作は珍しい例外だ。ただしそうであっても、藤井武の心を揺さぶる音楽であるなら、それは内外を問わないということだろう。

ドイツ生まれのアルバート・マンゲルスドルフは、このアルバムを吹き込んだ時点でヨーロッパの最先端に位置するフリー・ジャズ系トロンボーン奏者だった。その評判を受けて、このときは同じドイツを代表する精鋭フリー・ジャズ派で固めたカルテットを率いて来日したのである。

ミュージシャンからの売り込みではあったものの、こうした冒険的で挑戦的な演奏には目がない藤井のことだ。個人レーベルの強みからレコーディングの英断が下される。録音場所には「紀伊國屋書店新宿本店」裏にオープンして間もない「DUG」が選ばれた。ビルの地下にあったこの店は、通常はレコードがかかっているが、ときたまライヴも行なうといったジャズ・バーだ。そしてこの夜は、噂を聞きつけた熱心なファンで狭い店内は立錐の余地がなかった。その中で繰り広げられた過激なフリー・ジャズ。この時代、新宿は熱く燃えていた。

CD化にあたっては、LPで未発表だった〈ボストン・ハイウェイ〉が追加されている。実験色の強い二十二分近い演奏は、LP収録の四曲以上に内容の濃い、素晴らしい聴きものだ。

金井英人グループ
『Q』

[SIDE A]
①エイプリル・ソングス・フォー・カナイ、ズイ・ズイ・ズイ・ドゥ・トゥバダバ
②Q
[SIDE B]
①カレイドスコープ
②メディテイション

◯パーソネル
A①＝金井英人(b)、峰厚介(as)、アラン・プラスキン(as)、原田忠幸(bs)、鈴木雅道(tp)、日野元彦(ds)
A②＝金井英人(b)、峰厚介(as)、アラン・プラスキン(as)、神田重陽《ちょうよう》(tp)、日野元彦(ds)
B①＝金井英人(b)、山崎弘(ds)
B②＝金井英人(b)、高柳昌行(g)、小泉浩(fl)、山崎弘(ds)

1971年5月9日(A面)、17日(B面)録音
東京「アオイ・スタジオ」

レコーディング・エンジニア：神成芳彦(アオイ)
エンジニア助手：黒田賢志(アオイ)
アート・ディレクター：西沢勉

71年度「ジャズ・ディスク大賞 日本ジャズ賞 第5位」

発売＝スリー・ブラインド・マイス・レコード
再発＝TBM-2506(LP スリー・ブラインド・マイス・レコード)
PAP-20032(LP トリオ・レコード)
TBM-6(LP TBMビデオ)
TBM-CD-1806(CD TBMレコード)
MHCP-10045(CD ソニー・ミュージックダイレクト)
THCD-255(CD ディスクユニオン)

これまたTBMにしか作りえない実験的作品である。レーベルのスタートに際し、金井英人はさまざまな点で力になっていた。A①を作曲した水野修孝《しゅうこう》（arr）を藤井武に紹介したのも金井である。水野は現代音楽における創造的な作曲家だ。しかしジャズにも造詣が深く、金井は一九六八年に発表した『オリジナル』（テイチク）で彼の曲を二曲録音している。TBMでの成果は、七十三年に録音される『ジャズ・オーケストラ'73』（TBM-1001）で素晴らしい形となった。ところが、それ以前の本作にも水野は曲を提供していた。

当時の耳で聴けば、そのA①は紛れもないフリー・ジャズの範疇に入る。しかし作曲と構成がしっかりしていることもあり、無秩序なところがまったくない。もうひとつ見逃せないのは、この曲と、金井が作曲したA②にアラン・プラスキン（as）が参加していることだ。レコード番号でいうなら本作のひとつあとが彼のリーダー作で、それより三日後に吹き込まれたのが本作A面の二曲だ。リーダー作の内容が素晴らしいだけに、プラスキンの演奏がここでも二曲聴けるのはありがたい。

B面ではさらに過激な演奏が繰り広げられる。B①はフリー・ジャズ派の代表的ドラマーである山崎弘と金井のデュエット。そこに小泉浩（fl）と金井の盟友、高柳昌行（g）を加えたカルテットによる演奏がB②だ。後者の破壊的なサウンドに高柳の真骨頂が認められる。

アラン・プラスキン・カルテット
『エンカウンター』

[SIDE A]
①朝日の如くさわやかに
②ザ・ハイト・オブ・スプリング
[SIDE B]
①エンカウンター
②リフレクターズ
③ブルース・カノテイション

○パーソネル
アラン・プラスキン(as)、杉本喜代志(g)、池田芳夫(b)、日野元彦(ds)

1971年5月6日録音
東京「アオイ・スタジオ」

レコーディング・エンジニア：神成芳彦(アオイ)
エンジニア助手：黒田賢志(アオイ)
アート・ディレクター：西沢勉

発売＝スリー・ブラインド・マイス・レコード
再発＝TBM-2507(LP スリー・ブラインド・マイス・レコード)
TBM-CD-1807(CD TBMレコード)
THCD-400(CD ディスクユニオン)

ＴＢＭでアルバムを残したアーティストの中でもっとも謎の多い人物がアラン・プラスキンだ。彼は兵役で韓国に駐留し、休暇で二週間東京に滞在していた。このアルバムはそのタイミングで吹き込まれたものだ。

金井英人（b）からプラスキンを紹介された藤井武は、その日のうちに新宿「ピットイン」で彼と落ち合い、当日出演していた日野皓正（tp）クインテットとの共演を果たさせている。そして藤井は、プラスキンが韓国に戻る直前、日野クインテットのリズム・セクションを起用してこのレコーディングを決行した。その慌ただしい数日で、プラスキンは三曲のオリジナルを書き、残る二曲はスタンダード（A①）とオーネット・コールマン（as）の曲（B③）を取り上げる。

準備は十分でなかった。しかしこの人選は正解である。当時の日野、あるいは彼と演奏した数日後に共演した菊地雅章（p）の音楽性に共通するものをプラスキンも持っていたからだ。端的にいうなら、コード進行はあるものの、その中で精いっぱいのフリー・ジャズを演奏するスタイルだ。かつてエリック・ドルフィー（as）が試みていたことの進化形とでもいえばいいだろうか。そうした音楽性が、この時期はもっとも新しい奏法のひとつだった。その最良の演奏が、ここでは理想的なメンバーによって繰り広げられていく。即断即決――これもＴＢＭの強みだ。

TBM-8

笠井紀美子＋峰厚介カルテット
『イエロー・カーカス・イン・ザ・ブルー』

[SIDE A]
①アローン・トゥゲザー
②ハ短調のブルース
③乾いた川
[SIDE B]
①ラウンド・ミッドナイト
②イエロー・カーカス・イン・ザ・ブルー
③ビー・スティル・マイ・ソウル

○パーソネル
笠井紀美子(vo-A①② B①②)、峰厚介(as-A①③ ss-A② B①②③)、菊地雅洋(p)、鈴木良雄(b)、村上寛(ds)

1971年7月11、13日録音
東京「アオイ・スタジオ」

レコーディング・エンジニア：神成芳彦(アオイ)
エンジニア助手：黒田賢志(アオイ)
カバー写真：馬場直樹
アート・ディレクター：西沢勉

発売＝スリー・ブラインド・マイス・レコード
再発＝TBM-34(LP スリー・ブラインド・マイス・レコード)
TBM-2508(LP スリー・ブラインド・マイス・レコード)
15PJ-1022(LP 日本フォノグラム)
PAP-20023(LP トリオ・レコード)
ARTCD-11(CD ディスクユニオン／アートユニオン)
TBM-CD-1808(CD TBMレコード)
MHCP-10044(CD ソニー・ミュージックダイレクト)
THCD-237(CD ディスクユニオン)

TBMが売り出しを図っていた峰厚介に、人気絶頂だった笠井紀美子を組み合わせた作品。峰と鈴木良雄（b）と村上寛（ds）はこの時期に活動していた菊地雅章（p）カルテットのメンバーで、菊地雅洋（p）は雅章の実弟である。そして笠井と村上はこのしばらくあとに結婚する。加えて、タイトル曲は菊地雅章の作曲で、この年に録音した菊地の大ヒット作『POO-SAN』（フィリップス）で紹介されていた。ということで、なんとなく菊地雅章の影を感じるのがこの作品だ。

A①とB①は笠井が得意にしていたスタンダードだが、スタンダードといえどもこのメンバーだと一筋縄ではいかない。ハード・コアなジャズのアプローチが日本人離れした彼女の歌唱と結びついている。その笠井が書いたA②も雰囲気抜群だ。ここでは気だるいマイナー・ブルースが淡々と歌われていく。兄に負けていない菊地のソロも聴きものだ。A面ラストは峰のオリジナルをカルテットが演奏する。フリー・フォームのパートも含めて、峰が瞬発力に優れたプレイを展開する。

タイトル・トラックのB②は歌詞を笠井が書いている（英訳は清水明江）。人間のあり方についての哲学的な内容が、当時の笠井の心情を物語っているようだ。エモーションを抑えた歌唱が歌の世界をより印象的なものにしていく。ラストは鈴木のオリジナル。カルテットによる演奏は、ほかの曲同様に寂しげで儚げだ。

高柳昌行と新世紀音楽研究所
『銀巴里セッション～1963年6月26日』

[SIDE A]
①グリーン・スリーヴス
②ナルディス
[SIDE B]
①イフ・アイ・ワー・ア・ベル
②オブストラクション

○パーソネル
A①＝高柳昌行(g)、金井英人(b)、稲葉國光(b)、富樫雅彦(ds)
A②＝菊地雅章(p)、金井英人(b)、富樫雅彦(ds)
B①＝中牟礼貞則(g)、日野皓正(tp)、稲葉國光(b)、山崎弘(ds)
B②＝山下洋輔(p)、宇山恭平(g)、金井英人(b)、富樫雅彦(ds)

1963年6月26～27日
東京「銀巴里」で実況録音

録音：内田修
マスタリング：神成芳彦(アオイ)
アート・ディレクター：西沢勉
写真&監修：内田修

発売＝スリー・ブラインド・マイス・レコード
再発＝TBM-2509(LP スリー・ブラインド・マイス・レコード)
BT-5312(LP 日本フォノグラム)
PAP-20037(LP トリオ・レコード)
ART-2(CD ディスクユニオン／アートユニオン)
TBM-CD-1809(CD TBMレコード)
MHCP-10023(CD ソニー・ミュージックダイレクト)
THCD-219(CD ディスクユニオン)

銀座にあったシャンソンのライヴ・ハウス「銀巴里」で一九六一年に始まった「フライデイ・ジャズ・コーナー」は、高柳昌行（g）と金井英人（b）が立ち上げた「新世紀音楽研究所」の主催である。金曜日の午後ということもあって定員百名ほどの店はガラガラでも、数か月に一度、営業時間後に朝方まで続けられた「ミッドナイト・コンサート」はいつも超満員の盛況だった。そのうちの六十三年六月二十六日から二十七日の朝にかけて繰り広げられたセッションを収録したのがこの作品だ。

当時、日本のジャズ・ミュージシャンの多くはアメリカのジャズをいかに正確にコピーできるか、そのことに心血を注いでいた。ファンや評論家やレコード会社の大半もそれをよしとする風潮にあった。しかし、一部のミュージシャンは「オリジナリティのある演奏をすべし」の考えに傾いていた。そうした意欲的なミュージシャンの集まりが「新世紀音楽研究所」であり、その発表の場が「銀巴里」だった。

しかしそんな演奏を録音して売り出そうというレコード会社は皆無である。たまたま熱狂的なジャズ・マニアで、以前から高柳や金井たちと親しくしていた愛知県岡崎市在住の内田修医師がこのオールナイト・セッションを、「あとでみんで聴いたら楽しいだろうな」と考え、録音していたのである。中でも、六月二十六日は特別な夜だった。発起人のひとり、高柳がある事情からこれを最後に収監されることになっていたからだ。ジャズ・ファンが市販のテープ・レコーダーで録音した演奏を世に出す――そんな発想はメジャー・レーベルにない。この夜の「銀巴里」セッションに大学生の藤井武も客のひとりとして参加していた。それも、このライヴがアルバム化される大きな原動力となった。

そして七十年にTBMがスタートするや、藤井はテープの所有者である内田の了承を得て、演奏に参加したミュージシャンからLP化の許諾をもらう。このアルバムが世に登場したのは七十二年三月のことである。「発売してもそれほどの話題にならなかった」と藤井はいうが、リアルタイムでこのLPを購入したぼくは、それこそ胸を躍らせ、何度も耳を傾けたものだ。

最後に当日のプログラムを紹介しておこう。

【第一部】

〈イフ・アイ・ワー・ア・ベル＝A①〉中牟礼貞則（g）、日野皓正（tp）、稲葉國光（b）、山崎弘（ds）

〈バット・ノット・フォー・ミー〉前記カルテットに土田真弘（as）加わる

【第二部】

〈オブストラクション＝B②〉（金井英人作）山下洋輔（p）、宇山恭平（g）、金井英人（b）、富樫雅彦（ds）

〈ネイマ〉高柳昌行（g）、中牟礼貞則、金井英人、稲葉國光、富樫雅彦

〈ア・サーティン・スペキュレイション〉（高柳道子作）高柳昌行、金井英人、稲葉國光、富樫雅彦

〈ラッシュ・ライフ〉高柳昌行、中牟礼貞則、金井英人、稲葉國光、富樫雅彦

【第三部】

スピーチ（高柳昌行）

スピーチ（金井英人）

〈535〉（内山平五郎作）日野皓正、土田真弘、金井英人、富樫雅彦

【第四部】

〈ダホメイ・ダンス〉日野皓正、鈴木孝二（as）、田中伸介（bs）、山下洋輔、寺川正興（b）、富樫雅彦

〈ナルディス＝A②〉菊地雅章（p）、金井英人、富樫雅彦

〈キャット・ウォーク〉鈴木勲（cello）、菊地雅章、金井英人、富樫雅彦

〈グリーン・スリーヴス＝A①〉高柳昌行、金井英人、稲葉國光、富樫雅彦

【終演後】

〈バラード〉菊地雅章

TBM-10

高柳昌行とニュー・ディレクション・フォー・ジ・アーツ
『フリー・フォーム組曲』

TBMは高柳昌行のレコーディングも積極的に行なったことで日本のジャズ史に大きな足跡を残している。その最初の作品が本作である。高柳がニュー・ディレクション・フォー・ジ・アーツを結成したのはレコーディングが行なわれる前年（一九七一年）六月のこと。彼と山崎弘（ds）のコンビに森剣治（sax）が加わったことで結成されたユニットは、真剣なリハーサルを幾度となく重ね、活動を開始する。

しかし、この先鋭的なグループをブッキングするひとはほとんどいなかった。八月に千葉県三里塚で開かれた「日本幻野祭」、十月の新宿「タロー」、十二月の「アン・ジャズ・コンサート」が、その年に行なわれたライヴのすべてである。年が明けた二月にはパーカッション奏者のジョー水木が加わり、高柳が目指す「パーカッシヴ・ミュージック」への体制が整う。

三月には、大阪「ヤマハ」、京都「ビッグ・ボーイ」でライヴが行なわれる。このときは仕事の都合で山崎が不参加だったものの、「銀巴里」セッションを録音した内田修が主宰する「ナゴヤ・ヤマハ・クラブ」出演で、初めて四人が顔を揃えることになった。その演奏に感銘を受けた藤井武は、この稀有なフリー・ジャズ集団の録音に踏み切る。

以前から藤井と高柳はフリー・ジャズの行く末について語り合っていた。藤井はこのグループのライヴもプロ

[SIDE A]
①ブルース
②あなたは恋を知らない
③東の太陽
[SIDE B]
①フリー・フォーム組曲

○パーソネル
高柳昌行（g amplified per-B①のみ）、森剣治（cl-A① B① piccolo-A② B① ss-A③ recorder-A③ as-B① fl-A② B①）、山崎弘（ds）、ジョー水木（per-A1①をのぞく）

1972年5月19日録音
東京「アオイ・スタジオ」（スタジオ・ライヴ）

レコーディング・エンジニア：神成芳彦（アオイ）
エンジニア助手：黒田賢志（アオイ）
カッティング：中村信（東芝）
アート・ディレクター：西沢勉

72年度「ジャズ・ディスク大賞 日本ジャズ賞 第3位」

発売＝スリー・ブラインド・マイス・レコード
再発＝PAP-20038（LP トリオ・レコード）
TBM-XR-0010（XRCD TBMビデオ）
THCD-230（CD ディスクユニオン）

デュースし、そのことがレコーディング実現に拍車をかけたことはいうまでもない。そして、TBM唯一の試みとなったスタジオ・ライヴで本作のレコーディングが行なわれる。通常のジャズ・ライヴ以上に即興性が重視される彼らの演奏を収録するには、聴衆を前にしたライヴが一番――藤井の考えは明解だ。

レコードでは、A面にジャズの典型的な様式（ブルース、スタンダード曲、モード曲）を、B面に高柳が書いたフリー・フォームのジャズを収録することにした。ということで、高柳によるこのアルバムは意表を突くかのようにトラディショナルなブルースから始まる。ここで森はクラリネットを吹き、高柳はスティール弦を用いたアコースティック・ギターを弾いている。後半に短いギター・ソロも登場するが、ここだけがアブストラクトな響きで、残りは4ビートを刻む高柳のコード・ワークも含めて、すべてがオーソドックスな展開になっている。

二曲目には水木のパーカッションをイントロダクションにしたスタンダードの〈あなたは恋を知らない〉が演奏される。しかし、イントロに続いて森がフルートを吹くプレイ（途中でピッコロに持ち替える）からはほとんど原曲のメロディが聴こえてこない。わずかにこの曲であることがわかるのは、サビのパートでフェイクしたメロディが少しだけ顔をのぞかせるからだ。山崎のブラシを用いた触発的なビートと、同じく高柳の自在なバッキングがいやが応にも緊張感を高めていく。

A面最後の〈東の太陽〉は高柳が書いたモード曲。とはいっても、マイルス・デイヴィス（tp）に代表されるモード・ジャズとはまったく印象が違う。高柳のギターが8ビートのリズムを引っ張り、その上で中近東風のドリアン・モードを用いた森がソプラノ・サックスとリコーダーで暴れまくる。中盤からはリズムがフリーとなり、このユニットならではのパートに移っていく。

B面全部を用いて演奏されるのは三楽章からなる〈フリー・フォーム組曲〉。森（第一楽章）、高柳（第二楽章）、山崎と水木（第三楽章）がフィーチャーされる構成で、このフリー・ジャズ集団の全貌が集約されている。とくに第三楽章における、四人が渾然一体となった演奏（高柳いうところのマス・プロジェクション）の圧倒的なパワーと破壊力は既成の音楽概念を軽く凌駕するものだ。そこに、高柳の意図が的確に表されている。

なおこの組曲では「生演奏の場における音量が再現できるようにミキシングおよびカッティングが行なわれているため、途中で音量を加減しないでほしい」旨がライナーノーツに記されている。

TBM-11

戸谷重子＋今田勝トリオ
『マイ・ファニー・ヴァレンタイン』

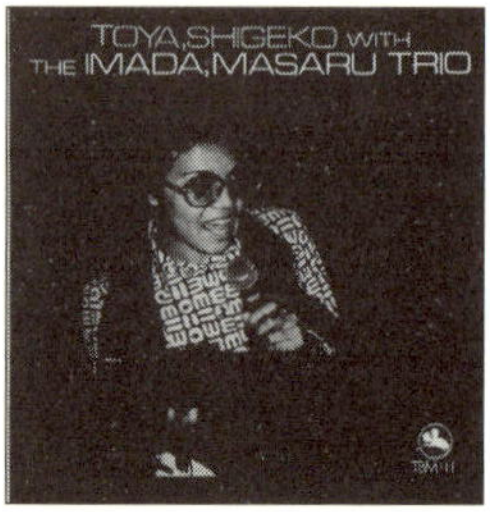

[SIDE A]
①明るい表通りで
②我が心のジョージア
③キャント・ヘルプ・ラヴィン・ダット・マン
④タッドのブルース
[SIDE B]
①自由への賛歌
②マイ・ファニー・ヴァレンタイン
③コ ル・ミー・イレ・スポンシブル
④イエスタデイ

○パーソネル
戸谷重子(vo-A①②③ B②③④ p-B②④)、今田勝(org-A①② B④ p-A③④ B①③)、福井五十雄(b)長芝正司(ds)

1972年10月17、18日録音
東京「アオイ・スタジオ」

レコーディング・エンジニア：神成芳彦(アオイ)
エンジニア助手：黒田賢志(アオイ)
カッティング：中村信(東芝)
アート・ディレクター：西沢勉

発売＝スリー・ブラインド・マイス・レコード
再発＝TBM-2511(LP スリー・ブラインド・マイス・レコード)
MHCP-10029(CD ソニー・ミュージックダイレクト)

弾き語りで評判を呼んでいた戸谷重子に録音の機会を与えたのもＴＢＭの業績だ。派手なパフォーマンスとは無縁の彼女である。その戸谷に、藤井武は『ナウ!!』（ＴＢＭ―２）で人気を得た今田勝（ｐ）が中心となったトリオを組み合わせることにした。トレードマークの弾き語りはＢ②とＢ④だけで、代わりに今田のトリオ演奏も二曲（Ａ④とＢ①）が収録されている。

戸谷のヴォーカルは重々しく落ち着いた響きに満ちている。朗々と歌い上げるスタイルは通常のジャズ・ヴォーカルとは一線を画すものだ。どちらかいえばゴスペルに近いだろうか。師匠で、のちにＴＢＭから『ユーヴ・ガット・ア・フレンド』（ＴＢＭ―50）を発表する「日本ジャズ・ヴォーカルの母」こと水島早苗のスタイルに通じている。

本作のいくつかでは、珍しいことに今田がオルガンを弾いている。それが、ゴスペルの雰囲気を持つ戸谷のヴォーカルに花を添えるものとなった。ことにヴォーカルが登場する前に延々とオルガンを弾くＡ②は聴きものだ。この演奏は、今田がこの手の音楽にも造詣が深いことを伝えている。ヴォーカルが抜けたトリオ演奏でも、彼はピアノで豊かなブルース・フィーリングを示してみせる。そして、戸谷の弾き語りによる二曲はさらにゴスペル色の濃いものとなった。なお、彼女の弾き語りはＴＢＭにおける他の作品でも聴くことができる。

TBM-12

和田直カルテット&セクステット
『ココズ・ブルース』

和田直《すなお》はジャズの世界で「日本一のブルース・ギター弾き」である。ただし、それは限られたひとの間で知られていることだった。名古屋在住で、ライヴ・ハウス「ココ」の経営者ということもあり、めったによその土地で演奏することがなかったからだ。その彼を一躍有名にしたのがこの作品である。ケニー・バレル（g）に通じるジャズとブルース・フィーリング——和田のプレイは泥臭さと洗練さがいい具合にブレンドされている。そこに大人のジャズの味わいがある。

その彼のデビュー作につき合っているのは、渡辺貞夫（as）カルテットでリズム・セクションを務めていた精鋭の三人だ。中でも本田竹曠（p）は、和田に負けないブルース・フィーリングを身につけていた。強力なタッチで、しばしばピアノの弦を切ってしまうことでも話題を呼んでいた本田である。和田より土の香りが強い演奏に個性を示す彼が、リーダーのプレイにどう関わっていくのか——当然のことながら、ふたりの顔合わせが本作の聴きどころとなっている。

演奏されるのは、和田が書いたA① A③ B②、本田のB①、そしてチャーリー・パーカー（as）のA②で、いずれもブルースだ。そしてA②とB②では、和田の音楽仲間である関西在住の信貴勲次《しぎくんじ》（fgh）と森剣治（as）が加わる。後者の破天荒なソロも衝撃だ。なおA①の「ワン」とは和田の愛称である。

[SIDE A]
①ワンズ・ブルース
②ビリーズ・バウンス
③ギターズ・タイム
[SIDE B]
①シック・トーマス
②ココのブルース

○パーソネル
和田直(g)、本田竹曠(p)、古野光昭(b)、倉田在秀(ds)、信貴勲次(fgh-A② B②)、森剣治(as-A② B②)

1972年10月23日録音
東京「KRCスタジオ」

レコーディング・エンジニア：神成芳彦(アオイ)
エンジニア助手：黒田賢志(アオイ)
カッティング：中村信(東芝)
アート・ディレクター：西沢勉

発売＝スリー・ブラインド・マイス・レコード
再発＝TBM-2512(LP スリー・ブラインド・マイス・レコード)
PAP-20012(LP トリオ・レコード)
TBM-CD-1812(CD TBMレコード)
TBM-XR-0012(XRCD TBMビデオ)
MHCP-10025(CD ソニー・ミュージックダイレクト)
THCD-303(CD ディスクユニオン)

TBM-13

ジョージ大塚クインテット
『ゴー・オン』

[SIDE A]
①ゴー・オン
②キャスタリー
[SIDE B]
①スペース・ドライヴ
②ヒアズ・ザット・レイニー・デイ
③アイソトープ

○パーソネル
ジョージ大塚(ds)、大野俊三(tp-A①② B①③ fgh-B②)、山口真文(ts-A① B③ ss-A② B①)、大徳俊幸(p-A① B② elp-A② B①③)、水橋孝(b)
B②＝山口真文抜ける

1972年11月28、29日録音
東京「アオイ・スタジオ」

レコーディング・エンジニア：神成芳彦(アオイ)
エンジニア助手：黒田賢志(アオイ)
カッティング：中村信(東芝)
アート・ディレクター：西沢勉

発売＝スリー・ブラインド・マイス・レコード
再発＝THCD-250(CD ディスクユニオン)

ジョージ大塚は一九六〇年代後半にタクト（のちに日本コロムビアに買収される）から優れたトリオ・アルバムを三枚発表し、それらが評価されて人気ナンバー・ワン・ドラマーに上りつめた。もちろん実力もナンバー・ワンを誇っていた。

その彼がさらなる飛躍を求め、グループをクインテットに拡大したのが七十一年初頭のこと。市川秀男（p）と水橋孝（b）からなるそれまでのトリオに、新人の植松孝夫（ts）と大野俊三（tp）を起用したのである。このメンバーでテイチクに『シー・ブリーズ』を吹き込み、その次作となったのがこのアルバムだ。その間に、サックスは植松から山口真文に、ピアノは市川から大徳俊幸に交代し、さらにフレッシュなサウンドが現実のものとなった。

当時を振り返ってみると、グループでもっとも注目されていたのが大野である。それ以前は猪俣猛（ds）のサウンド・リミテッドで若武者ぶりをアピールしていたが、大塚のグループ加入以降は持てる才能すべてを発揮し、「第二の日野皓正」的存在へと踊り出たのである。その優れた資質はワン・ホーンで演奏されるバラードのB②、迫力満点のA①（大野作）やB③を聴けば納得いただけるだろう。加えて、これまた新人だった大徳の貢献も見逃せない。ことにエレクトリック・ピアノでスピーディなソロを繰り広げるB③は圧巻だ。

TBM-14

今田勝ソロ&トリオ
『ポピー』

[SIDE A]
①ミスティ
②サニーが憂鬱になったとき
③レフト・アローン
④ポルカ・ドッツ・アンド・ムーンビームス
[SIDE B]
①海藻
②ポピー
③アセント

○パーソネル
今田勝(p)、福井五十雄(b-B面のみ)、小津昌彦(ds-B面のみ)

1973年1月25、26日録音
東京「アオイ・スタジオ」

レコーディング・エンジニア：神成芳彦(アオイ)
エンジニア助手：伊沢俊司(アオイ)
カッティング：中村信(東芝)
アート・ディレクター：西沢勉

発売＝スリー・ブラインド・マイス・レコード
再発＝TBM-2514(LP スリー・ブラインド・マイス・レコード)
PAP-20029(LP トリオ・レコード)
TBM-CD-1814(CD TBMレコード)
THCD-251(CD ディスクユニオン)

前作から二年半近くが空いてしまったが、今田勝がTBMで吹き込んだ二作目。前作がカルテットだったのに対し、今回はA面がソロ・ピアノ、B面が当時のレギュラー・トリオによる演奏となっている。興味深いのは、ソロ・ピアノがジャズのスタンダード、トリオが今田のオリジナルで固めていることだ。

ソロ・ピアノにしたのは、レコーディングに際し、今田がバラードを取り上げたいと希望したことが大きな理由である。冒頭を飾る〈ミスティ〉は、今田同様にTBMで人気ピアニストになる山本剛の十八番《オハコ》としても知られている。そちらは『ミスティ』（TBM-30）で聴けるが、山本ヴァージョンに比べると、今田の演奏は端正で、山本とは別の情緒溢れる演奏になっている。

注目すべきはマル・ウォルドロン（p）の代表曲A③を取り上げていることだ。日ごろのプレイにあまりブルージーな要素はないものの、この演奏での今田は原曲の持つ寂しげな雰囲気をほどよいブルース・フィーリングとともに綴ってみせる。

トリオ演奏で注目すべきは、今田の代表的なオリジナルとしてのちに何度も演奏されることになったB②③が紹介されていることだ。そしてB①では8ビートが用いられ、これもその後の演奏に繋がっていく。すでにキャリア十分の今田である。それだけに間口は広い。その片鱗をわずかではあるが示してみせたのがこの作品だ。

TBM-15

鈴木勲トリオ&カルテット
『ブロー・アップ』

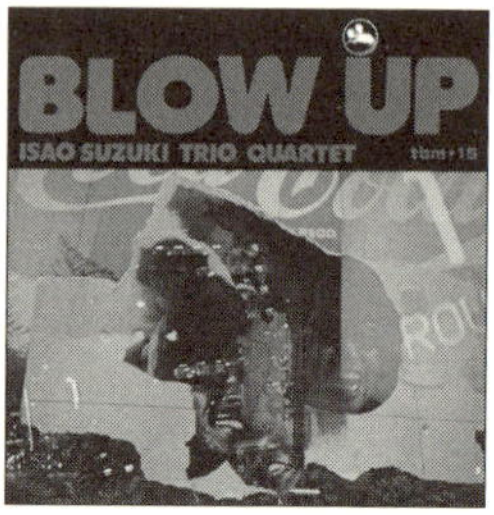

[SIDE A]
①アクア・マリーン ②エヴリシング・ハプンズ・トゥ・ミー ③ブロー・アップ
[SIDE B]
①ライク・イット・イズ ②言い出しかねて ③ロウ・フライト

○パーソネル
鈴木勲(h-A② B① cello-A①③ B②③)、菅野邦彦(p elp-A①のみ)、ジョージ大塚(ds)、水橋孝(b-A①③ B②③)

1973年3月29、30日録音
東京「アオイ・スタジオ」

レコーディング・エンジニア：神成芳彦(アオイ)
カッティング：中村信(東芝)
アート・ディレクター：西沢勉

73年度「ジャズ・ディスク大賞 日本ジャズ賞 第1位」

発売＝スリー・ブラインド・マイス・レコード
再発＝TBM-2515(LP スリー・ブラインド・マイス・レコード)
UL38-0015(38cm/sec.2トラックテープ スリー・ブラインド・マイス・レコード)
TBM(P)-2515(LP 日本フォノグラム)
15PJ-1023(LP 日本フォノグラム)
PAP-20005(LP トリオ・レコード)
TBM-15(LP TBMビデオ)
ART-1(CD ディスクユニオン／アートユニオン)
TBM-CD-2515(CD TBMビデオ)
TBM-XR-0015(XRCD TBMビデオ)
TBM-CD-1815(CD TBMレコード)
MHCP-10022(CD ソニー・ミュージックダイレクト)
THCD-238(CD ディスクユニオン)
THLP-346(LP ディスクユニオン)
IMP6022-45(LP IMPEX RECORDS)

鈴木勲が、折から来日していたアート・ブレイキー（ds）に、出演中の自由が丘「ファイヴ・スポット」で認められたのは一九七〇年のことである。それが縁で、七十二年までブレイキー率いるザ・ジャズ・メッセンジャーズに抜擢され、帰国後に吹き込んだこの作品が、鈴木にとっての初リーダー作となった。

レコーディングに参加した菅野《すがの》邦彦（p）とジョージ大塚（ds）は、かつて日本に滞在していたクラリネット奏者、トニー・スコット・カルテットのリズム・セクションを鈴木と担っていた仲間だ。スコットの帰国後は、そのまま松本英彦（ts）カルテットのリズム・セクションを務めている。この三人の再会に加え、鈴木がチェロを弾く曲（A①③ B②③）では水橋孝がベーシストとして迎えられ、レコーディングは行なわれた。

荘厳な響きの〈アクア・マリーン〉を一曲目にもってきたところがいかにもTBMらしい。軽快なノリのキャッチーな演奏ではなく、フリー・リズムで演奏が進展していく。しかし、これが次の〈エヴリシング・ハプンズ・トゥ・ミー〉を効果的に聴かせる役割を担った。

本作レコーディングの目的のひとつに「菅野を中心に、ご機嫌にスウィングするトリオ演奏を一曲でもいいから記録したい」という藤井武の思いがある。そのことに十分すぎる内容で応えているのがこのトラックと〈ライク・イット・イズ〉だ。

〈エヴリシング・ハプンズ・トゥ・ミー〉における溌剌とした菅野のタッチをどう表現すればいいだろうか？　汲めども尽きぬ泉のように次から次へと湧き出てくる魅力的なフレーズの数々。そしてその彼を、奔放なバッキングでサポートする鈴木と大塚。菅野の神がかり的な演奏は、「緊張を強いられるレコーディングの場で記録することは不可能に近い」といわれてきた。そのことについては、本書に収録された藤井のインタヴューに詳しいので、そちらを参照していただきたい。

「リーダーであることのプレッシャーから解放されれば、菅野が気持ちを自由にさせて演奏できるだろう」

そう踏んだ藤井の目論見は見事に的中した。これらの演奏で、菅野の魅力と持ち味が存分に発揮されているからだ。これら二曲と、菅野のリーダー作『慕情』（TBM-26）のタイトル・トラックが、これまでに残された彼のレコーディングでは最高の演奏を記録したものといっていい。

鈴木がチェロで弾《はじ》けまくるタイトル・トラックも魅力いっぱいだ。このカルテット演奏でも、シングル・ノートを速射砲のように連続させる菅野のプレイが痛快に響く。この時点で日本を代表する最強ドラマーのひとりになっていた大塚の起用も、こうした8ビートを主体にした勢いに溢れる演奏で威力を発揮する。それにしてもこのリズム・セクションは素晴らしい。

再びピアノ・トリオで演奏される〈ライク・イット・イズ〉では、菅野がファンキー調のタッチとフレージングで真価を聴かせてくれる。彼がレコーディングでこうした雰囲気になることは珍しい。それを実現させたことも本作の高い価値に繋がっている。気心の知れた鈴木と大塚がいることで、しかも名義上ではサイドマンであることで、菅野の気持ちが寛いだのだろう。そうした状況をセッティングしたプロデューサーの力は大きい。

スタンダードの〈言い出しかねて〉では、鈴木がチェロでソウルフルにテーマ・パートを奏でてみせる。アルバムのクロージングとなった〈ロウ・フライト〉でもチェロを駆使した痛快なプレイで演奏のムードを設定し、その後は菅野のスピーディなタッチによる小気味のいいソロが続く。

本作の白眉は実質的に「菅野邦彦トリオ」の演奏となったA②とB①である。閃きに満ちた彼のプレイに加え、鈴木が好サポートでリーダーシップを発揮していることも特筆したい。『スイングジャーナル』誌の七十三年度「ジャズ・ディスク大賞」で「日本ジャズ賞（第一位）」に輝いたのは当然だ。

TBM-16

戸谷重子とジャズ・フレンズ
『ファイン・アンド・メロー』

[SIDE A]
①アンチェイン・マイ・ハート
②想い出のグリーン・グラス
③ファイン・アンド・メロー
[SIDE B]
①柳はむせぶ
②エンジェル・アイズ
③君を想いて
④身も心も

○パーソネル
戸谷重子(vo p-A②)、今田勝(p-A② B②をのぞく)、水橋孝(b)、小原哲次郎(ds)、高柳昌行(g-A③ B①~④)、五十嵐明要(as-A①③ B④)

1973年5月17、18、24日録音
東京「アオイ・スタジオ」

レコーディング・エンジニア：神成芳彦(アオイ)
エンジニア助手：黒田賢志(アオイ)
カッティング：中村信(東芝)
カバー写真：相見明
アート・ディレクター：西沢勉

発売＝スリー・ブラインド・マイス・レコード
再発＝TBM-2516(LP TBMビデオ)
THCD-308(CD ディスクユニオン)

戸谷重子名義で録音されたアルバムの二作目。このあとは、本作の翌月に吹き込まれた『今田勝トリオ＋戸谷重子／横浜コンサート』（TBM-22）と、一九七六年の「5デイズ・イン・ジャズ」の実況録音盤『シゲコ&マリ』（TBM-71）、七十八年にユピテルから『シー・クライズ』を残し、結婚を機に引退してしまった。

この作品ではアルバム名義のとおり、戸谷とは前作でも、そしてこのあともつき合いのある今田勝（p）トリオを中心に、曲によっては高柳昌行（g）と五十嵐明要（as）が名を連ねている。

ファンが注目するのは高柳の参加だろう。彼がギターを弾くトラックは五曲ある。しかもB②では今田が抜け、高柳のトリオがバックを担っている。オーソドックスな演奏にも非凡なところを示す彼の姿に注目していただきたい。A③とB④でのアコースティック・ギター・プレイにも格別の味わいがある。そして、もうひとりの〈フレンド〉五十嵐明要によるジョニー・ホッジス（as）ばりの歌うサックスも抜群の雰囲気を醸し出す。彼の参加も本作の聴きどころだ。

A②で戸谷は得意の弾き語りも聴かせるが、それ以外はメンバーに伴奏を任せ、ヴォーカルに専念している。やや高めの声で、ジャズというよりゴスペルに近いアプローチが魅力的だ。この独特の歌唱力を持つシンガーがわずかな吹き込みを残し、引退したことが惜しまれる。

TBMトピックス 1

ミュージシャンが語る「銀巴里」セッション

＊山下洋輔（p）＝「ジャズは芸術だ」というのが大前提にあって、「銀巴里」ではなにをやってもいいことになっていました。お酒の席での伴奏とか踊りの伴奏ではない「リアル・ジャズ」をやろうと。ジャズを自己表現としての芸術と捉えて、面白いことをやろう、とね。「銀巴里」セッションでは、雰囲気として誰それの真似をするのは恥だったんですよ。

＊中牟礼貞則（g）＝あのころは向こうのプレイヤーの演奏が主体でしたよね。「こういう新譜が出たよ」とか、ビル・エヴァンス（p）がこういうのをやってるっていうと、それをやってみたり。実際のところはそういうものと大きな違いはないけど、気分としては「自分たちで新しい活動をしよう」という集まりが「銀巴里」のセッションでした。

意外に思われるかもしれませんが、ディスカッションみたいなものはなかったですね。だからすごく不思議な集まりだったと思います。しかもお互いに「お前がああでこうだ」みたいなこともいわない。ぼくたちは勉強段階にいたわけじゃなかったから。勉強会ならいろいろディスカッションもするでしょうけど、「銀巴里」でやっていたのはその先の話です。ぼくの考えでは、そのひとの音楽性を尊重する集まりでした。

＊鈴木孝二（as）＝プーさん（菊地雅章）は「ジャッキー・マクリーン（as）のコピーをしたって、アメリカにはそんなのがうじゃうじゃいるからダメだ」でしょ。プーさんと一緒にやると、何コーラスでもソロを吹かせるんですよ。最初はその日聴いてきたレコードのカッコいいところを入れて吹くんだけど、そのうちネタが尽きちゃう。それでもうやることがなくなったときの最後のワン・コーラスが、プーさんにいわせれば「一番よかった」。「最初からそれをやらなきゃ」っていわれるけど、やっぱりまずはカッコをつけたいんだよね（笑）。

TBM-17

日野皓正クインテット
『ライヴ!』

[SIDE A]
①ステラ・バイ・スターライト
②スウィート・ララバイ
[SIDE B]
①ビー・アンド・ノウ

○パーソネル
日野皓正(tp)、益田幹夫(p)、池田芳夫(b)、日野元彦(ds)、今村祐司(conga)

1973年6月2日
東京「東京郵便貯金ホール」で実況録音

レコーディング・エンジニア：神成芳彦(アオイ)
カッティング：中村信(東芝)
カバー写真：内藤忠行
アート・ディレクター：西沢勉

73年度「ジャズ・ディスク大賞 日本ジャズ賞 第2位」

発売＝スリー・ブラインド・マイス・レコード
再発＝TBM-2517(LP スリー・ブラインド・マイス・レコード)、
15PJ-1024(LP 日本フォノグラム)
TBM(P)-2517(LP 日本フォノグラム)
PAP-20013(LP トリオ・レコード)
ART-7(CD ディスクユニオン／アートユニオン)
TBM-CD-2517(CD TBMビデオ)、
TBM-CD-1817(CD TBMレコード)、
MHCP-10039(CD ソニー・ミュージックダイレクト)
THCD-260(CD ディスクユニオン)

日野皓正のTBM作品はこれ一枚しか残されていない。レーベルの基本精神は「有名無名は問わないが、レコーディングのチャンスに恵まれていないひとの作品を制作すること」で、かつ「プロデューサーである藤井武の心を揺さぶる音楽ならスタイルは関係ない」というものだ。そのことを考えると、この時点で世界的な評価を受けつつあった日野のアルバム制作はレーベルの方針にそぐわない。しかし制作の理由は、藤井のインタヴュー（後掲）を読めば理解できるだろう。

一九七三年六月二日、「東京郵便貯金ホール」（現在の「メルパルク・ホール」）でこのアルバムは実況録音された。日野が率いるのは当時のレギュラー・クインテットである。ステージは第一部を「詩とジャズ」と題し、上田都史《とし》の『人間 尾崎放哉《ほうさい》～脱俗の詩境とその生涯』（潮文社新書）から尾崎の詩を俳優の大木正司が朗読し、そのバックでクインテットが演奏する約四十分のステージ。そして第二部がクインテットのみによる演奏という構成だった。

第二部では、一曲目に当時の代表的なオリジナル〈ラヴ・ネイチャー〉が、その後は本作に収録された三曲が演奏された。〈ラヴ・ネイチャー〉は七一年にニューヨークで録音された同名タイトルのアルバム（テイチク）に収録されていたことと、演奏の出来がいまひとつだったことからカットされ、そのあとの三曲をこのアルバムでは聴くことができる。

日野は直後の六月十一日から七月十八日まで、クインテットを率いてヨーロッパ・ツアーを敢行している。その旅立ちを祝して開催されたのがこのコンサートだ。それだけに、張り切っていたのだろう。

ツアー中の六月二十九日にはドイツのジャズ・クラブ「ドミシル」での演奏が同地のエンヤ・レーベルによってライヴ・レコーディングされ、『タローズ・ムード』のタイトルで発表されている。帰国後は各地のジャズ・フェスティヴァルなどに出演し、九月三日をもってクインテットは解散する。そして十月には一家で静岡県の沼津市に転居。クインテットも益田幹夫（p）と日野元彦（ds）を残し、新たにふたりのメンバー（テナー・サックスの宮田英夫とベースの岡田勉）を加えて再スタートを切っている。そのクインテットで十二月十九日と二十日に録音されたのが二枚組ＬＰの『ジャーニー・イントゥ・マイ・マインド』（ＣＢＳソニー）だ。

さて、この作品である。冒頭を飾る〈ステラ・バイ・スターライト〉では、日野、日野元彦（ds）、今村祐司（per）によるフリー・フォームの演奏が延々と続く。お馴染みのメロディはまったく出てこない。その後はクインテットの演奏となるが、ここでも最後まで〈ステラ・バイ・スターライト〉とはわからないフリー・フォームに終始する。そうした演奏で、日野は自身の創造性を聴衆に問いかけたのだろう。

次の〈スウィート・ララバイ〉もフリー・ジャズ的な要素を持ったバラードだ。それでもメロディ・ラインは格別に美しい。日野のバラードといえば〈アローン・アローン＆アローン〉が有名だが、終盤に登場するメロディはその美しさに負けず劣らずのものだ。

ＬＰ時代はこれら二曲がＡ面を飾っていた。そして、Ｂ面には二十八分半におよぶ〈ビー・アンド・ノウ〉が収められている。当時の日野はスケールの大きな曲想に強い個性を発揮していた。アルバムに収録されなかった〈ラヴ・ネイチャー〉もそうだし、この演奏も代表格だ。ここでもフリー・フォームの前奏からスタートし、かなりの時間を経たあとにリズムがビートを刻み始め、それに乗った日野が自由奔放なソロを繰り広げる。

この白熱したプレイも素晴らしいが、そのパートにいたるまでのお膳立てともいえる前奏部分の日野も独自の音楽性を存分に発揮していて見事だ。だからこそ長尺の演奏になるのだが、どこにも冗漫な部分がない。こんなに冒険的で野心的な演奏は、当時であれば、やはりＴＢＭ以外では発表できなかっただろう。

TBM-18

中村照夫グループ
『ユニコーン』

TBMのカタログ中では数少ない海外録音による作品で、とにかく顔ぶれがすごい。ミュージシャン経験がほとんどなかった中村照夫がニューヨークに渡り、活動を始めたのが一九六四年のことである。いわば叩き上げのミュージシャンが彼だ。

この作品は、中村が親しい仲間を集めて吹き込んだもの。スティーヴ・グロスマン（ts ss）、チャールズ・サリヴァン（tp）、ジョージ・ケイブルス（elp）、レニー・ホワイト（ds）、アル・ムザーン（ds）など、七十年代のシーンを背負って立つ俊英や、すでに注目を集めていたミュージシャンがずらりと顔を揃えている。

それだけに、演奏されるのは本場でも最先端に位置するジャズだ。端的にいうなら、マイルス・デイヴィス（tp）が追求していたエレクトリック・サウンドをベースに、骨太のジャズ・テイストがかけ合わされた内容だ。その中で、中村のどっしりとしたベース・ワークが演奏をグイグイと引っ張っていく。

ごく一部をのぞき、このころは日本のミュージシャンが本場のトップ・クラスと渡り合える時代でなかった。それだけに、この作品は日本のファンにとってもある種の夢を実現させたものである。とりわけ、マイルス・バンドで実力を発揮したグロスマンのプレイが先鋭的だ。彼も含めてこれだけのメンバーが集まったのも奇跡なら、演奏も俄かには信じられないほど素晴らしい。

[SIDE A]①ユニコーン・レディ ②アンダースタンディング ③サム・アザー・ブルース
[SIDE B]①ウマ・ビー・ミー ②ニュー・ムーン ③デリックス・ダンス

○パーソネル
A①＝中村照夫(elb)、スティーヴ・グロスマン(ss)、ジョージ・ケイブルス(elp)、レニー・ホワイト(ds)、アルヴァン・バン(conga)、岸田恵二(per)　A②＝中村照夫(elb)、サンディ・ヒューイット(vo)、スティーヴ・グロスマン(ts ss)、チャールズ・サリヴァン(tp)、ヒューバート・イーヴスIII(p)、アル・ムザーン(ds)、岸田恵二(per)　A③＝中村照夫(elb)、スティーヴ・グロスマン(ts)、ヒューバート・イーヴスIII(elp)、アル・ムザーン(ds)　B①＝中村照夫(elb)、サンディ・ヒューイット(vo)、スティーヴ・グロスマン(ss)、ヒューバート・イーヴスIII(elp)、アル・ムザーン(ds)、岸田恵二(per)、ロナルド・ジャクソン(per)　B②＝中村照夫(elb)、スティーヴ・グロスマン(ss)、チャールズ・サリヴァン(tp)、ジョージ・ケイブルス(elp)、ジョン・ミラー(p)、レニー・ホワイト(ds)、アルヴァン・バン(conga)、岸田恵二(per)　B③＝中村照夫(elb)、スティーヴ・グロスマン(ts)、チャールズ・サリヴァン(tp)、ジョン・ミラー(p)、ジョージ・ケイブルス(elp)、レニー・ホワイト(ds)、アルヴァン・バン(conga)、岸田恵二(per)

1973年5月18日、6月8日録音
ニューヨーク「サウンド・アイディアズ・スタジオ」

レコーディング・エンジニア：ジョージ・クレイビン
リマスタリング：行方洋一
カッティング：中村信(東芝)
カバー写真：かきざきせいじ、渡辺秀俊
アルバム・デザイン：すえださとこ
カバー・アート：しばたあつこ
アート・ディレクター：しばたゆういちろう
プロデューサー：藤井武、中村照夫

発売＝スリー・ブラインド・マイス・レコード
再発＝TBM(P)-2518(LP 日本フォノグラム)
TBM-CD-2518(CD TBMビデオ)、
TBM-CD-1818(CD TBMレコード)、
MHCP-10026(CD ソニー・ミュージックダイレクト)
THCD-220(CD ディスクユニオン)
THLP-411(LP ディスクユニオン)

TBM-19

福村博クインテット
『モーニング・フライト』

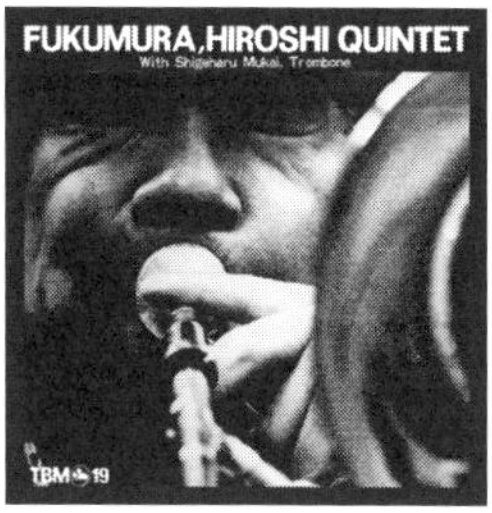

本作は福村博がリーダーだが、フロントにはもうひとりのトロンボーン奏者、向井滋春が迎えられ、2トロンボーン・チームの演奏集になっている。

福村は無名の新人だった一九七一年に渡辺貞夫（as）のクインテットに抜擢され、頭角を現しつつあった時期にこの作品は吹き込まれた。一方の向井は七十五年に「新宿ジャズ賞」を受賞し、翌年に初リーダー作『For My Little Bird』（日本コロムビア）を発表する。このレコーディングでも注目に値する演奏を残していたことから、大きな評判を獲得するのも時間の問題だった。

いわば、次代を担うトロンボーンの精鋭ふたりが手を携えることでジャズ界に新風を吹き込んだのがこのユニットだ。それだけに、全編にわたって瑞々しいプレイが記録されている。

スケールの大きなA①で両者の実力は存分に発揮される。トロンボーンのチームといえば、丁々発止としたやりとりでテクニックを競い合うJ・J・ジョンソンとカイ・ウィンディングが有名だ。一方、福村＝向井チームはふたりでひとつの音楽を創り上げるかのように、悠然としたプレイで自分たちの世界を表現してみせる。そこが聴いていて心地いい。サックスやトランペットに比べると、トロンボーンはのんびりとしたサウンドに特徴がある。それゆえこのチームには寛いだ雰囲気もあるが、緊張感も尋常でない。ここに大きな魅力がある。

[SIDE A]
①モーニング・フライト
②イマジネイション作品1番
[SIDE B]
①ウインター・ソング
②カズン・メアリー
③雨の中の兵隊

○パーソネル
福村博（tb）、向井滋春（tb-A②で抜ける）、田村博（p）、岡田勉（b）、守新治（ds）

1973年8月22日録音
東京「アオイ・スタジオ」

レコーディング・エンジニア：神成芳彦（アオイ）
カッティング：中村信（東芝）
アート・ディレクター：西沢勉

73年度「ジャズ・ディスク大賞 最優秀録音賞 第2位」

発売＝スリー・ブラインド・マイス・レコード
再発＝TBM-2519（LP スリー・ブラインド・マイス・レコード）、
TBM-19（LP TBMビデオ）
TBM-CD-2519（TBMビデオ）、
TBM-XR-0019（XRCD TBMビデオ）
MHCP-10037（CD ソニー・ミュージックダイレクト）
THCD-224（CD ディスクユニオン）

TBM-20

宮本直介セクステット
『ステップ』

[SIDE A]
①ステップ・ライト・アップ・トゥ・ザ・ボトム
②ワン・フォー・トレイン
[SIDE B]
①ア・ニュー・シェイド・オブ・ブルー
②ホエア・ドゥ・ゼイ・ゴー
③ブルース

○パーソネル
宮本直介(b)、占谷充(as)、後藤剛(ts-A①② B②③ ss-A②)、信貴勲次(tp)、米田正義(p)、中山正治(ds)
B①＝後藤剛抜ける

1973年8月25、26日録音
東京「アオイ・スタジオ」

レコーディング・エンジニア：神成芳彦(アオイ)
カッティング：中村信(東芝)
アート・ディレクター：西沢勉

発売＝スリー・ブラインド・マイス・レコード
再発＝TBM-CD-1820(CD TBMレコード)
MHCP-10028(CD ソニー・ミュージックダイレクト)
THCD-252(CD ディスクユニオン)

関西で活躍するミュージシャンにも目を向けていたTBMは、まず名古屋在住の和田直（g）の『ココズ・ブルース』（TBM-12）を制作し、次いで〈関西オールスターズ〉ともいうべき宮本直介セクステットを起用して本作を録音する。三管セクステットによる演奏はハード・バップ調の元気なサウンドが主体だ。ベーシストがリーダーだけに、リズム重視の内容が心地いい。

集められたメンバーはそれぞれの楽器における関西の第一人者だ。曲者《くせもの》揃いの中で、アルト・サックスの古谷充《たかし》は、のちにシンガーとして初リーダー作の『ソリチュード』（TBM-38）を吹き込む。そのほかでひときわ目を引くのが後藤剛《たけし》の参加である。滞米生活の長い彼だけに、その演奏が聴けるこの作品はファンにとって嬉しい贈り物となった。何度かの滞米生活を経験した彼だが、六十三年から翌年にかけての滞米中に聴いたジョン・コルトレーン（ts）には強く触発されたという。そんな後藤の骨太なブローがこの作品では最大の聴きどころになっている。

ほかにも『ココズ・ブルース』で見事なプレイを披露した信貴勲次の参加も、レコーディングの数が少ないだけに貴重なものといえる。そして、これら名うてのメンバーを率いる宮本はいまや関西ジャズ協会の会長としても手腕を奮っている。その彼による最高の演奏を記録したのがこのアルバムだ。

中本マリ&大沢保郎トリオ＋2
『アンフォゲタブル』

[SIDE A]
①タイム・アフター・タイム
②バット・ビューティフル
③ブルー・プレリュード
④スニーキン・アップ・オン・ユー
⑤チーク・トゥ・チーク
[SIDE B]
①アンフォゲタブル
②プリーズ・センド・ミー・サムワン・トゥ・ラヴ
③アイヴ・ゴット・ユー・アンダー・マイ・スキン
④アフター・ユーヴ・ゴーン

○パーソネル
中本マリ(vo)、大沢保郎(p-A①② B①~④)、稲葉國光(b)、小原哲次郎(ds)
ゲスト＝宮沢昭(fl-A⑤ ts-B①④)、横内章次(g-A③~⑤ B④)

1973年9月12、14日録音
東京「アオイ・スタジオ」

レコーディング・エンジニア：神成芳彦(アオイ)
カッティング：中村信(東芝)
アート・ディレクター：西沢勉

発売＝スリー・ブラインド・マイス・レコード
再発＝TBM-2521(LP スリー・ブラインド・マイス・レコード)
15PJ-1025(LP 日本フォノグラム)
PAP-20002(LP トリオ・レコード)
ART-6(CD ディスクユニオン／アートユニオン)
TBM-CD-2521(CD TBMビデオ)、
TBM-CD-1821(CD TBMレコード)
MHCP-10030(CD ソニー・ミュージックダイレクト)
THCD-309(CD ディスクユニオン)

笠井紀美子、戸谷重子に続いてＴＢＭからアルバムを発表したシンガーが中本マリだ。彼女が本格的にジャズ・ヴォーカルを歌い始めたのは一九七〇年のことだから、キャリアは三年ほどしかない。赤坂にあったナイト・クラブ「ＶＩＰＡ ＲＯＯＭ」の専属シンガーに迎えられたのがきっかけだ。当時のハウス・バンドは洒落たピアノの名手として名を馳せていた大沢保郎のトリオである。その後、クラブの専属バンドはギターの横内章次トリオに交代し、新人ジャズ・シンガーの中本はこのふたりによって育てられたといっていい。

それだけに、ジャズ喫茶やライヴ・ハウスに出入りしているファンに、中本の名前はなかなか届くことがなかった。その彼女の実力を世に知らしめたのがこのデビュー作だ。掠れ気味の声と、キャリアと年齢からは考えられないほど落ち着いた歌唱。デビュー作にして、すでに堂々たる風格を備えていた。その中本は、このアルバムが登場したことで一躍注目される存在に踊り出る。

バックは恩人でもある大沢と横内のトリオが曲をわけ合い、そこにこの時期はめったにジャズの第一線に登場しなくなっていた宮沢昭（fl ts）が加わる。わずか三曲（Ａ⑤ Ｂ①④）とはいえ、ＴＢＭに宮沢の録音まであるとは、これも嬉しい驚きだ。大沢と横内の本格的なジャズ・プレイを記録した作品も極端に数が少ない。それだけに、聴きどころ満載の一枚となった。

今田勝トリオ＋戸谷重子
『横浜コンサート』

A面に今田勝トリオの演奏を配し、B面が戸谷重子のヴォーカルで、こちらは弾き語り（B①）、今田トリオとの共演（B②③）、ゲストの森剣治（as）が加わったカルテット（B④⑤）による伴奏の構成。

今田はTBMからアルバムを発表するようになって、ようやく実力に見合う評価を獲得した。当初はフリー・ジャズ寄りの演奏に主眼を置いていたが、レーベルでの二作目である前作『ポピー』（TBM-14）からは、ジャズの王道をいくスタイルで本来の実力を発揮するようになった。持ち前の抒情性を全面に打ち出したA②の美しさは、すでにヴェテランの域に達していた彼の魅力を存分に伝えるものだ。

人気の高さは、本作を吹き込んだ翌年（一九七四年）に新宿の「厚生年金会館ホール」でリサイタルを開いたことからも推測ができる。そのときに残された実況録音盤（キングから発表）のタイトルとなったA③が前作に続いて演奏されている。そのことにも注目したい。

もうひとりの主役、戸谷もすでに二枚のアルバム（TBM-11 16）を発表し、ファンにはお馴染みの存在になっていた。どちらの作品も今田との共演である。気心の知れた両者だけに、彼女もそれまで以上に奔放な歌唱を聴かせてくれる。そしてTBMではさまざまなセッションに顔を出す森剣治（as）が名古屋から馳せ参じ、戸谷のヴォーカルに花を添える。

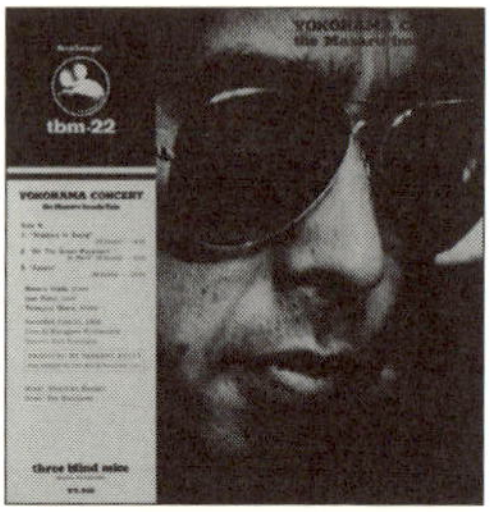

ジャケット表

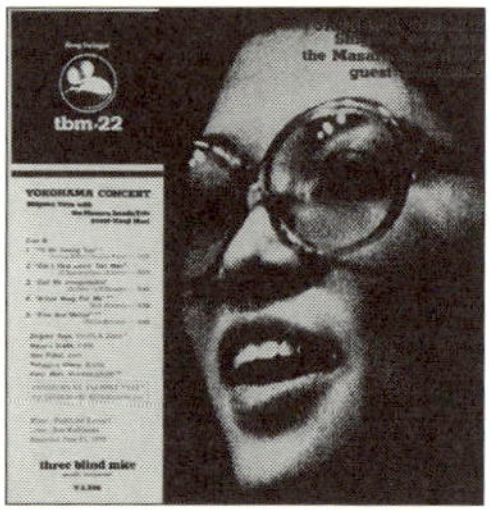

ジャケット裏

[SIDE A]
①シャドウ・イン・スウィング ②パリの舗道にて ③アセント
[SIDE B]
①アイル・ビー・シーイング・ユー ②キャント・ヘルプ・ラヴィン・ダット・マン ③コール・ミー・イレスポンシブル ④柳はむせぶ ⑤ファイン・アンド・メロー

○パーソネル
A面＝今田勝(p)、福井五十雄(b)、小原哲次郎(ds)
B面＝戸谷重子(vo p-B①)、今田勝(p-B①をのぞく)、福井五十雄(b)、小原哲次郎(ds)
ゲスト＝森剣治(as-B④⑤)

1973年6月21日
「神奈川県立音楽堂」で実況録音

レコーディング・エンジニア：神成芳彦(アオイ)
カッティング：中村信(東芝EMI)
アート・ディレクター：西沢勉

発売＝スリー・ブラインド・マイス・レコード
再発＝TBM-2522(LP スリー・ブラインド・マイス・レコード)

TBM-23

山本剛トリオ
『ミッドナイト・シュガー』

のちにTBMのドル箱となる山本剛の記念すべき初リーダー作。山本は一九七四年一月から、菅野邦彦（p）他の後任として六本木にあった「ミスティ」の専属ピアニストとなる。「日本のエロール・ガーナー」と呼ばれるこのスウィンガーは「ミスティ」に出演することで人気者になっていく。そんな彼にTBMが目をつけないはずがない。ということで、その年の三月にこの作品はレコーディングされている。

「このひとはブルースとバラードだけを聴けばいい」

藤井武の言葉どおり、冒頭のオリジナル・スロー・ブルースは十二分近くにおよぶ。デビュー作でこのような冒険をしてしまうところがオーナー・プロデューサーの強みだ。通常なら聴きやすい演奏を最初に持ってくる。今後の評価も左右しかねないから、デビュー作の一曲目はとりわけ重要だ。ましてや山本はスウィンギーなプレイで注目を集め始めていた時期である。その彼に、このような演奏をさせたところがTBMならではだ。

しかしこのブルースの素晴らしさは格別である。エッジの効いたピアノの音色も素晴らしい。そして、A②とB②で聴ける切なげで儚さも伴ったスロー・バラード。A②では、きらびやかな音使いとブルージーなタッチだけでなく、中盤からスウィングする展開が心憎い。加えて抜群に軽快なB①とB③。これで心を揺さぶられないジャズ・ファンがいたらお目にかかりたい。

[SIDE A]
①ミッドナイト・シュガー
②アイム・ア・フール・トゥ・ウォント・ユー
[SIDE B]
①ニアネス・オブ・ユー
②イット・クッド・ハプン・トゥ・ユー
③スウィート・ジョージア・ブルース

○パーソネル
山本剛（p）、福井五十雄（b）、小原哲次郎（ds）

1974年3月1日録音
東京「アオイ・スタジオ」

レコーディング・エンジニア：神成芳彦（アオイ）
カッティング：中村信（東芝EMI）
アート・ディレクター：西沢勉

74年度「ジャズ・ディスク大賞 最優秀録音賞 第3位」

発売＝スリー・ブラインド・マイス・レコード
再発＝TBM-2523（LP スリー・ブラインド・マイス・レコード）、
UL38-0023（38cm/sec.2トラックテープ スリー・ブラインド・マイス・レコード）
TBM（P）-2523（LP 日本フォノグラム）
PAP-20006（LP トリオ・レコード）
TBM-CD-2523（CD TBMビデオ）
TBM-23（LP TBMビデオ）
TBM-CD-1829（CD TBMレコード）
TBM-23-45（2LP CISCO 45rpm）
TBM-XR-5023（XRCD TBMレコード）
MHCP-10024（CD ソニー・ミュージックダイレクト）
THCD-264（CD ディスクユニオン）
THLP-365（LP ディスクユニオン）
IMP6022-45（LP IMPEX RECORDS）

TBM-24

鈴木勲カルテット＋１
『ブルー・シティ』

[SIDE A]
①身も心も
②(8番街)45丁目
[SIDE B]
①プレイ・フィドル・プレイ
②ブルー・シティ

○パーソネル
鈴木勲(cello-A①② b-B①② hamming-B①)、渡辺香津美(g)、井野信義(b)、小原哲次郎(ds)、菅野邦彦(p)

1974年3月4日録音
東京「アオイ・スタジオ」

レコーディング・エンジニア：神成芳彦(アオイ)
カッティング：中村信(東芝EMI)
カバー写真：鈴木勲
アート・ディレクター：西沢勉

発売＝スリー・ブラインド・マイス・レコード
再発＝TBM-2524(LP スリー・ブラインド・マイス・レコード)
TBM(P)-2524(LP 日本フォノグラム)
18PJ-1013　(LP 1980. 日本フォノグラム)
PAP-20015(LP トリオ・レコード)
ART-4(CD ディスクユニオン／アートユニオン)
TBM-CD-2524(CD TBMビデオ)
TBM-24(LP TBMビデオ)
TBM-XR-0024(XRCD TBMビデオ)
TBM-CD-1824(CD TBMレコード)
MHCP-10036(CD ソニー・ミュージックダイレクト)
THCD-221(CD ディスクユニオン)
THLP-347(LP ディスクユニオン)
THLP-423(45回転／2LP ディスクユニオン)

デビュー作『ブロー・アップ』（TBM-15）に続く二作目。前作は菅野邦彦（p）を中心にしたユニットだったのに対し、今回は精鋭として注目を集めていた渡辺香津美（g）を加えたレギュラー・カルテットに、菅野も全曲で参加する趣向だ。

前作は七十三年度の『スイングジャーナル』誌「ジャズ・ディスク大賞」で「日本ジャズ賞」を受賞している。それだけに、鈴木への注目と期待は大きかった。それに応えてのレコーディングである。それもあって、前作の音楽性を維持しつつ、さらなる発展も追求するべく、周到な準備のもとで吹き込まれたのがこの作品だ。

渡辺は十七歳で体験した初録音が初リーダー作『インフィニット〜渡辺香津美ファースト』（東芝EMI／エキスプレス）で、それに続くのがこのレコーディングだった。聴きどころは、この時点で二十歳だった彼の奔放なプレイにある。伝統的なジャズ・ギターのスタイルを基本に、ウエス・モンゴメリー（g）ばりのオクターブ奏法も駆使するなど（A②とB①）、この若さで、しかも二回目のレコーディングでさまざまなテクニックと音楽性を披露する存在感が圧巻だ。

鈴木は今回もチェロを駆使して（A面の二曲）、独特の響きとブルージーなプレイを聴かせてくれる。冒頭のスタンダード〈身も心も〉から鈴木ワールドが全開する。溜めを利かせたフィーリングは、アート・ブレイキー（ds）&ザ・ジャズ・メッセンジャーズに一年ほど在籍した賜物といっていい。鈴木がバラードで弾くテーマ・パートに続いては、リズムがスウィンギーなものに変化し、それに乗って菅野が彼ならではのバック・ビートを用いたソロを弾く。渡辺の達者なジャズ・ギタリストぶりもご機嫌だ。

　注目はオリジナルの〈45丁目〉だ。鈴木はザ・ジャズ・メッセンジャーズのメンバーとして活躍していた期間、八番街の四十五丁目にあったブレイキー宅に身を寄せていた。この曲はウディ・ショウ（tp）作の〈スウィート・ラヴ・オブ・マイン〉とうりふたつである。鈴木とショウはジャズ・メッセンジャーズで共演していたことがあるので、そのあたりからこのメロディが浮かび、演奏するようになったのかもしれない。それはそれとして、このトラックでも黒光りがする鈴木のチェロによるソロが独特の雰囲気を醸し出す。そして、ここでも菅野と渡辺のノリにノッたソロがご機嫌なことこの上ない。

　LPでいうならB面の一曲目を飾る〈プレイ・フィドル・プレイ〉では、鈴木が淡々としたハミングも聴かせてくれる。アルコ（弓弾き）ベースとのひとりユニゾンは、ベースとハミングでユニゾンをする名手スラム・スチュワートやメイジャー・ホリーの芸に通じる内容だ。そのテーマ・パートに続く鈴木のソロでは、まさに「ゴリゴリ」という表現がぴったりの豪快なプレイが飛び出してくる。ユーモラスでいてどことなくブルージー。この哀感は、彼だからこその表現であり、プレイだ。

　そして最後の〈ブルー・シティ〉は、鈴木が一年ほど生活したニューヨークの心象風景を音楽で綴ったオリジナルだ。このトラックでの彼は、チェロ同様にベースで大胆かつダイナミックなプレイに終始する（B面は井野信義との2ベース編成）。この時期、鈴木は「日本ジャズ賞」を得て自信と意欲を漲らせていた。そんな思いが伝わってくる演奏だ。そしてこの曲では、渡辺も雰囲気抜群のソロで出色のプレイを示す。

　このアルバムで、鈴木は前作以上に持ち味のブルース・フィーリングを表出させている。ニューヨークで多くの一流ミュージシャンと共演したことから大きな飛躍を遂げた鈴木。その自信が、前作以上にここでは輝きを放つ。彼はこのアルバムの発表に合わせ、七十四年七月五日に「銀座ヤマハ・ホール」で「鈴木勲リサイタル」を開いている。メンバーは一作目と本作に準じたもので、第一部が鈴木勲カルテット（渡辺香津美、井野信義、小原哲次郎）、第二部がそこに菅野邦彦とジョージ大塚（ds）が加わり『ブロー・アップ』の再現が実現した。

TBM-25

和田直カルテット&クインテット
『ブルース・ワールド』

『ココズ・ブルース』（ＴＢＭ‐12）で全国的に存在が知れ渡った和田直が残した二作目。今回は、この年（一九七四年）から始まった「5デイズ・イン・ジャズ」の模様を収録したライヴ・アルバム。古野光昭（b）と倉田在秀《ありひで》（ds）は前作からの続投で、ふたりは当時の渡辺貞夫（as）グループのリズム・セクションでもあった。ＴＢＭでは、このあと水橋孝（b）の『男が女を愛する時』（ＴＢＭ‐28）にも参加している。

和田は名実ともに「日本を代表するブルース・ギタリスト」である。前作には、彼に負けず劣らずのブルース弾き、本田竹曠（p）が参加していた。そして今回は、ブルージーな雰囲気にかけてはこのひとの右に出るものはいない酒井潮（org）が迎えられている。

藤井武はミュージシャンを奮い立たせることでも有数のプロデューサーだが、同時にリスナーにとっても魅力いっぱいの企画を立ててくれる。そのことを最高の形で示した一枚がこのアルバムだ。最大の聴きものはＬＰのＢ面全部を使って演奏されるタイトル・トラックで、この演奏のみ植松孝夫（ts）が加わっている。植松は今田勝（p）、峰厚介（ts）に続いて『デビュー』（ＴＢＭ‐3）を発表したものの、ＴＢＭからのリーダー作はこれ一枚で終わってしまった。しかし、いくつかの作品で素晴らしい演奏を聴かせている。その一例がこのトラックだ。

[SIDE A]
①ナウ・シー・ハウ・ユー・アー
②フォーリング・イン・ラヴ・ウィズ・ラヴ
③ブルース・フォー・チャーリー・クリスチャン
[SIDE B]
①ブルース・ワールド

○パーソネル
和田直(g)、酒井潮(org)、植松孝夫(ts-B①のみ)、古野光昭(b)、倉田在秀(ds)

1974年3月25日
東京「日本都市センター・ホール」「5デイズ・イン・ジャズ '74」で実況録音

レコーディング・エンジニア：神成芳彦(アオイ)
カッティング：中村信(東芝EMI)
アート・ディレクター：西沢勉

74年度「ジャズ・ディスク大賞 最優秀録音賞 第5位」

発売＝スリー・ブラインド・マイス・レコード
再発＝TBM-2525(LP スリー・ブラインド・マイス・レコード)
TBM-25(LP TBMビデオ)
TBM-CD-2525(CD TBMビデオ)

TBMトピックス 2

TBM
設立前後の
日本ジャズ・シーン

1960年代末の日本のジャズ・シーンでは渡辺貞夫（as）と日野皓正（tp）が圧倒的に高い人気を誇っていた。その牙城に切り込もうとしていたのがジョージ大塚（ds）である。彼ら御三家が上記の順番で『スイングジャーナル』誌における「69年度読者人気投票」の「ジャズマン・オブ・ジー・イヤー」の上位3人に輝いている。この年の「アルバム・オブ・ジ・イヤー」は、1位が『ジョージ大塚／ページ2』、2位が『日野皓正／フィーリン・グッド』、3位が『ブラジルの渡辺貞夫』で、いずれもが日本コロムビア／タクト作品だった。

各部門の1位にも、3人のほかは、松本英彦（ts）、鈴木弘（tb）、菊地雅章（p）、沢田駿吾（g）、稲葉國光（b）、弘田三枝子（vo）などの名前が認められる。菊地と稲葉は、日野のグループで注目を集めた結果だ。菊地は68年からヴェテランの八城一夫に交代しての1位で、それ以前は5位以内にも入っていない。また、稲葉はこの年（69年）に常勝の原田政長を抜き1位になっている。

新旧交代の機運が盛り上がりつつあった。そしてTBMが軌道に乗り始めた74年度の「読者人気投票」では、渡辺と日野の圧勝は変わらないが、「ジャズマン・オブ・ジ・イヤー」の3位に峰厚介（ソプラノ・サックス部門では1位）、各楽器の1位には、福村博（tb）、本田竹曠（p）、増尾好秋（g）、鈴木良雄（b）、日野元彦（ds）、笠井紀美子（vo）が輝いている。これは、TBMにゆかりのあるひとたちがファンの間で注目されるようになってきたことを示すものだ。

ここに紹介したのは「読者人気投票」だが、74年度の批評家投票による「ジャズ・ディスク大賞」では、TBMが出した『鈴木勲／ブロー・アップ』（TBM-15）、『日野皓正／ライヴ！』（TBM-17）、『水野修孝／ジャズ・オーケストラ'73』（TBM-1001）が「日本ジャズ賞」の1位から3位までを独占する快挙を達成したのである。

菅野邦彦トリオ＋１
『慕情』

鈴木勲（b）の『ブロー・アップ』（TBM-15）で見事なトリオ演奏を二曲披露した菅野邦彦は、続く鈴木の二作目『ブルー・シティ』（TBM-24）でも魅力的なプレイを聴かせてくれた。そして、ここにTBMにおける最初で最後のリーダー作が録音される。

とはいっても、スタジオで入念な準備をして吹き込まれたものではない。〈ガラスの心臓〉と呼ばれるほど繊細な感性の持ち主＝菅野である。それを考えれば、スタジオでは自然体の演奏を引き出すことがほとんど不可能――そう考えた藤井が選んだのは「5デイズ・イン・ジャズ」のステージだった。そして思惑は的中する。

「5デイズ・イン・ジャズ」は、TBMが『スイングジャーナル』誌の主催する一九七四年度の「ジャズ・ディスク大賞」において、「日本ジャズ賞」の第一位から三位までを独占したのがきっかけで始まった。TBMおよび日本のジャズ・シーンを代表するアーティストを集め、格安（初期は六〇〇円）で一度に何組かが聴けるホールでのフェスティヴァルだ。レーベル・オーナーの藤井武は、次々と優れた作品を発表する一方、「ジャズは生が最高」という信念の持ち主でもあった。TBMの諸作が全国各地のジャズ・ファンから支持されていると確信した彼は、この年から「5デイズ・イン・ジャズ」をスタートさせたのだった（七十七年まで継続）。

いわば「日本ジャズ」の檜舞台である。その初日の最

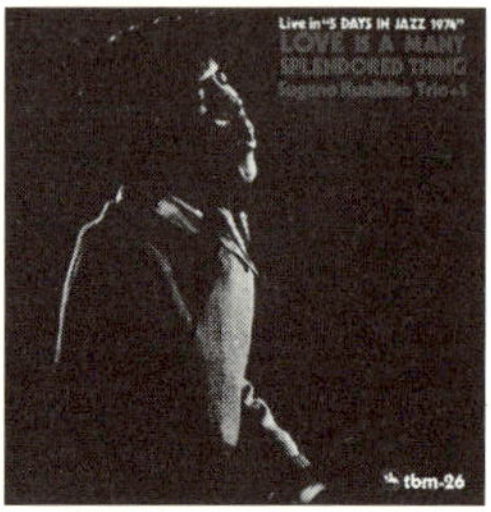

[SIDE A]
①慕情
②枯葉
③ブルース・フォー・ウイントン・ケリー
[SIDE B]
①パーディド

○パーソネル
菅野邦彦（p）、木村陽一（b）、高田光比古（ds）
ゲスト＝小川庸一（conga）

1974年3月22日
東京「日本都市センター・ホール」「5デイズ・イン・ジャズ '74」で実況録音

レコーディング・エンジニア：神成芳彦（アオイ）
カッティング：中村信（東芝EMI）
アート・ディレクター：西沢勉
コンサート・ディレクター：魚津佳也

発売＝スリー・ブラインド・マイス・レコード
再発＝TBM-2526（LP スリー・ブラインド・マイス・レコード）
TBM（P）-2526（LP 日本フォノグラム）
PAP-20007（LP トリオ・レコード）
ART-3（CD ディスクユニオン／アートユニオン）
TBM-CD-2526（CD TBMビデオ）
TBM-XR-0026（XRCD TBMビデオ）
TBM-CD-1826（CD TBMレコード）
THCD-256（CD ディスクユニオン）

初のステージに登場したのが菅野だった。一番バッターというのも藤井の配慮だ。出番が遅くなれば、それだけ菅野の緊張度が増す。これは、そのことを懸念しての出演順だった。そして菅野はいつものメンバーを率い、胸のすくような快演を繰り広げたのである。

冒頭で演奏された〈慕情〉の歌心と変幻自在なタッチ、そしてノリのよさ。アフター・ビートを強調し、多彩なフレーズを紡ぎ出す菅野。これぞ彼の神業だ。こういう演奏が聴きたかったし、藤井はこれを記録に残したかった。そこが、ありきたりのプロデューサーとはまったく違うところだ。アーティストの個性や感性を知り抜いた彼だからこそできたセッティング——菅野から最高の演奏を引き出すにはこのライヴの場が必要だった。

参考までに第一回目の「5デイズ・イン・ジャズ」のラインアップを列記しておこう。

二十二日「ジャズ・ピアノの夕べ」＝菅野邦彦トリオ＋1、今田勝トリオ、市川秀男トリオ

二十三日（昼）「ジャム・セッション 1」＝水橋孝カルテット、中村誠一クインテット、鈴木勲カルテット、山本剛ほか

二十三日（夜）「ジャズ・ヴォーカルの夕べ」＝中本マリ、上野尊子、戸谷重子、今田勝トリオ、大沢保郎トリオ

二十四日「ジャズ・タイム・ナウ」＝高柳昌行ニュー・ディレクション・フォー・ジ・アーツ、日野皓正クインテット、鈴木勲カルテット、宮間利之とニューハード

二十五日「チャーリー・パーカーに捧げるブルースの夕べ」＝和田直カルテット&クインテット、中村誠一クインテット、ジョージ大塚クインテット

二十六日「ジャム・セッション 2」＝ジョージ大塚クインテット、山本剛トリオ、森剣治トリオ、鈴木勲カルテット他

TBMがこの年のライヴをアルバム化したのは本作を含めて五枚ある。

『和田直カルテット&クインテット／ブルース・ワールド』（TBM-25）

『森剣治・市川秀男トリオ／ソロ&トリオ』（TBM-27）

『水橋孝カルテット＋2／男が女を愛する時』（TBM-28）

『鈴木勲&和田直＋山本剛トリオ・ジョージ大塚クインテット＋2／ナウズ・ザ・タイム』（TBM-29）

なお二〇一四年にコンバック・コーポレーションから発売された『中村誠一／ザ・ボス』もこのときに収録されたものだ。

森剣治・市川秀男トリオ
『ソロ&トリオ』

ＴＢＭは地方、とくに名古屋在住のミュージシャンの紹介にも尽力している。代表格がギターの和田直とアルト・サックスの森剣治だ。その森の無伴奏ソロをＡ面に、市川秀男トリオの演奏をＢ面に配したのがこのライブ盤である。

このときの森は単身で上京し、東京勢と組んだトリオで「５デイズ・イン・ジャズ」に出演している。そのステージで披露したソロ・パフォーマンスがＡ①だ。十六分以上の演奏は、チャーリー・パーカー（as）派のひとりである彼が先鋭的なフリー・ジャズ派であることも示すものだ。ＴＢＭではさまざまなセッションにゲストで起用されることの多い森だが、リーダー作としては一九七七年に『ファイアバード』（ＴＢＭ－３００３）、八十二年に『ビバップ’82ライヴ・アット・ソー・ナイス』（ＴＢＭ－ＰＡＰ－２５０２１）を残している。

Ｂ面を飾る市川のトリオは、これが彼の初リーダー名義による録音となった。七十六年には『明日への旅立ち』（ＴＢＭ－73）という魅力的なトリオ作品を発表する市川が、それに先立つこの演奏でも透明感に溢れた美しいタッチを聴かせてくれる。『明日への旅立ち』ではキース・ジャレット（p）派に通じる抒情性やエモーションの発露も魅力的だった。その要素も加味しつつ、こちらの演奏ではフリー・ジャズ的なアプローチのＢ①とリズミックなＢ②で高いオリジナリティを示してみせる。

[SIDE A]
①アルト・フォームⅠ
[SIDE B]
①アーリー・サマー
②ダンス・オブ・キャラヴァン

○パーソネル
A①＝森剣治(as)
B①②＝市川秀男(p)、川端民生(b-B① elb-B②)、倉田在秀(ds)

1974年3月22日(B面)、26日(A面)
東京「日本都市センター・ホール」「5デイズ・イン・ジャズ '74」で実況録音

レコーディング・エンジニア：神成芳彦(アオイ)
カッティング：中村信(東芝EMI)
アート・ディレクター：西沢勉
コンサート・ディレクター：魚津佳也

発売＝スリー・ブラインド・マイス・レコード
再発＝なし

TBM-28

水橋孝カルテット＋2
『男が女を愛する時』

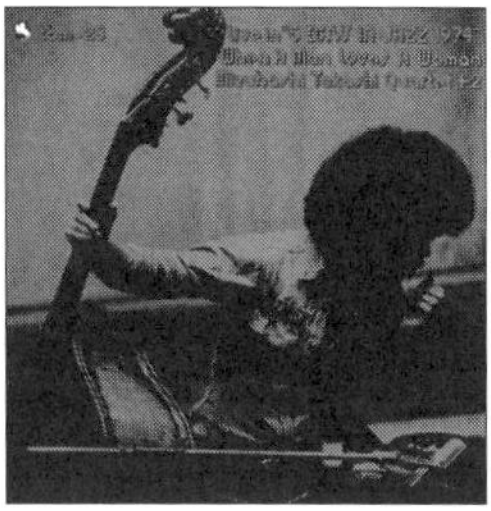

[SIDE A]
①男が女を愛する時
②ソー・ホワット
[SIDE B]
①シュガー

○パーソネル
水橋孝(b)、大友義雄(as)、辛島文雄(p)、関根英雄(ds)
ゲスト(B①)＝向井滋春(tb)、中村誠一(ts)

1974年3月23、26日(A①)
東京「日本都市センター・ホール」「5デイズ・イン・ジャズ '74」で実況録音

レコーディング・エンジニア：神成芳彦(アオイ)
カッティング：中村信(東芝EMI)
アート・ディレクター：西沢勉
コンサート・ディレクター：魚津佳也

発売＝スリー・ブラインド・マイス・レコード
再発＝TBM-2528(LP スリー・ブラインド・マイス・レコード)
TBM-CD-2528 (CD TBMビデオ)
TBM-CD-1828 (CD TBMレコード)
THCD-225(CD ディスクユニオン)

表題曲のソウルフルな演奏がジャズ・ファンの心を掴んだ水橋孝のデビュー作にして出世作。テーマ・メロディを演奏する大友義雄（as）や辛島文雄（p）の貢献も大だが、バックでドーンと構えた水橋の存在感あるベースなくして、この演奏はここまでのものにならなかった。水橋は風貌もさることながら、黒人のソウルに通じる演奏で、内外のミュージシャンから共演のリクエストが多い。ことに一九七〇年代は引く手あまただった。この作品がそうした活躍のきっかけになったこともいまとなっては懐かしい。

　本作はTBMがこの年からスタートさせた「5デイズ・イン・ジャズ」で実況録音されたものだ。カルテットが演奏する表題曲は最終日の「ジャム・セッション2」で収録され、A②とB①は二日目の昼の部（この日だけ夜の部もあった）に行なわれた「ジャム・セッション1」からのもの。

　A②では、フリー・ジャズ寄りの演奏から始まり、その後はかなりのアップ・テンポでモダンな4ビート・ジャズが繰り広げられる。大友の快演が見事だ。LPのB面いっぱいを使ったB①はジャム・セッションらしく、向井滋春（tb）と中村誠一（ts）がゲスト参加し、三管セクステットでスタンリー・タレンタイン（ts）でお馴染みの〈シュガー〉が披露される。こちらもA①同様、ソウルフルな響きが心地いい。

TBM-29

鈴木勲&和田直＋山本剛トリオ・ジョージ大塚クインテット＋2
『ナウズ・ザ・タイム』

[SIDE A]
①ポルカ・ドッツ・アンド・ムーンビームス
②ミッドナイト・シュガー
[SIDE B]
①ナウズ・ザ・タイム

○パーソネル
A①②＝山本剛（p）、福井五十雄（b）、小原哲次郎（ds）、鈴木勲（cello）、和田直（g-A②のみ）
B①＝ジョージ大塚（ds）、植松孝夫（ts）、山口真文（ts）、大徳俊幸（elp）、古野光昭（b）
ゲスト＝大友義雄（as）、森剣治（as）

1974年3月26日
東京「日本都市センター・ホール」「5デイズ・イン・ジャズ '74」で実況録音

レコーディング・エンジニア：神成芳彦（アオイ）
カッティング：中村信（東芝EMI）
アート・ディレクター：西沢勉
コンサート・ディレクター：魚津佳也

発売＝スリー・ブラインド・マイス・レコード
再発＝THCD-315（CD ディスクユニオン）

デビュー作『ミッドナイト・シュガー』（TBM−23）を吹き込んだ約三週間後、山本剛にさらなるチャンスが巡ってくる。それがこの年から始まった「5デイズ・イン・ジャズ」への出演だ。TBMでアルバムを発表しているアーティストを中心にプログラムが構成されたこの五日間で、山本のトリオは最終日（三月二六日）の「ジャム・セッション2」に出演している。彼のセットには、曲によって同じ日に登場した鈴木勲（b）カルテットと、前日に出演した和田直（g）カルテット&クインテットからそれぞれのリーダーが加わり、文字通りのジャム・セッションが展開されている。

それまでの山本はほとんど六本木あたりのクラブなどでしか演奏していなかった。熱心なジャズ・ファンの前に姿を現すチャンスはめったになかったのだ。その彼が、ここでジャズ・ミュージシャンとしての真価を存分に発揮してみせる。デビュー作も発売されていないし、「噂の山本剛登場」の状況である。彼の名前を知らない聴衆も多かったはずだ。しかしこの夜の演奏によって、山本の名前がジャズ・ファンの心に深く刻まれたことは間違いない。

鈴木勲のチェロも加えたカルテットによる〈ポルカ・ドッツ・アンド・ムーンビームス〉の胸のすくような快演。山本の魅力を知るには、これだけで十分だ。鈴木は前年に吹き込んだデビュー作の『ブロー・アップ』（T

BM-15）が、この二か月前に『スイングジャーナル』誌主催の「ジャズ・ディスク大賞」で「日本ジャズ賞」を獲得したばかりである。彼への注目度も高かった。しかしその先輩を向こうに回し、山本は自分のペースでスウィンギーな演奏を繰り広げる。早くも大物ぶりを発揮しているところはさすがだ。

続いてはカルテットに和田直が加わり、山本のオリジナル・スロー・ブルース〈ミッドナイト・シュガー〉が演奏される。和田もTBMから初リーダー作の『ココズ・ブルース』（TBM-12）と二作目の『ブルース・ワールド』（TBM-25）を発表し、脚光を浴びていた時期である。この和田と鈴木、そして山本はいずれ劣らぬブルースの名手である。彼ら三人が、演奏しづらいスローなテンポのブルースで持ち味を競い合う。そこがジャム・セッションならではの醍醐味だ。

LPでは山本のセットがA面、そしてジョージ大塚のセットがB面に収録されている。後者が登場したのも最終日（三月二十六日）の「ジャム・セッション 2」である。ちなみにこの日出演したのは、ジョージ大塚クインテット、山本剛トリオ、森剣治（as）トリオ、鈴木勲カルテットほか。これで六百円は安い。

大塚のクインテットにゲスト参加するのは森剣治と、二十三日に登場した水橋孝（b）カルテットからの大友義男（as）だ。レギュラー・クインテットには植松孝夫と山口真文の2テナーが控えている。これで4サックス+3リズムの七重奏団による演奏が実現することになった。取り上げられたのはジャム・セッションの定番曲、チャーリー・パーカー（as）が書いたブルースの〈ナウズ・ザ・タイム〉である。

植松が中心となってテーマ・メロディを吹いたあとのソロは、山口、森、植松、大友の順だ。続いては、大徳俊幸のエレクトリック・ピアノと古野光昭のベースが受け継ぐ。そして最後は、最初のソロと同じ順で四人のサックス奏者が小節交換をし、テーマ・メロディに戻る。

TBMでレコーディングをするようになって、大塚は積極的に若手を起用し始めている。タクトからアルバムを出していた時代に比べると、その後に結成したクインテットは、ビバップをベースにしながらも斬新な音楽性によってわが国のジャズ・シーンをリードするトップ・コンボのひとつになっていた。それでも原点は忘れていない。そのことを、このブルースははっきりと示している。大塚のソロは登場しないが、バックからの強力なプッシュで精鋭たちがしのぎを削る。ジャズ発展の上で欠かせない実践の場がこういうセッションだ。

山本剛トリオ
『ミスティ』

[SIDE A]
①ミスティ ②ブルース ③イエスタデイズ
[SIDE B]
①ハニーサックル・ローズ ②煙が目にしみる ③時のたつのも忘れて ④エンジェル・アイズ

○パーソネル
山本剛(p)、福井五十雄(b)、小原哲次郎(ds)
B④＝ピアノ・ソロ

1974年8月7日録音
東京「アオイ・スタジオ」

レコーディング・エンジニア：神成芳彦(アオイ)
エンジニア助手：大川正義(アオイ)
カッティング：中村信(東芝EMI)
アート・ディレクター：西沢勉

74年度「ジャズ・ディスク大賞 最優秀録音賞 第1位」

発売＝スリー・ブラインド・マイス・レコード
再発＝TBM-2530(LP スリー・ブラインド・マイス・レコード)
UL38-0030(38cm/sec.2トラックテープ スリー・ブラインド・マイス・レコード)
TBM(P)-2530(LP 日本フォノグラム)
15PJ-1026(LP 日本フォノグラム)
PAP-20001(LP トリオ・レコード)
ART-5(CD ディスクユニオン／アートユニオン)
TBM-CD-2530(CD TBMビデオ)
TBM-30(LP TBMビデオ)
TBM-XR-0030(XRCD TBMビデオ)
TBM-XR-0030(XRCD TBMレコード)
TBM-CD-1830(CD TBMレコード)
TBM-30-45(2LP CISCO 45rpm)
TBM-XR-5030(XRCD TBMレコード)
THCD-243(CD ディスクユニオン)
THLP-348(LP ディスクユニオン)
THLP-424(45回転／2LP ディスクユニオン)
IMP6022-45(LP IMPEX RECORDS)

本作は山本剛のその後を決定づけた名盤である。さらにつけ加えるなら、ＴＢＭの金字塔でもある。この作品が、そしてこれ以前に発表された鈴木勲（ｂ）の『ブロー・アップ』（ＴＢＭ―15）がなければ、ＴＢＭはどうなっていたかわからない。

山本は、これより五か月前にデビュー作の『ミッドナイト・シュガー』（ＴＢＭ―23）を吹き込んでいる。それに続く単独リーダー作がこの作品だ。ただし、この間の三月には『ナウズ・ザ・タイム』（ＴＢＭ―29）にも名を連ねていた。こちらは、この年からＴＢＭがスタートさせた「5デイズ・イン・ジャズ」の実況録音盤で、デビュー作および本作と同じメンバーのトリオにゲストで鈴木勲（cello）と和田直（ｇ）を迎えた演奏がＬＰのＡ面に、ジョージ大塚（ds）のジャム・セッションがＢ面に収められていた。

盛り上がる人気の中で吹き込まれた本作である。その期待に十分すぎる名演で応えたのが山本だ。冒頭を飾る〈ミスティ〉の美しさ――過去の恋を思い出すかのように、お馴染みのメロディが淡々と積み重ねられていく。間合いを生かしたフレーズが聴くもののイマジネイションを掻き立てるような演奏だ。

加えて、高音を強調したピアノの音色が心に突き刺さる。まろやかで優しい音とはまったく違う。刃物のように鋭利な響きが、山本の弾くロマンチックなフレーズと絶妙なブレンドを生み出す。これはエンジニアを務めた神成芳彦の功績だ。この演奏にこのピアノの音——両者が理想的な形で組み合わされたことも名盤誕生の理由だ。この作品が一九七四年度『スイングジャーナル』誌の「ジャズ・ディスク大賞」で「最優秀録音賞（国内）」を獲得したのも納得だ。

藤井武は山本のデビュー作を録音する際に、「このひとはブルースとバラードだけを聴けばいい」と看破した人物である。その最上の演奏がこのタイトル・トラックに集約されている。ブルースではないが、ここでは山本の豊かなブルース・フィーリングが、ぞくぞくするほどの官能的にして挑発的な音色で迫ってくる。とくに中盤から後半にかけての展開は彼の独壇場だ。

そのブルース・フィーリングを存分に味わわせてくれるのが次の自作曲、その名もずばりの〈ブルース〉だ。〈ミスティ〉からもわかるように、山本はバラードで格別の表現を示す。一方、ミディアムからミディアム・アップくらいのテンポでスウィンギーに演奏したときも真価を発揮する。ましてや、そのテンポでブルースを取り上げれば他の追随を許さない。泉のように次からつぎへと湧き出るブルージーなフレーズを駆使しての快演は、まさに「山本節」全開だ。

B面にはよく知られたスタンダード・ナンバーが四曲並ぶ。これまでに発表してきたレパートリーもそうだが、本作での曲も、山本が本拠地にしている「ミスティ」で毎夜のように演奏されていたものばかりだ。しかも、そのクラブでいつも一緒のメンバーがバックを務めている。それだけにリラックスしたパフォーマンスになってはいるが、決して手慣れたフレーズや惰性に流されたプレイはしていない。

「ミスティ」でこのトリオは何度も聴いたが、そのときでも、飛び切り寛いだ雰囲気の中で、ひとたび演奏が始まるや、トリオは常に真剣勝負の形相と心構えで持てる力以上のものを発揮していた。そのことが、このアルバムにも自然な形で記録されている。

B面を飾る最初の三曲はミディアム以上のテンポで演奏されている。デビュー作ではバラードが中心になっていたから、それとの対比ということでこういう配分になったのだろう。山本の魅力を知るにはこの手のレパートリーも外すことができない。そして、ソロ・ピアノでプレイされるバラードの〈エンジェル・アイズ〉がアルバムを締め括る。トリオにこだわりがあるこのひとのソロ・ピアノは珍しいが、〈ミスティ〉同様の哀愁と郷愁を誘うタッチは聴くひとを感動させる。

TBM-31

水橋孝カルテット
『フー・ケアズ』

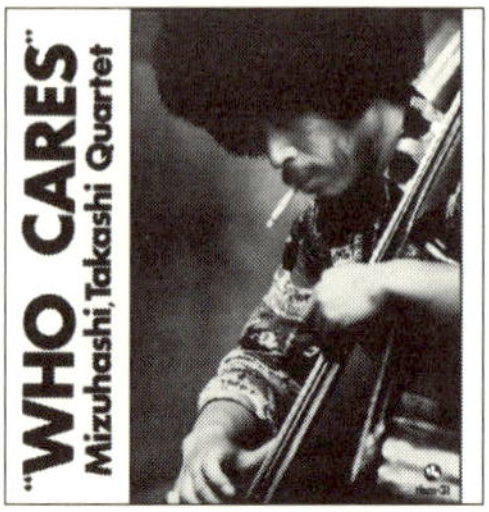

[SIDE A]
①フー・ケアズ
②サム・タイム・ア・ゴー
③ディープ・イン・マイ・ソート
[SIDE B]
①イン・ア・リトル・スプリング・ワルツ
②グリーン・ドルフィン・ストリート
③ブルース・フォー・アンドリュー

○パーソネル
水橋孝(b)、大友義雄(as)、辛島文雄(p-A①② B③ elp-A②③ B①)、関根英雄(ds)
B②=水橋孝(b-オーヴァーダビング)と関根英雄(ds)のデュオ

1974年8月28日録音
東京「アオイ・スタジオ」

レコーディング・エンジニア：神成芳彦(アオイ)
エンジニア助手：大川正義(アオイ)
カッティング：中村信(東芝EMI)
アート・ディレクター：西沢勉

発売=スリー・ブラインド・マイス・レコード
再発=THCD-244(CD ディスクユニオン)

TBMに水橋孝のリーダー作は二枚ある。本作と、五か月前に「5デイズ・イン・ジャズ」で実況録音された『男が女を愛する時』（TBM-28）だ。メンバーはまったく同じである。さらにこのあともう一枚、後藤芳子（vo）との共演作『デイ・ドリーム』（TBM-40）も残されている。そちらはピアノが大口純一郎に交代しただけの、やはりカルテットでの参加だった。

TBMで吹き込んだ作品はいずれもレギュラー・コンボによるものだ。それだけにチーム・ワークは抜群だし、音楽の熟成度も高い。つまり、水橋が持てる才能を全開して完成させた作品群である。中でもスタジオで、しかもカルテットだけで演奏に挑んだこのアルバムの充実度は、ほかの二作をはるかに上回っている。

そのことは、ジョージ・ガーシュイン作のA①から明らかだ。原曲は和《なご》みのある曲調だが、カルテットの演奏はアップ・テンポで高い緊張感に包まれている。水橋の弾むビートを受け、残りの三人が馬に鞭を入れるが如くの疾走感に富んだプレイを繰り広げる。このまとまりのよさ、そして冒険心いっぱいのソロに、レギュラー・コンボならではの強みを感じずにいられない。

ほかには、バラードもあれば得意のソウルフルな演奏もある。ことに水橋がアルコ・ベースを弾くオリジナルA③の美しさは見逃せない。ここで大友義雄が聴かせるアルト・サックスの響きも出色だ。

宮間利之とニューハード
『ニューハード』

[SIDE A]
①テーマ
②ドナ・リー
③スナイパーズ・スヌーズ
④ふりそで
[SIDE B]
①河童詩情
②ラ・フィエスタ
③テーマ

○パーソネル
宮間利之(con)、鈴木孝二、白井淳夫(as)、森守、井上誠二(ts)、多田賢一(bs)、武田和三、岸義和、白山文男、神森茂(tp)、片岡輝彦、上高政通、早川隆(tb)、内田賢英(btb)、山木幸三郎(g arr-A②③をのぞく)、鷹野潔(p elp-A③ B②)、伊藤昌明(elb)、四方田勇夫(ds)、前田憲男(arr-A②)、佐藤允彦(arr-A③)

1974年9月27日録音
東京「渋谷エピキュラス・スタジオ」

レコーディング・エンジニア:神成芳彦(アオイ)
エンジニア助手:大川正義(アオイ)
カッティング:中村信(東芝EMI)
カバー写真:シゲル・キムラ
アート・ディレクター:西沢勉

74年度「ジャズ・ディスク大賞 日本ジャズ賞 第3位」

発売=スリー・ブラインド・マイス・レコード
再発=TBM-2532(LP スリー・ブラインド・マイス・レコード)
TBM-CD-2532(CD TBMビデオ)
TBM-XR-0032(CD TBMビデオ)

宮間利之とニューハードがアメリカ西海岸の「モンタレイ・ジャズ・フェスティヴァル」に出演したのは一九七四年九月二十日と二十二日のことだ。七千人の聴衆を前にした演奏は、二十三日付の『ロサンジェルス・タイムズ』紙に「Japanese Herd Riding High」の見出しで大絶賛されている。帰国は二十五日。そして翌々日にフェスティヴァルで演奏したプログラムをスタジオで再演したのがこのアルバムだ。

TBMとニューハードの出会いは前年に吹き込まれた水野修孝(arr)の『ジャズ・オーケストラ'73』(TBM-1001)である。それがレーベル初のオーケストラ作品となった。そしてそこからしばらくの間、ニューハードとのコラボレーションが継続される。

短い〈テーマ〉を別にすれば全五曲。それぞれが聴きどころ満載だ。前田憲男(p)編曲によるチャーリー・パーカー(as)のA②と佐藤允彦(p)のA③(作曲も佐藤)は、ソロにアンサンブルにと、オーケストラ・ジャズとして充実の内容を見せつける。こんな演奏を野外のフェスティヴァルで聴かされれば、本場のファンもびっくりしたに違いない。

メンバーの山木幸三郎(g)がアレンジした三曲も興味深い。ことにA④B①は、彼の代表作として知れるものだ(A④の原題は〈振袖は泣く〉)。そして、チック・コリアのB②も文句なしの内容である。

中本マリ&横内章次トリオ＋1
『リル・ガール・ブルー』

［SIDE A］
①ブラック・コーヒー
②ジー・ベイビー・エイント・アイ・グッド・トゥ・ユー
③ソング・フォー・ユー
④バグス・グルーヴ
［SIDE B］
①リル・ガール・ブルー
②ドリームズヴィル
③アイ・ワナ・ビー・アラウンド
④グッド・モーニング・ハートエイク

○パーソネル
中本マリ(vo)、横内章次(g-B①②で抜ける)、稲葉國光(b)、ジミー竹内(ds)
ゲスト＝田代ユリ(org-A④ B①②)

1974年9月30日、10月2日録音
東京「アオイ・スタジオ」

レコーディング・エンジニア：神成芳彦(アオイ)
エンジニア助手：大川正義(アオイ)
カッティング：中村信(東芝EMI)
カバー写真：相見明
レイアウト：杉崎卓

発売＝スリー・ブラインド・マイス・レコード
再発＝TBM-2533(LP スリー・ブラインド・マイス・レコード)
TBM(P)-2533(LP 日本フォノグラム)
PAP-20016(LP トリオ・レコード)
TBM-XR-0033(XRCD TBMビデオ)
TBM-CD-1833(CD TBMレコード)
THCD-391(CD ディスクユニオン)

中本マリが一年ぶりに吹き込んだセカンド・アルバム。今回は、前作にも参加していた横内章次（g）のトリオがバックを務め、曲によっては中本同様、売り出し中の新人だったオルガン奏者の田代ユリがゲストで加わる（B①②は横内が抜けて田代トリオになる）。

中本、横内、田代は赤坂にあった高級ナイト・クラブ「VIPA ROOM」繋がりだ。中本は本作を吹き込む半年ほど前にこの店を辞めているが、代わりに加わったのが田代である。横内も本作のレコーディング前に同店を辞めており、この時期は田代が専属バンドのリーダーになっていた。

デビュー作ということもあり、前作には日ごろ歌っているうたが集められていた。しかし今回はそこから離れ、挑戦の意味から新しい曲で固められている。ほとんどがジャズのスタンダード・ナンバーだが、中本にとっては新曲だ。しかし、気心の知れたミュージシャンがバックについている。その安心感も手伝い、ここではいつものように寛いだ雰囲気での歌を聴かせてくれる。

歌唱力には定評のある中本だ。もとを正せばオペラのプリマドンナを目指していた。それだけに、ドラマチックに歌うことにも長けている。横内のジャジーな響きのバッキングを得て、独特のハスキー・ヴォイスでさまざまなストーリーを紡ぎ出す。それが当時のファンの心を虜にした。

※TBM-34は『笠井紀美子＋峰厚介カルテット／イエロー・カーカス・イン・ザ・ブルー』(TBM-8)の再発盤。

TBMトピックス 3

わたしが好きなTBMアルバム

2004年にTBMレコードは「TBMアルバム・ベスト5」というアンケートを実施した。集計の結果からわかるのは、ファンの好みがメインストリーム系で、上位は当然のことながら売れ行きの実績とほぼ一致していたこと。驚くのは、TBMが出した141タイトルのうち109タイトルに票が入ったことだ。これは、それだけTBM作品はまんべんなく聴かれ、愛されていることの証だ。「ワースト1は？」という問いには、「悪そうなものは買わないから、買った中ではとくになし」の意見が最多だった。なおアンケートに回答を寄せた年齢層は14歳から86歳（！）まで、平均年齢は48.9歳である。

【集計結果】

1位『山本剛トリオ／ミスティ』（TBM-30）1044票
2位『鈴木勲トリオ＆カルテット／ブロー・アップ』（TBM-15）626票
3位『鈴木勲カルテット＋1／ブルー・シティ』（TBM-24）427票
4位『菅野邦彦トリオ＋1／慕情』（TBM-26）350票
5位『鈴木勲トリオ／黒いオルフェ』（TBM-63）273票
6位『ヤマ＆ジローズ・ウェイヴ／ガール・トーク（TBM-59）258票
7位『山本剛トリオ／ミッドナイト・シュガー』（TBM-23）247票
8位『中本マリ＆鈴木勲＝渡辺香津美デュオ／マリ・ナカモトⅢ』（TBM-56）186票
9位『三木敏悟＆高橋達也と東京ユニオン／北欧組曲』（TBM-1005）162票
10位『高柳昌行と新世紀音楽研究所／銀巴里セッション～1963年6月26日』（TBM-9）155票

TBM-35

ジョージ大塚トリオ
『ユー・アー・マイ・サンシャイン』

[SIDE A]
①ユー・アー・マイ・サンシャイン
②ウィロー・ウィープ・フォー・ミー
[SIDE B]
①オーヴァー・ザ・レインボー
②ホット・チャ

○パーソネル
ジョージ大塚(ds)、市川秀男(p)、宮本直介(b)

1974年10月31日録音
東京「アオイ・スタジオ」

レコーディング・エンジニア：神成芳彦（アオイ）
エンジニア助手：大川正義（アオイ）
カッティング：中村信（東芝EMI）
アート・ディレクター：西沢勉

発売＝スリー・ブラインド・マイス・レコード
再発＝TBM-2535（LP スリー・ブラインド・マイス・レコード）
TBM-35（LP TBMビデオ）
TBM-CD-1835（CD TBMレコード）

　TBMから出たジョージ大塚の作品としては、この前に山本剛（p）のグループとカップリングで発表された「5デイズ・イン・ジャズ'74」のライヴ盤『ナウズ・ザ・タイム』（TBM-29）もあるが、単独リーダー作としては三作目。注目すべきは、かつて大塚トリオで名を上げた市川秀男（p）との再会が実現したことだ。

　それには伏線があった。市川も自身のトリオを率いて同じ年の「5デイズ・イン・ジャズ」に出演している。その演奏は、森剣治の無伴奏アルト・サックス・ソロをA面に、市川のトリオ演奏をB面に収録した『ソロ&トリオ』（TBM-27）で聴くことができる。それから七か月後に吹き込まれたのがこのアルバムだ。

　大塚と市川の名コンビに、関西を代表するベーシストの宮本直介が加わったこのトリオは、録音された時点で最高に魅力的な顔ぶれだった。いつもの大塚なら、若手ミュージシャンを束ねるリーダーとして、常にスリリングで創造的なドラミングを心がけてきた。ところがここでは気心の知れた市川を得て、溌剌としながらもリラックスしたプレイで演奏を楽しんでいるようだ。宮本も、重厚なリズムでふたりのプレイを支えていく。

　兵庫県西宮出身の宮本は、五十年代の終わりからしばらくの間は東京に出て、ジョージ川口（ds）のビッグ・フォアなどで活躍していた。ただしその後は地元に戻り、現在は関西ジャズ協会の会長を務めている。このことからもわかるように、人望の厚いミュージシャンが宮本だ。このアルバムが録音された前年九月には、リーダー作の『ステップ』（TBM-20）も吹き込んでいる。

話を本作に移そう。アルバムは、ジャズというよりアメリカのスタンダード・ナンバーともいえる〈ユー・アー・マイ・サンシャイン〉で始まる。誰もが知っているこの曲を、市川はゴスペル・ライクな演奏に仕上げてみせる。六十年代後半に結成されていた市川を含む大塚のトリオが、末期のころにしばしば披露していたのがゴスペルに範を求めた演奏だ。そのことを思い出させる曲からスタートしたのは、当時のトリオの延長戦上にこのアルバムが位置しているということだろう。

ドラマーがリーダーのピアノ・トリオでは、程度の差こそあるものの、音楽の主導権はある程度ピアニストが握ってしまう。というか、リーダーがそのピアニストのプレイと音楽性を必要としているから雇うのが一般的だ。大塚もこの時期はゴスペル風の演奏に関心を寄せていた。そこで、旧友との再会が実現したのである。

市川も、この手の演奏が得意だった。しかし当時の彼は、こうした要素も持ちながら、そこから発展して、キース・ジャレット（p）に通じる叙情的な演奏に個性を発揮していた。そのことを伝えているのが、先に発表した『ソロ&トリオ』であり、七十六年にトリオで録音する『明日への旅立ち』（TBM-73）だ。

宮本の逞しい音色によるベース・プレイでテーマ・メロディが演奏される〈ウィロー・ウィープ・フォー・ミー〉でも、市川が日本人離れしたソウルフルなタッチを聴かせてくれる。大塚によるブラシ・ワークも目立ちはしないが見事だ。

B面の一曲目を飾る〈オーヴァー・ザ・レインボー〉では、そのブラシ・ワークがさらなる魅力と威力を発揮する。ここでは市川もゴスペル調のスタイルから離れ、美しい響きのタッチを中心に印象的なフレーズを綴っていく。ゴスペル・ライクなプレイも見事だが、この演奏でのロマンチックな表現に魅了されないひとはいないだろう。

最後は再びソウルフルな演奏に戻る。〈ホット・チャ〉と題された市川のオリジナルは、六十八年に録音された大塚トリオの二作目『ページ2』（日本コロムビア／タクト）の一曲目に収録されていた。そのときも同じスタイルの演奏だったが、本作のヴァージョンはテンポを落としたことで表現が多彩になり、その分、演奏時間も倍の長さになっている。ジャズ・ロックの時代は終わっていたが、この演奏はいま聴いても新鮮だ。

鈴木勲カルテット＋１

『オール・ライト!』

[SIDE A]
①ネム
②タイム・アフター・タイム
③マミのブルース
[SIDE B]
①ベイズン・ストリート・ブルース
②オール・ライト!

○パーソネル
鈴木勲（b cello p elp org vib vo ds）、渡辺香津美（g）、河上修（b-A②で抜ける）、岡沢章（elb-A①B②のみ）、守新治（ds-A②で抜ける）

1974年11月18、19日録音
東京「アオイ・スタジオ」

レコーディング・エンジニア：神成芳彦（アオイ）
エンジニア助手：大川正義（アオイ）
カッティング：中村信（東芝EMI）
アート・ディレクター：西沢勉

発売＝スリー・ブラインド・マイス・レコード
再発＝TBM-2536（LP スリー・ブラインド・マイス・レコード）
TBM-CD-1836（CD TBMレコード）
THCD-304（CD ディスクユニオン）

このアルバムの特筆べき点は、鈴木勲のマルチ・プレイヤーぶりを記録したところにある。一九六〇年代後半から自由が丘の「ファイヴ・スポット」でハウス・バンドのリーダーを務めていた彼は、そこでさまざまな試みを実践に移していた。興味のあることならなんでもやってみたのが「ファイヴ・スポット」のステージである。その体験がこのレコーディングでは生かされている。

しかも驚くことに、ベースを弾いているのは自身のヴォーカルをフィーチャーしたA②のみである。そのトラックにしても、チェロとベースを弾きわけているほどだ。なおかつ渡辺香津美のギターだけを相手に、多重録音（ドラムスまで叩いている）でご機嫌なトラックに仕上げてしまった。うまくはないが、鈴木のヴォーカルには味がある。前作『ブルー・シティ』（TBM-24）では、これまた独特の味わいを感じさせるハミングを披露してくれた彼である。「ファイヴ・スポット」でも、興が乗ればスタンダードを歌っていた姿が思い出される。

このアルバムを聴いていると、ベース奏者でありながらキーボード奏者としても鈴木が超一級の腕前の持ち主であることがわかる。エレクトリック・ピアノを弾くA①とB③、そしてハモンド・オルガンでジミー・スミスばりの軽快なプレイを披露するA③――これらを耳にして思うのは、このままやっていればキーボード奏者としても鈴木が魅力的な存在になりえたことだ。

TBM-37

山本剛トリオ
『ライヴ・アット・ミスティ』

[LP]
[SIDE A]
①スウィート・ジョージア・ブラウン（スウィート・ジョージア・ブルース）②ザ・ラヴィング・タッチ
[SIDE B]
①ダーク・アイズ ②モーニン

[CD]
①スウィート・ジョージア・ブラウン（スウィート・ジョージア・ブルース）②ザ・ラヴィング・タッチ ③ダーク・アイズ ④モーニン ⑤ブルース・イン・ザ・ベースメント（TBM-52『ジ・イン・クラウド』より）⑥フォー・ワンス・イン・マイ・ライフ（TBM-52『ジ・イン・クラウド』より）⑦ユー・アー・マイ・サンシャイン（TBM-52『ジ・イン・クラウド』より）

○パーソネル
山本剛（p）、大由彰（b）、大隈寿男（ds）、森山浩二（conga-B②で抜ける）

1974年12月25日
東京「ミスティ」で実況録音

レコーディング・エンジニア：神成芳彦（アオイ）
エンジニア助手：大川正義（アオイ）
カッティング：中村信（東芝EMI）
カバー写真：相見明
アート・ディレクター：西沢勉

発売＝スリー・ブラインド・マイス・レコード
再発＝TBM-2537（LP スリー・ブラインド・マイス・レコード）
PAP-20033（LP トリオ・レコード）
TBM-CD-2537（CD TBMビデオ）
TBM-XR-0037（XRCD TBMビデオ）
TBM-CD-1837（CD TBMレコード）
MHCP-10038（CD ソニー・ミュージックダイレクト）
THCD-267（CD ディスクユニオン）

一九七四年のクリスマス。六本木にあったジャズ・クラブ「ミスティ」は超満員だった。四十人も入ればいっぱいになるこの店に、この夜は倍近くのひとが集まっていた。TBMが山本剛トリオをレコーディングするということで、常連が勢ぞろいしたのである。超満員にもかかわらず、ぼくは運よくいつも座る山本の真うしろの席に案内された。それから日にちが二六日になるまで、山本のトリオに、日ごろはシンガーとして店によく出ている森山浩二のコンガを加えた面々がノリにノッた演奏を繰り広げたのである。

レコーディングといっても山本に気負いはない。いつもの仲間にいつものお客さん。普段どおりの演奏をすればそれが最高のものになる。そのことは当人も含め、その場に居合わせた誰もの共通認識だった。

冒頭の〈スウィート・ジョージア・ブラウン〉から山本が快調に飛ばしていく。ただしこうタイトルされているが、実際は〈スウィート・ジョージア・ブラウン〉のメロディを拝借した山本のオリジナル〈スウィート・ジョージア・ブルース〉で、デビュー作『ミッドナイト・シュガー』（TBM−23）でも取り上げられていた。

なお輸入盤CDには『ジ・イン・クラウド』（TBM−52）収録の三曲が追加され、同じく二曲が追加された『ブルース・フォー・ティー』（TBM−41）と併せれば、三枚分のLPが二枚のCDで聴ける。

古谷充&大塚善章トリオ＋1
『ソリチュード』

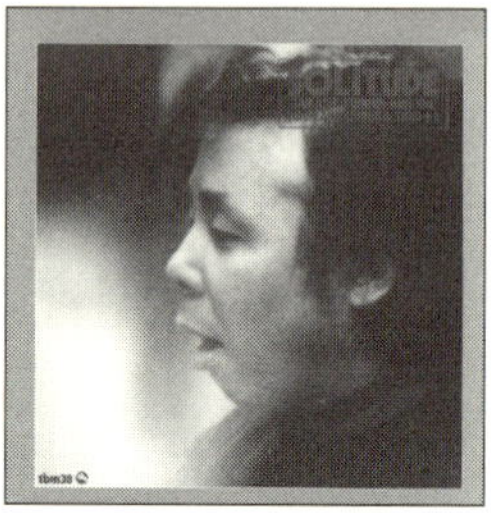

[SIDE A]
①スプリング・イズ・ヒア
②明るい表通りで
③マイ・アイディアル
④アット・ロング・ラスト・ラヴ
[SIDE B]
①ソリチュード
②瞳は君故に
③ア・コテージ・フォー・セール
④アイ・レット・ア・ソング・ゴー・アウト・オブ・マイ・ハート

○パーソネル
古谷充(vo as-B①)、大塚善章(p)、竹田一彦(g)、金子忠男(b)、浜崎衛(ds)

1975年1月18、19日録音
東京「アオイ・スタジオ」

レコーディング・エンジニア：神成芳彦(アオイ)
エンジニア助手：大川正義(アオイ)
カッティング：中村信(東芝EMI)
アート・ディレクター：西沢勉

発売＝スリー・ブラインド・マイス・レコード
再発＝TBM-CD-1838(CD TBMレコード)
THCD-394(CD ディスクユニオン)

アルト・サックス奏者として関西を中心に活躍してきた古谷充だが、渋いノドの持ち主としても知るひとぞ知る存在だった。その彼にヴォーカル・アルバムを吹き込ませてしまうところがTBMの決断力であり、素晴らしさだ。

メインの活動はシンガーとしてのものではない。それだけに、かくし芸的なものと思われるかもしれない。しかしどうして、実に魅力的な歌手をTBMはデビューさせることになった。オリジナルのライナーノーツを書いたのは、古谷をシンガーと見込んでレコーディングさせたプロデューサーの藤井武だ。そのライナーノーツの表題には「大人のジャズ」の文字が躍る。本作の魅力はこのひとことに尽きる。

しかもいまやすっかり関西のジャズ・シーンで重鎮になっている名ピアニストの大塚善章《ぜんしょう》もこのアルバムで広く知られるようになった。渋いタッチが独特だ。そして、ここでは大半のアレンジも彼が手がけている。

古谷のヴォーカルはやや掠れた声に味わいがある。その声でスタンダードを淡々と歌う。しかも多くがバラードかミディアム・テンポで、スウィンギーなリズムで歌われるのはA④　B②④ぐらいのものだ（それもミディアム・ファーストどまり）。本業のアルト・サックスはB①でしか吹いていない。そんなところにもプロデューサーの古谷に対するこだわりが感じられる。

今田勝トリオ＋2
『グリーン・キャタピラー』

フリー・フォームに近い演奏や伝統を受け継いだスタイルでTBMにアルバムを吹き込んできた今田勝が新境地を示した作品。エレクトリック・ピアノやオルガンも駆使してのファンキーな演奏は（A面の二曲）、この時期に大きな評判を呼んでいたハービー・ハンコック（key）のヘッドハンターズに通じるものだ。

編成は、レギュラー・トリオにTBMのハウス・ギタリスト的存在だった渡辺香津美、そしてのちにこのレーベルから『エアー』（TBM-3006）を発表するコンガの今村祐司が曲によって参加する。渡辺は、高校時代に今田のもとで学んだ経験を持つ。いわば師弟コンビの顔合わせが実現した形だ。それだけに、弟子である渡辺も師匠の前で張り切ったのだろう。TBMに残されたどのアルバムでも達者なプレイを聴かせる彼が、ここでは中でも飛び切りのソロで師匠の期待に応えてみせる。

今田は若いころにレニー・トリスターノ（p）の影響を受けている。アコースティック・サイドとなったB面の一曲目はそのことを感じさせる不思議な響きを持つブルースだ。このトリオと次のパーカッション入りのカルテットによる演奏を聴けば、「ピアニスト＝今田勝」の真髄が存分に味わえる。一粒で二度おいしいではないけれど、この時点における今田の音楽性すべてを端的に捉えていたのがこの作品だ。全曲が彼のオリジナルで固められていることもつけ加えておこう。

[SIDE A]
①グリーン・キャタピラー
②ストレート・フラッシュ
[SIDE B]
①ブルー・インパルス
②スパニッシュ・フラワー

○パーソネル
今田勝（elp-A① org-A② p-B①②）、福井五十雄（b）、小原哲次郎（ds）、渡辺香津美（g-A①②）、今村祐司（per-A①② B②）

1975年1月20、22日録音
東京「アオイ・スタジオ」

レコーディング・エンジニア：神成芳彦（アオイ）
エンジニア助手：大川正義（アオイ）
カッティング：中村信（東芝EMI）
アート・ディレクター：西沢勉

75年度「ジャズ・ディスク大賞 最優秀録音賞 第5位」

発売＝スリー・ブラインド・マイス・レコード
再発＝TBM-2539（LP スリー・ブラインド・マイス・レコード）
TBM-39（LP TBMビデオ）
TBM-CD-1839（CD TBMレコード）
THCD-222（CD ディスクユニオン）

TBM-40

後藤芳子&水橋孝カルテット

『デイ・ドリーム』

[SIDE A]
①デイ・ドリーム
②アイ・ウイッシュ・アイ・ニュー
③ジス・イズ・オールウェイズ
④ホワット・ア・ディファレンス・ア・デイ・メイド
[SIDE B]
①エンジェル・アイズ
②アイ・ゴット・イット・バッド・アンド・ザット・エイント・グッド
③ジェシー
④エヴリタイム・アイ・セイ・グッドバイ

○パーソネル
後藤芳子(vo)、水橋孝(b)、大友義雄(as-A③ B③④で抜ける)、大口純一郎(p elp-A②のみ)、関根英雄(ds)

1975年2月17、18日録音
東京「アオイ・スタジオ」

レコーディング・エンジニア：神成芳彦(アオイ)
エンジニア助手：大川正義(アオイ)
カッティング：中村信(東芝EMI)
写真：相見明
レイアウト：杉崎卓

発売＝スリー・ブラインド・マイス・レコード
再発＝TBM-2540(LP スリー・ブラインド・マイス・レコード)
PAP-20030(LP トリオ・レコード)
TBM-CD-2540(CD TBMビデオ)
TBM-CD-1840(CD TBMレコード)
MHCP-10041(CD ソニー・ミュージックダイレクト)
THCD-310(CD ディスクユニオン)

一九七〇年の『ヨシコ・ディス・ガール』、七十二年の『ヨシコ・ミーツ・ブラウン』（ともに日本コロムビア／デンオン）に続くアルバム。前者は佐藤允彦（p）が編曲を担当し、後者は巨匠レイ・ブラウン（b）を迎えてのロサンジェルス録音だった。そして今回は、TBMからリーダー作（TBM-2831）を発表していた水橋孝（b）カルテットがサポートを務める。

後藤芳子はマーサ三宅と同年齢で、五十年代初頭からプロ活動をしていた。しかし、ヴェテランながらレコード・デビューは前記したようにかなりのキャリアを積んでからだった。それだけに、このアルバムでも貫禄十分。とはいうものの、彼女の歌には可愛らしさも認められる。このチャーミングなところが最大の魅力だ。

バックを固めるカルテットでは、大友義雄による泣きのアルト・サックスが聴きもののひとつとなった。レコーディング初体験の大口純一郎（p）も、そのことを感じさせない達者なプレイでいい味を出している。

後藤は彼らをバックにラヴ・ソングの数々を聴かせてくれる。A面は「恋の喜び」をテーマにした歌で、B面は「失恋ソング」の構成。キュートで悲しさも持ち合わせた彼女の歌にジャズ・ヴォーカルの奥深さが感じられる。後藤は本作を吹き込んだあと、稲葉國光＝中牟礼貞則デュオをバックにTBMでもう一枚（TBM-54）素敵なアルバムを残している。

TBM-41

山本剛トリオ
『ブルース・フォー・ティー』

[LP]
[SIDE A]
①ブルース・フォー・ティー
②アイム・グラッド・ゼア・イズ・ユー
[SIDE B]
①スピード・ボール・ブルース
②ブロードウェイ

[CD]
①ブルース・フォー・ティー
②アイム・グラッド・ゼア・イズ・ユー
③ジ・イン・クラウド（TBM-52『ジ・イン・クラウド』より）
④言い出しかねて（TBM-52『ジ・イン・クラウド』より）
⑤スピード・ボール・ブルース
⑥ブロードウェイ

○パーソネル
山本剛（p）、大由彰（b）、大隈寿男（ds）、森山浩二（conga-A①のみ）

1974年12月25日
東京「ミスティ」で実況録音

レコーディング・エンジニア：神成芳彦（アオイ）
エンジニア助手：大川正義（アオイ）
カッティング：中村信（東芝EMI）
写真：相見明
アート・ディレクター：西沢勉

発売＝スリー・ブラインド・マイス・レコード
再発＝TBM-2541（LP スリー・ブラインド・マイス・レコード）
TBM-CD-2541（CD TBMビデオ）
TBM-XR-0041（XRCD TBMビデオ）
TBM-CD-1852（CD TBMレコード）
THCD-316（CD ディスクユニオン）

一九七三年十月にオープンした「ミスティ」は、防衛庁（現在の東京ミッドタウン）脇の道を横に入った路地の右手、ビルの地下一階にあった。開店に際し、オーナーの三木道朗は、同店の専属ピアニストになる菅野邦彦を伴いニューヨークに出向く。ニューヨーク・スタインウェイのフルコンサート・ピアノを購入するためだ。ところが搬入に際して大きな問題が持ち上がる。店は完成していたものの、巨大なピアノを地下に運ぶことが念頭になかった。そのため、出来上がった外壁と内壁を壊し、店内に設置したのである。

このピアノの音のよさと、菅野の連日にわたる快演で「ミスティ」は最初から大きな評判を呼んでいた。しかし短期間で菅野は同じ六本木のピアノ・バー「パッサ・テンポ」に移り、年が明けた一月から専属になったのが新人に等しい山本剛である。この山本のピアノが菅野に負けず劣らずご機嫌にスウィングしたことから、人気は衰えるどころか、店には以前にも増して多くの客が押し寄せるようになった。

そして、約一年がすぎたクリスマスの夜にこのライヴ録音は実施された。山本が本拠地で思う存分のプレイを繰り広げる。このときの演奏は三枚のLPに分散収録されているが（他はTBM-37と52）、どのアルバムでもノリのいい演奏、繊細にして美しいことこの上ないバラード、そして得意のブルースが存分に楽しめる。

※TBM-42は『今田勝カルテット／ナウ!!』（TBM-2）の再発盤

稲葉國光＝中牟礼貞則デュオ
『カンヴァァセイション』

いまとなってはこういうアルバムが残されていたのもありがたい。稲葉國光と中牟礼貞則は一九五〇年代からさまざまなグループでコンビを組んできた。TBMから発表された『銀巴里セッション』（TBM−9）収録の〈イフ・アイ・ワー・ア・ベル〉でも聴けるように、六十年代は「銀巴里」セッションでの主要メンバーとしても活躍している。そして七十年代以降はさまざまなグループで個々に活動する一方、七十四年二月からは時間があればデュエット・チームとしてもライヴの場に登場してきた。それが現在にいたるまで継続されているのだからたいへんなものだ。

どちらも縁の下の力持ち――実力に比して地味な存在に甘んじてきた。それだけに、レコーディングのチャンスにも恵まれていない。きちんとした形で残されているのは本作ぐらいのものだ。それともう一枚、やはりTBM作品だが、本作収録の半年後にこのデュオ・チームをバックに後藤芳子（vo）が『ア・タッチ・オブ・ラヴ』（TBM−54）を吹き込んでいる。こちらもふたりの魅力が存分に発揮された名盤だ。

さて、本作である。選ばれたのはすべてがよく知られたスタンダードばかり。エレクトリック・ギターを用いても、中牟礼のサウンドはアコースティック・ギターに通じるナチュラルな響きに特徴がある。音質といい、シングル・ノートを多用したプレイといい、彷彿とさせる

[SIDE A]
①枯葉
②オールド・フォークス
③アローン・トゥゲザー
④デイ・ドリーム
[SIDE B]
①デイ・バイ・デイ
②マイ・フーリッシュ・ハート
③フー・キャン・アイ・ターン・トゥ?
④我が恋はここに

○パーソネル
稲葉國光（b）、中牟礼貞則（g）

1975年4月5日録音
東京「アオイ・スタジオ」

レコーディング・エンジニア：神成芳彦（アオイ）
エンジニア助手：大川正義（アオイ）
カッティング：中村信（東芝EMI）
アート・ディレクター：西沢勉

75年度「ジャズ・ディスク大賞 日本ジャズ賞 第5位」
「同 最優秀録音賞 第6位」

発売＝スリー・ブラインド・マイス・レコード
再発＝TBM-2543（LP スリー・ブラインド・マイス・レコード）
TBM（P）-2543（LP 日本フォノグラム）
TBM-43（LP TBMビデオ）
TBM-CD-2543（CD TBMビデオ）
TBM-XR-0043（XRCD TBMレコード）
THCD-305（CD ディスクユニオン）

のはジム・ホール（g）のギター・サウンドだ。

このアルバムが吹き込まれた三年前の七十二年、ホールはベースの巨匠ロン・カーターとのデュエットで『アローン・トゥゲザー』（マイルストーン）を発表している。そのアルバムを耳にして、稲葉は「先を越された」と思ったそうだ。それゆえ、その発売にインスパイアされてレコーディングしたのが本作である。そのこともここで紹介しておこう。

アルバムはシャンソンの名曲〈枯葉〉で始まる。とはいっても、耳に馴染んだメロディは最後まで出てこない。〈枯葉〉のコード進行を用いての即興演奏が冒頭から繰り広げられる。五十年代から六十年代にかけて、中牟礼はレニー・トリスターノ（p）の奏法に影響を受けていた。無駄な音をいっさい省き、ときにはテーマ・メロディすら弾かない。純粋に即興演奏を追求した彼のスタイルを学んだのが中牟礼だった。この演奏もその流れを汲むものだ。

一転、A②では最初から美しいテーマ・メロディが中牟礼によって奏でられる。とはいっても、すべてが演奏されるわけではない。途中からフェイクされ、そのまま即興演奏に移っていく。稲葉の落ち着いたバッキングとソロも達者な内容である。

その稲葉がテーマ・メロディ（の断片）を提示するA③はホールとカーターも演奏していたスタンダードだ。アメリカ勢のデュオに比べると、本作でのふたりは即興演奏重視で、テーマ・パートが終わるや、中牟礼がリズムに乗ったソロを披露する。起伏に富んだフレーズだが、彼のプレイは滑らかで、そこにもトリスターノ的なものが感じられる。言及しておくなら、〈枯葉〉もホールとカーターが吹き込んだ『アローン・トゥゲザー』に収録されていた。これら二曲を比較してみれば、アプローチの違いの面白さに気がつくはずだ。

A面の四曲は、概してテーマ・メロディがきちんと演奏されないまま即興演奏に突入していた。そこにふたりの創造性を聴くことができるが、それと対比をなすように、メロディをきちんと演奏したトラックがB面には並んでいる。ことにしっとりと綴られる〈マイ・フーリッシュ・ハート〉の美しさは格別だ。中牟礼が和音とシングル・ノートを使いわけて弾くテーマ・パートはロマンチックな響きに溢れている。

中牟礼は五十年代から盟友の高柳昌行（g）と並ぶクール派ギタリストとして知られてきた。クール派とはトリスターノが提唱したスタイルのことだ。その最良のものがこの作品ではたっぷりと味わうことができる。

鈴木勲カルテット＋2
『オラン・ウータン』

前作でマルチ・プレイヤーぶりを発揮した鈴木勲が、今回は関西で活躍している森剣治（as他）や、Ａ②では中本マリ（vo）を起用するなど、またまた変化に富んだ内容のレコーディングを実行に移した。なお、河上修（b）と守《もり》新治（ds）はこの時期、渡辺貞夫（as）のグループで注目を集めていた精鋭だ。この多彩な顔ぶれでの吹き込みが、発売当時は反響を呼んだ。

ベース奏者、あるいはチェロ奏者として注目を集めてきた鈴木は、加えてコンポーザーとしても優れた才能の持ち主である。そのことを広く知らしめたのはＴＢＭから発表された諸作である。今回もＡ①とＢ②が彼のオリジナルだ。

そのＡ①では鈴木がエレクトリック・ピアノを弾き、森がベース・クラリネットとアルト・サックスを吹きわける。渡辺香津美（g）のソロはいつものように快調そのもの。そして続くＡ②では、ＴＢＭで売り出し中だった中本マリが迎えられる。この曲は鈴木がラジオで聴いたシャーリー・ホーン（vo）の歌を気に入り、取り上げることにしたものだ。ちなみに、中本はこのレコーディングの七か月後に鈴木と渡辺だけをバックに『マリ・ナカモトⅢ』（ＴＢＭ-56）を吹き込んでいる。

順調にレコーディング・キャリアを重ねてきた鈴木は、溢れんばかりの才能をＴＢＭの諸作で発揮した。この作品もその一端を示した好例である。

[SIDE A]
①ブルー・ロード
②ホエア・アー・ユー・ゴーイング
[SIDE B]
①マイ・ワン・アンド・オンリー・ラヴ
②オラン・ウータン

○パーソネル
鈴木勲(b-B①② cello-A①② elp-A①)、渡辺香津美(g)、河上修(b)、守新治(ds)、森剣治(as-A① fl-B① bcl-A① B②)、中本マリ(vo-A②のみ)

1975年4月4日録音
東京「アオイ・スタジオ」

レコーディング・エンジニア：神成芳彦(アオイ)
エンジニア助手：大川正義(アオイ)
カッティング：中村信(東芝EMI)
アート・ディレクター：西沢勉

発売＝スリー・ブラインド・マイス・レコード
再発＝TBM-2544(LP スリー・ブラインド・マイス・レコード)
TBM-XR-0044(XRCD TBMビデオ)
THCD-226(CD ディスクユニオン)

TBMトピックス 4

六本木「ミスティ」

「俳優座」の裏手にあった「ミスティ」はぼくにとって青春の思い出の場所だ。「俳優座」を六本木の交差点から溜池方面に向かい、最初の信号を左に曲がってしばらく行くと、ビルの外壁に「RESTAURANT CLUB MISTY」と書かれたボードが埋め込まれている。その地下にあったこの店では、毎晩山本剛(p)のトリオが演奏していた。

店内に入ると右手奥に大きなニューヨーク・スタインウェイのグランド・ピアノが斜めに鎮座し、鍵盤のうしろを囲むようにカーヴしたテーブルがあり、そこには十数席の椅子が配置されている。ここが常連の居場所だ。そして向かい側(店の奥)にはテーブル席がある。こちらでは芸能人や各界の有名人が連れ立って遊びに来ている姿をよく見かけた。あとは、バーが入り口の向かいにあって、そこから鍵盤のうしろにある席までのスペースにもテーブル席がいくつかあったと記憶している。

「ミスティ」に通い出したのはオープンしてすぐのことである。当時は菅野邦彦(p)のトリオがレギュラーで出ていた。菅野は繊細な神経の持ち主で、なかなか本領が発揮できないといわれていた。しかし、ぼくはこの店で幾度となく神が降臨してきたかのような圧倒的に素晴らしい演奏を聴いている。山本もそうだが、この店はミュージシャンも寛いで演奏できるアットホームな雰囲気にいつも溢れていた。

オーナーの三木道朗氏とも言葉を交わすようになり、ちょっと背伸びをしたい大学生のぼくにとって「ミスティ」は大人の世界に触れられる楽しい空間だった。その三木氏は、のちに(1981年)店をひとに任せてニューヨークに移り住む。ほぼ同時期にニューヨーク大学に留学したぼくも親しくしていただいた。しかし直後に不幸な死を遂げてしまう。翌日からインドに行く彼が、夕食をご馳走してくれた数時間後のことである。あのときの驚きはいまも忘れることができない。

金井英人キングス・ロア

『鳥の詩』

TBMがなかったら金井英人は伝説のベーシストで終わっていたかもしれない。いや、TBMでいくつかの優れた作品を残していたにもかかわらず、彼はいまだに伝説のひとのままである。それでも、日本のジャズ史にとって重要なアルバムを残したことは見すごせない。中でも最大の野心作がこのアルバムだ。

A面ではすべてを使い三楽章からなる金井の自作組曲〈鳥の詩〉が、そしてB面では作編曲家としてもニューハードの意欲作などで実績を上げていたピアニストの佐藤允彦が迎えられ、金井が敬愛してやまないチャールズ・ミンガス（b）へのオマージュ〈ワン・フォー・チャーリー〉が初演されている。

オーナーの藤井武と金井のつき合いはレーベル誕生以前から始まっていた。藤井にレーベル設立の決意をあと押ししたひとりが金井だ。となれば、彼のアルバムを制作するのも当然である。まずはコンボ編成で『Q』（TBM-6）が吹き込まれる。カタログ番号が6番ということは、藤井が録音したいアーティストの中でも金井は最上位のひとりだったことを意味している。

金井は、六十年代後半に実験的なオーケストラのキングス・ロアを率いていた（結成は六十五年）。そのオーケストラでの録音をTBMでもしたかったのだろう。しかし、設立間もないマイナー・カンパニーにそんな余裕はない。このレコーディングが実現するまでに四年の歳

[SIDE A]
①鳥の詩 パートI 鳥の詩 パートII 怪鳥 パートIII 不死鳥
[SIDE B]
①ワン・フォー・チャーリー

○パーソネル
金井英人(b com arr-A①)、今府弘之、高松昭和(as)、久我謙二(as-B①のみ)、本橋武夫(ts)、山田洋(bs)、秋丸一二、田中洋介、浅見正道、大橋昇、新井正勝(tp)、松茂良興儀(tp-A①のみ)、一ノ瀬友宏、庄崎正訓、坂口和男(tb)、加藤岡新一(btb)、門田光雄(p syn-A①のみ)、黒沢吉博(g-B①のみ)
ゲスト＝福島照之(tp-B①)、森剣治(as fl recorder-A① bcl-B①)、宮田英夫(ss ts fl-A①)、中山正治(ds per)、雨宮靖和(per)、漆山展安(per)、佐藤允彦(com arr-B①)

1975年5月2、16日録音
東京「アオイ・スタジオ」

レコーディング・エンジニア：神成芳彦（アオイ）
エンジニア助手：大川正義（アオイ）
カッティング：中村信（東芝EMI）
アート・ディレクター：西沢勉

75年度「ジャズ・ディスク大賞 最優秀録音賞 第3位」

発売＝スリー・ブラインド・マイス・レコード
再発＝なし

月が流れたのはそれが理由だ。満を持してのレコーディング――リーダーの金井にとってもオーナーの藤井にとっても格別の思いがあったに違いない。

　壮大なサウンドを伴う〈鳥の詩〉は、レコーディングの二年前に初演されている。ただしそのときはキングス・ロアではなく、ヤマハ主催の「ライト・ミュージック・コンテスト」で優勝経験がある愛知学院大学スウィンギング・オール・スターズに、ソロイストとして、日野皓正（tp）、和田直（g）、森剣治（sax）、宮田英夫（ts）、益田幹夫（p）、日野元彦（ds）たちを加えたものだった。レギュラー活動を休止していたキングス・ロアだが、金井はこの曲をそのオーケストラのために書いたのである。そうして実現したのが、このために再結成されたキングス・ロアによるこのレコーディングだった。

〈パートⅠ〉は幻想的な響きの中から鳥のさえずりが聞こえてくるような演奏だ。ソロイストは、宮田英夫（ss）、森剣治（as）金井英人（b）、アンサンブルでのハイノートは新井正勝（tp）である。

〈パートⅡ〉では日本的な情緒も感じさせるメロディやアンサンブル・ワークが随所で登場し、森剣治（as）と宮田英夫（ss）が壮絶なバトルを繰り広げる。バックでアンサンブルが奏でる日本的なメロディが、ふたりの西洋的なソロと不思議なマッチングを示す。そして一転、短い無伴奏ソプラノ・サックス・ソロによる和風のメロディに変化する。見事な和洋折衷だ。終盤には、金井、雨宮靖和（per）、中山正治（per）、漆山展安（per）による集団即興演奏が登場する。このパートはシンセサイザーによる風鈴の音で幕を閉じる。

　リズミックな演奏の〈パートⅢ〉でも宮田（ts）と森（as）がテーマ・パートから活躍する。ここでも日本的な響きを湛えたアンサンブルとの対比が面白い。なお大胆なテナー・サックス・ソロは宮田によるもの。

　アルバムは佐藤允彦が作編曲した〈ワン・フォー・チャーリー〉へと続く。A面はいい意味での音楽的な崩壊が魅力のひとつになっていた。それに対し、こちらはフリー・ジャズ志向であっても、一方でまとまりのよさが認められる。そこが佐藤の持ち味だ。ニューハードでの仕事も高い評価に値するが、オーケストラとの相性ではキングス・ロアが上かもしれない。

　伝説のオーケストラを復活させた金井は、七十八年のティー&カンパニー三部作（ＴＢＭ-５００４ ５００６ ５００８）を経て、『アランフェス協奏曲』（ＴＢＭ-５０１２）とＴＢＭでの最終作『ホワット〜チャールズ・ミンガスに捧げて』（ＴＢＭ（Ｐ）-５０１５）にいたる。

TBM-46

土岐英史カルテット
『トキ』

[SIDE A]
①ララバイ・フォー・ザ・ガール
②ダークネス
[SIDE B]
①ブルース
②サニーが憂鬱になった時
③オールド・ソング・ブルース

○パーソネル
土岐英史（as-A② B①② ss-A① B③）、渡辺香津美（g）、井野信義（b）、スティーヴ・ジャクソン（ds）

1975年5月17日録音
東京「アオイ・スタジオ」

レコーディング・エンジニア：神成芳彦（アオイ）
エンジニア助手：大川正義（アオイ）
カッティング：中村信（東芝EMI）
アート・ディレクター：西沢勉

発売＝スリー・ブラインド・マイス・レコード
再発＝PAP-20040（LP トリオ・レコード）
TBM-CD-1846（CD TBMレコード）
MHCP-10027（CD ソニー・ミュージックダイレクト）
THCD-227（CD ディスクユニオン）

一九七〇年にプロ・デビューした土岐英史は順調にキャリアを重ね、ここに初めてのリーダー・アルバムを吹き込むことになった。選ばれたメンバーは、TBMのハウス・ギタリスト的存在の渡辺香津美を中心にしたリズム・セクションである。

土岐のスタイルは、同時代のアルト・サックス奏者の多くがそうだったように、チャーリー・パーカー（as）を出発点に、新たな感性を重ね合わせたものだ。その中で、この時代に傑出していたのが土岐と森剣治と大友義雄である。ちなみに、大友とはアルト・マッドネス名義で、本作録音の九日後に、同じリズム・セクションと組んだ『ラヴァー・マン』（TBM-51）も残している。

本作で、土岐は三曲のオリジナルに加え、オーネット・コールマン（as）作のB①とスタンダードのB②を演奏している。興味を引くのはコールマンの曲だろう。とはいっても、彼のオリジナル・ヴァージョンも比較的オーソドックスなスタイルで演奏されていた。そのブルースを、土岐はフリーキーなフレーズも交え、堂々と演じてみせる。これぞ「ビバップの進化形」といったタイプの演奏だ。

アルバムは、この曲に限らず、全編がモダンなビバップで貫かれている。渡辺の若武者ぶりも大きな魅力をつけ加える要素になった。彼の見事なテクニックと豊かな音楽性には圧倒されるばかりだ。

今田勝トリオ
『ワン・フォー・デューク』

[SIDE A]
①ソフィスティケイテッド・レディ
②イン・ア・センチメンタル・ムード
③サテン・ドール
[SIDE B]
①ワン・フォー・デューク
②ブルー・レイン
③スティーヴィー

○パーソネル
今田勝(p)、福井五十雄(b)、小原哲次郎(ds)
A①＝今田勝(p)

1975年5月27日
東京「日本都市センター・ホール」「5デイズ・イン・ジャズ '75」で実況録音

レコーディング・エンジニア：神成芳彦(アオイ)
エンジニア助手：大川正義(アオイ)
カッティング：中村信(東芝EMI)
アート・ディレクター：西沢勉

発売＝スリー・ブラインド・マイス・レコード
再発＝TBM-2547(LP スリー・ブラインド・マイス・レコード)
PAP-20035(LP トリオ・レコード)
TBM-XR-0047(XRCD TBMビデオ)
THCD-398(CD ディスクユニオン)

デューク・エリントン（p）がこの世を去ったのは一九七四年五月二十四日のことである。それから一年後、今田勝が彼をトリビュートするステージに立った。その模様を記録したのが本作だ。彼をサポートするのは、TBMにおける前作『グリーン・キャタピラー』（TBM-39）にも参加していた福井五十雄（b）と小原哲次郎（ds）だ。気心の知れた三人が演奏するエリントンの代表曲。それらをどのように料理するかが腕の見せどころだ。今田にとっても、ほかのふたりにとっても、過去に何度も演奏してきた曲が多いに違いない。

コンサートはA①から始まった。ステージに登場したのは今田ただひとり。このソロ・ピースが終わると、福井のアルコ・ベースが加わりA②の演奏となる。そしてテーマ・パートの途中からブラシでドラムスを奏でる小原が参加する。優雅なトリオ演奏ながら、ブルージーなフレーズを随所で散りばめる今田のセンスが眩《まばゆ》い。

アルバムには今田がエリントンに捧げたオリジナルB①も含まれている。小粋にスウィングする小原のブラシ・ワークに乗って、今田が溌剌としたタッチを連続させる。唸りを上げるような福井のウォーキング・ベースも快調だ。まさにトリオが一体となった演奏である。しかしこのコンサートを最後に、このユニットは発展的な解消を遂げている。それだけに、貴重な記録が残されることになった。

TBM-48

宮間利之とニューハード
『テイク・ジ・A・トレイン』

[SIDE A]
①ムード・インディゴ
②イン・ア・センチメンタル・ムード
③テイク・ジ・A・トレイン
[SIDE B]
①カントリー・ブルース
②ジブラルタル

○パーソネル
宮間利之(con)、鈴木孝二、白井淳夫(as)、森守、井上誠二(ts)、多田賢一(bs)、武田和三、岸義和、白山文男、神森茂(tp)、片岡輝彦、上高政通、塩村修(tb)、伊藤昭志(btb)、山木幸三郎(g arr)、鷹野潔(p)、福島靖(b)、四方田勇夫(ds)

1975年5月27日
東京「日本都市センター・ホール」「5デイズ・イン・ジャズ '75」で実況録音

レコーディング・エンジニア：神成芳彦(アオイ)
エンジニア助手：大川正義(アオイ)
カッティング：中村信(東芝EMI)
アート・ディレクター：西沢勉

発売＝スリー・ブラインド・マイス・レコード
再発＝TBM-2548(LP スリー・ブラインド・マイス・レコード)
18PJ-1008(LP 日本フォノグラム)
PAP-20036(LP トリオ・レコード)
TBM-XR-0048(XRCD TBMビデオ)

前年（一九七四年）の「モンタレイ・ジャズ・フェスティヴァル」出演で大評判を呼んだ宮間利之とニューハードは、帰国した翌々日、フェスティヴァルで演奏したプログラムをスタジオで録音する。それがTBMにおける一作目の『ニューハード』（TBM－32）だ。当時のニューハードは無敵のビッグバンドだった。人気は原信夫とシャープス＆フラッツに並んでいたし、音楽面ではその上をいくまでになっていた。

そんな時期のニューハードがTBMで残した二作目である。今回は、前年に初めて開催されて大きな話題を集めた「5デイズ・イン・ジャズ」での実況録音盤である。これは文字通り五日間にわたって行なわれるホール・コンサートだ。会場は前年と同じ東京・赤坂の「日本都市センター・ホール」。

五日間の概要を紹介しておこう。

十九日「サウンド・オブ・ザ・トリオ」＝古谷充＋大塚善章トリオ＋1、ジョージ大塚トリオ

二十日「ブルースとヴォーカルの夕べ」＝後藤芳子＋水橋孝カルテット、戸谷重子＋今田勝トリオ

二十六日「パーカーに捧げるブルースの夕べ」＝和田直グループ、酒井潮トリオ、中村誠一トリオ、鈴木勲カルテット、土岐英史＆大友義雄アルト・マッドネス

二十七日「エリントンに捧ぐ夕べ」＝宮間利之とニューハード、今田勝トリオ

二十八日「ベース・ワークショップ」＝稲葉國光＆中牟礼貞則デュオ、金井英人セプテット、鈴木勲カルテット、水橋孝カルテット

コンサートの模様はすべてが録音され、作品となって登場したのは、『今田勝トリオ／ワン・フォー・デューク』（TBM-47）、『和田直クインテット・植田日登美・酒井潮トリオ／ブルース・フォー・バード』（TBM-49）、『大友義雄＝土岐英史アルト・マッドネス／ラヴァー・マン』（TBM-51）、それと本作だ。

ニューハードが登場したのは「エリントンに捧ぐ夕べ」と題されたコンサートで、このときは今田勝（p）のステージもアルバム化されている。ニューハードにとってデューク・エリントン（p）は大きな目標のひとつだった。とはいえ人気オーケストラをコピーしていたのは過去のことで、この時代は意欲的なオリジナルをメインにした演奏で独自路線を歩むようになっていた。

バンドのギタリストで優れた作編曲家でもある山木幸三郎は、古今東西のさまざまなオーケストラがレパートリーに加えてきたエリントン・クラシックス（A①②③）に新たな生命を吹き込む。A①のメロディを美しい音色のアルト・サックスで吹き上げるのは鈴木孝二だ。かつてはジャッキー・マクリーン（as）に影響を受けた彼が、ここではエリントン・オーケストラの至宝ジョニー・ホッジス（as）ばりの歌心を示してみせる。続く鷹野潔の瀟洒なタッチによるピアノ・ソロも聴き応え満点だ。

A②では塩村修（tb）がフィーチャーされる。優れた新人として脚光を浴びていた時代の演奏で、堂々としたバラード・プレイは傾聴に値する。そしてアルバム・タイトルになったA③では、五十年代にエリントン・オーケストラの専属歌手だったベティ・ロシェのヴォーカル・ソロ（五十一年録音）のインストゥルメンタル化が図られている。このアイディアは秀逸だ。ソロは、鷹野（p）、塩村（tb）、岸義和（tp）、森守（ts）の順。

B面はエリントンから離れ、〈夕焼け小焼け〉をベースに山木が書き下ろしたブルースのB①で始まる。神森茂（tp）、白山文男（tp）、片岡輝彦（tb）、塩村（tb）、多田賢一（fl）、森（ts）がソロを吹く。コンサートは、フレディ・ハバード（tp）のリズミックなB②で幕を降ろす。ソロ・オーダーは、四方田勇夫（ds）、鷹野（p）、森（ts）、白井淳夫（as）、岸（tp）、片岡（tb）。

なお、このステージを終えたのちの七月、ニューハードはニューヨークで開催された「ニューポート・ジャズ・フェスティヴァル」にも登場し、こちらでも大評判を呼ぶことになる。

TBM-49

和田直クインテット・植田日登美・酒井潮トリオ
『ブルース・フォー・バード』

［SIDE A］
①モス
②ブルー・バード
［SIDE B］
①ナウ・ザ・タイム

○パーソネル
A① B①＝和田直(g)、池野実(as)、中山静男(p)、山本一昭(b)、山田幸治(ds)、植田日登美(vo-B①のみ)
A②＝酒井潮(org)、幾見雅博(g)、楠本卓司(ds)

1975年5月26日
東京「日本都市センター・ホール」「5デイズ・イン・ジャズ'75」で実況録音

レコーディング・エンジニア：神成芳彦（アオイ）
エンジニア助手：大川正義（アオイ）
カッティング：中村信（東芝EMI）
アート・ディレクター：西沢勉

発売＝スリー・ブラインド・マイス・レコード
再発＝TBM-CD-1849（CD TBMレコード）

「5デイズ・イン・ジャズ」の実況録音盤で、和田直は前年に続いての参加。前回も酒井潮（org）を迎えてのステージを収録した『ブルース・ワールド』（TBM-25）が作品化されているが、今回は両者がそれぞれのコンボを率いての出演となった。

酒井はこのレーベルでも一九九三年に和田を迎えて『ブルース・ミーティング』（TBM-CD-5040）を残しており、日本のジャズ・オルガン奏者として第一人者の名をほしいままにしていた。レコーディングの数が少ないだけに、その演奏がこうした形でも記録されたことには大きな意義を感じる。

本作は「パーカーに捧げるブルースの夕べ」と題されたコンサートを収録したもの。A①は和田のオリジナルだが、残る二曲はパーカーが書いたブルースで、いずれも聴き応え満点である。注目したいのは、和田が地元（名古屋）のミュージシャンで固めたグループを率いていることだ。ひところの彼もそうだったが、全国区の知名度はなくても、各地では優れたミュージシャンが少なからず活躍している。そんな名手にスポットが当てられたことは意義深い。とりわけ、B面に登場する植田日登美のスキャットには度肝を抜かれた。一時はニューハードの専属歌手として活躍し、テイチクからシングル盤を出したこともある。その彼女による日本人離れした奔放なスキャットには圧倒されるばかりだ。

TBMトピックス 5

金井英人物語

派手な活躍はしなかったし高い人気を獲得したわけでもないが、ベーシストの金井英人（1931 ～ 2011 年）は日本のジャズ発展を影で支えた極めて重要な人物のひとりだ。本格的な活動を始めたのは 1950 年代初頭のことで、南里文雄（tp）とホット・ペッパーズ、西條孝之介（ts）とウエストライナーズなどを経て、高柳昌行（g）、菊地雅章（p）、富樫雅彦（ds）と組んだジャズ・アカデミー・カルテットで創造的なジャズをクリエイトする。

そしてこのカルテットの発展的な解散をもって、62 年に高柳と「新世紀音楽研究所」を設立。以後はここに集まったミュージシャンを中心に銀座の「銀巴里」で週に一度のライヴを開催し、ここからは日野皓正（tp）や山下洋輔（p）たちが巣立っていった。

65 年には自己の 6 重奏団であるキングス・ロアを結成。このグループは編成を拡大し、数年後にはオーケストラとしての活動を開始する。68 年には斬新で個性に富んだ『オリジナル』をテイチクから発表。しかしこのアルバムは一部のひとたちから高い評価を得たものの、ほとんど話題にならないまま終わってしまう。同時期には高柳と杉浦良三（vib）と組んだスリー・フォー・デュークでも活躍。こちらはホテルのラウンジなどで人気を呼ぶ。

金井の存在が認知されるようになったのは、TBM でアルバムを発表するようになってからだ。レーベルが設立された翌年に『Q』（TBM-6）が吹き込まれ、79年までに4枚のアルバムが残されることになった。それらの中にはキングス・ロアを再結成したオーケストラ作品も含まれ、金井が持つさまざまな音楽性を TBM 作品では聴くことができる。加えて、水野修孝（arr）の『ジャズ・オーケストラ '73』（TBM-1001）、ティー＆カンパニーによる 4 枚の作品などにも彼の演奏は記録されている。まさに金井は TBM が愛したベーシストだった。

TBM-50

水島早苗
『ユーヴ・ガット・ア・フレンド』

[SIDE A]
①アイ・ドント・ウォント・トゥ・クライ
②ア・グッド・マン・イズ・ハード・トゥ・ファインド
③君の友達
④シー・シー・ライダー
[SIDE B]
①イエスタデイ
②スクイーズ・ミー
③ハニーサックル・ローズ
④ストーミー・ウェザー

○パーソネル
水島早苗(vo)、市川秀男(p org-A①③ B①)、稲葉國光(b)、岡山和義(ds)
A①③ B①＝中沢健次(tp)、新井英治(tb)、三森一郎(ts fl-A③)、鈴木正男(bs as)、矢島賢(g)、中島御(per)が加わる

1975年6月9、24、25日録音
東京「アオイ・スタジオ」

レコーディング・エンジニア：神成芳彦(アオイ)
エンジニア助手：大川正義(アオイ)
カッティング：中村信(東芝EMI)
アート・ディレクター：西沢勉

発売＝スリー・ブラインド・マイス・レコード
再発＝TBM-CD-1850(CD TBMレコード)

ＴＢＭの作品群の中でもこれは最大級の快挙といっていい。ヴォーカルにも優れた見識を持つ藤井武なくしてこのアルバムは生まれなかった。本作がなかったら、水島早苗は「知るひとぞ知る幻のシンガー」で終わっていたに違いない。それだけに、「よくぞ作ってくれました」と声を大にしていいたい。

戦前から水島はジャズ・シンガーとして活躍していた。しかしなぜかレコーディングに恵まれず、まとまった形でアルバムを吹き込んだのはこのときが最初だ。明治四十二年（一九〇九年）生まれ、六十五歳でのレコード・デビューである。デビューは昭和七年（三十二年）、東京・赤坂の溜池にあった高級ダンスホール「フロリダ」でのことだ。ここには、日本で最高といわれていた菊池重称率いるジャズ・オーケストラやフランスから招いたアコーディオン奏者のコンボなどが出ていた。そこで専属シンガーとして人気を確立したのが水島だった。

水島のヴォーカルは生粋のジャズというより、ダイナ・ワシントン（vo）のようなゴスペル的なテイストに特徴がある。それとヴェテランならではのオールド・ファッションな歌唱にも深い味わいが感じられる。

彼女のバックを務めるのは市川秀男（p）を中心としたピアノ・トリオだ。ただし、ポップス系のＡ①③とＢ①にはブラス・アンサンブルとギターにパーカッションが加わる。これは藤井の「水島にコンテンポラリーな曲も歌ってもらいたい」という希望を実現させたものだ。そして、このR&Bテイストのバッキングも彼女のヴォーカルをより魅力的なものにさせている。

A①に耳を傾けてみれば、このことがよくわかる。ソウル・シンガーのチャック・ジャクソンが六十一年に放ったこのヒット曲では、市川のオルガンが隠し味的にソウルフルな響きを醸し出し、ピアノのアルペジオとブラス・アンサンブルをバックに水島がR&B風のヴォーカルを聴かせてくれる。

同じ編成のA③とB①は、彼女がポップスにも味わい深い歌唱を聴かせるシンガーであることを満天下に示したものだ。年輪を感じさせる表現力に加え、可愛らしさもときに顔をのぞかせる。それも大きな魅力だ。そして、独特のジャズ・フィーリング。どんな曲を歌っても「水島節」にしてしまうところが、長いキャリアがだてでないことを教えてくれる。

残りの曲は、水島が長年にわたってレパートリーにしてきたものだ。バックはピアノ・トリオである。ベッシー・スミスが二十七年に歌ってヒットさせたA②は、水島にとっても得意中の得意の一曲だった。戦前からのレパートリーであることを考えれば、数えきれないほど歌ってきたことだろう。それだけに、見事な解釈で最初から最後まで綴られていく。

マ・レイニー（vo）が二十四年に自作自演したA④も水島にぴったりの一曲だ。水島のヴォーカルの根底には、先に触れたベッシー・スミスやこのマ・レイニーのスタイルが息づいている。彼女たちはかなり以前にこの世を去ってしまったが、そのスタイルを受け継ぎアップデイテッドしていたのが水島だ。

そして、水島の歌にもっともフィットしているのがB面の②③④だ。とくに二十年代から四十年代にかけて人気を博したピアニストで作曲家のファッツ・ウォーラーの曲は、彼女がもっとも得意としていたものである。それらの中から、ここでは代表的なB②と③が聴ける。こんなスタイルで歌える日本のジャズ・シンガーは、あとにも先にも水島をおいてほかにいない。

ラストのB④もウォーラー・タイプの曲で、四十三年公開の同名映画の主題歌である。面白いのは、曲はハロルド・アーレンが書いているものの、ウォーラーがこの映画に出演していることだ。

なおA③とB①③は水島自身がヴォーカルのアレンジも手がけている。そして、彼女は七十七年に二作目となった『サタデイ・ナイト&サンディ・モーニング』（ビクター）を残し、翌年この世を去っている。

TBM-51

大友義雄＝土岐英史アルト・マッドネス
『ラヴァー・マン』

[SIDE A]
①スクラップ・フロム・ジ・アップル
②ラヴァー・マン
[SIDE B]
①ブルース・フォー T&O

○パーソネル
大友義雄（as）、土岐英史（as）、渡辺香津美（g）、井野信義（b）、スティーヴ・ジャクソン（ds）

1975年5月26日
東京「日本都市センター・ホール」「5デイズ・イン・ジャズ '75」で実況録音

レコーディング・エンジニア：神成芳彦（アオイ）
エンジニア助手：大川正義（アオイ）
カッティング：中村信（東芝EMI）
アート・ディレクター：西沢勉

発売＝スリー・ブラインド・マイス・レコード
再発＝TBM-2551（LP スリー・ブラインド・マイス・レコード）
TBM-CD-2551（CD TBMビデオ）
TBM-CD-1851（CD TBMレコード）
THCD-306（CD ディスクユニオン）

水橋孝（b）のTBM作品で高い評価を得た大友義雄がいよいよリーダー作を吹き込むことになった。サイドマンとして起用され、そこで頭角を現し、次いで同じレーベルでリーダー作を吹き込む。これがレコーディングの正しいあり方だ。とはいえ、大友の場合、最初の作品は同じアルト・サックス奏者の土岐英史と組んだ双頭クインテットが、TBMの名物「5デイズ・イン・ジャズ」に登場したときの実況録音盤である。それが本作だ。

大友が一九四七年生まれで、土岐が五十年生まれ。初リーダー作を吹き込むにはちょうどいい年齢で、それだけに気合十分の内容になっている。しかもアルバム・タイトルどおりのアルト・バトルが聴衆を前に繰り広げられる。これで燃えなければ嘘だ。

この日はコンサートの三日目で、「パーカーに捧げるブルースの夕べ」と題されていた。そこに、このふたりも抜擢されたのである。チャーリー・パーカー（as）に影響を受け、自己のスタイルを築いてきた大友と土岐。相手にとって不足はない。収録されたパーカーの愛奏曲（A①②）とふたりが共作したブルース・ナンバーのB①からは、熱く燃えるバトルが丁々発止と繰り広げられる。これぞジャズの醍醐味だ。

バックを固める渡辺香津美（g）以下の三人も、このときばかりは派手なソロは控え、ふたりのソロとかけ合いを見守っている。

TBM-52

山本剛トリオ
『ジ・イン・クラウド』

[SIDE A]
①ブルース・イン・ザ・ベースメント
②フォー・ワンス・イン・マイ・ライフ
③ユー・アー・マイ・サンシャイン
[SIDE B]
①ジ・イン・クラウド
②言い出しかねて

○パーソネル
山本剛(p)、大由彰(b)、大隈寿男(ds)、森山浩二(conga-A①のみ)

1974年12月25日
東京「ミスティ」で実況録音

レコーディング・エンジニア：神成芳彦(アオイ)
エンジニア助手：大川正義(アオイ)
カッティング：中村信(東芝EMI)
アート・ディレクター：西沢勉

発売＝スリー・ブラインド・マイス・レコード
再発＝TBM-2552(LP スリー・ブラインド・マイス・レコード)
TBM-CD-1852(CD TBMレコード)
THCD-317(CD ディスクユニオン)

人気急上昇中の山本剛がレギュラー出演していた「ミスティ」でのライヴ・レコーディング三枚目。一晩で三枚分のアルバムが吹き込めてしまったのだから、このときの山本はいつにも増して絶好調だった。

この夜は、通常どおり四回のセットが行なわれた。各セット、五曲が演奏され、三曲目は録音テープを交換するために短い曲が演奏されている。収録されたのは十六曲。それらの中から三枚で十三曲が発表されたことになる。いずれもが見事な内容だ。とくに聴衆のノリがいいこの三枚目は、トリオも好調で、スリリングなプレイが連続する。

見逃せないのは、当時流行っていたスティーヴィー・ワンダーのA②が取り上げられていることだ。加えて、ラムゼイ・ルイス（p）のトリオでお馴染みのB①もご機嫌な雰囲気の中で演奏されていく。このムードは、ルイスがこの曲を実況録音したときとそっくりだ。

ジャズ・クラブのよさは、手が届くところでミュージシャンが演奏し、聴衆の反響がミュージシャンにもダイレクトに伝わるところにある。とくに「ミスティ」はそういう場所だった。寛いだ中で心地のいいジャズを聴く——お客はもとよりミュージシャンもそれを楽しんでいた。その雰囲気を丸ごとパッケージしたのがこのときに残された三枚だ。とくにこのアルバムではそのことが強く実感できる。

TBM-53

中村誠一トリオ&クインテット
『アドヴェンチャー・イン・マイ・ドリーム』

一九七四年の「5デイズ・イン・ジャズ」で残された未発表演奏が『ザ・ボス』（コンバック・コーポレーション）のタイトルで二〇一四年に発表されているが（一七九頁参照）、それを別にすれば、本作がTBMで残された中村誠一唯一のアルバム。

六十九年から七十二年まで山下洋輔（p）トリオで大胆なフリー・ジャズを演奏していた中村だが（山下トリオには六十七年から参加）、本質はオーソドックスなスタイルにあった。その持ち味が、このアルバムでは遺憾なく発揮されている。四曲中三曲はクインテットによる演奏で、B①のみがトリオ編成になっている。このトラックでは、同じ編成で名演を残したソニー・ロリンズ（ts）ばりの朗々としたブローが楽しめる。

ジャズの伝統に根ざしながら新しいスタイルにもチャレンジしていたところが中村の持ち味だ。その最たる例が山下トリオ時代の演奏だが、この作品ではストレート・アヘッドな4ビート・ジャズの中でどれだけ斬新なことができるか――そんな命題に取り組んでいる。

トリオで演奏されるスタンダード以外は自作の曲で、そのトリオ演奏も含めて果敢なプレイが輝きを放つ。随所で冒険的なソロを示しているのはフリー・ジャズを経験したからこそだ。この時代の中村は、山下トリオのイメージを払拭し、自身のスタイルを築きつつあった。それだけに意欲に溢れたプレイが存分に堪能できる。

[SIDE A]
①アドヴェンチャー・イン・マイ・ドリーム
②ヒマラヤ
[SIDE B]
①ラヴァー・マン
②トゥ・ビューティ

○パーソネル
中村誠一(ts)、杉本喜代志(g)、板橋文夫(p)、成重幸紀(b)、楠本卓司(ds)
B①＝中村誠一(ts)、成重幸紀(b)、楠本卓司(ds)

1975年9月11日録音
東京「渋谷エピキュラス・スタジオ」

レコーディング・エンジニア：神成芳彦(エピキュラス)
エンジニア助手：井口進(エピキュラス)
カッティング：中村信(東芝EMI)
アート・ディレクター：西沢勉

発売＝スリー・ブラインド・マイス・レコード
再発＝TBM-CD-1853(CD TBMレコード)
THCD-245(CD ディスクユニオン)

郵便はがき

料金受取人払郵便

高輪局承認

1613

差出有効期間
2027年3月
31日まで

1 0 8 - 8 7 9 0

5 1 2

東京都港区芝浦 3-17-12 吾妻ビル5階

駒草出版 株式会社ダンク 行

ペンネーム

□男 □女 (　　　)歳

メールアドレス (※1)　新刊情報などのDMを □送って欲しい　□いらない

お住いの地域

都道
府県　　　市区郡

ご職業

※1 DMの送信以外で使用することはありません。
※2 この愛読者カードにお寄せいただいた、ご感想、ご意見については、個人を特できない形にて広告、ホームページ、ご案内資料等にて紹介させていただく場がございますので、ご了承ください。

本書をお買い上げいただきまして、ありがとうございました。
今後の参考のために、以下のアンケートにご協力をお願いいたします。

購入された本についてお教えください。

書名：

ご購入日：　　　　年　　月　　日

ご購入書店名：

本書を何でお知りになりましたか。（複数回答可）

□広告（紙誌名：　　　　　　　　　　　　）　□弊社の刊行案内
□web/SNS（サイト名：　　　　　　　　　　）　□実物を見て
□書評（紙誌名：　　　　　　　　　　　　）
□ラジオ／テレビ（番組名：　　　　　　　　　　　　　　）
□レビューを見て（Amazon／その他　　　　　　　　　　　）

購入された動機をお聞かせください。（複数回答可）

□本の内容で　□著者名で　□書名が気に入ったから
□出版社名で　□表紙のデザインがよかった　□その他

電子書籍は購入しますか。

□全く買わない　□たまに買う　□月に一冊以上

普段、お読みになっている新聞・雑誌はありますか。あればお書きください。

〔　　　　　　　　　　　　　　　　〕

本書についてのご感想・駒草出版へのご意見等ございましたらお聞かせください。

（※2）

〔　　　　　　　　　　　　　　　　〕

後藤芳子&稲葉國光＝中牟礼貞則デュオ
『ア・タッチ・オブ・ラヴ』

［SIDE A］
①インヴィテイション
②オールモスト・ライク・ビーイング・イン・ラヴ
③マイ・ワン・アンド・オンリー・ラヴ
④バブルス・ハングルズ・アンド・ビーズ
⑤ミーニング・オブ・ザ・ブルース
［SIDE B］
①ハウ・インセンシティヴ
②アンド・アイ・ラヴ・ユー・ソー
③ホエン・ユア・ラヴァー・ハズ・ゴーン
④アイ・シュッド・ケア
⑤ウィル・ビー・トゥゲザー・アゲイン

○パーソネル
後藤芳子（vo）、稲葉國光（b）、中牟礼貞則（g）

1975年10月7、9日録音
東京「渋谷エピキュラス・スタジオ」

レコーディング・エンジニア：神成芳彦（エピキュラス）
カッティング：中村信（東芝EMI）
アート・ディレクター：西沢勉

発売＝スリー・ブラインド・マイス・レコード
再発＝TBM-XR-0054（XRCD TBMビデオ）
THCD-311（CD ディスクユニオン）

先に『カンヴァセイション』（TBM-43）という素晴らしいデュオ・アルバムを発表した稲葉國光（b）と中牟礼貞則（g）をバックに、後藤芳子がラヴ・ソングを集めて吹き込んだ作品。彼女は七十年代初頭にデンオン（日本コロムビア）からアルバムを発表しているものの、新作はしばらく途絶えていた。シンガーにも理解のあるTBMが、この名歌手を放っておくはずがない。そこで吹き込まれたのが前作の『デイ・ドリーム』（TBM-40）と本作だ。前作では水橋孝（b）のカルテット、そして今回は前記のデュオが伴奏を務めている。

ギターとベースだけをバックに歌う。これはかなり至難の業《わざ》だ。有名なものにはバーニー・ケッセル（g）とレイ・レザーウッド（b）が伴奏したジュリー・ロンドン（vo）の『ジュリー・イズ・ハー・ネイム』（リバティ）があるものの、本国のアメリカでもそれほど数は多くない。

後藤は卓越したバラード・シンガーである。それだけに、派手な伴奏とは無縁のこのデュオ・チームは最良の相手だった。歌詞を噛みしめるようにしっとりと歌う彼女のバックで中牟礼と稲葉が繊細なサポートをつけていく。通常の感覚なら、このように渋いアルバムをレコード会社は制作しない。そこがTBMならではだ。三者が互角の立場で実力を競い合う。伴奏以上の演奏で後藤を盛り立てるふたりも見事だ。

※TBM-55は『水野修孝／ジャズ・オーケストラ '73』（TBM-1001）の再発盤

TBM-56

中本マリ&鈴木勲＝渡辺香津美デュオ

『マリ・ナカモトⅢ』

中本マリがＴＢＭから発表したこれまでの二作（ＴＢＭ－21 33）では、デビューのときから指導を受けてきた大沢保郎（ｐ）と横内章次（ｇ）がリーダーを務めるコンボをバックに個性を発揮していた。その彼女が、今回は渡辺香津美（ｇ）と鈴木勲（ｂ）だけの伴奏で歌う試みに挑んでみせる。ふたりは名うての名手にして、ひとくせもふたくせもあるプレイヤーだ。「新人歌手」からそろそろ脱皮しようとしていた時期の中本にとってはたいへんなチャレンジとなった。

一か月前の一九七五年十月、ＴＢＭでは稲葉國光（ｂ）と中牟礼貞則（ｇ）のデュオをバックに後藤芳子が『ア・タッチ・オブ・ラヴ（ＴＢＭ－54）を録音している。その次にリリースされた作品のうちの一枚がこのアルバムだ。つまり、同じ趣向のヴォーカル・アルバムが立て続けに発売されたのである。ヴォーカル・ファンならいやが応でも比較をしたくなるだろう。レコード会社もアーティストもそのことは承知の上だ。それでも敢えてこうした「企画アルバム」制作に踏み切ったのは、みながみな自信を持っていたからにほかならない。

それにしても、ここでの中本はこれまでの二作以上に落ち着いた雰囲気で歌を聴かせている。もともとリズム感のいいひとである。だからドラムスやピアノがなくても、自分の中にあるタイム感覚で歌えば問題はない。うまさのほかに、そんなことも思わせてくれる快作だ。

[SIDE A]
①ジョージア・オン・マイ・マインド
②ホワット・ア・ディファレンス・ア・デイ・メイド
③ユー・ケイム・ア・ロング・ウェイ・フロム・セントルイス
④瞳は君故に
[SIDE B]
①ひまわり
②ホワット・アー・ユー・ドゥーイング・ア・レスト・オブ・ユア・ライフ?
③ジャスト・フレンズ
④ディドント・ウィ
⑤ア・ナイチンゲール・サング・イン・バークリィ・スクエア

○パーソネル
中本マリ(vo)、渡辺香津美(g)、鈴木勲(b)

1975年11月25、26日録音
東京「渋谷エピキュラス・スタジオ」

レコーディング・エンジニア：神成芳彦(エピキュラス)
エンジニア助手：井口進(エピキュラス)
カッティング：中村信(東芝EMI)
アート・ディレクター：西沢勉

発売＝スリー・ブラインド・マイス・レコード
再発＝TBM-2556(LP スリー・ブラインド・マイス・レコード)
TBM(P)-2556 (LP 日本フォノグラム)
18PJ-1014(LP 日本フォノグラム)
PAP-20008(LP トリオ・レコード)
TBM-CD-2556(CD TBMビデオ)
TBM-XR-0056(XRCD TBMビデオ)
TBM-CD-1856(CD TBMレコード)
THCD-265(CD ディスクユニオン)
THCD-367(LP ディスクユニオン)

鈴木勲とジャズ・フレンズ
『タッチ』

[SIDE A]
①タッチ
②山道を往く
[SIDE B]
①シーズ・ファニー・ザット・ウェイ
②ラウンド・アバウト・ミッドナイト

○パーソネル
鈴木勲(b)、菅野邦彦(p)、小原哲次郎(ds)、渡辺香津美(g-A① B②)、伊勢昌之(g-B①のみ)、小川庸一(conga-A② B①)

1975年11月20、26日録音
東京「渋谷エピキュラス・スタジオ」

レコーディング・エンジニア：神成芳彦(エピキュラス)
エンジニア助手：井口進(エピキュラス)
カッティング：中村信(東芝EMI)
アート・ディレクター：西沢勉

発売＝スリー・ブラインド・マイス・レコード
再発＝TBM-2557(LP スリー・ブラインド・マイス・レコード)
TBM(P)-2557(LP 日本フォノグラム)
PAP-20034(LPトリオ・レコード)

『ブロー・アップ』（TBM-15）と『ブルー・シティ』（TBM-24）で名コンビぶりを見せつけた鈴木勲と菅野邦彦（p）の共演が、TBMで三度《みたび》実現した。今回はそのふたりにドラムスの小原哲次郎を加えたトリオを基本に、曲によって渡辺香津美（g）、伊勢昌之（g）、小川庸一（conga）が加わる。

度肝を抜かれるのが、先輩リズム・セクションをバックに縦横無尽のギター・ワークを披露するA①での渡辺だ。続く菅野のソロでも疾走感に溢れた抜群のバッキングを示し、天才少年が着実に成長してきたことを伝える一曲となった。同じ編成でのB②は、一転して黒光りする鈴木のベース・ワークが魅力を放つ。

本作では、その鈴木がベース・プレイに徹し、さすがの存在感を示す。ピアノ・トリオ＋コンガのA②は、彼のよく歌うベースから始まる。当時の日本のファンはコンガ入りのコンボを毛嫌いする傾向にあった。しかし、こうした演奏はコンガが加わってこそ楽しさが増す。コンガを好む菅野も心地よさげにソロを重ねていく。

菅野が快演を繰り広げるB①も楽しい一曲だ。この曲のみに参加した伊勢は、鈴木のグループで自由が丘の「ファイヴ・スポット」に長く出演していた。その実績を買われての起用である。ここでは、伊勢が得意にしているボサノヴァのリズムが採用され、彼のリズミックなバッキングを聴くことができる。

森山浩二&山本剛トリオ
『ナイト・アンド・デイ』

一九七四年のクリスマスの夜、六本木にあった「ミスティ」では山本剛（p）のライヴが収録されていた（TBM‐37 41 52）。そのセッションで、曲によってコンガ奏者として参加していたのが森山浩二だ。それ以前から、森山は山本とグループを組んだり、「ミスティ」でシンガーとして注目を集めていた。そして、そのライヴから一年後に吹き込まれたのがこのデビュー作だ。

　デビュー作といっても、六本木のクラブを中心に、森山は十年以上のキャリアを誇っていた。ポップス系のシングル盤（日本コロムビア盤〈ワシントン広場の夜はふけて／僕のマシュマロちゃん〉他）も出していたから、注目される要素は十分にあった。知るひとぞ知る存在が彼である。その森山が満を持して吹き込んだのがこのアルバムだ。以前から幾度となく共演を重ねてきた山本がバックにつけば鬼に金棒である。それだけに、抜群の相性のよさを示している。

　森山は端正な歌唱に特徴がある。といっても、そればかりではない。ひとたびスキャットが始まればとどまるところを知らない。その迫力満点なアドリブも彼の売り物である。「ミスティ」で何度もその姿を観ているぼくとしては、それだけにこのアルバムの彼には少々の物足りなさも覚えた。それでも、こんなに魅力的なシンガーはめったにいない。わが国の男性ジャズ・ヴォーカルにとって大収穫の一枚だ。

[SIDE A]
①夜も昼も
②ザ・モア・アイ・シー・ユー
③ゼア・ウィル・ネヴァー・ビー・アナザー・ユー
④愚かなり我が心
[SIDE B]
①フォー・ワンス・イン・マイ・ライフ
②マイ・ファニー・ヴァレンタイン
③バイ・バイ・ブラックバード

○パーソネル
森山浩二(vo conga-A① B①③)、山本剛(p)、井野信義(b)、小原哲次郎(ds)

1975年12月16日録音
東京「アオイ・スタジオ」

レコーディング・エンジニア：神成芳彦(エピキュラス)
エンジニア助手：大川正義(アオイ)
カッティング：中村信(東芝EMI)
アート・ディレクター：西沢勉

発売＝スリー・ブラインド・マイス・レコード
再発＝TBM-2558(LP スリー・ブラインド・マイス・レコード)
TBM-CD-1858(CD TBMレコード)
THCD-246(CD ディスクユニオン)

TBMトピックス 6

幻の名シンガー、森山浩二

独特のハスキー・ヴォイスと抜群のスウィング感の持ち主が森山浩二だ。しかしジャズ・シンガーとして活躍していた時期が短いこともあって、残念ながらいまのファンはほとんど彼の存在を知らない。アルバムもTBMに2枚、そしてビクターから出た『ライヴ・アット・ミスティ』（ピアニストは弘勢憲二）を残し、彼はいつの間にかファンの前から消えてしまった。

1944年に東京で生まれた森山は、父親が声楽家だったこともあり、幼少のころから歌やタップ・ダンスに才能を発揮し、ちびっこタレントとして米軍キャンプで人気者だった。そして、やがて日本にもロカビリーのブームがやってくる。

そのブームに乗って、森山は日本コロムビアと専属契約を結ぶ。〈僕のマシュマロちゃん〉などのシングル盤を発表したが、大きなヒットには結びついていない。65年には『ミュージック・ライフ』誌の人気投票で「男性シンガー部門」の23位を記録している。この順位をどう捉えるかにもよるが、鳴かず飛ばずの存在よりはもう少しいいポジションにいたということだろう。

しかし天性のスウィング感とご機嫌なスキャットが森山の目をジャズに向かわせる。後掲の山本剛インタヴューで、山本は「彼と組んだトリオは日本で一番スウィングしていた」と語っているほどだ。シンガーであると同時に、森山は優れたコンガ奏者でもあった。そのことは自身の作品と山本が「ミスティ」で残した3枚のライヴ・アルバムを聴けば誰もが納得するに違いない。

個人的には、「ミスティ」以外でも恵比寿にあった「モンドリアン」で何度も聴いた森山の歌が懐かしい。そこでは寺下誠（p）と組んだライヴが月いちで行なわれていた。山本のバッキングとはひと味違う寺下との共演も楽しい聴きものだった。しかしなにが理由かわからないが、そのうちに歌うことに嫌気がさした森山はハワイに移住してしまう。そして、彼《か》の地で生涯をまっとうしたのである。

TBM-59

ヤマ&ジローズ・ウェイヴ
『ガール・トーク』

一九七四年三月に吹き込んだ初リーダー作『ミッドナイト・シュガー』（TBM-23）から本作を録音するまでの一年九か月の間に、TBMで六枚のリーダー作と、ジョージ大塚（ds）グループの演奏とカップリングで収録されたライヴ盤『ナウズ・ザ・タイム』（TBM-29）、さらにはキングと日本フォノグラムから出た安田南（vo）のアルバム二枚につき合っている事実を考えると、この時期、山本剛がいかに時代の寵児だったかは明白だ。これはそれより十年ほど前、渡辺貞夫（as）がバークリー音楽院留学を終えて帰国し、大きな話題とともに次々とアルバムを吹き込んでいた現象に匹敵する。

このころ、山本が主な演奏場所にしていたのは六本木にあった「ミスティ」である。日曜日以外の週六日、メンバーを固定してのトリオ演奏は多くのファンから注目を集めていた。その仲間と吹き込んだ一枚がこのアルバムだ。ただし名義を「山本剛トリオ」とせず、「ヤマ&ジローズ・ウェイヴ」としたのは、先輩ドラマーである小原哲次郎の顔を立てたからだ。とはいえ、実質的には「山本剛トリオ」の演奏集になっている。

いまでも演奏されるA①に始まり、お馴染みのスタンダードが快調に綴られていく。短期間にこれだけトリオ・アルバムを発表しても飽きない、もしくは飽きられないのは、それだけ山本の、そしてトリオの演奏がファンの心をくすぐるからだ。

[SIDE A]
①追憶
②ガール・トーク
③風と共に去りぬ
[SIDE B]
①A列車で行こう
②アイ・ラヴ・ユー・ポーギー
③そして今は
④ニューヨークの秋

○パーソネル
山本剛（p）、小原哲次郎（ds）、大由彰（b）

1975年12月17日録音
東京「アオイ・スタジオ」

レコーディング・エンジニア：神成芳彦（エピキュラス）
エンジニア助手：大川正義（アオイ）
カッティング：小林光晴（東芝EMI）
カバー写真：タンク・ユニフォト・プレス
アート・ディレクター：西沢勉

76年度「ジャズ・ディスク大賞 最優秀録音賞 第7位」

発売＝スリー・ブラインド・マイス・レコード
再発＝TBM-2559（LP スリー・ブラインド・マイス・レコード）
TBM（P）-2559（LP 日本フォノグラム）
PAP-20021（LP トリオ・レコード）
TBM-CD-2559（CD TBMビデオ）
TBM-XR-0059（XRCD TBMビデオ）
TBM-CD-1859（CD TBMレコード）
TBM-XR-0059（XRCD TBMレコード）
THCD-228（CD ディスクユニオン）

TBM-60

今田勝
『ソロ・ピアノ』

［SIDE A］
①カントリー・ソング
②スノー・フレイク
③アイ・ラヴ・ユー
［SIDE B］
①ファンシー・レディ
②帰ってくれればいいのに
③オールド・フォークス

○パーソネル
今田勝（p）

1976年1月26日録音
東京「アオイ・スタジオ」

レコーディング・エンジニア：神成芳彦（エピキュラス）
エンジニア助手：大川正義（アオイ）
カッティング：小林光晴（東芝EMI）
アート・ディレクター：西沢勉

76年度「ジャズ・ディスク大賞 日本ジャズ賞 第2位」

発売＝スリー・ブラインド・マイス・レコード
再発＝TBM-2560（LP スリー・ブラインド・マイス・レコード）
15PJ-1028（LP 日本フォノグラム）
PAP-20011（LP トリオ・レコード）
TBM-CD-2560（CD TBMビデオ）
TBM-CD-1860（CD TBMレコード）

山本剛と並んでTBMを代表するピアニストが今田勝だ。当初はかなりフリー・ジャズに接近していたものの、アルバムを重ねるにつれ、オーソドックスなスタイルの中で斬新なプレイを繰り広げるようになっていった。とはいっても、彼のチャレンジ精神には少しもブレがない。常に最先端のジャズを演奏することで創造性を追求する姿勢はまったく変わっていないし、むしろ以前にも増して貪欲になってきた。その一端を示しているのがこの完全ソロ・アルバムだ。

今田は過去にもLPのA面がソロ演奏だった『ポピー』（TBM-14）を残し、前作『ワン・フォー・デューク』（TBM-47）でも冒頭を飾った〈ソフィスティケイテッド・レディ〉がソロ・ピースだった。しかしアルバム一枚をすべてソロ・ピアノで演じるのはTBMにおける六作目の本作が初めてのこと。

ソロ・ピアノは誰からも邪魔されずに演奏できる反面、すべてをひとりで表現しなくてはならない。加えて、さまざまなテクニックや表現が駆使できなければアルバム一枚を最後まで聴かせることは難しい。しかも、そこには高い創造性が要求される。

本作が録音された時代は世界的なソロ・ピアノ・ブームだった。それだけに、生半可な気持ちでアルバムを残したピアニストもいたが、今田のこの作品は時代の風雪をものともせず、いまも強い輝きを放っている。

TBM-61

日野元彦カルテット＋1
『流氷』

日野元彦は兄である日野皓正（tp）の陰に隠れていたものの、ジャズ・ファンの間では、十代のころから天才的なドラマーとして知られてきた。音楽性といい、若くして完成されたプレイを聴かせていたことといい、トニー・ウィリアムス（ds）の日本版的存在が日野だった。皓正のグループで常に重要な役割を演じていた彼に大きな転機が訪れたのは、兄が一九七五年にニューヨークに移住したことによる。それで独立を余儀なくされたことが、結果的に元彦をさらに成長させることに繋がった。その初期の演奏を記録したのが本作だ。

　兄の渡米後は、彼のクインテットのリズム・セックション、すなわち益田幹夫（p）と岡田勉（b）でトコ・トリオを結成し、その後は、益田、渡辺香津美（g）、鈴木勲（b）で日野元彦カルテットを旗揚げ。次いで、兄と菊地雅章（p）が組んだ東風《こち》で来日後、しばらく滞日していたスティーヴ・グロスマン（ts）に、渡辺と井野信義（b）（岡田勉と池田芳夫も不定期に参加）で組んだカルテット、グロスマン帰国後は二十歳の清水靖晃（ts）を抜擢して活動を継続してきた。そのカルテットに山口真文（ts）を加え、2サックス編成のクインテットでライヴ収録したのがこの作品だ。

　収録場所の根室は「日本ジャズ奇跡の地」と呼ばれるほどジャズが盛んな町だ。最大の理由は、熱心なファン組織「ネムロ・ホット・クラブ」の存在である。六十五

[LP]
[SIDE A]
①流氷
②ソウルトレーン
[SIDE B]
①ニュー・ムーン

[CD]
①流氷 ②ソウルトレーン ③ミルキー・シェイド（ボーナス・トラック） ④リオ・ローマ（ボーナス・トラック）
⑤ニュー・ムーン

○パーソネル
日野元彦（ds）、清水靖晃（ts-A① ss-B①）、渡辺香津美（g）、井野信義（b）
ゲスト＝山口真文（ts）

1976年2月7日
北海道「根室市民会館」で実況録音

レコーディング・エンジニア：大川正義（アオイ）
エンジニア助手：門脇滋（ネムロ・ホット・ジャズ・クラブ）、金沢敏昭（すずき電器）
カッティング：小林光晴（東芝EMI）
カバー写真：佐々木正勝（ネムロ・ホット・ジャズ・クラブ）、田村充睦
アート・ディレクター：西沢勉

発売＝スリー・ブラインド・マイス・レコード
再発＝TBM-2561（LP スリー・ブラインド・マイス・レコード）
15PJ-1029（LP 日本フォノグラム）
PAP-20027（LP トリオ・レコード）
TBM-CD-2561（CD TBMビデオ）
TBM-XR-0061（XRCD TBMビデオ）
TBM-CD-1861（CD TBMレコード）
THCD-257（CD ディスクユニオン）
THLP-410（LP ディスクユニオン）

年の発足時は月二回のレコード・コンサートを開き、七十四年からはコンサートも開催するようになった。ＴＢＭとはそのときから縁があり、記念すべき一回目が『ブロー・アップ』（ＴＢＭ-15）で人気を獲得した鈴木勲（b）カルテットのコンサートである。その後もジョージ大塚（ds）クインテット、ジョージ川口（ds）＆ビッグ・フォアと、当時のＴＢＭに関係したグループが登場し、それらに続いて開かれたのが日野元彦カルテット＋1によるものだった。

アルバムのオープニングは根室にちなんだ〈流氷〉で、これはコンサートのために日野が書き下ろしたもの。シンプルなメロディ・ラインながら、兄の曲想に通じるスケールの大きさは大自然をテーマにしているからだろう。ソロの先発は清水で、若さに似合わぬ貫禄は将来性豊かなことを強く感じさせる。続く山口のテナー・ソロが、清水のさらに上を行くダイナミックなプレイでステージを盛り上げる。この時期の山口は自身のグループで活動に乗り出していたが、しばらく前までは、ジョージ大塚クインテットで植松孝夫との2テナー・フロントを構成していた。それだけに、このセッティングは得意中の得意だったに違いない。そして演奏は、八面六臂の活躍をしていた渡辺のソロに受け継がれ、最後は日野のソロで締め括られる。

二曲目はゲストの山口をフィーチャーした演奏。取り上げるのは、ジョン・コルトレーン（ts）でお馴染みのタッド・ダメロン（p）が書いたバラード。しっとりとした味わいのあるプレイに思わず聴き惚れてしまう。ここでの渡辺によるギター・ソロも歌心に溢れたもので傾聴に値する。

そして、ＬＰではＢ面全部を占めたグロスマン作の〈ニュー・ムーン〉が演奏される。日野は三拍子で演奏するのが好きで、グロスマンと共演していたときにすっかり気に入ってしまったこの曲を、彼の帰国後もレパートリーに加えていた。当時、この曲を「新宿ピットイン」で聴いたことがある。そのときは全員が延々とソロを取ったため、これ一曲でワン・ステージが終わってしまった。それに比べれば、十八分強の演奏は内容がぐっと凝縮されたものになっている。

このアルバムには、ＣＤ化に際し未発表の〈ミルキー・シェイド〉と〈リオ・ローマ〉がボーナス・トラックとして追加されている。ＣＤでは「コンサートの演奏順」ということで、これら二曲が〈ソウルトレーン〉と〈ニュー・ムーン〉の間に収録されており、こちらでも全員の熱演がたっぷりと味わえる。

TBM-62

ジョージ大塚クインテット

『フィジカル・ストラクチュア』

[SIDE A]
①物質構造(フィジカル・ストラクチュア)
②リトル・アイランド
[SIDE B]
①マスター・ポッド
②ネイマ

◯パーソネル
ジョージ大塚(ds)、佐々木正三(ts-B①② ss-A② B①)、辛島文雄(p-A①② elp-A② B①② syn-A② B②)、古野光昭(b)、大野範夫(per)
A①=佐々木正三抜ける

1976年2月11日録音
東京「渋谷エピキュラス・スタジオ」

レコーディング・エンジニア：神成芳彦(エピキュラス)
カッティング：小林光晴(東芝EMI)
アート・ディレクター：西沢勉

発売=スリー・ブラインド・マイス・レコード
再発=THCD-239(CD ディスクユニオン)

単独リーダー作としては四作目にあたるこの作品がTBMから出たジョージ大塚の最終作。前作は、久々に盟友である市川秀男（p）との再会トリオ・セッションだったが、今回はレギュラー・クインテットによるもの。TBMから出た最初の二枚もクインテットだったが、そちらは2ホーンを据えたもので、こちらのフロントはサックスの佐々木正三ひとりだけ。トランペットに替わって起用されているのがパーカッション奏者の大野範夫だ。このメンバーでは、一九七四年に録音した『ラヴィング・ユー・ジョージ』（キング）も残されているが、そちらはライヴ・レコーディングだったため、本作が唯一のスタジオ録音になっている。

この時期、大塚はパーカッションを重視していた。それだけに、大野の参加は自身の音楽をより高いレヴェルへと導くことになった。辛島文雄が弾くエレクトリック・ピアノやシンセサイザーの響きも、当時は先端をいくものである。とはいえ、大塚はあくまでジャズの伝統を忘れていない。そうした思いと考えを反映したのがジョン・コルトレーン（ts）の代表的なオリジナルのB②ではないだろうか。

精鋭に囲まれ、中堅となった大塚が彼らに「ジャズとはなんぞや」を自身のプレイで示す。アート・ブレイキー（ds）同様、大塚のグループはある意味で若手にとっての「ジャズ道場」だった。

TBM-63

鈴木勲トリオ

『黒いオルフェ』

[SIDE A]
①黒いオルフェ
②エンジェル・アイズ
[SIDE B]
①フー・キャン・アイ・ターン・トゥ
②イン・ア・センチメンタル・ムード
③ブルース

○パーソネル
鈴木勲（b cello-A①のみ）、山本剛（p-A② B-①③ elp-A① B②）、ドナルド・ベイリー（ds）

1976年2月20日録音
東京「アオイ・スタジオ」

レコーディング・エンジニア：神成芳彦（エピキュラス）
エンジニア助手：大川正義（アオイ）
カッティング：小林光晴（東芝EMI）
アート・ディレクター：西沢勉

76年度「ジャズ・ディスク大賞 最優秀録音賞 第5位」

発売＝スリー・ブラインド・マイス・レコード
再発＝TBM-2563（LP スリー・ブラインド・マイス・レコード）
TBM（P）-2563（LP 日本フォノグラム）
PAP-20010（LP トリオ・レコード）
TBM-63（LP TBMビデオ）
ARTCD-13（CD ディスクユニオン／アートユニオン）
TBM-CD-2563（CD TBMビデオ）
TBM-XR-0063（XRCD TBMビデオ）
TBM-CD-1863（CD TBMレコード）
MHCP-10046（CD ソニー・ミュージックダイレクト）
THCD-266（CD ディスクユニオン）

　この作品は、鈴木勲の持ち味であるソウルフルな音楽性が親しみやすいサウンドとほどよい形で調和したものだ。それがタイトル曲ではご機嫌な形で集約されている。冒頭の鈴木が弾くチェロの響きがなんと重厚なことか。しばらくすると彼のソロでテーマが奏でられるが、これが実に心に染み入るプレイといっていい。山本剛のエレクトリック・ピアノも味があるし、レコーディング直前に来日したケニー・バレル（g）のリズム・セクションを務めたトリオによる演奏は、ある意味でラフではあるものの、それがジャジーな響きを醸し出すことに繋がった。

　残りの曲も、山本のオリジナルB③以外はお馴染みのナンバーである。それらをこのトリオが楽しくもスリリングに演奏していく。それにしても、ときにはすごみすら感じさせる鈴木のチェロが非常に印象的だ。テクニックや理論もさることながら、この作品のようにムード一発の強みを発揮した演奏は彼の独壇場だった。

　本作が吹き込まれた数か月後、鈴木は『スイングジャーナル』誌の「読者人気投票」の「ベース部門」で前年に続き一位に輝いている。七十三年度の「ジャズ・ディスク大賞」受賞以来、彼は着実に評判を高めていた。そして、ようやく実力が広く認知されることになったのである。その自覚もあったのだろう。期待に応えてあまりあるこの作品が、当時の状況を思い起こさせる。

TBM-64

笈田敏夫
『ヴェリー・グッド・イヤー』

いまのひとはともかく、このアルバムが出た当時の笈田敏夫はジャズ・ファンでなくとも知っているひとが多かった。お茶の間の人気者というか、テレビに映画にと出演するタレント的存在だったからだ。しかし、知名度はあっても本業では辛酸を舐めていた。SPの時代から活躍していたにもかかわらず、LP単位でのアルバムは一枚もない。そんな笈田の初ソロ・アルバム吹き込みを決めたのがTBMである。

この時点で三十年近いキャリアを誇り、一九五〇年に『スイングジャーナル』誌が行なった「第一回読者人気投票」では「ヴォーカル部門」の首位に輝いた笈田である。男性ジャズ・シンガーとして人気も知名度も高かった。ところが、ソロ・アルバム吹き込みには恵まれていない。そこが不思議といえば不思議だ。

考えられるのは、本作をお聴きになればわかるように、彼のヴォーカルが純然たる、あるいは本格派のジャズ・ヴォーカルとは趣を異にしていたことだ。ポップスとジャズを足して二で割ったとでもいえばいいだろうか。軽妙なヴォーカルが笈田の持ち味だ。そこがどっちつかずの印象を与え、アルバム制作にいたらなかったのかもしれない。

それでも、慣れるとこのヴォーカルが心地いい。ジャズを歌ってもポピュラーな感覚が横溢しているからだ。本格的なジャズ・ヴォーカルが好きなファンは物足りな

[SIDE A]
①ドリーム・ア・リトル・ドリーム・オブ・ミー
②イフ
③今宵の君は
④ベイズン・ストリート・ブルース
⑤アローン・アゲイン
[SIDE B]
①イット・ウォズ・ア・ヴェリー・グッド・イヤー
②アイ・ゲット・ア・キック・アウト・オブ・ユー
③ゼイ・キャント・テイク・ザット・アウェイ・フロム・ミー
④身も心も
⑤マウンテン・グリーナリー

○パーソネル
A① B⑤＝笈田敏夫(vo)、五十嵐明要(as)、横内章次(g arr)、潮先郁男(g)、稲葉國光(b)
A②⑤ B①＝笈田敏夫(vo)、横内章次(g arr)、稲葉國光(b)、須永ひろし(ds)、多忠昭(vln)、小泉博司(vln)、小野耕之輔(viola)、服部善夫(cello)
A③④ B②③④＝笈田敏夫(vo)、宮沢昭(ts-A③ B④)、藤家虹二(cl-A④ B③)、大沢寧男(p)、水橋孝(b)、須永ひろし(ds)

1976年3月17、18日録音
東京「渋谷エピキュラス・スタジオ」

レコーディング・エンジニア：神成芳彦(エピキュラス)
エンジニア助手：井口進(エピキュラス)
カッティング：小林光晴(東芝EMI)
アート・ディレクター：西沢勉

発売＝スリー・ブラインド・マイス・レコード
再発＝TBM-XR-0064(XRCD TBMビデオ)

さを覚えるかもしれない。ところがアメリカではフランク・シナトラやディーン・マーティンなどで代表されるように、この手のシンガーが引く手あまたである。しかし、日本では残念ながらあまり受け入れられることがない。そこが残念なところではある。

　ＴＢＭは、この笈田もそうだが、彼よりさらに長いことレコーディングのチャンスに恵まれなかった水島早苗（vo）の作品『ユーヴ・ガット・ア・フレンド』（ＴＢＭ-50）も制作している。これらは偉業といっていい。大手のレコード会社が手をつけなかったアーティストにスポットライトを当てる――それを使命と考えていた藤井武の真骨頂が、これら二作に集約されている。

　本作では、ＴＢＭにしては珍しくヴェテラン・ミュージシャンを集め、三種類のコンボがバックを務めている。それぞれがいい味の伴奏で、こちらも魅力的だ。アルバムの最初と最後を飾るのは、2ギターに五十嵐明要のアルト・サックスと稲葉國光（b）による変則カルテットだ。このコンボをバックに、笈田は彼ならではのライト感覚な表現をしてみせる。うまいシンガーとはいえないものの、この味わいは格別だ。

　Ａ②⑤とＢ①はポップス系のヒット曲である。こういう選曲が笈田らしい。これら三曲では、彼の希望で弦楽四重奏も加えられている。それでいて、ヴォーカルはあくまでシンプル。そこに笈田の面目躍如たる姿が認められる。ことに、歌詞を噛みしめるようにして歌うＡ②からは、独特の味わいが強く感じられる。

　三つ目のグループにはヴェテランの宮沢昭（ts）と藤家虹二（cl）が席を分けあっている。まさかＴＢＭの作品で藤家の名前を見つけるとは思わなかった。宮沢は中本マリ（vo）の『アンフォゲタブル』（ＴＢＭ-21）にも三曲で参加していたが、ＴＢＭでは稀有な起用といっていい。それだけに、宮沢と藤家が顔を合わせた録音が残されていないのは残念だ。それはそれとして、ふたりが抜けてピアノ・トリオ＋ギターのカルテットをバックに歌われるＢ②のスウィンギーなノリは笈田が持ち味を発揮したものだ。シナトラの歌で知られるこの曲はヴァースから歌われていく。このアプローチも好ましい。

　このコンボをバックにしたトラックは十曲中の五曲を占めており、これらが本作中ではジャズ色の濃いヴォーカルになっている。他の曲では横内章次（g）に編曲のクレジットがついていたが、こちらにはそれがない。ということは、簡単な打ち合わせだけで録音が行なわれたのだろう。笈田の歌がほかのセットよりジャジーに聴こえるのは、それが理由と思われる。

TBM-65

横内章次カルテット

『ブロンド・オン・ザ・ロックス』

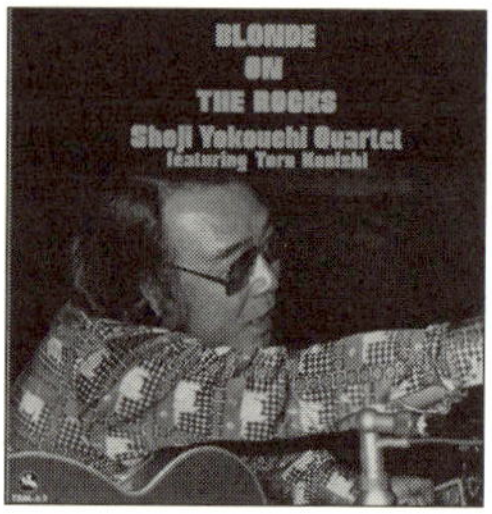

[SIDE A]
①ブロンド・オン・ザ・ロックス
②2度東、3度西
③朝日の如くさわやかに
[SIDE B]
①夜の訪問者
②スウィンギン・オン・ア・キャメル
③ラヴァー・マン
④メッセージ

○パーソネル
横内章次(g)、小西徹(g)、原田政長(b)、石松元(ds)

1976年3月16日録音
東京「渋谷エピキュラス・スタジオ」

レコーディング・エンジニア：神成芳彦（エピキュラス）
エンジニア助手：井口進（エピキュラス）
カッティング：小林光晴（東芝EMI）
アート・ディレクター：西沢勉

発売＝スリー・ブラインド・マイス・レコード
再発＝TBM-2565（LP スリー・ブラインド・マイス・レコード）
TBM-CD-2565（CD TBMビデオ）
MHCP-10040（CD ソニー・ミュージックダイレクト）

本格派のジャズ・ギタリストでありながらジャズ・アルバムを吹き込んでこなかった横内章次がようやく実力を満天下に示してみせた作品。クラブでの活動が多く、レコーディングではムード・ミュージックや映画音楽、さらには歌謡曲などが大半で、ジャズ・ファンの前に現れるチャンスはめったになかった。それでも一九五〇年代初頭から、渡辺弘とスターダスターズ、吉屋潤（ts）とクルー・キャッツ、平岡精二（vib）クインテットなどで腕を磨き、自身のトリオも結成している。とはいえ、熱心なジャズ・ファンが集まるライヴの場にはほとんど登場せず、主だった仕事はポップスのアレンジやスタジオ・ミュージシャンとしてのものだった。

こうした隠れ実力派にチャンスを与えたのもTBMの功績だ。その横内（右チャンネル）が、ここでは同じく過小評価されていた小西徹（左チャンネル）との2ギター・カルテットで達者なプレイを存分に聴かせてくれる。スウィンギーな指運びがこのひとの持ち味だ。流れるようなフレージングとリズミックな展開――こういう演奏を快演と呼ばずしてなんと呼ぼう。

そして、ここでは同じタイプの小西との丁々発止としたやりとりが随所で聴ける。この時期にコンビを組んでいたハーブ・エリス＝ジョー・パスのギター・デュオにも十分匹敵する内容だ。できることなら、小西のリーダー作もTBMから出してほしかった。

ジョージ川口とビッグ4
『ザ・ビッグ4』

[SIDE A]
①インヴェーダー 7
②ブルース・フォー・ビッグ・トーク・ジョージ
③月曜日のサンバ
[SIDE B]
①アルバトロス
②スリーピーズ・ファンク
③ラヴ・フォー・セール

◯パーソネル
ジョージ川口（ds）、松本英彦（ts fl-A③のみ）、市川秀男（p elp-A①のみ）、水橋孝（b）

1976年4月12、19日録音
東京「渋谷エピキュラス・スタジオ」

レコーディング・エンジニア：神成芳彦（エピキュラス）
カッティング：小林光晴（東芝EMI）
アート・ディレクター：西沢勉

発売＝スリー・ブラインド・マイス・レコード
再発＝PAP-20019（LP トリオ・レコード）
TBM-XR-0066（XRCD TBMビデオ）
MHCP-10033（CD ソニー・ミュージックダイレクト）
THCD-247（CD ディスクユニオン）

ジョージ川口とビッグ・フォアのアルバムまであるのだからTBMには恐れ入る。一九五〇年代前半、日本は空前のジャズ・ブームに沸きかえっていた。そのときの主役がビッグ・フォアである。オリジナルのビッグ・フォアは短命で終わってしまったが、その後もリーダーの川口はメンバーを替えながら、この人気グループを存続させていた。そして、今回は初代テナー・サックス奏者の松本英彦との再演が実現した。

看板の川口がいればビッグ・フォアは成立する。しかしビッグ・フォアといえば、売り物はテナー・サックスの大ブローだ。それぞれの時代のトップ・テナーがグループには去来した。しかし川口の豪快なドラミングに太刀打ちできるブロー奏者は松本を置いてほかにいない。

アルバムは、市川秀男（p）が書いた七拍子の曲から始まる。この演奏も面白いが、ビッグ・フォアならA②のようなブローイング・ナンバーが聴きたい。川口と松本のツボを得たやりとりが痛快だ。これは、なんでも大げさに誇張する川口の話っぷりを曲名にした松本のオリジナル。本作には、ほかにも松本のオリジナルが三曲（A③B①②）収録されている。この時期の彼はサンバやラテンに強い関心を寄せていた。そうした中から生まれたのがA③だ。効果的なブレークに加え、フルートに自分の声を重ねる表現は、ローランド・カーク（sax fl）やジェレミー・スタイグ（fl）の奏法を思わせる。

宮間利之とニューハード
『サンデイ・シング』

[SIDE A]
①サンデイ・シング
②ソフト・レイン
③メモリーズ
[SIDE B]
①スウィート・ハート・ブルース
②フレンズ
③プレイン・ソング

○パーソネル
宮間利之(con)、鈴木孝二、白井淳夫(as)、森守、貫田重夫(ts)、多田賢一(bs)、武田和三、山口耕二朗、岸義和、神森茂(tp)、片岡輝彦、上高政通、塩村修、福島照夫(tb)、山木幸三郎(g arr)、鷹野潔(p-A①③ B①② elp-A② B③)、福島靖(b)、四方田勇夫(ds)

1976年5月4、7日録音
東京「渋谷エピキュラス・スタジオ」

レコーディング・エンジニア：神成芳彦（エピキュラス）
カッティング：小林光晴（東芝EMI）
アート・ディレクター：西沢勉

発売＝スリー・ブラインド・マイス・レコード
再発＝TBM-2567（LP スリー・ブラインド・マイス・レコード）
TBM-CD-2567（CD TBMビデオ）

ニューハード単独作としてはTBMで残した三作目。今回は、創設時から在籍してきたギタリストで作編曲家でもある山木幸三郎のオリジナルで全曲が固められている。山木はこれまでにもニューハードに優れた作編曲を提供してきた。中でも〈振袖は泣く〉や三十分以上におよぶ組曲の〈土の音〉はオーケストラの主要レパートリーとして繰り返し演奏されてきた名曲だ。

　その彼の新曲も交えてのレコーディングである。アメリカで生まれたジャズの様式を用いて、そこに日本的な情緒も盛り込む——それが山木作品の特徴だ。しかし、今回は「日本的情緒」がそれほど強調されていない。一九七四年の「モンタレイ・ジャズ・フェスティヴァル」、翌年の「ニューポート・ジャズ・フェスティヴァル／ニューヨーク」と、アメリカの二大ジャズ・フェスティヴァルで大成功を収めたニューハードである。この間にヴェテラン・メンバーの幾人かは残留したものの、メンバーの若返りも図られている。そういうことが音楽性の変化に繋がったのかもしれない。

　ここに収められた六曲はリズムもテンポもムードも異なっている。それだけに、オーケストラ・ジャズのエッセンスが味わえる。なおニューハードはこの約三週間後に開催された「5デイズ・イン・ジャズ'75」にも登場し、そのときの演奏は『水野修孝の世界』（TBM-70）で聴くことができる。

TBM-68

高橋達也と東京ユニオン
『ガット・ザ・スピリット』

[SIDE A]
①グリース・ピース
②トゥモローズ・ブルース・トゥデイ
[SIDE B]
①ララバイ・イースト
②ガット・ザ・スピリット

○パーソネル
高橋達也(ts arr-A①② B②)、三木敏悟(ts arr-B①)、中山進治、堀恵二(as)、石兼武美(bs)、多田善文、我孫子浩、鈴木基治、藤本忍(tp)、橋爪智明、内田清高、岡田光一(tb)、簾健一(btb)、幾見雅博、荒谷憲一(g)、金山正浩(p-A② B① elp-A① B②)、杉本和弥(b)、海老沢一博(ds)

1976年5月18日
東京「銀座ヤマハ・ホール」「5デイズ・イン・ジャズ76」実況録音

レコーディング・エンジニア：神成芳彦(エピキュラス)
カッティング：小林光晴(東芝EMI)
カバー写真：西沢勉、相見明
アート・ディレクター：西沢勉

発売＝スリー・ブラインド・マイス・レコード
再発＝なし

高橋達也率いる東京ユニオンはTBMからアルバムを出したことで、飛び切り魅力的なジャズ・オーケストラのひとつと目されるようになった。そのきっかけとなったのがこのアルバムだ。東京ユニオンのTBM作品は、このあと『処女航海』（TBM-3001）が発表されるだけだが、ほかにも作編曲家である三木敏悟の作品『北欧組曲』（TBM-1005）にオーケストラがそっくりそのまま参加している。

その三木を世に紹介したのが東京ユニオンだった。本作にも彼のオリジナル（B①）が収録され、優れた作編曲家であることが示されている。これは、三木の特徴といっていい日本的な情緒がしっとりと綴られた曲だ。

残りの3曲はすべてが高橋の編曲である。A①はブレッカー・ブラザーズのナンバーで、彼らのファンク曲をオーケストラで演奏してしまうところが素晴らしい。当時の東京ユニオンはこうした演奏が得意だった。ということで、ライヴの場ともなれば、この曲が選ばれるのも当然だ。フランク・フォスター（ts）が書いたA②とメイナード・ファーガソン（tp）のオーケストラが得意にしていたスライド・ハンプトン（tb）作のB②はいずれもブルースで、東京ユニオンが持つ豪快なビッグバンド・サウンドとコンボ的な要素をひとつにまとめた優れた演奏である。ソロもよければアンサンブルにも見事なものがある。東京ユニオンは絶頂期にあった。

山本剛トリオ
『サマータイム』

[SIDE A]
①ライク・サムワン・イン・ラヴ
②イフ・ユー・クッド・シー・ミー・ナウ
③ミスティ
[SIDE B]
①サマータイム
②クッキン・ザ・ブルース
③今宵の君は

○パーソネル
山本剛(p)、大由彰(b)、守新治(ds)

1976年5月17日
東京「銀座ヤマハ・ホール」「5デイズ・イン・ジャズ'76」実況録音

レコーディング・エンジニア：神成芳彦(エピキュラス)
カッティング：小林光晴(東芝EMI)
カバー写真：西沢勉、相見明
アート・ディレクター：西沢勉

発売＝スリー・ブラインド・マイス・レコード
再発＝TBM-2569(LP スリー・ブラインド・マイス・レコード)
TBM-CD-1869(CD TBMレコード)
THCD-318(CD ディスクユニオン)

一九七六年に開催された「5デイズ・イン・ジャズ」から生まれたご機嫌な一枚。このコンサートでは、七四年の一回目のときに残された『ナウズ・ザ・タイム』（TBM－29）で、山本はジョージ大塚（ds）とLPのA面（山本）とB面（大塚）をわけ合っている。そして今回は単独LPが制作された。

この間の人気急上昇ぶりはいまでも語り草だ。デビュー作の『ミッドナイト・シュガー』（TBM－23）を吹き込んだのが七十四年三月のことで、本作までの二年間に他社のアルバムも加えれば、単独リーダー作だけで八枚は尋常でない。しかも、どれもピアノ・トリオを中心にした内容である。それだけ、山本のトリオ演奏が魅力的であることを、この事実は物語っている。

もちろん、この作品も例外でない。六本木の「ミスティ」を中心に、山本は連日連夜、聴衆を前に演奏してきた。それだけに、ライヴでこそ彼の魅力は満喫できる。そのことをいみじくも伝えているのがこのアルバムであり、デビュー作に続いて「ミスティ」で残された三枚のライヴ・アルバム（TBM－37 41 52）だ。

今回は、嬉しいことに人気曲のA③も加えられている。スタジオ録音盤の『ミスティ』（TBM－30）とはまったく異なる始まり方で演奏されるこの曲は、いつ聴いても、どんなアプローチによる演奏でも、山本らしさが全開している。

TBMトピックス 7

TBMがビッグ・バンド・ジャズを盛り上げた

日本では長いこと原信夫率いるシャープス＆フラッツと宮間利之のニューハードが人気を二分していた。どちらも1950年代から活動を始め、60年代後半まではジャズより歌謡曲の伴奏や洋楽のカヴァーなどの仕事が主なものだった。しかし一方ではジャズのコンサートやレコーディングも継続させ、日本を代表するジャズ・オーケストラとしても多くのファンから認められていた。

この2大オーケストラが斬新かつ創造的なジャズを演奏するようになったのは60年代末からだ。この時代、アメリカではサド・ジョーンズ（tp）＝メル・ルイス（ds）ジャズ・オーケストラやドン・エリス（tp）ビッグ・バンドなどが時代の先端をいく演奏で世界的に大きな脚光を浴びていた。そうした流れに合致するように、シャープス＆フラッツもニューハードも有能なアレンジャーを起用し、意欲的な作品を次々と発表していく。その牙城に迫ったのが、高橋達也がリーダーとなった東京ユニオンや、その東京ユニオンから独立した三木敏悟のインナー・ギャラクシー・オーケストラである。

ここに挙げた4つのビッグ・バンドがすべてTBMでレコーディングを残していることは特筆していい。本来なら予算にも余裕があるメジャー・レーベルがオーケストラ作品を作らなくてはいけない。しかし、ぎりぎりの運営資金で自転車創業的な会社経営を余儀なくされていたTBMが果敢にもこれらのオーケストラにレコーディングのチャンスを与えたのである。これはオーナーである藤井武がジャズに注ぐ情熱のなせるわざだ。

その結果、70年代後半は日本のジャズ・シーンにおいてジャズ・オーケストラのブームが巻き起こる。それまでは出演することのなかったジャズ喫茶にも彼らは率先して登場し、オーケストラ人口を増やした功績も無視できない。その後のアマチュア・オーケストラの活況はTBMの努力とも無縁でない。

水野修孝&宮間利之とニューハード

『水野修孝の世界』

[SIDE A]
①ダム
②コンセントレイション
[SIDE B]
①ジャズ・オーケストラ '75 パート2

○パーソネル
A①(コンボII)=森剣治(reed)、関口喜久(ts)、レイモンド・チャン(vln)、水野修孝(syn ds)、関口美和子(p)、金井英人(b)、四方田勇夫(ds)、今村裕司(per)、内記忠敏(electric operator)
A②(コンボI)=中村誠一(reed)、岸義和(tp)、塩村修(tb)、渡辺香津美(g)、山木幸三郎(g)、レイモンド・チャン(vln)、水野修孝(elp arr con)、岡沢章(b)、村上秀一(ds)、今村裕司(per)
B①=水野修孝(con arr)
宮間利之とニューハード=宮間利之(con)、鈴木孝二、白井淳夫(as)、森守、井上誠二(ts)、多田賢一(bs)、武田周三、岸義和、山口耕二朗、神森茂(tp)、片岡輝彦、上高政通、塩村修、福島照夫(tb)、山木幸三郎(g)、鷹野潔(p)、福島靖(b)、四方田勇夫(ds)
ゲスト=中村誠一(reed)、森剣治(reed)、渡辺香津美(g)、岡沢章(b)、村上秀一(ds)、今村裕司(per)

1976年5月26日
東京「銀座ヤマハ・ホール」「5デイズ・イン・ジャズ '76」で実況録音

レコーディング・エンジニア:神成芳彦(エピキュラス)
カッティング:小林光晴(東芝EMI)
カバー写真:西沢勉、相見明、加藤法久
アート・ディレクター:西沢勉

発売=スリー・ブラインド・マイス・レコード
再発=THCD-393(CD ディスクユニオン)

水野修孝はTBMで三枚の作品を残している。いずれも、その時点で日本を代表する最高の実力派と創造性豊かなメンバーで固められたジャズ・オーケストラの宮間利之とニューハードを得てのものだ。現代音楽を代表する作曲家、水野の曲をジャズのオーケストラが演奏する。となれば、ニューハード以上の適任はない。そのことは、本作以前に発表された『ジャズ・オーケストラ'73』(TBM-1001)と『ジャズ・オーケストラ'75』(TBM-1004)で実証されている。

日本のジャズ界に大きな石を投じたこれら二作の成果と反響を引っ提げ、スタジオ録音同様にニューハードに多彩なゲストを集めて実況録音されたのがこのアルバムだ。難解なスコアをライヴで演奏する——聴き手にとっても演奏する側にとっても、極めて緊張する時間だったといっていい。そして、それは見事に成功した。

その日、ぼくは前半のコンボによる演奏、そして後半の『ジャズ・オーケストラ'75』の再現を、身じろぎもせずに見守っていた。一九七〇年代中盤、ジャズの世界ではかつてのジャズとはまったく様相を異にするタイプの演奏や音楽も大手を振るうようになっていた。六十年代のフリー・ジャズを経て、現代音楽ともジャズともいえる、区別のできない演奏が多くの創造的なミュージシャンによって試行錯誤されていた。このコンサートに接し、そうした試みがある種の頂点に達した現場に立ち会う気分を味わっていた。
ジャズの言葉を現代音楽の語法で話している――それがスリリングなことこの上ない。そんな気持ちにとらわれたのはぼくだけでないはずだ。しかも西洋音楽をもとにしながら日本の伝統的な要素も取り入れられている。これはコンサートのタイトルどおり、紛れもなく「水野修孝の世界」を表現するものだった。

ＬＰは、Ａ面がコンボによる第一部、Ｂ面がニューハード＋オールスター・ゲストによる第二部を収録。時間にすれば、当日はこの倍以上の演奏が残されているわけだから、そちらもいずれは聴きたいものだ。

Ａ①は日本的な響きも加えたアブストラクトな演奏で、Ａ②はファンクなビートを大胆に用いたブラス・ロック的なサウンドと、まったく様相が違う。実際のステージでは、「水野修孝コンボⅠ」によるＡ②が先に演奏されている。そしてＢ面すべてを用いて演奏されるのが〈ジャズ・オーケストラ'75パート２〉だ。こちらは収録時間に制限が設けられていたスタジオ録音と違い、渡辺香津美（g）と中村誠一（ts）が延々とソロを繰り広げる。整然としたスタジオ録音と奔放なライヴ演奏。どちらも優劣がつけがたい充実の内容だ。

なお参考までに紹介しておくが、通算三回目となった七十六年の「5デイズ・イン・ジャズ」は、会場をそれまでの赤坂「日本都市センター・ホール」から銀座「ヤマハ・ホール」に移し、開催された。プログラムは以下のとおりだ。

十七日「ピアノ・ジャズの夕」＝山本剛トリオ、今田勝ソロ・ピアノ、板橋文夫トリオ

十八日「オーケストラ・ジャズの夕」＝宮間利之とニューハード、高橋達也と東京ユニオン

二十五日「ジャズ・ヴォーカルの夕」＝戸谷重子、中本マリ、森山浩二、笈田敏夫、伴奏＝山本剛トリオ、特別ゲスト＝植田日登美（vo）、鈴木勲（b）、渡辺香津美、ジミー・ホップス（ds）

二十六日「水野修孝の世界」＝二種類のコンボによるオリジナル、ジャズ・オーケストラ'75（宮間利之とニューハード＋オールスター・ゲスト）

二十七日「スーパー・コンボの夕」＝ジョージ大塚（ds）クインテット＋大野俊三（tp）、日野元彦（ds）カルテット＋山口真文（ts）

ステージの模様はすべて実況録音され、アルバム化されたのは、『東京ユニオン／ガット・ザ・スピリット』（ＴＢＭ-68）、『山本剛トリオ／サマータイム』（ＴＢＭ-69）、そして本作である。

戸谷重子&中本マリ
『シゲコ&マリ』

[SIDE A]
①グリーン・スリーヴス
②ザ・ブルース・エイント・ナッシング・バット・ア・ウーマン・クライン・フォー・ハー・マン
③ヘイ・ゼア
④ザット・ラッキー・オールド・サン
[SIDE B]
①ユード・ビー・ソー・ナイス・トゥ・カム・ホーム・トゥ
②ア・フォーギー・デイ
③ジー・ベイビー・エイント・アイ・グッド・トゥ・ユー
④バット・ノット・フォー・ミー

○パーソネル
SIDE A=戸谷重子(vo p)
SIDE B=中本マリ(vo)、山本剛(p)、大由彰(b)、楠本卓司(ds)

1976年5月25日
東京「銀座ヤマハ・ホール」「5デイズ・イン・ジャズ '76」で実況録音

レコーディング・エンジニア:神成芳彦(エピキュラス)
カッティング:小林光晴(東芝EMI)
カバー写真:西沢勉、加藤法久
アート・ディレクター:西沢勉

発売=スリー・ブラインド・マイス・レコード
再発=THCD-312(CD ディスクユニオン)

ＴＢＭがデビューさせたシンガーふたりがステージに登場したのは一九七六年に開催された「5デイズ・イン・ジャズ」の三日目である。「ジャズ・ヴォーカルの夕」と題されたこの夜は、戸谷重子と中本マリのほか、森山浩二と笈田敏夫、特別ゲストとして前年に録音された和田直（g）のアルバム（ＴＢＭ-49）に参加した植田日登美が出演している。まさにＴＢＭが誇る豪華ヴォーカル陣が集結した一夜だった。

ＬＰのＡ面は戸谷が得意の弾き語り、Ｂ面が山本剛（p）トリオをバックにした中本の歌で構成されている。戸谷はこれまでこのレーベルで三作（ＴＢＭ-11 16 22）を残しているが、今回はまとまった形での弾き語り集となった。コンボをバックにした過去の三作とは異なり、持ち味であるゴスペル風のヴォーカルが厳かな雰囲気を醸し出す。

一方の中本は、ＴＢＭの諸作で人気者となった山本の伴奏で、いつものように落ち着いたジャズ・ヴォーカルを聴かせてくれる。レコーディングではこれが初顔合わせだ。中本がデビューしたてのころは、山本が本拠地にしていた六本木「ミスティ」で共演することもあった。そのときのインティメイトなムードが、会場の「ヤマハ・ホール」でも再現されている。それゆえ、個性派同志の顔合わせでもジャズ・ヴォーカルの楽しさが味わえるステージとなった。

TBM-72

太田邦夫カルテット＋1
『フリー・アンド・ラヴリー』

[SIDE A]
①フリー・アンド・ラヴリー
[SIDE B]
①ガッタ・トラベル・オン
②人生の余暇
③CMT & T

○パーソネル
太田邦夫(p)、高野正幹(ts)、加藤雅史(b)、夏目純(ds)
ゲスト＝松浦克彦(tp-B①③)

1976年7月26日録音
名古屋「ヤマハ東山センター・スタジオ・ウイング」

レコーディング・エンジニア：神成芳彦(エピキュラス)
エンジニア助手：鵜飼範雄、伊藤幸文(ウィング)
カッティング：小林光晴(東芝EMI)
アート・ディレクター：西沢勉

発売＝スリー・ブラインド・マイス・レコード
再発＝TBM-CD-1872(CD TBMレコード)

新人にスポットライトを当てることが柱のひとつだったＴＢＭだが、この時期は新人のアルバムを作る機会が減っていた。本作は、久々にＴＢＭが発表する大型新人のデビュー作だ。

太田邦夫は名古屋在住のピアニストである。名古屋と縁が深いＴＢＭは、森剣治（as）から同じ地元の高野正幹（ts）を推薦される。その高野を含むカルテットを率いていたのが太田だった。

名古屋のジャズ・クラブ「M」で毎週金曜日に演奏していた太田のカルテットを聴いて、藤井武はレコーディングの計画を立てる。とはいっても、完成の域にはほど遠い。そこで一か月間の猛練習を命じ、内容がよければレコード化する約束でテスト・レコーディングが行なわれた。結果として、地元のスタジオで録音されたその演奏が本作としてアルバム化されたのである。

太田のピアノと音楽は、一音でキース・ジャレット（p）のプレイを連想させる。藤井は、録音一曲目となったA①を聴いたところで早くもアルバム化の確信を得たという。A面すべてを使ったカルテットの演奏には、若いメンバーの持ち味が自然な形で表出されている。

そしてB①③にはトランペッターの松浦克彦が加わる。ゲスト扱いだが、彼もバンドのメンバーとして、ライヴでは必ず一緒に登場していた仲間であることをつけ加えておこう。

市川秀男トリオ

『明日への旅立ち』

[SIDE A]
①234〜果てしなき緑の大地より〜
②黄昏
[SIDE B]
①鳥よ〜翼を止めて—また、翔び立とう
②明日への旅立ち

○パーソネル
市川秀男(p elp-B① recorder-A① B② per他)、福井五十雄(b cello-A① per)、山木秀男(ds per)

1976年7月27日、8月17日録音
東京「渋谷エピキュラス・スタジオ」
*76cm/sec・16chマスター(必要?)

レコーディング・エンジニア:神成芳彦(エピキュラス)
カッティング:小林光晴(東芝EMI)
アート・ディレクター:西沢勉

発売=スリー・ブラインド・マイス・レコード
再発=TBM-XR-0073(XRCD TBMビデオ)
THCD-396(CD ディスクユニオン)

ジョージ大塚(ds)トリオのピアニストとして一躍注目を浴びたのが市川秀男だった。このアルバムは、そのときから十年ほどがすぎて吹き込まれたものだ。時代を感じさせるのは、いまやジャンルを超えて幅広く活躍するヴェテラン・ドラマーとなった山木秀男(現在は秀夫)がまったくの新人だったことである。

それはそれとして、このアルバムの市川は過激だ。全曲をオリジナルで固めた意欲も高く評価したい。A①の冒頭はまったくのフリー・フォームで演奏される。そこから始まり、8ビートのイン・テンポになると、得意のゴスペル・ライクなタッチも交えてノリのいいソロを聴かせてくれる。このころの市川はキース・ジャレット(p)に触発されていた。それは演奏スタイルのみならず、リコーダーまで用いて、ひとつの曲の中でさまざまな表情を示す構成からも感じられる。十三分以上におよぶこの演奏を聴いていると、そんなことを思わずにはいられない。

ピアノを美しく響かせることも市川の魅力だ。その代表例がA②である。ここでの彼は、ほとばしる思いを印象的なフレーズに託して綴っていく。穏やかに始まるB①では、ピアノのほかにエレクトリック・ピアノも用いて美しいメロディが綴られていく。そしてB②の情念を感じさせる表現。大塚トリオのときとはかなり違う市川がこのアルバムの中で強い存在感を示す。

TBM-74

松本英彦カルテット
『スリーピー』

ジョージ川口（ds）のビッグ・フォアによる作品『ザ・ビッグ4』（TBM-66）で川口がオリジナル・メンバーの松本英彦（ts）と共演したのはTBMにとっても記念碑的な出来事だった。その縁で、五か月後に今度は松本のリーダー録音が実現したからだ。

この時期の松本はトップ・クラスの名声を得ていたものの、レコーディングに恵まれていたとはいえない。そうしたミュージシャンを積極的に起用していたのがTBMである。まさに、彼とこのレーベルは幸福な出会いを果たした。そのことは、この作品に耳を傾ければすぐにわかる。

本作で松本のバックを支えているのは、彼の音楽性を考えれば最良の三人だ。いずれも優れたミュージシャンである。しかも、サイドマンとしての技量に長けている。このリズム・セクションを得て、松本はなんの不安も抱かず演奏に没入することができた。

ビッグ・フォアでも重要な役割を担っていた松本である。しかし、自分がリーダーとなればおのずと表現は違ってくる。A①のジョン・コルトレーン（ts）を彷彿とさせる自作バラードを聴くだけで、彼が世界的なレヴェルに達したテナー・サックス奏者であることがわかる。その後の演奏でも、落ち着いた雰囲気で自身の音楽にじっくりと取り組んでみせる。勢いに溢れた若手にはない円熟味——それがこの作品の価値に繋がっている。

[SIDE A]
①デュークス・デイズ
②あなたは恋を知らない
③チェイシン・ザ・ブルース
[SIDE B]
①ライトダウン・ステップ
②マイ・ワン・アンド・オンリー・ラヴ
③タイフーン

○パーソネル
松本英彦（ts fl-A②のみ）、市川秀男（p）、井野信義（b）、日野元彦（ds）

1976年9月13、24日録音
東京「渋谷エピキュラス・スタジオ」
76cm/sec・16chマスター

レコーディング・エンジニア：神成芳彦（エピキュラス）
カッティング：小林光晴（東芝EMI）
アート・ディレクター：西沢勉

発売＝スリー・ブラインド・マイス・レコード
再発＝TBM（P）-2574（LP 日本フォノグラム）
PAP-20018（LP トリオ・レコード）
TBM-CD-2574（CD TBMビデオ）
TBM-CD-1874（CD TBMレコード）
MHCP-10032（CD ソニー・ミュージックダイレクト）

TBM-75

和田直クインテット＋1
『フォー・シーンズ』

[SIDE A]
①サンセット・オブ・ザ・ストリート
②アンブシン・ザ・ブルース
[SIDE B]
①ジャンピング・ドッグ
②ザ・シマー・オブ・ザ・モーニング・サン

○パーソネル
和田直(g)、池野実(fl-A① as-A② B①②)、中山静男(p-A①② elp-B①②)、山本一昭(b-A①② elb-B①②)、山田幸治(ds)、植田ひとみ(voice-A① B②)

1976年9月14日録音
名古屋「ヤマハ東山センター・スタジオ・ウイング」

レコーディング・エンジニア：神成芳彦(エピキュラス)
エンジニア助手：鵜飼範雄、伊藤幸文(ウィング)
カッティング：小林光晴(東芝EMI)
アート・ディレクター：西沢勉

発売＝スリー・ブラインド・マイス・レコード
再発＝なし

　前作『ブルース・フォー・バード』（ＴＢＭ‐49）は一九七五年に開催された「5デイズ・イン・ジャズ」の模様を収録したものだった。そのときとまったく同じメンバーによるスタジオ録音盤が本作だ。ＴＢＭにしては珍しく、本拠地の東京ではなく名古屋でのレコーディングである。和田をはじめ、同地在住のミュージシャンで固められたグループの録音ということから、地元にあるスタジオでの収録となった。

　そのことも影響したのだろうか。ここでは寛いだ中にもスリリングなプレイが全編にわたって繰り広げられる。全四曲の作編曲はリーダーの和田が担当した。敢えて「作編曲」と書いたのは、これまでに発表してきたアルバムとは異なり、本邦最高のブルース・ギタリストがアルバム・タイトルにあるがごとく「情景」をテーマにした曲を演奏しているからだ。トレードマークのブルースはＡ②のみである。

　ブルース・ギタリストである以前に和田は優れたジャズ・ギタリストでもある。この作品は、そのことを多くのファンに示すことになった。しかもオリジナル曲の楽想を含めて、極めてイマジネイティヴなプレイを聴かせてくれる。秘めた才能をようやく現した――そんな印象を覚えるのがこの作品だ。和田の素晴らしさはいうまでもない。加えて、メンバー各人の達者で触発的なプレイも聴き逃せない。

鈴木勲セクステット
『あこの夢』

[SIDE A]
①あこの夢
②イサオ・ファミリー
[SIDE B]
①フィール・ライク・メイキング・ラヴ
②セヴン・カム・イレヴン

○パーソネル
鈴木勲(cello)、山本剛(p-A①② B② elp-B① syn-A① B①)、渡辺香津美(g)、秋山一将(g)、浜瀬元彦(elb-A①② B① b-A② B②)、土肥晃(ds)

1976年10月19日録音
東京「渋谷エピキュラス・スタジオ」

レコーディング・エンジニア：神成芳彦(エピキュラス)
カッティング：小林光晴(東芝EMI)
アート・ディレクター：西沢勉

77年度「ジャズ・ディスク 大賞最優秀録音賞 第7位」

発売＝スリー・ブラインド・マイス・レコード
再発＝TBM(P)-2576(LP 日本フォノグラム)
PAP-20024(LP トリオ・レコード)
TBM-CD-2576(CD TBMビデオ)
TBM-XR-0076(XRCD TBMビデオ)
THCD-248(CD ディスクユニオン)

デビュー作『ブロー・アップ』（TBM-15）から数えて七作目にしてTBMにおける最終作となったのがこのアルバムだ。それにしてもペースが早い。三年半ほどで七枚である。遅きに失した感のある初リーダー作吹き込みだったことを考えれば、アイディアも十分にあったのだろう。ひとつとして駄作のないところに鈴木勲の充実が伝わる。

この間、彼には私生活でも大きな変化があった。気ままな独身生活に別れを告げたのである。そして授かったのが愛娘の亜湖ちゃんだ。アルバムのタイトル・トラックはもちろん彼女に捧げたものである。鈴木のチェロがソウルフルなテーマ・メロディを奏でる冒頭から抜群の雰囲気だ。今回は、いつもの渡辺香津美（左チャンネル）のほかにもうひとり、新人の秋山一将（右チャンネル）を加えた2ギターでレコーディングが行なわれた。これも、演奏に好ましい効果をもたらしている。

鈴木のオリジナル・ブルースA②のタイトルと内容に関してはいうことがひとつもない。幸せいっぱいの姿が演奏に反映されているからだ。

そして、ロバータ・フラックが歌ったヒット曲がB面の一曲目を飾る。ここで山本剛が弾くのは、ヤマハが試作したエレクトリック・ピアノの第一号機だ。ふたりのギタリストが丁々発止としたやりとりを繰り広げるB②も素晴らしい聴きものになった。

TBM-77

今田勝トリオ
『スタンダード』

一九七五年五月に福井五十雄（b）と小原哲次郎（ds）で活動していたレギュラー・トリオを解散した今田勝は、さっそくニュー・トリオの結成に着手する。まずメンバーに迎えたのが鈴木憲（b）だ。鈴木勲（b）や菅野邦彦（p）などのコンボにいた彼が加入したのは、前トリオ解散の翌月である。しかしドラマー探しには少々手こずった。ようやく納得のできる藤沢博延が一員となったのは七十五年十月のことである。

　今田はピアノ・トリオにこだわって活動を推し進めてきた。それだけに、絶対の信頼が寄せられなければメンバーにはしない。その妥協のなさが、レギュラー・トリオを再結成するにあたり、手間と時間をかけさせた最大の理由だ。

　しかしここにようやく納得のいくふたりが顔を揃えたのである。それから一年、満を持して臨んだのがこのレコーディングだ。今回のテーマは「スタンダード集」。TBMの作品に収録された演奏には今田のオリジナルが多い。しかし、彼が聴かせてくれるスタンダードにも味わい深いものがある。それらをじっくりと聴いてみたい――そんな思いを寄せるファンに応えてくれたのがありそうでなかったこの作品だ。加えて、前作で評判のよかったソロ・ピアノによるトラックも二曲（A② B③）が収録されている。こちらも今田ならではの解釈と表現が見事だ。

[SIDE A]
①恋に恋して
②云い出しかねて
③酒とバラの日々
[SIDE B]
①朝日の如くさわやかに
②ホワッツ・ニュー
③アイ・フォール・イン・ラヴ・トゥー・イージリー
④イット・クッド・ハプン・トゥ・ユー

○パーソネル
今田勝(p)、鈴木憲(b)、藤沢博延(ds)
A② B③=今田勝(p)

1976年10月26、30日録音
東京「渋谷エピキュラス・スタジオ」

レコーディング・エンジニア：神成芳彦(エピキュラス)
カッティング：小林光晴(東芝EMI)
アート・ディレクター：西沢勉

発売=スリー・ブラインド・マイス・レコード
再発=TBM(P)-2577(LP 日本フォノグラム)
PAP-20003(LP トリオ・レコード)
TBM-CD-2577(CD TBMビデオ)
TBM-CD-1877(CD TBMレコード)
MHCP-10035(CD ソニー・ミュージックダイレクト)

福井五十雄カルテット
『サンライズ／サンセット』

一九七〇年代に活躍したベーシストの福井五十雄もいつの間にか名前を聞かなくなってしまった（二〇一五年に死去）。それだけに、唯一のリーダー作となったこのアルバムが残されていたのはありがたい。とはいってもＴＢＭではお馴染みのひとりである。山本剛（ｐ）の名前を一躍世に知らしめた『ミッドナイト・シュガー』（ＴＢＭ－23）をはじめ、レーベル最大の売り上げを誇る『ミスティ』（ＴＢＭ－30）、あるいは今田勝（ｐ）トリオの一員として彼の諸作などで穏やかな名手ぶりを聴くことができる。

　このことからもわかるように、福井はジャズ喫茶などライヴの場で派手に打って出るタイプではなく、六本木のクラブを中心に活躍していたベーシストだ。それもあって、リーダー・アルバム吹き込みのチャンスはなかった。そこに目をつけたところがＴＢＭの真骨頂だ。裏方に徹していた福井を表舞台に引っ張り出したのである。

　日ごろはスタンダード中心の演奏がメインだから、オリジナルを披露するチャンスはほとんどない。その彼が、ここでは三曲（Ａ①② Ｂ②）のオリジナルを聴かせてくれる。これらがいずれも斬新で個性に溢れていて素晴らしい。アルバム・タイトルに繋がったＡ①とＢ②は表裏一体の演奏だ。ことにテーマ・メロディをアルコ・ベースで、そしてソロをチェロで奏でる後者は哀愁の伴った名曲である。

[SIDE A]
①セヴンス・アヴェニュー・サンライズ
②ハッピー・ウォーク
③レイディＴ
[SIDE B]
①ドント・エクスプレイン
②セヴンス・アヴェニュー・サンセット
③アーリー・サマー

○パーソネル
福井五十雄（b cello-A② B②）、市川秀男（p-A①③ B②③）、横内章次（g-A② B①③）、松石和宏（vib）、小原哲次郎（ds）

1976年10月18、20日録音
東京「渋谷エピキュラス・スタジオ」

レコーディング・エンジニア：神成芳彦（エピキュラス）
カッティング：小林光晴（東芝EMI）
アート・ディレクター：西沢勉

発売＝スリー・ブラインド・マイス・レコード
再発＝THCD-240（CD ディスクユニオン）

TBM-1001

水野修孝
『ジャズ・オーケストラ '73』

[SIDE A]
①パート1 ドライヴ・ドライヴ・ドライヴ!
[SIDE B]
①パート2 ブルース/オートノミー/ドライヴ/カオス

○パーソネル
A①=水野修孝(con-introduction only arr)
宮間利之とニューハード=宮間利之(con)、森守、井上誠二(ts)、木村巧、小黒和命(as)、平野繁(bs)、武田和三、数原晋、岸義和、熱田修二(tp)、片岡輝彦、上高政通、早川隆、内田賢英(tb)、伊藤昌明(elb)、四方田勇夫(ds)
ゲスト・ソロイスト=日野皓正(tp)、森剣治(as)、金井英人(b)
B①=水野修孝(con-Drive only arr org)
宮間利之とニューハード=宮間利之(con)、森守、井上誠二(ts)、木村巧、小黒和命(as)、平野繁(bs)、佐野博美、佐野正明、四方高志、中村誠一(cl)、武田和三、数原晋、岸義和、熱田修二、羽鳥幸次、佐野健一(tp)、片岡輝彦、上高政通、早川隆、内田賢英、青木武、戸倉誠一(tb)、伊藤昌明(elb)、四方田勇夫(ds)
ゲスト・ソロイスト=高柳昌行(g)、金井英人(b)、ジョー水木(per)

1973年8月23日(A①)、9月2日(B①)録音
東京「アオイ・スタジオ」

レコーディング・エンジニア:神成芳彦(エピキュラス)
カッティング:小鉄徹(日本ビクター)
アート・ディレクター:西沢勉

73年度「ジャズ・ディスク大賞 日本ジャズ賞 第3位」

発売=スリー・ブラインド・マイス・レコード
再発=TBM-55(LP スリー・ブラインド・マイス・レコード)
15PJ-1027(LP 日本フォノグラム)
PAP-20014(LP トリオ・レコード)
TBM-CD-1801(CD TBMレコード)

　ＴＢＭは創立されて三年を迎えた。紆余曲折はあったものの、この三年間は日本のジャズが持つ可能性を大胆に、ときに無謀な形で切り開いてきた歳月でもある。藤井武はその節目に念願の壮大なレコーディングを実行に移す。レーベル設立前から意気投合していた現代音楽の優れた作曲家、水野修孝にオリジナル作品を委嘱し、それをジャズのオーケストラで演奏するというものだ。現代音楽とジャズの融合――「三周年記念作品」のために選ばれた宮間利之とニューハードは、この時点でもっとも創造的な音楽を追求していたジャズ・オーケストラだ。ざっと振り返ってみよう。

　前年（七十二年）の一月には、七十一年一月に録音した富樫雅彦（ds）作編曲による『牡羊座の詩』（日本コロムビア）が『スイングジャーナル』誌の「七十一年度ジャズ・ディスク大賞　日本ジャズ賞」を受賞。五月には山木幸三郎（g）が作編曲した『仁王と鳩』（同）、五月から六月にかけては佐藤允彦（p）を迎え『耶馬台賦』（東芝音楽工業）、年が変わって本作が録音される前月の七月には『土の音』（日本コロムビア）が吹き込まれている。そして八月初旬には山中湖畔で合宿を行ない、本作吹き込みにあたり万全の準備をしたのだった。

　水野は三十四年生まれで、作曲家としてのデビュー作が六十一年の〈金管群のための三つの次元〉である。初期には、譜面に演奏者が演奏部分や演奏法が選択できる

部分を盛り込み、演奏者の自発性を引き出すことを試みていた。そこがジャズの即興演奏に繋がっている。その時期の代表作が〈声のオートノミー〉（六十四年）や〈オーケストラ　１９６６〉（六十六年）で、これらをもとに作られたのが本作収録の組曲だ。

　A面を占める〈ドライヴ・ドライヴ・ドライヴ！〉では、ニューハードから山木幸三郎（g）と鷹野潔（p）が抜けたメンバーに、ゲスト・ソロイストの日野皓正（tp）、森剣治（as）、金井英人（b）が加わる。まずは金井と四方田勇夫（ds）がイントロダクション的なプレイを示し、その後にフリー・ジャズ的な響きのブラス陣が登場する。次いで4ビートのパートを経てコレクティヴ・インプロヴィゼーションになるが、このあたりではフリー・ジャズとも現代音楽ともつかないユニークな響きが認められる。

　続く森剣治のソロでは、亡きアルバート・アイラー（as）のあとを継ぐような不思議なフレーズが連続する。二番手の日野皓正もこの時期はフリー・ジャズに正面から対峙していた。それだけに、オーソドックスなスタイルからフリー・フォームまで、自在なプレイを繰り広げる。その後の日野と森の創造的なやりとりも傾聴に値する。力強いベース・ワークで全体を支える金井はTBM設立以前から水野と親交があり、TBM作品でいうなら金井の一作目『Q』（TBM-6）では水野が書いた〈エイプリル・ソングス・フォー・カナイ、ズイ・ズイ・ズイ・ドゥ・トゥバダバ〉も取り上げられていた。

　B面は、A面と同じニューハードのメンバーにクラリネット・セクションが加わり、トランペット・セクションも拡大されている。こちらのゲスト・ソロイストは高柳昌行（g）、金井英人、ジョー水木（per）だ。各セクションが入り乱れての集団即興から演奏が始まり、徐々にテーマ・メロディが姿を現してくる。リードするのはトランペット・セクションだ。そのあとは再び集団即興演奏になるが、この音圧は尋常でない。

　その後に登場する4ビートのオーケストラ・ジャズ・パートは打って変わってご機嫌なスウィング感を示す。次いで、水野のオルガンをバックにクラリネット・セクションが演奏する静寂なパートとなり、そこから混沌とした音楽世界に移行していく。このあたりから高柳のギターが少しずつ目立ち始める。そして、そのまま全員の合奏で〈カオス〉へと突入していく。

　なおTBM初のビッグバンド作品となった本作は三千円で限定三千枚、初のWジャケット厚紙表紙つきライナーノーツ＋水野修孝直筆スコアの仕様で発売された。

ジョージ大塚クインテット
『イン・コンサート』

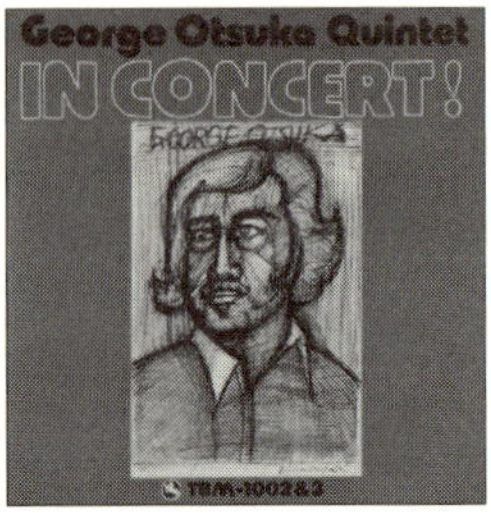

TBMからの一作目『ゴー・オン』（TBM−13）に続く一年ぶりのアルバムは、レーベル史上初の二枚組LPとなった（他はTBM（P）−1801／2の『三木敏悟／モントルー・サイクロン』のみ）。「5デイズ・イン・ジャズ」の司会でお馴染みの評論家にして自由が丘「ファイヴ・スポット」のオーナーでもあるいソノてルヲによるコールでステージに登場したクインテットは、まるで『キリマンジャロの娘』（コロムビア）を吹き込んだ（録音は一九六九年）マイルス・デイヴィス（tp）クインテットのような演奏（A①）でスタートする。

メンバーは前作からベーシストが古野光昭に交代しただけだが、サウンドのあり方がまったく異なっている。それは、この間にリーダーも含めて全員がマイルスの音楽に触発されるようになったからだ。トニー・ウィリアムスやジャック・デジョネット的な大塚のドラミングはいうにおよばず、大野俊三（tp）のマイルス・ライクなブロー、そしてワーワー・ペダルを大胆に駆使した大徳俊幸のエレクトリック・ピアノも効果的だ。

なお新宿「厚生年金会館ホール」でのリサイタルを収録したこの二枚組LPは、CD化される際に二曲（C②とD②）がカットされてしまった。とくにマイルスとロン・カーター（b）が共作したD②が収録されなかったのは痛い。将来、できることならオリジナル・フォームでリリースしてもらいたいものだ。

[LP]
[SIDE A]
①アフターヌーン・ウォーク
[SIDE B]
①オン・エピソード
②アイ・ラヴ・ユー
[SIDE C]
①シー・セッド・ソー
②オールド・フォークス
[SIDE D]
①ジョージII
②81

[CD]
①アフターヌーン・ウォーク
②オン・エピソード
③アイ・ラヴ・ユー
④シー・セッド・ソー
⑤ジョージII

○パーソネル
ジョージ大塚（ds）、大野俊三（tp-A① C① D① fgh-B②）、山口真文（ts-A① B①② C① D① ss-A① C①）、大徳俊幸（p-B① elp-A① B② C① D①）、古野光昭（b）
B①＝大野俊三抜ける

1973年10月11日録音
東京「新宿厚生年金会館ホール」

レコーディング・エンジニア：神成芳彦（エピキュラス）
アート・ディレクター：西沢勉

発売＝スリー・ブラインド・マイス・レコード
再発＝TBM-CD-1002（CD TBMビデオ）

TBM-1004

水野修孝
『ジャズ・オーケストラ ’75』

[LP]
[SIDE A]
①ジャズ・オーケストラ ’75 パート1
[SIDE B]
①ジャズ・オーケストラ ’75 パート2

○パーソネル
水野修孝（con arr）
宮間利之とニューハード＝宮間利之（con）、鈴木孝二、白井淳夫（as）、森守、井上誠二（ts）、多田賢一（bs）、武田和三、白山文男、岸義和、神森茂（tp）、片岡輝彦、上高政通、塩村修、伊藤昭志（tb）、山木幸三郎（g）、鷹野潔（p）、福島靖（b）、田畑貞一（ds）
ゲスト＝中村誠一（ts）、森剣治（as）、渡辺香津美（g）、岡沢章（elb）、村上秀一（ds）、今村祐司（per）

1975年9月3日録音
東京「渋谷エピキュラス・スタジオ」

[CD]
①ジャズ・オーケストラ ’75 パート1
②ジャズ・オーケストラ ’75 パート2
③ジャズ・オーケストラ ’75 パート2（ライヴ・ヴァージョン）（TBM-70『水野修孝の世界』より）

○パーソネル（③）
水野修孝（con arr）
宮間利之とニューハード＝宮間利之（con）、鈴木孝二、白井淳夫（as）、森守、井上誠二（ts）、多田賢一（bs）、武田周三、岸義和、山口耕二朗、神森茂（tp）、片岡輝彦、上高政通、塩村修、福島照夫（tb）、山木幸三郎（g）、鷹野潔（p）、福島靖（b）、四方田勇夫（ds）
ゲスト＝中村誠一（reed）、森剣治（reed）、渡辺香津美（g）、岡沢章（b）、村上秀一（ds）、今村裕司（per）

1976年5月26日 東京「銀座ヤマハ・ホール」「5デイズ・イン・ジャズ '76」で実況録音

レコーディング・エンジニア：神成芳彦（エピキュラス）
アート・ディレクター：西沢勉

75年度「ジャズ・ディスク大賞 日本ジャズ賞 第3位」

発売＝スリー・ブラインド・マイス・レコード
再発＝TBM-CD-1004（CD TBMビデオ）
TBM-CD-1855（CD TBMレコード）

水野修孝を起用してアルバムを作る——藤井武の悲願は前作『ジャズ・オーケストラ’73』（TBM―1001）で成就《じょうじゅ》した。その成功をバネに、再び制作されたのがこの作品だ。水野が起用したのは前作でも彼のスコアを見事に演じきった宮間利之とニューハード、そしてそこに魅力的なゲストを加えた布陣である。スケールの大きな音楽は、通常のビッグバンド・ジャズを軽く凌駕し、さまざまな音楽要素が詰め込まれたものだ。それでもごった煮にならず、優れて創造的な内容になったところが水野の才気であり、そのために集合したミュージシャンの感性とテクニックである。

当時のニューハードは佐藤允彦（p）や富樫雅彦（per）といった気鋭の作編曲家に組曲を委嘱するなどして、既存のジャズ・オーケストラのポジションから大きく一歩を踏み出していた。だからこそ、水野もニューハードを選んだのだろう。がっちり四つに組んだ真剣勝負によって、このアルバムは吹き込まれた。

CD化にあたっては、「5デイズ・イン・ジャズ’76」で残されたライヴ演奏〈ジャズオーケストラ’75パート2〉も収録されている。スタジオ録音との聴き比べができるのも嬉しい。なお本LPは「TBM創立五周年記念作品」ということで、三千円で限定五千枚のWジャケットおよび厚紙表紙つきライナーノーツ（水野修孝直筆スコアの縮小版が掲載）仕様で発売された。

三木敏悟&高橋達也と東京ユニオン
『北欧組曲』

三木敏悟が五年間にわたりヨーロッパとアメリカで学び、帰国したのは一九七六年のことである。日本ではまったく存在が知られていなかった彼は、当時ジャズ・オーケストラの中でもっとも先進的な演奏を追求していた高橋達也（ts）率いる東京ユニオンに加入する。ポジションは四番サックスということで、それほど目立つ役回りではない。しかし海外で学んできた作編曲の才能はたちどころにリーダーが認めるところとなった。

そしてその時期、藤井武が東京ユニオンのコンサートで感銘を受ける出来事があった。三木のオリジナル〈白夜の悲しみ〉が東京ユニオンによって演奏されたのだ。それを耳にした藤井は、さっそく楽屋で「この曲を中心に組曲を書いてほしい」と依頼する。まったく未知数の三木に、〈白夜の悲しみ〉を聴いただけでオーケストラが演奏する組曲を依頼した藤井の度胸のよさと慧眼には感服する以外にない。

三木は、「リディアン・モード」と呼ばれるモード理論を徹底的に研究したジャズのアレンジャーで作曲家のジョージ・ラッセルに師事している。つまり、リディアン・モードを熟知しているのが三木だ。この組曲も、基本的にはリディアン・モードに基づいて書かれている。〈アンデルセンの幻想〉が典型的な一曲だ。

この曲ではリディアン・モードのほかにドリアン・モードによる音階も用いられ、リズムも三拍子と四拍子が

[SIDE A]
①パートI 白夜の悲しみ ②パートII エドワード・ムンクの肖像 ③パートIII グレタ・ガルボの伝説
[SIDE B]
①パートIV アンデルセンの幻想 ②パートV シベリウスの遺言 ③パートVI 遊ぶ子供たち

○パーソネル
三木敏悟(con arr)
高橋達也と東京ユニオン＝高橋達也、井上誠二(ts)、堀恵二、柳沼寛(as)、石兼武美(bs)、多田善文、我孫子浩、鈴木基治、斎尾知一(tp)、宮崎英次郎、内田清高、岡田光一(tb)、簾健一(btb)、直居隆雄、荒谷憲一(g)、金山正浩(p)、石田良典(b)、海老沢一博(ds)
ゲスト＝ミッキー吉野(syn)、今村祐司(per)

1977年5月15、22日録音
東京「渋谷エピキュラス・スタジオ」

レコーディング・エンジニア：神成芳彦(エピキュラス)
カッティング：小林光晴(東芝EMI)
アート・ディレクター：西沢勉

「ジャズ・ディスク大賞 日本ジャズ賞 第1位」、「同最優秀録音賞 第2位」

発売＝スリー・ブラインド・マイス・レコード
再発＝UL38-1005(38cm/sec.2トラックテープ スリー・ブラインド・マイス・レコード)
TBM(P)-1005(LP 日本フォノグラム)
15PJ-1030(LP 日本フォノグラム)
PAP-20004(LP トリオ・レコード)
TBM-1005(LP TBMビデオ)
ARTCD-10(CD ディスクユニオン／アートユニオン)
TBM-CD-1005(CD TBMビデオ)
TBM-XR-1005(XRCD TBMビデオ)
TBM-CD-1802(CD TBMレコード)
THCD-223(CD ディスクユニオン)

交互に登場する。音楽的には極めて複雑だし、演奏することも難しい。しかしお聴きになればわかるとおり、幻想的なムードの中で織りなすホーン陣とオーケストラの面々が印象的なメロディを綴っていく。タイトルに偽りはない。

　そしてこの曲に限らず、組曲には日本的な情緒もしっかりと込められている。つまり、これは三木敏悟という日本人が北欧の印象を綴った音楽抒情詩と呼ぶべきものである。加えて、アメリカ生まれのジャズの要素もきちんとした形で踏襲されている。欧米と和のテイストが自然な形で融合している点が見事だ。といっても、とくに日本的なメロディや音階は登場しない。それにしてもスケールの大きなオーケストラ・アルバムが誕生したものだ。構想も壮大なら、音楽も雄大で力強い。

　長い間、日本では先輩格の原信夫とシャープス＆フラッツ、それと宮間利之とニューハードがビッグバンド界の両横綱だった。その牙城に、このアルバム発表の数年前から果敢に切り込んできたのが後発の東京ユニオンだ。すでにＴＢＭでは七十四年からニューハードのアルバムを制作していた。それと並行して東京ユニオンの力作も翌年から発売され（ＴＢＭ-68　３００１）、それら二作に続いたのが三木の作編曲によるこの作品だった。

ちなみにシャープス＆フラッツも、七十九年に一枚だけだが『活火山』（ＴＢＭ（Ｐ）-５０１７）をこのレーベルから出している。話の本筋から逸れるが、ＴＢＭは日本の主要ビッグバンドの作品もさまざまな企画で制作していたのである。このことも立派な業績だ。

　このときまで、ＴＢＭは奇数年に大作を制作してきた。創立三周年となった七十三年には水野修孝（arr）による『ジャズ・オーケストラ'73』（ＴＢＭ-１００１）、七十五年には同じく水野の『ジャズ・オーケストラ'75』（ＴＢＭ-１００４）を録音し、これら二作は宮間利之とニューハードの拡大版でレコーディングが行なわれていた。それに続くのが東京ユニオンと三木がコラボレートしたこの作品だ。

　大きな期待を持って迎えられたこのアルバムは「ＴＢＭ創立七周年記念特別企画」ということで、日本とスウェーデンで同時発売されている。また、ダブル・ジャケットの豪華仕様で、価格も通常二千円のところを三千円、プレスもいつもなら初回が千枚のところを三千枚限定として発売したのだった。しかし内容がよければ評価もきちんとされる。この作品は、見事に『スイングジャーナル』誌の「第十一回ジャズ・ディスク大賞」で「日本ジャズ賞」に輝いたのである。

三木敏悟&インナー・ギャラクシー・オーケストラ

『モントルー・サイクロン』

三木敏悟率いるインナー・ギャラクシー・オーケストラ一世一代の檜舞台が一九七九年の「モントルー・ジャズ・フェスティヴァル」だった。七月十一日――この日は、フェスティヴァルのプロデューサー、クロード・ノブスと藤井武が前年にアイディアを出し合った「ジャパン・トゥデイ」が実現した日である。邦楽の竹深舎《ちくしんしゃ》、佐渡芸能の鬼太鼓《おんでこ》座、慶応大学ライト・ミュージック・ソサエティ、山本剛（ｐ）トリオが次々と登場し、トリを飾ったのが三木のオーケストラだ。

ステージは、第一部が『海の誘い』（ＴＢＭ－５０１０）から二曲、『北欧組曲』（ＴＢＭ－１００５）から三曲（本作にはＢ①②が収録）、その後にゲスト・シンガーの中本マリが三曲を歌い、休憩をはさみ、第二部に引き継がれた。こちらは、最初に三木がこの日のために書き下ろした三部からなる〈モントルー・サイクロン〉（「ＳＩＤＥ Ａ」に収録）、その後はアメリカから迎えたゲストとの共演という構成。ゲストを迎えた四曲の作編曲および指揮に三木は関わっていない。

ゲスト参加のパートから紹介する。モダン・ベースの巨匠、リチャード・デイヴィスをフィーチャーしたＣ①は、彼が書いた曲を、同じくベーシストのビル・リーがアレンジしたもの。ちなみにビル・リーの息子が人気映画監督のスパイク・リーだ。ここではシンプルなリフがデイヴィスによって繰り返し演奏され、その後も多くの

[SIDE A]
①モントルー・サイクロン (1)郷愁の陽光 (2)東方からの龍巻 (3)思い出は夏の影に
[SIDE B]
①野郎人魚の宴 ②シベリウスの遺言
[SIDE C]
①ピター・パット ②シルヴィア
[SIDE D]
①ザ・ファースト・ラヴ・ソング ②アルカサール

○パーソネル
三木敏悟(com-Side A & B arr-Side A & B con)、松本英彦(ts fl)、鈴木正男(sax cl)、菊地康正(sax)、中沢健次、吉田憲司、我孫子浩、佐藤哲夫、横山均(tp fgh)、鍵和田道男、塩村修、井口秀夫(tb)、及川芳雄(btb)、南浩之(frh)、久保修平(tuba)、西沢幸彦(fl piccolo)、石橋雅一(oboe)、大畠條亮(fagot)、松本正嗣(g)、今田勝(p)、菊地ひみこ(key)、古野光昭(b)、成重幸紀(elb)、中村よしゆき(ds)、古谷哲也(per)
ゲスト＝リチャード・デイヴィス(b-C①)、ジョン・ファディス(tp piccolo tp-C②)、ボブ・ブルックマイヤー(vtb arr-D①)、ジョー・ベック(g-D②)

1979年7月11日
スイス「モントルー・ジャズ・フェスティヴァル カジノ・ホール」で実況録音

レコーディング・エンジニア：デイヴィッド・リチャーズ(マウンテン・レコーディング・スタジオ)
ミキシング・エンジニア：神成芳彦(エピキュラス)[TBM(P)-1801]、キース・グラント[TBM(P)-1802]
カッティング・エンジニア：小鉄徹(日本ビクター)
アート・ディレクター：西沢勉
共同プロデューサー：ノーマン・シュワルツ[TBM(P)-1802]

発売＝日本フォノグラム
再発＝TBM-XR-5020(XRCD TBMビデオ)

時間を彼のプレイが占めていく。

当時、人気を爆発させつつあったトランペッター、ジョン・ファディスのC②は、彼が書いた曲を、フュージョン系の名アレンジャーにして人気キーボード奏者のロブ・マウンジーが編曲したもの。ファディスは通常のトランペット以外に、高音の出せるピッコロ・トランペットも吹いている。美しいメロディを、澄んだトランペットの音色が印象的に綴っていく。素晴らしいバラードだが、ソロ・パートではスピーディなプレイも展開される。

三人目のゲストはヴァルブ・トロンボーンの名手、ボブ・ブルックマイヤーだ。自身もオーケストラを率いることがあり、ここでもみずからが作編曲を担当した美しいバラードのD①を披露する。プレイもさることながら、重厚なアレンジは傾聴に値する。

最後はフュージョン系ギタリストのジョー・ベックが、彼と親しい名アレンジャー、ドン・セベスキーのオリジナルを弾いてみせる。いかにもセベスキーらしい抒情味に溢れたアレンジと曲想の中で、ベックが単なるフュージョン・ギタリストにとどまらない妙技を聴かせてくれる。

前後してしまったが、今度は三木の作編曲を取り上げたパート――LPでいうなら一枚目について触れていこう。通常のジャズ・オーケストラ編成に加え、インナー・ギャラクシー・オーケストラはクラシックで用いられる、ファゴット、オーボエ、ピッコロ、チューバなどを含む二十五人の大所帯である。それだけに音域は広く、色彩感豊かな表現が可能だ。

三木の作風はヨーロッパの情景が見えてくるような描写に魅力がある。それを現地で演奏するのだから、彼にも格別な思いがあったことだろう。これまでに発表してきた『北欧組曲』にしろ『海の誘い』にしろ、そうした特質が遺憾なく発揮された演奏になっていた。それらにさらなる磨きをかけているのが今回のライヴだ。

シンセサイザー、リード楽器、ピアノが奏でる導入部が印象的な〈郷愁の陽光〉では、我孫子浩の研ぎ澄まされた音色によるフリューゲルホーン・ソロが見事なことこの上ない。続く〈東方からの龍巻〉は、古谷哲也の和太鼓風パーカッションから始まり、ソロは松本英彦のひとり舞台となる。前半の豪快なテナー・サックス・ソロ、後半のハミングも重ねたフルート・ソロは世界レヴェルで見ても傑出した内容だ。最後の〈思い出は夏の影に〉では、今田勝のピアノ・ソロがオーケストラと絶妙なバランスで溶け合っていく。『北欧組曲』からの二曲については説明不要だろう。

TBM-3001

高橋達也と東京ユニオン
『処女航海』

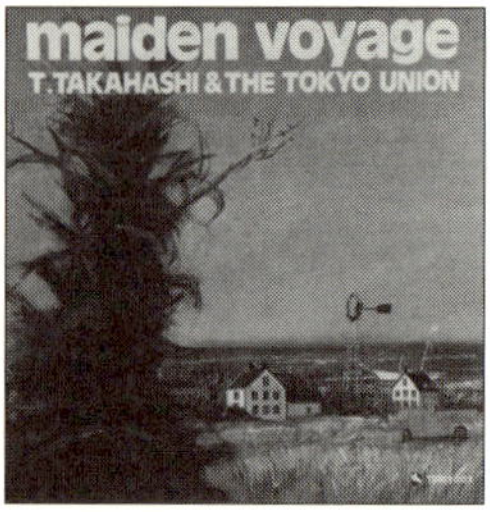

[SIDE A]
①処女航海
②ザ・ブルース
③ワン・ミント・ジュレップ
[SIDE B]
①ザ・プリーチャー
②サー・デューク
③ジャイアント・ステップス
④ア・チャイルド・イズ・ボーン

○パーソネル
高橋達也、井上誠二(ts)、堀恵二、柳沼寛(as)、石兼武美(bs)、多田善文、我孫子浩、鈴木基治、斎尾知一(tp)、宮崎英二郎、内田清高、岡田光一(tb)、簾健一(btb)、幾見雅博、荒谷憲一(g)、金山正浩(p-A② B①④ elp-A①②③ B②③)、石田良典(b)、海老沢一博(ds)
編曲＝三木敏悟(A① B①)、山屋清(A②)、高橋達也(A③ B④)、上田力(B②)、前田憲男(B③)

1976年12月4、5日録音
東京「渋谷エピキュラス・スタジオ」

レコーディング・エンジニア：神成芳彦(エピキュラス)
カッティング：小林光晴(東芝EMI)
アート・ディレクター：西沢勉

発売＝スリー・ブラインド・マイス・レコード
再発＝UL38-3001(38cm/sec.2トラックテープ スリー・ブラインド・マイス・レコード)
TBM(P)-2581(LP 日本フォノグラム)

『ガット・ザ・スピリット』（TBM-68）から半年強のインターヴァルで吹き込まれた二作目。今回は豪華な編曲陣を迎えてのスタジオ録音だ。注目は、このオーケストラから巣立った三木敏悟の編曲（A①B①）。どちらもモダン・ジャズ、それもコンボによるオリジナル・ヴァージョンでお馴染みの曲である。A①ではエレクトリック・サウンドを強調させ、B①ではオーソドックスなビッグバンド・サウンドを聴かせてくれる。三木の特徴は緻密で複雑なアレンジにあるが、ここではシンプルな響きが痛快で爽快な印象を与えている。

　ヴェテラン・アレンジャーの山屋清と前田憲男による二曲も聴き応え十分だ。A②は山屋が作曲も担当した土臭いブルース。オーケストラの隅からすみまでを知り尽くした彼のアレンジには過不足がなく、東京ユニオンが持てる力を存分に発揮させるものとなった。

　本邦最高の編曲家、前田のB③も同様だ。前年に開催された「東京ユニオン・リサイタル」のために書き下ろされたアレンジの再演で、「さすが前田憲男」といいたくなる豪快な演奏に仕上がっている。

　ラテン・フュージョン系バンド、パワー・ステーションを率いて活躍した上田力（key）は、このアルバムが吹き込まれた時代、ソウル・ミュージックにも積極的に取り組んでいた。スティーヴィー・ワンダーのB②は録音時の最新ヒットである。ときの流れは早いものだ。

太田邦夫クインテット
『俺たちの青春』

[SIDE A]
①セント・トーマス
②海と太陽
[SIDE B]
①俺たちの青春（マイ・バック・ペイジズ）
②マイ・シップ

◯パーソネル
太田邦夫（p elp-A①）、高野正幹（ts）、松浦克彦（tp-A② B②のみ）、加藤雅史（b）、夏目純（ds）

1976年12月19、20日録音
東京「渋谷エピキュラス・スタジオ」

レコーディング・エンジニア：神成芳彦（エピキュラス）
カッティング：小林光晴（東芝EMI）
カバー写真：アレクサス・アーバ、西沢勉
アート・ディレクター：西沢勉

発売＝スリー・ブラインド・マイス・レコード
再発＝THCD-397（CD ディスクユニオン）

デビュー作『フリー・アンド・ラヴリー』（TBM−72）に続く太田邦夫の二作目。わずか五か月のインターヴァルで吹き込まれた事実は、それだけレーベルが彼に期待を寄せていた証だ。メンバーは不動の五人である。ただし前作ではトランペットの松浦克彦がゲスト扱いで、四曲中二曲の参加で終わっていた。そのときの好演が評価されてのレギュラー・メンバー昇格となったのだろう（とはいっても、今回もA②とB②のみの参加だが）。

このアルバムで注目すべきは表題曲だ。日本語のタイトルになっているが、これはボブ・ディラン作の〈マイ・バック・ペイジズ〉である。〈マイ・バック・ペイジズ〉といえば、太田と同じピアニストのキース・ジャレットがトリオで吹き込んだ『サムホエア・ビフォア』（ヴォルテックス）でジャズ・ファンにはお馴染みになった。いってみれば、彼の人気曲に挑んでみせたのがここでの太田だ。

ベースから始まる構成はジャレットのスタイルを踏襲しているが、こちらはピアノではなく高野正幹の吹くテナー・サックスがテーマ・メロディを厳かに奏でていく。全体に流れるのはエモーションを抑えたソウルフルな雰囲気だ。太田のプレイもゴスペル・ライクな音使いで気分を出している。その彼と高野が共作したA②の豪快なプレイも聴きものだ。ここでも太田は土の香りがするプレイで個性を発揮してみせる。

TBM-3003

森剣治カルテット

『ファイアバード』

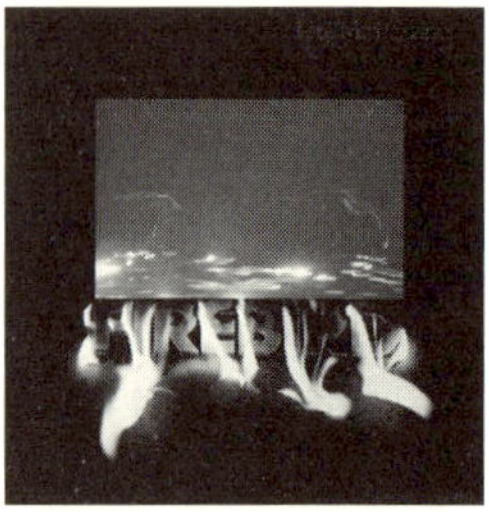

[SIDE A]
①K&J
②ア・タイム・フォー・アス〜ロミオとジュリエット 愛のテーマ
[SIDE B]
①ファイアバード パートI & II

○パーソネル
森剣治(ts-A① B① afl-A② recorder-B①)、渡辺香津美(g)、井野信義(b)、スティーヴ・ジャクソン(ds)

1977年1月6、7日録音
東京「渋谷エピキュラス・スタジオ」

レコーディング・エンジニア：神成芳彦(エピキュラス)
カッティング：小林光晴(東芝EMI)
アート・ディレクター：西沢勉

77年度「ジャズ・ディスク大賞 最優秀録音賞 第6位」

発売＝スリー・ブラインド・マイス・レコード
再発＝THCD-258(CD ディスクユニオン)

名古屋を本拠地に活躍している森剣治に目をつけたこともＴＢＭの業績のひとつだ。ＴＢＭがリーダー・アルバムを作ったりサイドマンで起用したりしなければ、埋もれてしまったとはいわないまでも、この才能が正しく評価されたかどうか。フリー・ジャズにも理解を示していたこのレーベルであったからこそ、森をさまざまなレコーディングに起用したのである。

その単独名義による初リーダー作が本作だ。すでに、市川秀男（p）トリオとの抱き合わせで『ソロ＆トリオ』（ＴＢＭ‐27）が世には出ていた。しかしそちらはライヴでのソロ演奏ということもあって、全貌が伝わるまでにはいたらなかった。

ということで、ファン待望のアルバムが本作である。しかし、森はこの大切な一枚でありきたりのフリー・ジャズはやりたくなかった。みずからの希望で選んだメンバーが渡辺香津美（g）を中心にした三人である。このカルテットで演奏されるA②には驚かされた。森のアルト・フルートがニーノ・ロータの印象的なメロディを綴っていくからだ。本来の彼はチャーリー・パーカー（as）に影響を受けたプレイヤーである。しかし歌心にも秀でたものがあり、それを示してみせたのがこのトラックだ。B面すべてを使って演奏される自作曲でも軽やかに響くリコーダーの音色が心地よい。これは森のさまざまな面が示された、デビュー作に相応しいアルバムだ。

TBM-3004

辛島文雄トリオ
『ギャザリング』

辛島文雄がTBMで残した唯一のリーダー作。二年前に初リーダー作『ピラニア』（ホワイト・ノット）を発表し脚光を集めていた彼にとって、それに続く本作はデビュー作以上に真価を発揮するものとなった。前作でもつき合った鈴木勲（b）に加え、今回は辛島が参加していたジョージ大塚（ds）グループからリーダーが迎えられている（前作のドラマーはジミー・ホップス）。

それにしても溌剌としたタッチが小気味いい。明快なフレージングに特徴のあるA①がアルバムでは特筆すべき演奏だ。鈴木と大塚のコンビといえば、鈴木の初リーダー作『ブロー・アップ』（TBM-15）でも名ピアニストの菅野邦彦に素晴らしいサポートをつけていた。ここでもふたりが触発的かつ手堅いバッキングで若い辛島を盛り立てる。

この作品では冒頭の演奏に限らず、辛島の斬新なタッチが全編で楽しめる。個人的に興味を覚えたのはチック・コリア（p）作のB①が取り上げられていることだ。初演はチックが一九六六年にヴォルテックスで吹き込んだ同名タイトルのアルバムで聴くことができる。そちらと比べても、辛島の演奏は遜色がない。跳ねるような粒立ちのいいタッチはいま聴いても斬新だ。創造性豊かなプレイに加え、美しさとロマンにも溢れている。過激なタッチで評判を呼んでいた辛島だが、こうした叙情的な演奏でも真価が発揮できることを示した快演である。

[SIDE A]
①ギャザリング〜サンクス・フォー・G&S
②グリンゴ
[SIDE B]
①トーンズ・フォー・ジョーンズ・ボーンズ
②ソフィア
③ワンス・ウィ・ラヴド

○パーソネル
辛島文雄（p）、鈴木勲（b）、ジョージ大塚（ds）

1977年2月1、2日録音
東京「渋谷エピキュラス・スタジオ」

レコーディング・エンジニア：神成芳彦（エピキュラス）
カッティング：小林光晴（東芝EMI）
カバー写真：アレクサス・アーバ、高橋麻之
アート・ディレクター：西沢勉

発売＝スリー・ブラインド・マイス・レコード
再発＝TBM-XR-3004（XRCD TBMビデオ）
THCD-307（CD ディスクユニオン）

TBM-3005

中本マリ〜横内章次トリオ&セクステット
『マリ』

TBMが紹介したシンガーの中で大きく育ったひとりが中本マリだ。今回は一作目と二作目（TBM－2133）でバックを務めた横内章次（g）を再び迎えてのレコーディングとなった。中本の育ての親が横内である。それだけに彼女の信頼も厚い。

ここでは横内が三種類の編成で中本をバックアップしている。A②はシンプルに、彼女が横内のギターだけでお馴染みのバラードを歌う。この表現力は、日本のシンガーの中では抜きん出たものといっていい。少しハスキーな声で歌詞を噛みしめるように歌う中本。貫禄も感じさせる歌唱が印象的だ。

A① B③④は横内のギター・トリオが伴奏につく。最初の二曲がミディアム・テンポで、B④はバラードで歌われる。ジャズ好きにはこうした伴奏が堪らない。横内の達者なギター・ワークが存分に味わえることでも納得の三曲となった。

そしてこのトリオに、西條孝之介（ts）、伏見哲夫（tp）、松石和宏（vib）が加わった六重奏団が三番目の編成である。歌伴が得意の六人だけに、聴きどころも心得たものだ。アンサンブルの響きがゴージャスで、それをバックに中本が心地よさげに歌ってみせる。

当時を振り返ってみると、TBM以外のレコード会社はジャズ・シンガーに冷たかった。だからこそ、TBMがこの路線にも力を入れることができたのだろう。

[SIDE A]
①デイ・バイ・デイ
②ザ・ヴェリー・ソート・オブ・ユー
③タキシード・ジャンクション
④ラヴ・フォー・セール
[SIDE B]
①オン・ア・クリア・デイ
②オン・グリーン・ドルフィン・ストリート
③ノー・ムーン・アット・オール
④P.S.アイ・ラヴ・ユー

○パーソネル
A① B③④＝中本マリ(vo)、横内章次(g)、稲葉國光(b)、石松元(ds)
A②＝中本マリ(vo)、横内章次(g)
A③④ B①②＝中本マリ(vo)、横内章次(g)、稲葉國光(b)、石松元(ds)、西條孝之介(ts)、伏見哲夫(tp)、松石和宏(vib)

1977年4月9、13日録音
東京「渋谷エピキュラス・スタジオ」

レコーディング・エンジニア：神成芳彦（エピキュラス）
カッティング：小林光晴（東芝EMI）
カバー写真：高橋麻之
アート・ディレクター：西沢勉

発売＝スリー・ブラインド・マイス・レコード
再発＝UL38-3005（38cm/sec.2トラックテープ スリー・ブラインド・マイス・レコード）
TBM(P)-2585（LP 日本フォノグラム）
PAP-20026（LP トリオ・レコード）
TBM-XR-3005（XRCD TBMビデオ）

今村祐司とエアー
『エアー』

[SIDE A]
①エアー part Ⅰ
[SIDE B]
①エアー part Ⅱ

○パーソネル
今村祐司（conga ds per他）、志村康夫（ss fl 他）、林廉吉（g 他）、井野信義（elb）、村上寛（ds）

1977年4月12、20日録音
東京「渋谷エピキュラス・スタジオ」

レコーディング・エンジニア：神成芳彦（エピキュラス）
カッティング：小林光晴（東芝EMI）
アート・ディレクター：西沢勉

発売＝スリー・ブラインド・マイス・レコード
再発＝TBM-CD-1890（CD TBMレコード）
THCD-241（CD ディスクユニオン）

本作が吹き込まれた時点で、今村祐司は日本を代表するパーカッション奏者のひとりになっていた。パーカッションがジャズの世界で注目されるようになったのは一九七〇年に結成されたウェザー・リポートによってである。それまではコンガやボンゴがパーカッションの主流だった。そこにさまざまな鳴り物を加えたパーカッション奏者が新時代のジャズには欠かせない存在になったのである。

そんな時代背景もあって、今村は新しいタイプのジャズを演奏するグループの多くに名を連ねるようになった。本作は、その彼が自身のコンボでライヴ活動を開始する直前に吹き込んだ初リーダー作だ。五人のミュージシャンが織りなすサウンドは七十年代に残されたマイルス・デイヴィス（tp）の音楽に通じている。牧歌調で荘厳、それでいてポリリズミック。LPの各面に〈エアー part I〉〈エアー part II〉と題された演奏が収録されているが、これはメンバーがその場で即興的に繰り広げたものだ。同じ時期に日野皓正（tp）がニューヨークで吹き込んだ『寿歌《ほぎうた》』（East Wind）にも通じる和テイストが興味深い。

ほとんどレコーディングが残っていない志村康夫（fl sax他）と林廉吉《れんきち》（g他）の参加、そして彼らのマイルス・ミュージックから影響を受けた演奏が聴けることもこのアルバムの収穫だ。

TBM-3007

大友義雄カルテット
『ムーン・レイ』

一九七五年の「5デイズ・イン・ジャズ」に土岐英史（as）との双頭コンボ＝アルト・マッドネスで登場したのが大友義雄で、その模様は『ラヴァー・マン』（TBM-51）として発表されている。当時は売り出し中だったふたりだが、その後はどちらも大活躍で、大友はここにTBMで単独リーダー作を発表する運びとなった。

今回はこのレーベルのスター、山本剛（p）のトリオがバックについている。それだけに、スウィンギーな演奏が心ゆくまで楽しめる。山本にしても、歌伴以外でサイドマンとして演奏する機会はあまりない。それもあって、いつも以上に寛いだプレイを聴かせてくれる。

表題曲はスウィング時代の人気クラリネット奏者アーティ・ショウが書いたオリジナル。それをカルテットがハード・バップ調で演奏してみせる。この軽快感は特筆していい。アルバムでは大友作のB②以外はスタンダードで固められている。そのオリジナル曲とA②のテーマ・パートがバラードで演奏される。この美しい響きも彼の持ち味だ。優しさの中にも力強さを込めたプレイが、上り調子にいた大友の自信を感じさせる。こうした演奏での山本のバッキングも突出している。

ちなみに大友は『ラヴァー・マン』のあと、七十六年に単独初リーダー作となった『オー・フレンズ』（日本フォノグラム／Frasco）を発表している。それに続くのが本作だ。

[SIDE A]
①ムーン・レイ
②エミリー
[SIDE B]
①イフ・アイ・シュッド・ルーズ・ユー
②愛は静かに
③シャフリン

○パーソネル
大友義雄(as)、山本剛(p)、川端民生(b)、オージェス倉田(倉田在秀)(ds)

1977年4月21、22日録音
東京「渋谷エピキュラス・スタジオ」

レコーディング・エンジニア：神成芳彦(エピキュラス)
カッティング：小林光晴(東芝EMI)
アート・ディレクター：西沢勉

発売＝スリー・ブラインド・マイス・レコード
再発＝TBM(P)-2587(LP 日本フォノグラム)
TBM-CD-3007(CD TBMビデオ)
TBM-XR-3007(XRCD TBMビデオ)
THCD-253(CD ディスクユニオン)

TBM-3008

細川綾子
『ミスター・ワンダフル』

ヴェテランでも埋もれた存在なら躊躇なく紹介していたのがＴＢＭだ。その代表のひとりが細川綾子である。彼女は若いころからアメリカで歌手生活を送っていた。したがって年季の入ったファンを別にすれば、このアルバムが世に出たときはまったく存在が知られていなかった。しかし、アメリカのショウ・ビジネスの世界で揉まれてきた実力は聴けば誰もが認めるはずだ。この知られざる優れたシンガーを世に送り出し、その後も何枚もの作品を制作したところにＴＢＭの真価がある。

アルバムでは曲によってストリングスが加わり、ＴＢＭとしては豪華な作りである。しかも日本を代表するテナー・サックス奏者の西條孝之介の参加もあって、ジャズ的に内容の濃いものになった。ＴＢＭ作品でようやく実力の高さが知れ渡るようになった横内章次（ｇ）、さらにはレーベルの人気者、山本剛（ｐ）まで名を連ねているのだから、その力の入れようがわかる。

細川の歌は一曲目から快調だ。嬉しいのはＡ②である。この曲で人気を決定的なものした山本の伴奏で、細川がしっとりと歌う。西條のオブリガートもロマンチックだ。また現代の名曲であるＢ①④でも、細川は堂々たる歌唱でポップスに媚びていない。この姿勢もヴォーカル・ファンには好ましく映るだろう。なお、すべての曲のアレンジは横内が担当している。こちらのセンスのよさも特筆しておきたい。

[SIDE A]
①ラップ・ユア・トラブルズ・イン・ドリームス
②ミスティ
③我が愛はここに
④愚かなりし我が心
[SIDE B]
①明日に架ける橋
②ホエン・ユー・スマイル
③ミスター・ワンダフル
④フィール・ライク・メイキング・ラヴ
⑤ザ・レディ・イズ・ア・トランプ

○パーソネル
細川綾子(vo)、山本剛(p)、横内章次(g, arr)、福井五十雄(b)、小原哲次郎(ds)
A①② B①②④＝ストリングス 玉野泰久(vln)、森岡美穂子(vln)、横井俊雄(viola)、岡本和夫(cello) 西條孝之介(ts)加わる
B③＝細川綾子(vo)、横内章次(g)

1977年6月9、10日録音
東京「渋谷エピキュラス・スタジオ」

レコーディング・エンジニア：神成芳彦（エピキュラス）
カッティング：小林光晴（東芝EMI）
アート・ディレクター：西沢勉

発売＝スリー・ブラインド・マイス・レコード
再発＝PAP-20028（LP トリオ・レコード）
TBM-CD-3008（CD TBMビデオ）
TBM-XR-3008（XRCD TBMビデオ）
TBM-CD-1879（CD TBMレコード）
MHCP-10031（CD ソニー・ミュージックダイレクト）
THCD-313（CD ディスクユニオン）
THLP-409（LP ディスクユニオン）

山本剛ウィズ・ストリングス
『スターダスト』

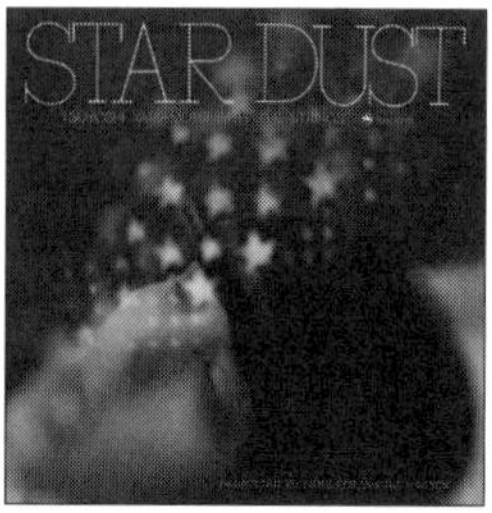

[SIDE A]
①スターダスト
②バラ色の人生
③ミスティ
④ゼア・イズ・ノー・グレイター・ラヴ
[SIDE B]
①時さえ忘れて
②シーズ・ファニー・ザット・ウェイ
③ブルース・フォー・エロール
④タイム・アフター・タイム

○パーソネル
山本剛(p)、川畑利文(b)、大隈寿男(ds)、ストリングス、横内章次(arr)

1977年8月2、3、18日録音
東京「渋谷エピキュラス・スタジオ」

レコーディング・エンジニア：神成芳彦(エピキュラス)
カッティング：小林光晴(東芝EMI)
アート・ディレクター：西沢勉

発売＝スリー・ブラインド・マイス・レコード
再発＝TBM(P)-2589(LP 日本フォノグラム)
PAP-20025(LP トリオ・レコード)
TBM-CD-3009(CD TBMビデオ)
TBM-XR-3009(XRCD TBMビデオ)
THCD-319(CD ディスクユニオン)

人気絶頂の山本剛がニューヨークに移ったのは一九七七年秋のことだった。沸騰する人気で仕事の数が慢性的に増え続けていた生活を小休止させるためだ。ここでいま一度自分と自分の音楽を見つめ直そうとの決意だった。人気絶頂のときに活動を中断するのは勇気のいることだ。敢えてそれに踏み切った決断は、その後のキャリアを考えれば決して無駄なことでなかった。

その山本が、置き土産ともいうべき素晴らしいアルバムを残したのは、渡米を控えた直前のことである。ＴＢＭにとって最初で最後のストリングス・アルバム吹き込みに挑んだのだ。アレンジは、これまでにもＴＢＭからリーダー作を発表し、いくつかのアルバムでは編曲も担当していたギタリストの横内章次である。そして、このストリングス・アレンジも山本の歌心溢れるプレイにピタリと寄り添うものになった。

とはいうものの、舞台裏を紹介してしまうと、レコーディングではトリオでの演奏が先に収録され、それを聴いた上で横内が最適なアレンジを施す手法が採用されている。ウエス・モンゴメリー（ｇ）のオーケストラ・レコーディングと同じ方式だ。もちろん山本は、あとでストリングスがオーヴァーダビングされることを承知の上で演奏に挑んでいる。結果論かもしれないが、これが功を奏したことはアルバムを聴けばたちどころに理解ができる。山本のピアノとストリングスの調べが理想的なマッチングを示しているからだ。
　このアルバムを吹き込むにあたり、山本と藤井武プロデューの間にはひとつの合意があった。それは山本が敬愛してやまない、そして強い影響も受けたエロール・ガーナー（p）にこの作品を捧げることだった。というわけで、選ばれたのはガーナーが好んで演奏した曲の数々と、彼が書いた代表的なオリジナルで山本にとっても代名詞的な曲である〈ミスティ〉、さらにはガーナーに捧げた山本のオリジナル〈ブルース・フォー・エロール〉の全八曲である。

　それにしても、山本とストリングスの相性が抜群にいい。一曲目の〈スターダスト〉から魅力全開のタッチが登場する。この手の演奏は、下手をすればムード・ミュージックやカクテル・ピアノに捉えられがちだ。ところが山本はそこに絶妙なジャズ・フィーリングを込め、気品のあるプレイを聴かせてくれる。きらびやかな音使いとガーナーが得意にしていたブロック・コードを大胆に用いることで、甘いだけの演奏には終わらせない。そこが山本の好ましい個性だ。

　エディット・ピアフが歌ったシャンソンの名曲〈バラ色の人生〉でも最初から山本節が炸裂する。独特のビート感覚でこの曲を歌い上げる山本。ミディアム・テンポでの強力なスウィング感。和音を多用しながらのフレージングはガーナーに通じているが、そこに独特のノリとメロディ・ラインを創出するところが個性だ。

　そして、曲は十八番の〈ミスティ〉に続く。このレコーディングまでにも何百回、あるいは千回以上は演奏してきたガーナーの名曲を、山本はいつにも増して美しい表現で綴ってみせる。バックのストリングスも格別に味わいが深い。

　本格的なデビューから五十年近くがすぎた現在もスタイルは基本的に同じで、定番レパートリーも変わっていない。それでいて、いつ聴いても新鮮な感動を覚える。山本の才能に感服するのがこの点だ。これは、惰性で演奏していないことを意味している。繰り返し演奏してきた曲でも、常に新鮮なアプローチを怠らない。〈ミスティ〉にしても、聴くたびに新しい魅力を感じる。そこが他の追随を許さぬところで、だからこそいまも人気ピアニストの地位にいるのだろう。

　山本はこのアルバムを残し、九月にアメリカ西海岸で開催された「モンタレイ・ジャズ・フェスティヴァル」に客演する。そしてその後はニューヨークに移り、約七か月におよぶ現地での生活を経て、さらに大きくなって日本に戻ってくる。

ジミー・ヨーコ&シン
『清少納言』

[SIDE A]
①清少納言
[SIDE B]
①祇園精舎
②ソウルそうらん

○パーソネル
隅谷洋子(key arr vo)、代永光男(g b vo)、岡部真一郎(ds per vo)

1978年6月22、23日録音
東京「アオイ・スタジオ」

レコーディング・エンジニア：神成芳彦(エピキュラス)
エンジニア助手：大川正義(アオイ)
カッティング：小林光晴(東芝EMI)
アート・ディレクター：西沢勉

「第1回日本ジャズ・グランプリ 最優秀グループ」

発売＝スリー・ブラインド・マイス・レコード
再発＝THCD-259(CD ディスクユニオン)

マルチ器楽奏者の隅谷洋子、代永《しろなが》光男、岡部真一郎で結成されたこのトリオは、TBMが一九七八年に優れた新人を発掘する目的で開催した「第一回日本ジャズ・グランプリ」（翌年の第二回で終了）で「最優秀グループ」に選出された。三枚しか残されていない4000番台は、そうしたグループを紹介するシリーズだ。

アルバム・タイトルやジャケット写真、さらには曲名から連想されるように、トリオのコンセプトは日本の歴史に触発された音楽をジャズのもっとも新しいスタイルで表現しようというものだ。シンセサイザーやエレクトリック・ベースを主体にした演奏が日本の伝統的な音楽の響きとともに繰り広げられていく。この自由な発想と達者な演奏が魅力的な一枚である。

ユニークなのは、日本古来の音階やコーラスを大胆に用いたB①だ。ドラマチックな展開もさることながら、日本的なメロディを巧みにジャズのスタイルに溶け込ませているところが素晴らしい。しかもシンセサイザーのソロ・パートになると、演奏はエマーソン・レイク&パーマー風のプログレッシヴ・ロックに変身を遂げる。

音楽は極めて壮大で、お馴染みの民謡を奇想天外なアプローチで演奏したB②の着想もお見事。この幅広い音楽性は大収穫だが、これ一枚で消えてしまったところがもったいない。このままいけば、日本のジャズ・シーンに一石を投じることができたかもしれないのに。

ウインドウ・ペイン

『ウインドウ・ペイン』

[SIDE A]
①どうでもいいいか
②6月の雨
③ロックンロール・チョコレート
[SIDE B]
①ケープ・タウン
②スペース・ウインドウ
③マスダ・マーチ

○パーソネル
奥田茂雄(g)、増田豊彦(key)、後藤真和(elb)、山田章治(ds)
ゲスト＝森剣治(ts-A① B②)

1978年6月5、6日録音
東京「渋谷エピキュラス・スタジオ」

レコーディング・エンジニア：神成芳彦(エピキュラス)
カッティング：小林光晴(東芝EMI)
アート・ディレクションズ：境修一＋ロープダンサー

「第1回日本ジャズ・グランプリ 優秀グループ」

発売＝スリー・ブラインド・マイス・レコード
再発＝なし

「第一回日本ジャズ・グランプリ」の「最優秀グループ」はジミー・ヨーコ&シンで、こちらのウインドウ・ペインは次点の「優秀グループ」である。プロ・アマを問わずコンペに応募してきたのは六十六組。そこからテープによる一次と二次審査でふるいにかけられ、東京「銀座ヤマハ・ホール」での最終審査に挑んだのが九組である。その中で、ウインドウ・ペインは一次審査の段階から注目を浴びていた。

TBMには珍しい生粋のフュージョン・グループである。しかも、フレッシュなサウンドはシンプルにしてリズミック。まさに時代に新風を吹き込むに相応しいニュー・グループの登場だ。

レコーディングにあたっては、TBMでお馴染みになった森剣治がテナー・サックスで二曲にゲスト参加している。実際に音を聴くまでは水と油のイメージだったが、これがまさにドンピシャの組み合わせになった。森の破天荒なプレイが加わったことで、きちっとまとまったウインドウ・ペインのサウンドに波風が立つ。この波風のほどよい強さが爽快だ。

名古屋で誕生したこのグループは奥田茂雄（g）と山田章治（ds）がリーダー格で、活動を開始したのが七十七年一月のこと。結成一年半でのデビュー作録音である。ちなみにこのふたりと後藤真和（elb）は、このグランプリで各楽器部門の「最優秀賞」も獲得している。

ZAP

『ドリーム・トラヴェラー』

二回目の「日本ジャズ・グランプリ」で「最優秀グループ」に選出されたのが、しかたたかしをリーダーにしたZAPである。TBMではお馴染みの金井英人（b）率いるキングス・ロア・オーケストラのメンバーが中心のグループだ。結成は一九七八年一月で、それから一年半近くで九人編成の大型コンボはきちっとしたアンサンブルと魅力的なソロイストによって実力を高めてきた。

サウンドはフュージョンだが、五本のホーンから生み出されるのはブラス・ロック・バンドのチェイスを彷彿とさせる。また、一糸乱れぬアンサンブルからはチャーリー・パーカー（as）のソロをオーケストラ化したスーパー・サックスの響きに近いものが感じられる。曲によっては、ホーンをアンプに繋いで独特の音を出していることも特徴だ。それがサウンドに色彩感を加え、聴くひとの耳に訴えかけてくる。

スタンダード曲（B①②）もレパートリーにはあるが、それよりしかたの書くオリジナルが独特の味わいで面白い。彼はこの三か月後に吹き込まれる『原信夫とシャープス&フラッツ／活火山』（TBM（P）-5017）でも作編曲で抜擢されている。

なお三作しか残されなかった4000番台は「ジャズ・グランプリ・シリーズ」の位置づけで設けられた。ZAPはこの翌年に『オー！サンシャイン』（TBM（P）-5022）も残している。

[SIDE A]
①モール・ウォーク
②トマト・アンド・ポテト
③トワイライト・タイム
[SIDE B]
①オータム・リーヴス
②ジョージア・オン・マイ・マインド
③ロック・クライミング

○パーソネル
しかたたかし(as lyricon cl)、渡辺徹(ts fl)、川崎義明(tb)、中沢健次(tp fgh)、鹿山稔(tp fgh)、野田泰正(g)、久門博昭(key)、石井八允(elb)、工藤昭一(ds)

1979年6月13、14、15日録音
東京「渋谷エピキュラス・スタジオ」

レコーディング・エンジニア：神成芳彦(エピキュラス)
カッティング：小鉄徹(日本ビクター)
サウンド・ディレクター：小林貢
カバー写真：ケン・モリ
インナー写真：西沢勉
アート・ディレクター：小林平九郎

「第2回日本ジャズ・グランプリ 最優秀グループ」

発売＝日本フォノグラム
再発＝なし

和田直カルテット
『ブルース・ブルース・ブルース』

[SIDE A]
①トニックがあれば
②オチャ・オチャ
③ローカル・メンズ・ブルース
[SIDE B]
①ブルース・メン
②ブルース・イン・ザ・クローゼット
③ブルースがいっぱい

○パーソネル
和田直(g)、今田勝(p-A①③ B③ org-A② B②)、鈴木勲(b-A①②③ B-②③ cello-B①②)、小原哲次郎(ds-B①で抜ける)

1977年7月26、27日録音
東京「渋谷エピキュラス・スタジオ」

レコーディング・エンジニア：神成芳彦(エピキュラス)
カッティング：小林光晴(東芝EMI)
カバー写真：市川幸雄
アート・ディレクター：西沢勉

発売＝スリー・ブラインド・マイス・レコード
再発＝TBM(P)-5001(LP 日本フォノグラム)
PAP-20039(LP トリオ・レコード)
TBM-CD-5001(CD TBMビデオ)
TBM-CD-1888(CD TBMレコード)

和田直にとって五枚目のリーダー作である。ただし三作目の『ブルース・フォー・バード』（TBM-49）は酒井潮（org）トリオとのカップリングだったので、単独名義なら本作が四作目に相当する。

TBMからは多くのスターが育ってきた。そのオールスター・カルテットによるこの作品はすべての曲がブルースで固められている。ジャズ・ギターでブルースを弾かせたらこのひとの右に出る者はいない――そういわれて久しい和田だが、存在が広く認められるようになったのは一九七二年に吹き込んだデビュー作『ココズ・ブルース』（TBM-12）によってである。その時点で三十八歳だったから、遅咲きのひとりだ。しかしその後の躍進は目覚ましい。コンスタントにTBMから優れたアルバムを発表し、今回はレーベルが誇る今田勝（p）と鈴木勲（b）を迎え、ブルースの真髄を堪能させてくれる。

一曲目は軽快なテンポで演奏される和田のオリジナル。淀みのないフレージングが痛快だ。ダウン・トゥ・アースな響きのA②では今田のオルガンも雰囲気を盛り上げる。聴きものはB面のオープニングを飾った和田と鈴木の共作だ。ここではふたりのデュエットで演奏が行なわれる。レコーディングの現場で即興的に作った曲だろう。得意のチェロで鈴木がイントロを提示し、テーマらしきメロディで和田が続く。こんな演奏はこのふたりにしかできない。

森山浩二&山本剛トリオ
『スマイル』

[SIDE A]
①恋人よ我に帰れ
②スマイル
③ホエン・ジョアンナ・ラヴド・ミー
④アラウンド・ザ・ワールド
[SIDE B]
①瞳は君故に
②ザ・ヴェリー・ソート・オブ・ユー
③デイ・バイ・デイ
④アイ・ドント・ノー・ホワイ
⑤オール・オブ・ミー

○パーソネル
森山浩二(vo)、山本剛(p solina-A②のみ)、井野信義(b)、大隅寿男(ds)

1977年9月29、30日録音
東京「東芝EMI第一スタジオ」

レコーディング・エンジニア：渡辺喜久(東芝EMI)
カッティング：小林光晴(東芝EMI)
アート・ディレクター：西沢勉

発売＝スリー・ブラインド・マイス・レコード
再発＝TBM-CD-1892(CD TBMレコード)
THCD-229(CD ディスクユニオン)

ＴＢＭに森山浩二は二枚のアルバムを残している。いずれも山本剛（p）トリオ（ドラムス奏者のみ異なる）をバックにしたもので、こちらは二年ぶりに吹き込まれた二作目だ。遅咲きともいえるデビュー作の評判も上々で、山本が出演している「ミスティ」でも、森山がご機嫌なヴォーカルを披露する姿がしばしば認められた。その成果をたっぷり詰め込んでいるのがこの作品だ。

　当時もいまも、ジャズ・ヴォーカルは女性上位である。そのことは日本に限らず世界の趨勢といっていい。そうした状況の中で、ときたま「これは！」という男性シンガーに出会うことがある。その稀な存在のひとりが森山だ。彼がアルバムを発表していた時代、もうひとりの優れた男性シンガーがやはり六本木を中心に活躍していた。その東郷輝久と森山の名前を聞かなくなって久しい（森山は故人）。魅力的なシンガーだっただけに、もっと活躍の場が与えられていたら、と思うばかりだ。

　それでもこんなに素敵なヴォーカル・アルバムが残されているのだから、それだけでもよかった。しかも、森山にとって最高の伴奏者である山本との共演作だ。ふたりの音楽観には共通点が多い。山本がピアノとソリーナを弾くＡ②の優しさに溢れたパフォーマンス。アップ・テンポのＡ④では思わず体を揺さぶりたくなる。こんな歌は山本の伴奏があってこそのものだし、このふたりの顔合わせでしか表現ができない。

TBM-5003

今田勝&ジョージ・ムラーツ
『アローン・トゥゲザー』

[SIDE A]
①アローン・トゥゲザー
②ポピー
③星影のステラ
[SIDE B]
①ブルー・ロード
②ブルー・レイン
③リメンバー・オブ・ラヴ

○パーソネル
今田勝(p)、ジョージ・ムラーツ(b)

1977年10月24日録音
東京「音響ハウス」

レコーディング・エンジニア:神成芳彦(エピキュラス)
カッティング:竹内昭五(東芝EMI)
カバー写真:阿部克自

発売=スリー・ブラインド・マイス・レコード
再発=PAP-20022(LPトリオ・レコード)
TBM-CD-5003(CD TBMビデオ)
TBM-XR-5003(XRCD TBMビデオ)

ＴＢＭは今田勝にさまざまチャンスを与えてきた。中でも特筆すべき一枚がベースの達人ジョージ・ムラーツを得て吹き込んだこのデュオ・アルバムだ。チェコスロヴァキア出身のベーシストには、彼のほかにもミロスラフ・ヴィトゥスという優れた人材がいる。どちらも音程の正確さ、そして無類の超絶技巧とジャズ・テイストで、デビュー直後から高い注目を浴びてきた。

そのムラーツとのデュオである。これまでライヴにレコーディングにと、さまざまなことをやってきた今田にとっても創造性が掻き立てられる相手だった。ニューヨーク・ジャズ・カルテット（ＮＪＱ）の一員として来日していたムラーツに、藤井武は今田のアルバムを聴かせる。そしてその演奏に触発された彼が、藤井の持ち込んだレコーディング企画を快諾したのだ。

ムラーツの滞日スケジュールはタイトだった。「郵便貯金ホール」で行なわれたＮＪＱのラスト・コンサート終了後、そのままスタジオに駆けつけ、このレコーディングは実現した。それにもかかわらず、情緒に溢れたデュオ演奏は、ふたりの落ち着いたプレイの中で美しい花を咲かせる。準備期間もないレコーディングだった。厳しい条件の中で、Ａ①③以外は今田のオリジナルが取り上げられている。わずかな時間で心を通い合わせた演奏が完成されたことも天晴《あっぱれ》だ。ふたりのチャレンジ精神がそこに息づいている。

TBM-5004

ティー&カンパニー
『ソネット』

［SIDE A］
①ソネット
［SIDE B］
①コンボ '77

○パーソネル
森剣治（ts-A① ss-B①）、植松孝夫（ts）、高柳昌行（g）、今田勝（p）、金井英人（b）、井野信義（b-A① elb-B①）、村上寛（ds）、今村祐司（per）
編曲＝ティー&カンパニー

1977年11月13日録音
東京「アオイ・スタジオ」

レコーディング・エンジニア：大川正義（アオイ）
カッティング：小林光晴（東芝EMI）
アート・ディレクター：西沢勉

発売＝スリー・ブラインド・マイス・レコード
再発＝TBM-CD-5004/5008（CD TBMビデオ）
TBM-CD-1804（CD TBMレコード）
THCD-231（CD ディスクユニオン）

レーベル・オーナーの藤井武が理想のメンバーを集めて結成したスーパー・コンボによる作品。彼は楽器こそ演奏しないが、グループの音楽性やコンセプトを提案したバンド・マスターに就任している。つまり、プロデューサーであり、このバンドのリーダーだ。

画期的なことは、集められた八人が全員、自身のバンドを持つリーダーである点だ。リーダーとなれば、メンバーの経済状態なども考えつつ演奏活動をしなくてはならない。藤井はそうしたしがらみから彼らを解放し、演奏に専念できる環境を整えた。

つまり、こういうことだ。一九七七年の十一月から十二月にかけての一か月間、藤井はメンバーに給料の保証をする。代わりにきちんとしたリハーサルを行ない、ツアーを実施し、その間に、本作、『ドラゴン・ガーデン』（TBM-5006）、『スパニッシュ・フラワー』（TBM-5008）の三作を制作した。本作はその一枚目にあたる。藤井の構想を紹介しておこう。

「オーソドックスな流れの中で七十七年の演奏を、という目標を立て、フリー・ジャズの体験者で、この考え方に共鳴してくれたミュージシャンたちで結成。知的なアレンジとパワフルなアドリブで生命力に溢れる、楽しい演奏を目指し、聴衆の方々と一緒に熱くなれるような親しみやすいステージを実現したい」

ツアーは十一月十一日の東京から始まり、藤沢、名古屋、大阪、和歌山、そして二十五日の新潟まで続いた。レコーディングは、「読売ホール」で行なわれた初日の翌々日（十三日）と十四日、そしてツアー終了後の二十八日と十二月一日に実施されている。本作収録の二曲は十三日に録音されたものだ。

冒頭を飾る〈ソネット〉は金井英人（ｂ）のオリジナル。植松孝夫が吹くテナー・サックスがスケール感のあるメロディを朗々と吹き上げ、そのままソロに移行する。演奏は藤井の構想どおり、オーソドックスなスタイルながらポスト・フリー・ジャズ的なアプローチが徐々に効果を発揮していく。ソロのバックで淡々とコードを提示する高柳昌行（ｇ）のユニークなアプローチにも耳は傾く。中盤に登場する高柳と金井がデュオをするパートが実にスリリングだ。ふたりは、六十年代前半に開催されていた「銀巴里」セッションの中心人物である。当時から、彼らはオリジナリティの追求に余念がなかった。その姿勢を、まったく妥協することなく示しているのがこのパートだ。

Ｂ面に収録された〈コンボ’77〉は金井と親しい現代音楽の作曲家、水野修孝のオリジナル。ＴＢＭには水野の『ジャズ・オーケストラ’73』（ＴＢＭ－１００１）と『同’75』（ＴＢＭ－１００４）が残されている。これはそれに続くオリジナル曲で、それら二作の延長線上にあるコンボ・ヴァージョンといったところか。モーダルなメロディが意外とキャッチーで聴きやすい。ここでもソロのバックで独自のプレイを示す高柳のギターが気にかかる。さまざま手法を駆使したプレイは単なるバッキングを遥かに超えたものだ。

なおティー＆カンパニーのＣＤ化にあたっては、三枚のＬＰに収められた全八曲が『ソネット／スパニッシュ・フラワー』（ＴＢＭ－ＣＤ－５００４／８）と題された二枚組に収録されている。参考までにそちらも紹介しておこう。

［Ｄｉｓｃ １］
①ソネット（『ソネット』）
②アワ・フーリッシュ（『ドラゴン・ガーデン』）
③モート（『ドラゴン・ガーデン』）
④エンド・オブ・ノヴェンバー（『ドラゴン・ガーデン』）
⑤コンボ’77（『ソネット』）

［Ｄｉｓｃ ２］
①ドラゴン・ガーデン（『ドラゴン・ガーデン』）
②ア・トゥリー・フロッグ（『スパニッシュ・フラワー』）
③スパニッシュ・フラワー（『スパニッシュ・フラワー』）

TBM-5005

細川綾子＋今田勝カルテット

『ノー・ティアーズ』

[SIDE A]
①ノー・ティアーズ
②ヘイ・ゼア
③ジョージア・オン・マイ・マインド
④アイ・ウォンテッド・イット・トゥー
[SIDE B]
①ビウィッチド
②インディアナ
③ホエン・サニー・ゲッツ・ブルー
④アイム・ビギニング・トゥ・シー・ザ・ライト

○パーソネル
細川綾子(vo)、今田勝(p)、古野光昭(b)、小原哲次郎(ds)、今村祐司(per)

1977年12月27、28日録音
東京「東芝EMIスタジオ」

レコーディング・エンジニア：渡部喜久（東芝EMI）
カッティング：小林光晴（東芝EMI）
アート・ディレクター：西沢勉

発売＝スリー・ブラインド・マイス・レコード
再発＝TBM-CD-5005（CD TBMビデオ）
TBM-CD-1805（CD TBMレコード）
THCD-232（CD ディスクユニオン）

デビュー作となった『ミスター・ワンダフル』（ＴＢＭ-３００８）によって多くのひとが知ることになった細川綾子の二作目。彼女もＴＢＭが評価を確立させたアーティストのひとりだ。前作では山本剛、そして今回は今田勝と、ＴＢＭが誇るふたりの人気ピアニストが伴奏を務めている。これは、レーベルを挙げてのバックアップを意味するものだ。そしてその期待に応え、ここでも彼女は素晴らしい歌唱を聴かせてくれる。

今田は戸谷重子との共演作『マイ・ファニー・ヴァレンタイン』（ＴＢＭ-11）も残しており、シンガーの伴奏には定評がある。その彼が、ここでは新たに結成したカルテットでレコーディングに参加している。ついでに触れておくなら、本作からドラマーは楠本卓司に交代しており、これより二か月後に『リメンバー・オブ・ラヴ』（ＴＢＭ-５００７）が録音されている。

二作目といっても、細川は海外での長い活動もあってキャリア十分である。本場で鍛えてきたノドはだてでない。しかも、抜群に歌がうまい。さらに好ましいのが、そのことを強調しない穏やかな歌唱である。堂々としているものの、チャーミングなところも認められる。それが少しもいやらしくならないのは、しっかりとした歌唱力が根底にあるからだ。今田カルテットによる盤石のバッキングを得て、ここでの彼女は前作以上に落ち着きのある魅力的な歌の数々を聴かせてくれる。

TBM-5006

ティー&カンパニー
『ドラゴン・ガーデン』

[SIDE A]
①ドラゴン・ガーデン
[SIDE B]
①アワ・フーリッシュ
②モート
③エンド・オブ・ノヴェンバー

○パーソネル
A①＝森剣治(afl)、植松孝夫(ts)、高柳昌行(g)、今田勝(elp)、金井英人(b maracas)、井野信義(elb cello)、村上寛(ds)、今村祐司(per)
B①③＝森剣治(bcl)、高柳昌行(g)、金井英人(b)、井野信義(cello-B① b-B③)
B②＝森剣治(fl)、高柳昌行(g arr)、今田勝(elp)、金井英人(elb)、井野信義(cello)

1977年11月13日、28日、12月1日録音
東京「アオイ・スタジオ」

レコーディング・エンジニア：大川正義(アオイ)、神成芳彦(エピキュラス)[B①のみ]
カッティング：小林光晴(東芝EMI)
アート・ディレクター：西沢勉

発売＝スリー・ブラインド・マイス・レコード
再発＝TBM-CD-5004/5008(CD TBMビデオ)

　藤井武の理想を具現化したスーパー・ユニットによる二作目。最大の聴きどころは森剣治（afl）作のA①だ。いまではクラブ系ジャズのファンがこの手の演奏を「スピリチュアル・ジャズ」と呼ぶが、まさにその呼称がぴったりの内容だ。金井英人のリズミックなベース・パターンに導かれるように、森と今田勝（elp）のソロが登場。それに続く植松孝夫（ts）のソロがハイライトを構築する。この力強いプレイは当時のトップ・テナーのひとり、スティーヴ・グロスマンをも凌駕する。

　B面は、①と③を提供した高柳昌行（g）が中心となったピックアップ・メンバーによる演奏。B①では彼のギターに森のベース・クラリネットが絡みながら演奏が進んでいく。バックの金井にも要注目だ。ここでのプレイは、かつて高柳が影響を受けたレニー・トリスターノ（p）スタイルの現代版といった趣である。

　B②はこのプロジェクトで唯一、メンバー以外の曲が取り上げられる。高柳がアレンジしたモダン・タンゴの鬼才アストル・ピアソラの作品である。こちらは高柳のギターと森のフルートが寂しげな情景を描いてみせる。荘厳な響きは日本の「ワビ・サビ」にも通じるものだ。

　B③も、B①と同じメンバーの演奏で、全員がそれぞれの楽器で対話をするといった内容。初めは穏やかに、そして徐々に熱気を帯びてはくるが、全体を支配しているのは高柳らしいクールなサウンドだ。

TBM-5007

今田勝カルテット
『リメンバー・オブ・ラヴ』

[SIDE A]
①マキ
②リメンバー・オブ・ラヴ
[SIDE B]
①シー・ウィーズ（海藻）
②リトル・ステップ

○パーソネル
今田勝（p-A①② elp-B① syn-B②）、古野光昭（b-A①をのぞく）、楠本卓司（ds-A①をのぞく）、今村祐司（conga-A①をのぞく）

1978年2月18日録音
東京「芝浦ソニー技術研究所」

レコーディング・エンジニア：神成芳彦（エピキュラス）
エンジニア助手：大槻建（ソニー）
カッティング：小林光晴（東芝EMI）
カバー写真：市川幸雄
アート・ディレクター：西沢勉

発売＝スリー・ブラインド・マイス・レコード
再発＝UL38-5007（38cm/sec.2トラックテープ スリー・ブラインド・マイス・レコード）
TBM（P）-5007（LP 日本フォノグラム）
PAP-20017（LP トリオ・レコード）

　録音場所に注目してほしい。「芝浦ソニー技術研究所」である。通常のスタジオから離れ、電気メーカーの研究所でレコーディングされた理由はＰＣＭ録音をするためだった。ＰＣＭ録音――デジタル録音のプロトタイプ的なものだ。当時、レコード会社でＰＣＭ録音を手がけていたのは日本コロムビアである。その最新録音方式に、ＴＢＭも挑むことにした。記念すべき第一号レコーディング・アーティストは、このレーベルに数多くのアルバムを残してきた今田勝だ。彼と藤井武はデジタル・レコーディングであることを考慮し、取り上げる今田のオリジナル全四曲をすべて異なる楽器構成で収録することにした。これによって、多角的にデジタル録音の魅力を味わってもらおうと考えたのだ。

　Ａ①のピアノ・ソロは日本ビクターから発表されたデビュー作のタイトル曲でもあった。残る三曲はカルテット演奏だ。Ａ②はジョージ・ムラーツ（ｂ）と共演した前作『アローン・トゥゲザー』（ＴＢＭ-５００３）で紹介されたナンバー。ＴＢＭにおける二作目『ポピー』（ＴＢＭ-14）にトリオ演奏が収録されていたＢ①では、今田のエレクトリック・ピアノが聴ける。ラストのＢ②では今田がシンセサイザーを弾いている。鍵盤楽器の音色の違い、そして楽器が変われば表現も変わる。それらを、ピュアな音で楽しんでもらうのがこのレコーディングだった。もちろん演奏も文句なしだ。

TBM-5008

ティー&カンパニー
『スパニッシュ・フラワー』

[SIDE A]
①ア・トゥリー・フロッグ
[SIDE B]
①スパニッシュ・フラワー

○パーソネル
森剣治(bcl-A① ss-B① fl-B①)、植松孝夫(ts bcl-B①)、高柳昌行(g)、今田勝(p)、金井英人(maracas-A① b-B①)、井野信義(b cello-B①)、村上寛(ds)、今村祐司(per)

1977年11月13、14日録音
東京「アオイ・スタジオ」

レコーディング・エンジニア:大川正義(アオイ)
カッティング:小林光晴(東芝EMI)
アート・ディレクター:西沢勉

発売=スリー・ブラインド・マイス・レコード
再発=TBM-CD-5004/5008(CD TBMビデオ)
THCD-233(CD ディスクユニオン)

ティー&カンパニー三部作の三作目。これだけのメンバーが揃っているので、グループの演奏には長尺のものが多い。この作品も一作目（TBM−5004）同様、LP時代は片面に一曲ずつが収められていた。今回はどちらも今田勝（p）のオリジナルだ。

A面の〈ア・トゥリー・フロッグ〉はパーカッションから始まり、ギターのコード・ワークで曲想が提示され、それをバックに二本のホーンがモーダルなテーマ・メロディを奏でる。続いて登場するベース・クラリネットのソロは森剣治によるもの。この楽器の音色にもよるが、不気味な響きのプレイが印象的だ。断続的なフレーズで始まり徐々にロング・フレーズを構築していく植松孝夫のテナー・ソロは、ジョン・コルトレーン（ts）的奏法から彼が脱却できたことを示している。そして、今田がいいチェンジ・オブ・ペースでソロを締め括る。

B面は一九七五年の今田作品『グリーン・キャタピラー』（TBM−39）で発表されたジャズ・ワルツの再演。そちらにも今村祐司（per）が参加していたが、まったく様相の異なるものになった。今田が弾く流麗なイントロダクションから始まり、スパニッシュ・ムードで金井英人がアルコ・ベースを弾く。ソプラノ・サックスでテーマ・パートから最初のソロを吹くのは森だ。秀逸な今田のソロを経て登場する高柳昌行（g）のプレイが思索的で味わい深い。

TBM-5009

山本剛トリオ
『ミッドナイト・サン』

[SIDE A]
①ミッドナイト・サン
②枯葉
③ウェイヴ
④ア・シェイド・オブ・ラヴ
[SIDE B]
①ビリー・ボーイ
②我が恋はここに
③ブルー・マンハッタン
④キッド

○パーソネル
山本剛(p)、岡田勉(b)、岸田恵士(ds)
A④ B④＝ピアノ・ソロ

1978年6月3、4日録音
東京「音響ハウス」

レコーディング・エンジニア：神成芳彦（エピキュラス）
エンジニア助手：伊藤史夫（音響ハウス）
カッティング：小林光晴（東芝EMI）
アート・ディレクター：西沢勉

発売＝スリー・ブラインド・マイス・レコード
再発＝TBM(P)-5009(LP 日本フォノグラム)
TBM-XR-5009(XRCD TBMビデオ)
THCD-320(CD ディスクユニオン)

山本剛が約七か月におよぶニューヨーク生活を終えて帰国したのは一九七八年四月のことだ。前年の九月にロサンジェルス郊外で開催された「モンタレイ・ジャズ・フェスティヴァル」に出演し、翌週にはサンフランシスコでも小さなフェスティヴァルで演奏。その後、ニューヨークに向かったのである。

現地ではイースト・ヴィレッジにアパートを借り、そこを根城にあちらこちらのジャズ・クラブに出没しては、飛び入り演奏で拍手喝采を浴びていた。たまたま筆者もその時期にニューヨークに居合わせ、何度か同行させてもらったことがある。ミッドタウンにあったジャパニーズ・レストラン「銀嶺」で開かれた在ニューヨークのミュージシャンによるライヴでも、トリオを率いて達者なプレイを聴かせてくれたことが思い出される。

そして帰国後、待ち構えていたようにＴＢＭが本作のレコーディングを行なう。岸田恵士は、菊地雅章（ｐ）のグループを経て七十二年からニューヨークで活躍していたドラマーだ。ニューヨーク滞在中から山本とは名コンビで、ほぼ同時期に帰国。その後は「ミスティ」で山本トリオの一員として活動を始めていた。

アルバムのタイトルとなったＡ①は前年の「モンタレイ・ジャズ・フェスティヴァル」で演奏した一曲。愛児に贈ったＡ④Ｂ④の美しさも格別だ。これらを含めて、相変わらずの快演が最初から最後まで続く。

TBM-5010

三木敏悟&インナー・ギャラクシー・オーケストラ
『海の誘い』

一九七八年に結成されたインナー・ギャラクシー・オーケストラの一作目。三木敏悟は、前年にそのプロトタイプともいえる『北欧組曲』（TBM-1005）を発表している。そのアルバムが大成功したことから、独立を決意し、結成したのがこのオーケストラだ。

注目すべきはオーケストラの楽器構成と陣容である。三木が理想とするオーケストラ・サウンドを現出させるには、通常の編成では成り立たない。曲によって若干の入れ替わりはあるものの、ここには二十八人の凄腕ミュージシャンやシンガーが召集されている。

この超豪華なオーケストラが奏でるのは、『北欧組曲』でも実証された優雅でスケールの大きなジャズ・オーケストラ・サウンドだ。前作同様、ここでも北欧の情景が色濃く反映され、ジャズ・オーケストラの可能性にまだまだ広がりがあることを三木は示してみせる。

それにしても、個人経営から始まったTBMがこのビッグ・プロジェクトを成し遂げるのは並大抵でなかったと思う。藤井武の情熱がこの壮大な企画にも果敢に向かわせたのだろう。ライナーノーツ代わりの小冊子の表紙には、「昭和五十三年度文化庁芸術祭参加」という文字の下に「スリー・ブラインド・マイス・レコード制作一〇〇枚記念アルバム」と記されている。「三年持つかどうか」といわれたTBMである。ここまで成長したことに、藤井の感無量が想像できる。

[SIDE A]①海に還る（プロローグ）②海と空の抱擁 ③潮騒に聞く
[SIDE B]①ナチュラル・フロウ ②野郎人魚の宴 ③海に還る（エピローグ）

○パーソネル
三木敏悟（com arr con）、松本英彦、森剣治、鈴木正男（reeds）、西沢幸彦（fl afl piccolo）、中沢健次、吉田憲司、横山均（tp）、我孫子浩、岡野等（tp fgh）、塩村修、鍵和田道男（tb）、岡田澄雄（btb-A①②③ B③）、及川芳雄（btb-B①②）、南浩之（frh）、久保修平（tuba）、石橋雅一（oboe）、大畠條亮（fagot）、松本正嗣（g）、今田勝（p）、中富雅之、菊地ひみこ（key）、成重幸紀（elb-A①② B②③）、古野光昭（b-A②③ B①③）、楠本卓司、中村よしゆき（ds）、古谷哲也（per）、原久美子（vo-B①）中本マリ（vo-B③）

1978年6月20、27-29日録音
東京「渋谷エピキュラス・スタジオ」

レコーディング・エンジニア：神成芳彦（エピキュラス）
カッティング：小林光晴（東芝EMI）
ミキシング&カッティング・アドバイザー：加藤しげき
メンバー写真：西沢勉
写真&アート・ディレクター：境修一＋ローブダンサー

78年度「ジャズ・ディスク大賞 日本ジャズ賞 第1位」

発売＝スリー・ブラインド・マイス・レコード
再発＝TBM（P）-5010（LP 日本フォノグラム）
18PJ-1012（LP 日本フォノグラム）
PAP-20009（LP トリオ・レコード）
TBM-CD-5010（CD TBMビデオ）
TBM-CD-1810（CD TBMレコード）
TBM-XR-5010（XRCD TBMレコード）
THCD-254（CD ディスクユニオン）

横内章次トリオ＋1

『グリーン・スリーヴス』

横内章次はＴＢＭで二枚の作品を残しており、こちらが『ブロンド・オン・ザ・ロックス』（ＴＢＭ‐65）に続く二枚目である。前作ではゲストにもうひとりのギタリスト、小西徹を迎えての吹き込みだったが、今回は売り出し中のオルガン奏者、田代ユリが加わっている。

横内は赤坂見附にあった「ＶＩＰＡ　ＲＯＯＭ」で長らく専属バンドのリーダーとして活動していた。そのグループに参加していたのが新人の田代だ。その彼女も本作のレコーディング前に独立し、『マイ・シークレット・ラヴ』（ビクター音楽産業）を発表。それによって、一躍注目株のひとりに躍り出ていた。

今回の横内は愛用のエレクトリック・ギターだけでなく、アンプを通さないフォーク・ギターやガット・ギターも多用している。ギターが違えば表現も異なる。前作では目いっぱいジャズ・ギターの楽しさを伝えてくれたが、今回はギターという楽器そのものが持つ素晴らしさを前作以上に堪能させてくれる。

横内のプレイはスウィンギーかつブルージーなフィーリングが魅力だ。その持ち味が、ここではオルガン奏者との共演によってさらなるものとなった。田代の父親は名ヴァイブ奏者として鳴らした南部三郎で、一九五〇年代には横内と共演した仲でもある。まさに親子ほどの年齢差だが、ふたりを中心にした演奏は世代を越え、スタイルを越えた楽しさに溢れている。

[SIDE A]
①柳はむせぶ
②モーニン
③ミスティ
④ドリンク・アップ・ウォッカ・マティニ
[SIDE B]
①ニューオリンズ・サンデイ
②グリーン・スリーヴス
③ユア・ウォッチ・イズ・テン・ミニッツ・スロー

○パーソネル
横内章次（g）、稲葉國光（b）、石松元（ds）
ゲスト（A①②③ B③）＝田代ユリ（org）

1978年9月6、8日録音
東京「渋谷エピキュラス・スタジオ」

レコーディング・エンジニア：神成芳彦（エピキュラス）
カッティング：小林光晴（東芝EMI）
テクニカル・アドバイス：ソニー株式会社
アート・ディレクター：西沢勉

発売＝スリー・ブラインド・マイス・レコード
再発＝TBM（P）-5011（LP 日本フォノグラム）
TBM-CD-5011（CD TBMビデオ）
THCD-392（CD ディスクユニオン）

TBM-5012

金井英人グループ

『アランフェス協奏曲』

[LP]
[SIDE A]
①アランフェス協奏曲 ②ミスター・ガベ
[SIDE B]
①コングラチュレイション ②シルク・ロード

○パーソネル
金井英人(b)、井上淑彦(ts ss)、藤原幹典(as ts ss fl)、大沢善人(p)、マイク・レズニコフ(ds)

1978年11月2日録音
東京「渋谷エピキュラス・スタジオ」

[CD]
①アランフェス協奏曲 ②テンションズ(TBM(P)-5015『ホワット〜チャールズ・ミンガスに捧げて』より) ③フォー・チャールズ(TBM(P)-5015『ホワット〜チャールズ・ミンガスに捧げて』より) ④ホワット・ラヴ(TBM(P)-5015『ホワット〜チャールズ・ミンガスに捧げて』より) ⑤コングラチュレイション ⑥ラプソディ・イン・ブルー(TBM(P)-5015『ホワット〜チャールズ・ミンガスに捧げて』より)

○パーソネル(②④⑥)
金井英人(b g-4のみ)、井上淑彦(ts)、藤原幹典(reeds)、大沢善人(p)、山崎泰弘(ds)③＝金井英人(b)、井上淑彦(ts)、藤原幹典(reeds)、安田文雄(p)、竹田とおる(ds)

1979年3月12、15日録音
東京「渋谷エピキュラス・スタジオ」

レコーディング・エンジニア：神成芳彦(エピキュラス)
カッティング：小林光晴(東芝EMI)
アート・ディレクター：西沢勉

発売＝スリー・ブラインド・マイス・レコード
再発＝TBM-CD-5012(CD TBMビデオ)
TBM-CD-1822(CD TBMレコード)
MHCP-10034(CD ソニー・ミュージックダイレクト)
THCD-395(CD ディスクユニオン)

いっさいの妥協を許さず常に真摯な姿勢で創造的な演奏を実践していた金井英人にしては、珍しくポピュラーな曲を選んだという印象を抱かせたのがこのアルバムだ。そのA①はスペインの作曲家ホアキン・ロドリーゴの代表曲である。「ポピュラーな曲」というのは、この曲が本来のクラシックから離れ、ジャンルを超えて多くのひとに親しまれているからだ。とくに本作が吹き込まれた一九七〇年代半ばには、内外のジャズ・ミュージシャンも盛んに演奏していたことが思い出される。

とはいっても、そこは金井のこと。お馴染みのメロディがイントロ代わりにピアノで提示され、そのあとはふたりのサックス奏者がアブストラクトなフレーズを用いて演奏に加わってくる。金井にしてみれば、この曲は十年以上前からいつかチャレンジしてみたいもののひとつだった。ところが、そうこうしているうちにポピュラーな人気を獲得してしまった。決して時流に乗って選ばれた曲ではなく、ようやく納得のいく形で演奏できるようになったことからレコーディングに踏み切ったのである。注目したいのはサックス奏者のふたりだ。どちらもフリー・ジャズを十分に経験してきた。その真価はA②やB①で味わうことができる。

なお同じタイトルのCDでは、この作品から二曲、次回作の『ホワット〜チャールズ・ミンガスに捧げて』（TBM（P）-5015）から四曲が選ばれている。

TBM-5013

細川綾子ウィズ宮間利之とニューハード
『コール・ミー』

海外での活動が長い細川綾子は、一作目の『ミスター・ワンダフル』（TBM-3008）でカルテット（曲によって西條孝之介がゲスト参加）＋弦楽四重奏、二作目の『ノー・ティアーズ』（TBM-5005）でクインテットと共演し、日本での評価を確立した。そして三作目の本作は、日本を代表するジャズ・オーケストラ＝宮間利之とニューハードがバックについた豪華版。

この時期、ニューハードは海外にも進出していたし、次々と野心的なアルバムを発表し、絶頂期にあった。そのオーケストラを相手に、細川が堂々たる歌唱を聴かせてくれる。とはいっても、彼女は朗々と歌うタイプではない。長い間アメリカの西海岸にあるナイト・クラブで歌ってきた。それだけにインティメイトな雰囲気のヴォーカルで個性を示す。そんな細川だが、強力なサウンドを売り物にしていた時期のニューハードと共演してもまったく負けていない。彼女にビッグバンド・シンガーのイメージはないが、このアルバムを聴いていると、両者の共演が実にしっくりしていることに驚かされる。

編曲を担当した山木幸三郎（g）の手腕も大きい。細川の個性を知り尽くした上で、彼女の歌にぴったりのアレンジが提供されている。それにしても、どの曲でも細川は気持ちよさげに歌っている。それが聴き手にも伝わってくる。内容の充実はいうまでもないが、聴いていて心から楽しめるヴォーカル・アルバムだ。

[SIDE A]
①スコッチ・アンド・ソーダ
②コール・ミー
③ラヴ・イズ・ヒア・トゥ・ステイ
④ジャスト・ザ・ウェイ・ユー・アー
⑤リトル・ガール・ブルー
[SIDE B]
①メドレー＝フィール・ライク・メイキング・ラヴ～アイ・ウォンテッド・イット・ノウ～ノー・ティアーズ
②ヒアズ・ザット・レイニー・デイ
③レッツ・ゴー・ゲット・ストーンド
④エイント・ナッシング・ニュー・アンダー・ザ・サン

○パーソネル
細川綾子(vo)
宮間利之とニューハード＝宮間利之(con)、中山進治、小黒和命(as)、森口統夫、亀岡純一(ts)、石松晴臣(bs)、小野広一、田村夏樹、武井正信、神森茂(tp)、片岡輝彦、新井健夫、角田健一、今井良平(tb)、山木幸三郎(g arr)、鷹野潔(p)福島靖(b)、中村吉夫(ds)
A③⑤ B②＝山木幸三郎(arr)、トミー・スミス(arr)

1979年1月6、7日録音
東京「渋谷エピキュラス・スタジオ」

レコーディング・エンジニア：神成芳彦（エピキュラス）
カッティング：小林光晴（東芝EMI）
アート・ディレクター：西沢勉

発売＝スリー・ブラインド・マイス・レコード
再発＝TBM-5013（LP 日本フォノグラム）
TBM-CD-5013（CD TBMビデオ）
TBM-CD-1884（CD TBMビデオ）

TBM(P)-5014

松本英彦カルテット
『サンバ・デ・サン』

TBMでは一九七六年に録音した『スリーピー』（TBM-74）に続く二作目にして最後の作品。この間の七十八年には三木敏悟（con arr）が結成したインナー・ギャラクシー・オーケストラにも参加し、そのオーケストラが残した二作品（TBM-5010（P）-1801／2）にも名を連ねていた。それもあって、ここではTBM-5010のタイトル曲（B③）も聴ける。

注目すべきは、松本英彦、市川秀男（p）、水橋孝（b）の顔合わせだ。この三人は、松本も加わったジョージ川口（ds）の『ザ・ビッグ4』（TBM-66）のメンバーでもあった。しかし、ドラマーの変更によって聴こえてくる音楽はまったく違うものになっている。そこがジャズの面白いところだ。

ビッグ・フォアでは川口に遠慮もあったのだろう。しかし『スリーピー』と本作では、同じ楽器編成でありながら、松本は先鋭的で大胆なプレイに徹している。とはいっても、ビッグ・フォアのように大向こうを唸らせる派手なブローはしていない。ひとつひとつのフレーズに意図を込めているかのような繊細さや計算が感じ取れるからだ。それによってソロのまとまりがよくなったことは特筆しておきたい。なお本作は『スイングジャーナル』誌が選出した「七十八年度南里文雄賞」の受賞記念作品であり、レーベルでのことをいえば、5000番台はこの番号から発売が日本フォノグラムになっている。

[SIDE A]
①サンバ・デ・サン
②ステラ・バイ・スター・ライト
[SIDE B]
①ラウンド・ミッドナイト
②アネイド
③海の誘い

○パーソネル
松本英彦(ts)、市川秀男(p)、水橋孝(b)、関根英雄(ds)

1979年3月18、19日録音
東京「渋谷エピキュラス・スタジオ」

レコーディング・エンジニア：神成芳彦(エピキュラス)
カッティング：小鉄徹(日本ビクター)
サウンド・ディレクター：小林貢
アート・ディレクター：西沢勉

『スイングジャーナル』誌「1978年度南里文雄賞」受賞記念作品

発売＝日本フォノグラム
再発＝THCD-399(CD ディスクユニオン)

TBM(P)-5015

金井英人グループ

『ホワット〜チャールズ・ミンガスに捧げて』

[SIDE A]
①ホワット・ラヴ
②ラプソディ・イン・ブルー
[SIDE B]
①直立文明人
②フォー・チャールズ
③テンションズ

○パーソネル
金井英人(b g-A①のみ)、井上淑彦(ts)、藤原幹典(reeds)、大沢善人(p-B②をのぞく)、山崎泰弘(ds-B②をのぞく)
B②＝金井英人(b)、井上淑彦(ts)、藤原幹典(reeds)、安田文雄(p)、竹田とおる(ds)

1979年3月12、15日録音
東京「渋谷エピキュラス・スタジオ」

レコーディング・エンジニア：神成芳彦(エピキュラス)
カッティング：小鉄徹(日本ビクター)
サウンド・ディレクター：小林貢
アート・ディレクター：西沢勉

発売＝日本フォノグラム
再発＝なし

金井英人が心から尊敬していたチャールズ・ミンガス（ｂ）がこの世を去ったのは一九七九年一月五日のことだ。その死を追悼してこのアルバムは吹き込まれた。取り上げたのは、ミンガス作のA①B③と金井のオリジナルでミンガスへの追悼曲であるB②③、そしてA②は前作『アランフェス協奏曲』（TBM-5012）が好評だったことから、表題曲の続編ということでクラシックの曲が選ばれている。

メンバーはドラマーが交代しただけの前作と同じクインテットで、別のリズム・セクションを起用したのがB②だ。ミンガスの書いたA①は、珍しいことに金井が弾くスパニッシュ風のギターで始まる。ただし、金井はミンガスが書いたメロディを一部だけ用いて、そこに新たな解釈を加え、独自の曲に仕上げてみせた。終盤のフリー・フォームのパートまで、ミンガスに通ずる演奏が金井らしさを示してみせる。

タイトルで興味を持つのがB①だ。もちろんミンガスの傑作〈直立猿人〉をもじったものである。そしてこの曲と演奏で代表されるように、本作からはミンガスが五十六年に吹き込んだ『直立猿人』（アトランティック）の現代版的な響きが強く感じられる。そちらも本作と同じ2サックスによるクインテットだったことを考えれば、金井がその作品を意識してレコーディングしたことがよくわかる。

TBM(P)-5016

宮間利之とニューハード
『ギャラリー』

[SIDE A]
①フラワー・アレンジメント
②アート・ギャラリー
③ア・フォーリング・スター
④ブルー・セイル
[SIDE B]
①ヤー！
②グラン・ギニョル
③ファンシー・ボール

○パーソネル
宮間利之(con)、小黒和命、中山進治(as cl)、森口統夫、亀岡純一(ts cl)、石松晴臣(bs bcl)、小野広一、田村夏樹、武井正信、神森茂(tp)、片岡輝彦、角田健一、新井健夫、今井良平(tb)、山木幸三郎(g com arr)、鷹野潔(p-A①②④ B①③ elp-A③ B②)、立花泰彦(b)、中村吉夫(ds)
ゲスト＝神村英男(tp)、小田切一己(ts ss)

1979年6月18～20日録音
東京「渋谷エピキュラス・スタジオ」

レコーディング・エンジニア：神成芳彦(エピキュラス)
カッティング：小鉄徹(日本ビクター)
サウンド・ディレクター：小林貢
アート・ディレクター：西沢勉

発売＝日本フォノグラム
再発＝なし

TBMにニューハード単独名義のアルバムは四枚残されている。この最終作は、前作『サンデイ・シング』（TBM-67）に続いてバンドのギタリストである山木幸三郎が全曲の作編曲を担当したもの。まるで映画音楽のテーマ曲にでもなりそうなA②ではゲストの神村英男が素晴らしいトランペット・ソロを聴かせてくれる。

この曲で代表されるように、山木の才能は前作とこの作品で見事な成果を上げている。結成時からのメンバーで、過去にオーケストラの代表的なレパートリーをいくつも残してきた彼である。しかも常に新しい試みを盛り込み、タイプも違う曲ばかりを提供してきた。その才能には恐れ入るばかりだ。

アルバムは穏やかなバラードから始まる。朗々としたサウンドでアルト・サックスを吹くのは小黒和命だ。続いてテナー・サックス・ソロを吹くのはもうひとりのゲストである小田切一己。日ごろは過激なプレイもいとわない彼だが、こうした演奏でも味わい深いものを聴かせてくれる。

ゴージャスな響きのスロー・ナンバーA④もニューハードの魅力を引き出すものになった。野心的な演奏で評判を呼んでいたこの時期だが、こうした伝統的なアンサンブルでもニューハードは本邦を代表する抜群のサウンドとテクニックを持ち合わせていた。これは、まさに極上のダンス・ミュージックである。

原信夫とシャープス&フラッツ

『活火山』

TBMでは宮間利之とニューハード、金井英人キングス・ロア、高橋達也と東京ユニオン、三木敏悟率いるインナー・ギャラクシー・オーケストラと、わが国を代表するジャズ・オーケストラの作品を何枚もカタログに残してきた。そして、ここにニューハードとともに日本のビッグバンド界を長く牽引してきた原信夫とシャープス&フラッツが待望のレコーディングを行なった。

起用されたのは、TBM主催の「第二回日本ジャズ・グランプリ」で「最優秀グループ賞」に輝いたZAPのリーダーで気鋭の作編曲家、しかたたかしである。レコーディングで彼が試みたのは、(1)各セクションをフル活用するのでなく、リードとブラスとリズム楽器を総合的に分解再生し、より軽快で多彩でモダンなサウンドを創出、(2)電化されたピアノ、ギター、ベースを活用し、現代感覚にマッチしたリズムとテキスチャーを融合、(3)オーヴァーダビングを駆使し、とくに木管群の多彩で柔らかい音色を随所で挿入する、ことだった。

A①② B②はしかたの作編曲で、B①は原信夫が一九六七年にシャープス&フラッツを引き連れ、「ニューポート・ジャズ・フェスティヴァル」に出演した際に演奏したオリジナル(そのときの編曲者は山屋清)。そしてB③も原のオリジナルだ。

なおシャープス&フラッツのTBMへの録音は何本か予定されていたが、実現したのはこの作品のみである。

[SIDE A]
①活火山
②白鷺
[SIDE B]
①音頭
②サウス・ウインド
③シャープ・カーヴ

○パーソネル
原信夫(ts)、唐木洋介(ts ss fl)、前川元(as ss cl)、鈴木孝二(as ss fl cl)、森川信幸(bs ss bcl)、森川周三、佐波博、羽尾知也、菊池宏(tp fgh)、西山健治(tb vtb)、花坂義孝、松林辰郎(tb)、川島茂(tb btb)、川上和彦(g)、蒲池猛(p elp)、小林順一(b)、中村よしゆき(ds)
ゲスト=しかたたかし(com arr cl-A② ss-B①)

1979年9月25、26、27日録音
東京「渋谷エピキュラス・スタジオ」

レコーディング・エンジニア:神成芳彦(エピキュラス)
カッティング:小鉄徹(日本ビクター)
サウンド・ディレクター:小林貢
アート・ディレクター:西沢勉

発売=日本フォノグラム
再発=PAP-20020(LP トリオ・レコード)
TBM-CD-1887(CD TBMビデオ)
THCD-242(CD ディスクユニオン)

高柳昌行セカンド・コンセプト
『クール・ジョジョ』

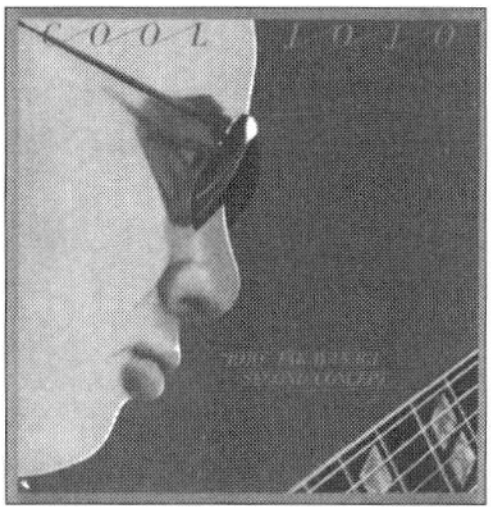

これこそが高柳昌行の本質に迫る一枚だ。フリー・ジャズの、そしてノイズの代表格と思われていた彼である。しかし、一九五〇年代から六十年代前半にかけてはレニー・トリスターノ（p）を師とするクール・ジャズに傾倒していた。いっさいの無駄を省いた即興演奏の真髄を追求していたのが高柳だ。

それにしても、ここでの彼は饒舌この上ない。ロニー・ボール（p）が書いたA①からスムーズなノリで素早いフレーズを連続させる。4ビートのリズムになんとしっくりはまっていることか。本作発表時に追求していた音楽（フリー・ジャズ）からは想像がつかないほどの見事なジャズ・ギタリストぶりだ。しかも演奏はあくまでクール。瞬発力に優れたフレージングは、このままオーソドックスなプレイを続けていれば、こちらでも日本を代表するギタリストになっていたことは間違いない。

それにしても、よくぞこの作品を残してくれたものだ。TBMがスタートした時点で、高柳はフリー・ジャズを追求する先鋭的なギタリストになっていた。ファンの大半は、かつて彼が本作に聴くようなクール・ジャズを演奏していたことは知らなかった。いわば、過去のスタイルはわずかなひとの間で伝説として彼方に封印されていた。その蓋を大胆に開けてみせたのがこの作品だ。

なお、CD化に際しては四曲の別テイクも収録され、こちらも大きな聴きものになっている。

[LP]
[SIDE A]
①フロッギー・デイ
②ジーズ・シングス
③ハイ・ベック
④パロ・アルト
[SIDE B]
①東32丁目317
②サブコンシャス・リー
③マイ・ニュー・フレーム
④レニーズ・ペニーズ

[CD]
①フロッギー・デイ ②ジーズ・シングス ③ハイ・ベック ④パロ・アルト ⑤東32丁目317 ⑥サブコンシャス・リー ⑦マイ・ニュー・フレーム ⑧レニーズ・ペニーズ ⑨フロッギー・デイ(別テイク) ⑩ハイ・ベック(別テイク) ⑪東32丁目317(別テイク) ⑫サブコンシャス・リー(別テイク)

○パーソネル
高柳昌行(g)、弘勢憲治(p-A①④ B-②③④ elp-A③ B①)、井野信義(b)、山崎泰弘(ds)

1979年12月3-5日録音
東京「渋谷エピキュラス・スタジオ」

レコーディング・エンジニア：神成芳彦(エピキュラス)
カッティング：小鉄徹(日本ビクター)
サウンド・ディレクター：小林貢
アート・ディレクター：吉田真
アーティスト写真：西沢勉
協力：三菱電気株式会社郡山製作所

発売＝日本フォノグラム
再発＝TBM-CD-1891(CD TBMレコード)
THCD-234(CD ディスクユニオン)

TBM(P)-5019

山本剛トリオ
『ライヴ・イン・モントルー』

[SIDE A]
①ブルース・イン・ザ・クローゼット
②ア・シェイド・オブ・ラヴ
③オールモスト・ライク・ビーイング・イン・ラヴ
[SIDE B]
①ガール・オブ・マイ・ドリームズ
②イッツ・オールライト・ウィズ・ミー
③七つの子

○パーソネル
山本剛(p)、稲葉國光(b)、小原哲次郎(ds-B③で抜ける)

1979年7月11日
スイス「モントルー・ジャズ・フェスティヴァル カジノ・ホール」で実況録音

レコーディング・エンジニア：デイヴィッド・リチャーズ(マウンテン・レコーディング・スタジオ)
ミキシング・エンジニア：神成芳彦(エピキュラス)
カッティング：小鉄徹(日本ビクター)
アート・ディレクター：西沢勉

発売＝日本フォノグラム
再発＝TBM-CD-5019(CD TBMビデオ)
TBM-CD-1819(CD TBMレコード)
THCD-321(CD ディスクユニオン)

約七か月（一九七七〜八年）のニューヨーク生活から戻った山本剛は相変わらずの高い人気を誇り、精力的な活動を続けていた。そんな彼に舞い込んできたのが「モントルー・ジャズ・フェスティヴァル」出演の話である。七十七年の「モンタレイ・ジャズ・フェスティヴァル」出演はサプライズ・ゲスト的なものだったが、今回は正式な招待を受けてのものだ。

この年は、フェスティヴァルの主催者クロード・ノブスからＴＢＭの藤井武に「ジャパン・トゥデイ」と題した企画が提案され、それを受けて山本のトリオや三木敏悟のインナー・ギャラクシー・オーケストラなどが出演する一夜が設けられた。

山本はそのためにベストのふたりを帯同し、モントルーの聴衆を前に、いつもながらのスウィンギーで歌心満点の演奏や胸に染み入る美しいバラードを披露する。個人的なことだが、前年のニューヨーク滞在中にジャズ・クラブに飛び入りして大喝采を浴びた山本の姿を目撃したことがある。本場のニューヨークでも受け入れられたことが自信に繋がったのだろう。モントルーのステージでも気負いのない山本節が炸裂する。

もともと物怖じしない山本である。安心してプレイが託せるふたりのサポートを得て、ここでもいつもと同じ心地のいい演奏を繰り広げる。なお、Ｂ③に聴くノスタルジックな響きは山本にしか表現できないものだ。

TBM（P）-5020

中本マリ

『縁は異なもの～中本マリ・アンソロジー』

中本マリがTBMで残した作品からセレクトされたオムニバス盤。このレーベルが出したオムニバス盤は、山本剛と今田勝の演奏を集めた『スター・ダスト～スタンダード・ジャズ・ピアノ』（TBM（P）-5021）、あとはレーベルの代表的な演奏を集めた『フェイマス・サウンド・オブ・スリー・ブラインド・マイス Vol.1～3』（TBM-CD-9001～3）と『フェイマス・サウンド・オブ・スリー・ブラインド・マイス』（TBM-XR-9001）、そして『スーパー・アナログ・サウンド・オブ・スリー・ブラインド・マイス』（TBM-XR-9002）だけである。単独アーティストによるものは中本のこのアルバムしか存在しない。これは、それだけ彼女に高い人気があったことの証左だ。

中本がTBMで残した作品は全部で五枚。そのうちのA④は、戸谷重子の弾き語りをLPのA面に、山本剛（p）トリオのバックアップを得た中本のヴォーカルをB面に配した「5デイズ・イン・ジャズ」のライヴ盤で発表されたものだ。それ以外はスタジオ録音された作品からのトラックになっている。彼女を育てた横内章次（g）を中心にした伴奏が多いものの、B①②③は鈴木勲（b）と渡辺香津美（g）をバックに中本が素晴らしい歌唱力を示す。こうした伴奏ではテンポや音程が取りにくい。ふたりも単なる伴奏者にとどまらない変幻自在なプレイをバックで繰り広げる。そこがスリリングだ。

[SIDE A]
①タイム・アフター・タイム
②スニーキン・アップ・オン・ユー
③アンフォゲッタブル
④ジー・ベイビー・エイント・アイ・グッド・トゥ・ユー
⑤リル・ガール・ブルー
⑥アイ・ワナ・ビー・アラウンド
[SIDE B]
①ホワット・ア・ディファレンス・ア・デイ・メイド
②ひまわり
③ジョージア・オン・マイ・マインド
④タキシード・ジャンクション
⑤ラヴ・フォー・セール
⑥オン・グリーン・ドルフィン・ストリート

A①②③＝『中本マリ&大沢保郎トリオ＋2／アンフォゲタブル』（TBM-21）より
A④＝『戸谷重子&中本マリ／シゲコ&マリ』（TBM-71）より
A⑤⑥＝『中本マリ&横内章次トリオ＋1／リル・ガール・ブルー』（TBM-33）より
B①②③＝『中本マリ&鈴木勲＝渡辺香津美デュオ／マリ・ナカモトⅢ』（TBM-56）より
B④⑤⑥＝『中本マリ～横内章次トリオ&セクステット／マリ』（TBM-3005）より

録音1973～77年
東京「アオイ・スタジオ」、東京「渋谷エピキュラス・スタジオ」、東京「銀座ヤマハ・ホール」

レコーディング・エンジニア：神成芳彦（エピキュラス）
カッティング：小鉄徹（日本ビクター）
ジャケット写真：米田泰久
解説カード写真：西沢勉

発売＝日本フォノグラム
再発＝なし

V.A.

『スター・ダスト〜スタンダード・ジャズ・ピアノ』

前ページで紹介した『縁は異なもの〜中本マリ・アンソロジー』（ＴＢＭ（Ｐ）‐５０２０）と同時に発売されたコンピレーションで、内容は「ベスト・オブ山本剛＆今田勝」というもの。未発表演奏は含まれていないから、どのようなものかはオリジナル盤をあたれば推測ができる。Ａ面が山本剛のアルバム三枚、Ｂ面が今田勝のアルバム三枚からのセレクションである。

ＴＢＭはほとんどコンピレーション・アルバムを出さなかった。例外が中本マリと本作、あとは『フェイマス・サウンド・オブ・スリー・ブラインド・マイス Vol.１〜３』（ＴＢＭ‐ＣＤ‐９００１〜３）の三枚と、タイトルはそれと同じ『フェイマス・サウンド・オブ・スリー・ブラインド・マイス』（ＴＢＭ‐ＸＲ‐９００１）だが内容の異なるＸＲＣＤ盤、そして『スーパー・アナログ・サウンド・オブ・スリー・ブラインド・マイス』（ＴＢＭ‐ＸＲ‐９００２）である。重要なのは、このレーベルが発表したコンピレーション作品の中で楽器別のものはこのピアノ集しか存在しない点だ。

その事実からわかるのは、ＴＢＭがピアニストのアルバム制作に力を注いでいたこと、そしてことさらに山本と今田の存在が大きく、ふたりが人気と売り上げの両方で高い実績を上げたことだ。そうした背景があり、なおかつファンの期待に応えるため、このアルバムはリリースされた。

[SIDE A]
①スターダスト
②追憶
③ミスティ
④枯葉
⑤バラ色の人生
[SIDE B]
①朝日の如くさわやかに
②ポルカ・ドッツ・アンド・ムーンビームス
③酒とバラの日々
④アローン・トゥゲザー

A①③⑤=『山本剛ウィズ・ストリングス／スターダスト』（TBM-3009）より
A②=『ヤマ&ジローズ・ウェイヴ／ガール・トーク』（TBM-59）より
A④=『山本剛トリオ／ミッドナイト・サン』（TBM-5009）より
B①③=『今田勝トリオ／スタンダード』（TBM-77）より
B②=『今田勝ソロ&トリオ／ポピー』（TBM-14）より
B④=『今田勝&ジョージ・ムラーツ／アローン・トゥゲザー』（TBM-5003）より

録音1973〜78年
東京「アオイ・スタジオ」、東京「渋谷エピキュラス・スタジオ」、東京「音響ハウス」

レコーディング・エンジニア：神成芳彦（エピキュラス）
カッティング：小鉄徹（日本ビクター）
アルバム・デザイン：小林平九郎
ジャケット写真：内藤忠行
アーティスト写真：西沢勉

発売=日本フォノグラム
再発=なし

TBM(P)-5022

ZAP
『オー! サンシャイン』

[SIDE A]
①オー！サンシャイン
②ホンコン
③ペーパー・プレーン
④サンバ・フォー・エリー
[SIDE B]
①うろこ雲
②ドリーム・トラヴェラー
③サムタイム・サムホエア
④サテライト・シップ

◯パーソネル
しかたたかし(as fl lyricon)、菊地康正(ts fl)、川崎義明(tb)、中沢健次、鹿山稔(tp fgh)、奥田茂雄(g)、久門博昭(key)、石井八允(elb)、竹内正二(ds)
ゲスト＝川瀬正人(per-A①③④ B①)、フリーザー(cho-A①)

1980年4月10、11、14、16、17、21日録音
東京「ビクター・ミュージック・プラザ・スタジオ 901」

レコーディング・ディレクター：小林貢
レコーディング・エンジニア：常盤清
カッティング：小鉄徹(日本ビクター)
アルバム・デザイン：小林平九郎
アーティスト写真：西沢勉

発売＝日本フォノグラム
再発＝なし

一九七九年にＴＢＭが開催した「第二回日本ジャズ・グランプリ」で「最優秀グループ」に選出されたＺＡＰの二作目。グループは、金井英人（ｂ）のキングス・ロア・オーケストラ解散に伴い、そのメンバーを中心に結成された。リーダーはオーケストラ時代から作編曲に優れた手腕を発揮していたしかたたかしである。

前作ではオリジナルはすべてがしかたの曲だったが、今回はＡ②④ Ｂ③がメンバーの奥田茂雄（ｇ）によって書かれている。それらも含めて、リズミックで親しみやすいメロディを中心にしたレパートリーが最初から最後まで続く。

ＴＢＭはこの年、創立十周年を迎えた。そして、この時代になっても積極的に新人を発掘してはレコーディングに起用していた。このグループや初年度の「グランプリ」で最優秀グループだったジミー・ヨーコ＆シンは、その後にグループとしての実績は残せなかったものの、個々が音楽活動を継続していく上で「グランプリ」受賞がいい励みになったと思われる。

それだけに、こうして形になって残されていることには、ＴＢＭの歴史をたどる上でも、日本のジャズ・シーンを振り返る上でも極めて高い意義がある。ＺＡＰやジミー・ヨーコ＆シンは時代のあだ花で終わってしまったかもしれない。それでも、彼らの作品が残っていることは見逃せない。

高柳昌行とニュー・ディレクション・ユニット
『メールス・ニュー・ジャズ・フェスティヴァル '80』

［SIDE A］
①墓碑銘
②レジスタンス・ワン
［SIDE B］
①マス・ヒステリズム
②サブコンシャス・リー

○パーソネル
高柳昌行(g)、飯島晃(g)、森剣治(reeds)、井野信義(cello)、山崎幸弘(ds per)
B②＝高柳昌行(g)

1980年5月26日
西ドイツ「メールス・ニュー・ジャズ・フェスティヴァル」にて実況録音

レコーディング・エンジニア：マンフレット・ヒル、ハンス・シュロッサー
カッティング：小鉄徹(日本ビクター)
カバー写真：中平穂積
アート・ディレクター：西沢勉
共同プロデューサー：バークハート・ヘネン(メルス・ミュージック)
協力：ピーター・ミュルマイヤー、副島輝人

発売＝日本フォノグラム
再発＝TBM-CD-1823(CD TBMレコード)
THCD-235(CD ディスクユニオン)

本作が録音される少し前から日本のフリー・ジャズ系ミュージシャンはヨーロッパで大きな評判を獲得していた。先鞭を切ったのは山下洋輔（p）トリオである。圧倒的な演奏が話題を呼び、毎年のようにヨーロッパ各地の有名フェスティヴァルに登場しては拍手喝采を浴びていたのが彼だ。すでに沖至（tp）はパリに拠点を移しており、次いで、佐藤允彦（p）、近藤等則（tp）、富樫雅彦（ds）などのグループもツアーを成功させている。そして、ここに真打が登場した。高柳昌行がニュー・グループを結成し、フリー・ジャズの祭典「メールス・ニュー・ジャズ・フェスティヴァル」に乗り込んだのだ。

一九六〇年代後半からフリー・ジャズを追求してきた高柳は、常に妥協のない厳しい姿勢で自身の音楽を鍛錬させてきた。それは、ときに近寄りがたい神々しさすら感じさせるものだった。まさに「孤高のひと」である。その高柳が、フリー・ジャズに特化した世界一のフェスティヴァルで真骨頂を示す。檜舞台での演奏は、彼にとっても感無量のものだった。

栄光の場で、高柳以下の面々が最高の演奏を繰り広げる。そして、長きにわたって彼を支援してきたＴＢＭがその演奏をアルバム化する。このレーベルは、高柳が節目ふしめに結成してきた重要なグループのすべてをレコーディングしてきた。だからこそ、ここに「高柳フリー・ジャズ」が絶頂を極めた姿も残せたのである。

＊TBM-5024～5030は欠番

森剣治クインテット
『ビバップ'82 ライヴ・アット・ソー・ナイス』

[SIDE A]
①コンファメイション
②アー・リュー・チャ
③マイ・リトル・スウェード・シューズ
[SIDE B]
①ドナ・リー
②イグジット
③ムース・ザ・ムーチェ

○パーソネル
森剣治(as fl-B②のみ)、森田利久(g)、納谷嘉彦(p-② B① ヤマハGS-1-A①③ B②③)、加藤雅史(b)、安藤俊介(ds)

1982年3月20日
名古屋「ソー・ナイス」で実況録音

レコーディング・エンジニア:神成芳彦(エピキュラス)
エンジニア助手:鵜飼範雄(A-MUSIC PRODUCT)
カッティング:野見山静夫(JVC)
アート・ディレクター:西沢勉

発売=トリオ・レコード
再発=なし

一九八二年にTBMはトリオ・レコードと原盤譲渡契約を結ぶ。そして一枚目として発売されたのがこのアルバムだ。TBMでお馴染みの森剣治だが、単独リーダー作としては『ファイアバード』(TBM-3003)に続くもので、これが最後の作品。高柳昌行(g)との壮絶なフリー・ジャズで名を馳せた森だが、本来はチャーリー・パーカー(as)派の優れたアルト・サックス奏者である。そのことを、みずから経営するジャズ・クラブで心ゆくまで演じてみせたのがこの作品だ。

森のプレイからはそこかしこにパーカーのフレーズが登場する。しかし、それは森がフリー・ジャズを演奏しているときにも耳にするものだ。ということは、パーカーの演奏はフリー・ジャズにも通用するものだったことになる。たしかに、ビバップ時代に残された彼の演奏を抜き出し、そのままフリー・ジャズの演奏に当てはめてみれば違和感なく聴けるかもしれない。森のこの作品を耳にしながらそんなことを感じたのはこちらの思いすごしだろうか。

本作が吹き込まれた時点で、森は名古屋にあって指導者的な存在にもなっていた。そのことを伝えているのが森田利久(g)と納谷嘉彦(p)の起用だ。優れた若手を育成する――演奏活動以外に重きを置いていたのがこのことだ。それもあってのジャズ・クラブ経営だったことを思うと、本作の録音には意義深いものがある。

PAP-25022

中山英二グループ with 今田勝

『北の大地』

札幌出身のベーシスト、中山英二がＴＢＭで残した唯一のアルバム。Ａ①の迫力あるボウイング（弓弾き）から圧倒される。このスピード感は痛快だ。レコーディングは、この時期に中山が率いていたピアノレスのトリオが基本になっている。そこにしばらくＴＢＭを離れていた今田勝（ｐ）が加わり、売り出し中だった宮野弘紀のアコースティック・ギターが四曲で参加している。

Ａ②ではその今田の美しいピアノ・ソロが聴きものだが、中山のピチカットによるベース・ソロも素晴らしい。そのソロに被さるスザンヌ・キムのヴォーカルも雰囲気に溢れている。彼女はこのトラックと、印象的なメロディのＢ②で澄んだ美声を聴かせてくれる（どちらの作詞も彼女が担当）。

お馴染みのスタンダードＡ③ではリズムに乗った中山のベースがメロディを綴る。今田によるサンバ調のバッキングも演奏に合っている。そして、そのまま豪快なピアノ・ソロへと進んでいく。この時期、今田はフュージョンやラテン・ジャズ系の演奏で高い人気を博していた。ここではそんなキャリアが彷彿とされる。

山中良之がテナー・サックスで痛快にテーマ・メロディを奏でるＢ①でも、今田の達者なプレイが耳を引きつけて離さない。この日は絶好調だったのだろう。ラストはアイヌのひとたちが作った道路をイメージして中山が作った曲だという。この曲想も個性的でいい。

[SIDE A]
①北の大地
②マイ・メモリーズ
③サマータイム
[SIDE B]
①ホイール・オブ・フォーチュン
②エイプリル・ソング
③スパニッシュ・ハイウェイ

○パーソネル
中山英二（b）、山中良之（ts-A①③ B-③ fl-A② ss-B③）、渥美孝昭（ds）
ゲスト＝今田勝（p）、宮野弘紀（g-A①②③ B③）、スザンヌ・キム（vo-A①② B②）

1982年4月3、4日録音
東京「音響ハウス」

レコーディング・エンジニア：神成芳彦（エピキュラス）
カッティング：野見山静夫（JVC）
アート・ディレクター：西沢勉

発売＝トリオ・レコード
再発＝BY30-5144（CD アポロン音楽工業）
TBM-XR-5044（XRCD TBMレコード）

デューク・ジョーダン・トリオ
『ソー・ナイス・デューク』

[SIDE A]
①二人でお茶を
②スターダスト
③マイ・ファニー・ヴァレンタイン
④ジョードゥ
[SIDE B]
①キス・オブ・スペイン
②オール・ザ・シングス・ユー・アー
③ソリチュード

○パーソネル
デューク・ジョーダン（p）、エスパー・ルンゴール（b）、アーエ・タンゴール（ds）
A①②＝ピアノ・ソロ

1982年6月14日
名古屋「ソー・ナイス」で実況録音

レコーディング・エンジニア：鵜飼範雄（A-MUSIC PRODUCT）
マスタリング・エンジニア：田中浩路（JVC）
レコーディング・ディレクター：森剣治（CTT）
アシスタント・ディレクター：鈴木榮央（CTT）
カッティング：野見山静夫（JVC）
アート・ディレクター：増山博
プロジェクト・プロデューサー：木村政一

発売＝トリオ・レコード
再発＝TBM-CD-1889（CD TBMレコード）

ＴＢＭでは珍しい外国人アーティストによる作品。このレーベルと近しい関係にあった森剣治（as）が経営するジャズ・クラブでの実況録音である。レコーディング・ディレクターに森の名前があるのは、彼の発案によって録音が実現したからだ。

ビバップ時代から活躍するデューク・ジョーダンが一九八二年に三度目の来日を果たす。このときは、生活の拠点にしていたデンマークのミュージシャンと組んだトリオでの来日だった。それまでは、コンサート・ホールや比較的大きな会場での公演である。ところが今回は主催者の意向もあって、こぢんまりとしたライヴ・ハウスでのツアーとなった。

インティメイトな雰囲気の中でジョーダンが訥々としたピアノを弾く。ビバップ派であっても大上段を唸らせる派手なプレイはしない。それが彼の個性だ。その姿を間近で観ることができる喜び――ジャズ・ファンでないとわからない楽しさだろう。

しかもこのアルバムでは、狭いクラブで実況録音されたとは思えない素晴らしい音が味わえる。臨場感に溢れたサウンドは、その場に居合わせたような錯覚にとらわれる。名古屋録音ということでＴＢＭ御用達の神成芳彦エンジニアの担当ではないが、それでも「ＴＢＭは音がいい」という伝統は守られている。ことにソロ・ピアノで演奏されるＡ①②には聴き惚れてしまった。

高柳昌行ギター・ソロ
『ロンリー・ウーマン』

[SIDE A]
①ロンリー・ウーマン
②カリーズ・トランス
③スケッチズ
[SIDE B]
①ソング・フォー・チェ
②レニーズ・ペニーズ
③ブラック・イズ・ザ・カラー・オブ・マイ・トゥルー・ラヴズ・ヘアー

○パーソネル
高柳昌行(g)

1982年8月21、22日録音
東京「サウンド・スカイ・スタジオ」

レコーディング・エンジニア：神成芳彦(エピキュラス)
カッティング：野見山静夫(JVC)
アート・ディレクター：西沢勉

発売＝トリオ・レコード
再発＝TBM-CD-1893(CD TBMレコード)
THCD-236(CD ディスクユニオン)

高柳昌行がＴＢＭで吹き込んだ最終作。過去の三作は、彼が結成したグループを最良のタイミングで録音したものである。そして、今回はソロ・ギター・アルバムが制作された。一九五〇年代初頭にデビューした高柳は、レニー・トリスターノ（ｐ）の音楽に共鳴し、クール・スタイルのプレイを実践してきた。次いで「新世紀音楽研究所」をスタートさせるなどして、コピーではない独自の音楽性を追求し始める。その彼が行き着いた先にフリー・フォームのジャズがあった。そして、その後の重要な演奏をきちんと記録していたのがＴＢＭだ。

ソロ・ギターといえばジョー・パス（ｐ）が真っ先に思い浮かぶ。しかし高柳はパスのようにメロディやコードをなぞる音楽ではなく、そこから離れることで他の追随を許さぬ境地を目指していた。彼は常に誰のものでもない独自の音楽を真摯に追い求めることで、孤高の頂きを視野に入れていたのだ。

この作品は、高柳による既存のジャズに対する挑戦状といっていい。そのために選ばれたのは自作曲のＡ③とＢ③、オーネット・コールマン（as）のＡ①、リー・コニッツ（as）のＡ②、チャーリー・ヘイデン（b）のＢ①、レニー・トリスターノのＢ②だ。

クール派からフリー・ジャズ派へ。これらの演奏を通し、高柳はギタリストとして、また音楽家としての自分を総括したに違いない。

PAP-25036

マーサ三宅とレッド・ミッチェル・トリオ
『リメンバー』

わが国における女性ジャズ・ヴォーカルの最高峰、マーサ三宅が歌手生活三十周年を記念して豪華なピアノ・トリオをバックに吹き込んだ傑作。堂々たる貫禄はキャリアだけでなく、持って生まれた資質と、置かれた立場によって培われたものだ。それにしても名唱と呼ぶに相応しい立派なヴォーカルだ。ひとつも欠点がないほど完璧である。この域にまで達したシンガーは、世界広しといえ、そう多くはない。

バックを務めるドン・アブニー（p）とレッド・ミッチェル（b）もそれぞれの楽器で重鎮と呼ばれて久しい名プレイヤーである。このふたりはヴォーカルの伴奏にも長けている。そして、もうひとりのマイク・レズニコフは日本在住のドラマーだ。

このアルバムではバラードを中心にじっくりと歌の世界を聴かせてくれる。マーサはノリのよさにも定評がある。ただし、ここではミディアム・スローくらいのテンポで歌われるのがA④⑥で、ミディアムでスウィングしてみせるのがB④だけである。

A①のメドレーはピアノ一台をバックに、そして最後のB⑥のメドレーでは〈バイ・マイ・セルフ〉がベースだけ、続く〈リメンバー〉ではそこにピアノが加わる伴奏と、趣向も凝らされている。マーサはこの三人に全幅の信頼を寄せ、いつにも増して魅力的なヴォーカルを聴かせてくれる。

[SIDE A]
①リメンバー〜モア・ザン・ユー・ノウ
②ザ・ヴェリー・ソート・オブ・ユー
③アイム・グラッド・ゼア・イズ・ユー
④ジ・エンド・オブ・ア・ラヴ・アフェア
⑤ヒー・ウォズ・トゥー・グッド・トゥ・ミー
⑥ザ・セカンド・タイム・アラウンド
[SIDE B]
①ジーズ・フーリッシュ・シングス
②メイ・ビー・イッツ・ビコーズ・アイ・ラヴ・ユー・トゥー・マッチ
③ア・コテージ・フォー・セール
④トラヴェリン・ライト
⑤ディス・イズ・オール・アイ・アスク
⑥バイ・マイ・セルフ〜リメンバー

○パーソネル
マーサ三宅(vo)、ドン・アブニー(p)、レッド・ミッチェル(b)、マイク・レズニコフ(ds-A①③⑤ B③⑥で抜ける)
A①＝マーサ三宅(vo)、ドン・アブニー(p)
B⑥(〈バイ・マイ・セルフ〉)＝マーサ三宅(vo)、レッド・ミッチェル(b)

1982年5月9日、7月4日 東京で録音

レコーディング・エンジニア：谷村裕
レコーディング・ディレクター：伴あきら
マスタリング・エンジニア：小鉄徹(JVC)
カバー写真&デザイン：阿部克自
プロデューサー：大滝謙司、藤井武

発売＝アポロン音楽工業
再発＝トリオ・レコード
TBM-XR-5045(XRCD TBMレコード)

PAP-25042

大隅寿男トリオ・フィーチャリング青木弘武

『ウォーターメロン・マン』

[SIDE A]
①ブロードウェイ
②ウィロー・ウィープ・フォー・ミー
③ウォーターメロン・マン
[SIDE B]
①イエスタデイ〜ヘイ・ジュード
②イズント・シー・ラヴリー
③自由への賛歌

○パーソネル
大隅寿男(ds)、青木弘武(p)、山口彰(b)

1983年3月6日録音
東京「音響ハウス」

レコーディング・エンジニア：神成芳彦(エピキュラス)
カッティング：野見山静夫(JVC)
アート・ディレクター：西沢勉

発売＝トリオ・レコード
再発＝TBM-CD-1895(CD TBMレコード)

トリオ・レコードから発売された最後のＴＢＭ作品。山本剛（ｐ）も今田勝（ｐ）もいなくなったＴＢＭではほとんどピアノ・トリオ作品が作られなくなっていた。一九八〇年代に入ってからでいえば、八十二年に録音されたデューク・ジョーダン（ｐ）の『ソー・ナイス・デューク』（ＰＡＰ-２５０２８）だけで、それに続く本作がレーベル最後のピアノ・トリオ作品となった。

ただし、リーダーはドラマーの大隅寿男だ。大隅はピアノ・トリオ一筋といっていいプレイヤーで、現在まで山本のトリオなどで軽妙なサポートを聴かせている。どちらかというとリーダー・タイプではなく、名わき役といったところだろうか。このアルバムでも、当時の気鋭、青木弘武《ひろむ》をピアニストに迎え、ご機嫌なトリオ演奏を聴かせてくれる。まさに正統派のピアノ・トリオ——スウィンギーで小粋で、思わず体を揺すってしまうような演奏が連続する。

それはひとえに青木が、ピアニストでいうならオスカー・ピーターソン、モンティ・アレキサンダー、レス・マッキャンといったスウィンガーを好んで聴いてきたからにほかならない。そして、このノリのよさに拍車をかけているのが大隅のドラミングだ。ブラシを用いて絶妙なバッキングを加えたかと思えば、スティックでトリオ全体を煽ってみせる。派手なソロは取らないものの、名リーダーぶりを随所で示したのがこの作品だ。

TBM-CD-5031

山中良之クインテット＋２
『ベギーズ・ブルー・スカイライト』

[CD]
①ラヴァー
②ブルース・トゥ・コルトレーン
③ペギーズ・ブルー・スカイライト
④バラード・フォー・リー
⑤ピース・オブ・ピース
⑥オフ・デューティ
⑦ビーフロスト
⑧イン・ア・センチメンタル・ムード

○パーソネル
山中良之(ts-①②③⑤⑦⑧ ss-⑥)、佐藤春樹(tb)、米田正義(p)、永田利樹(b)、久米雅之(ds)
ゲスト＝早坂紗知(as-③⑦)、加藤崇之(g-④~⑥)

1989年9月11、15日録音
東京「音響ハウス」

レコーディング・エンジニア：神成芳彦
アート・ディレクター：西沢勉

発売＝TBMビデオ
再発＝TBM-CD-1882(CD TBMレコード)

ＴＢＭは一九八七年に西ドイツ（当時）のＡＴＲ社と業務提携を結び、共同でＣＤプロジェクトをスタートさせた。最初のレコーディングが本作である。それに伴いカタログ番号にも混乱が生じるようになった。本作のドイツ盤には国内盤とは異なるＴＢＭ－ＣＤ－１８８２の番号が割り振られている。本書は国内盤の番号に準じて紹介しているので、そこはお間違いのなきよう。

さて、このアルバムは実力がありながら過小評価されていたサックス奏者、山中良之の初リーダー作である。同郷（名古屋）の森剣治（as）に師事して磨いた腕前はだてではない。本作は同世代の精鋭によるクインテットが基本で、そこにゲストで早坂紗知（as－③⑦）と加藤崇之（g－④～⑥）が曲によって加わる（④では山中が抜ける）。早坂も加藤もこの時期にＴＢＭが注目していたアーティストで、このレコーディング前後にそれぞれがリーダー作を吹き込んでいる。

山中は自作の②からもわかるように、ジョン・コルトレーン（ts）に影響を受けたスタイルの持ち主だ。音楽性はあくまで伝統に即しているが、その中で先進的なものを追求していたのが彼である。オーソドックスなジャズ・サウンドをベースに進取の気配も感じさせる。この時代、ウイントン・マルサリス（tp）を頂点に、世界中でジャズが伝統回帰をする傾向にあった。その流れを汲んでいるのがこの作品だ。

TBM-CD-5032

加藤崇之トリオ

『ギター・ミュージック』

［CD］
①ホワット・ウォズ
②フォー・エヴァンス
③ストレート・ノー・チェイサー
④マイ・ワン・アンド・オンリー・ラヴ
⑤もう秋か
⑥ライフフォース
⑦マイ・サンクチュアリ

○パーソネル
加藤崇之（g）、是安則克（b-①②③⑦）、藤井信雄（ds-①②③⑤⑦）
ゲスト＝金井英人（b-⑤⑥）
④＝ギターソロ

1989年6月7日録音
東京「音響ハウス」

レコーディング・エンジニア：神成芳彦
アート・ディレクター：西沢勉

発売＝TBMビデオ
再発＝TBM-CD-1832（CD TBMレコード）

ＴＢＭは高柳昌行という優れた即興演奏家にしてギタリストのアルバムを節目ごとに制作してきた。そして彼亡きあと、後継者と目されているのが加藤崇之だ。ジャズ・ギタリストとして、あるいは即興演奏家として脚光を浴びるようになった時点でこの初リーダー作は吹き込まれた。

このアルバムで加藤が設定した課題は、（1）ガット・ギターで新しい感覚のアドリブを展開する、（2）ソロ・ギターによる演奏を収録する、（3）フリー・フォームの演奏も録音する、だった。本作では、⑥以外はすべてがガット弦を張ったオヴェーションのギターが用いられている。アコースティック・ギターの力強い響きは瞠目に値するものだ。内容はお聴きになればわかるが、まさに新感覚のモダン・ジャズになっている。

③では、高柳も用いていたオクターブ・ボックスが深みのある音色を醸し出す。セロニアス・モンク（p）が書いたブルースだが、ありきたりのブルース感覚とは異質のものを加藤のギターは聴かせてくれる。そして、④ではソロ・ギターにも挑んでみせた。

エレクトリック・ギターを用いた⑥では、エフェクターやフィードバック奏法を用いるなどして、ゲストの金井英人（b）と打ち合わせなしのデュエットが展開されていく。これも多彩な顔を持つ加藤本来の姿を伝えるものだ。荘厳な響きが胸を打つ⑦も忘れがたい。

TBM-CD-5033

藤原幹典カルテット＋1
『タッチ・スプリング』

ＴＢＭにとって重要な存在のひとり、金井英人（vib）のグループで活躍していたサックス奏者が藤原幹典だ。ソニー・ロリンズばりの豪快なテナー・サウンドを持ち、スタイルはジョン・コルトレーンを彷彿とさせる。それでいて、コピーではないまったくのオリジナリティを身につけているところが素晴らしい。さすが、金井が育てたサックス奏者だけのことはある。

この作品には、その金井を迎え、さらには三曲で彼の盟友、杉浦良三（vib）も加わっている。杉浦はレコーディングが少ないだけに、この起用は貴重だ。

藤原は、このアルバムを吹き込むにあたり三曲のオリジナルを用意してきた（残りはよく知られたスタンダード・チューン）。①は豪快なテナー・ブローが聴けるノリのいいナンバーで、④はスタジオで即興的に演奏されたブルース。本来なら、ソニー・ロリンズ作のブルースが演奏される予定だったという。ラストの⑦は、金井のバンドで僚友だった大沢善人《よしと》（p）に捧げられた美しいバラードだが、ＡＡＢＡ形式の二十五小節でブリッジのＢパートが九小節という変則的な構成が興味深い。

スタンダード・チューンの中ではデューク・エリントン（p）作の②が豪快なブローを用いたバラードで聴き応え満点だ。ここでは、藤原のスケール大きな音楽性が見事に示されている。ジャズの伝統をしっかりと受け継ぎ、その上で個性を発揮するプレイが秀逸だ。

［CD］
①タッチ・スプリング
②ソフィスティケイテッド・レディ
③朝日の如くさわやかに
④ブルーセット・イン・G
⑤ラウンド・ミッドナイト
⑥オール・ザ・シングス・ユー・アー
⑦ディア・ヨシト

○パーソネル
藤原幹典（ts ss-③のみ）、宮川浩哉（p-④で抜ける）、金井英人（b）、斉藤純（ds）
ゲスト＝杉浦良三（vib-②③⑥）

1989年10月18日録音
東京「音響ハウス」

レコーディング・エンジニア：神成芳彦
アーティスト写真：高橋清明
アート・ディレクター：西沢勉

発売＝TBMビデオ
再発＝TBM-CD-1883（CD TBMレコード）

TBM-CD-5034

早坂紗知とStir Up
『ストレート・トゥ・ザ・コア』

[CD]
①マザー・オブ・ザ・ヴェイル
②イン・オール・ランゲージズ
③Ska
④イエロー・モンク
⑤ロンリー・ウーマン
⑥トゥインクル・トゥインクル
⑦レディズ・ブルース
⑧フリー・ビューティ
⑨フォー・カリー
⑩エンカウンター

○パーソネル
早坂紗知(as ss)、佐藤達哉(ts-③④⑨)、村田陽一(tb-③⑤)、加藤崇之(g-③⑦~⑨)、久保嶋直樹(p-①④~⑥⑨)、永田利樹(b)、角田健(ds-①③~⑤⑦⑧)、佐野康夫(ds-⑥⑨)、八尋知洋(per-①③~⑥⑧⑨)
ゲスト(②⑤⑩)＝レオ・ワンダ・スミス(tp)

1989年11月5、6日録音
東京「ユーフォニックス・スタジオ」
1989年11月25日録音
ニューヨーク「ベイビー・モンスター・スタジオ」

レコーディング・エンジニア：今井としはる、ブリス・ゴッギン
カバー写真：朝倉俊博
デザイン：早坂敞一
プロデューサー：早坂紗知

発売＝TBMビデオ
再発＝TBM-CD-1834(CD TBMレコード)
THCD-314(CD ディスクユニオン)

デビューから数年目にもかかわらず、このアルバムが録音された当時、早坂紗知は山下洋輔（p）のビッグ・アンサンブルや藤川義明（as）のイースタシア・オーケストラなどに抜擢されたことで、フリー・ジャズ派のサックス奏者としてミュージシャンやファンの間で認知されるようになっていた。一九八七年には西ドイツのギタリスト、ハンス・ライヒェルに招かれ、ヨーロッパ・ツアーも体験している。

その時期（八十七年から八十八年にかけて）にレコーディングされたのがデビュー作『フリー・ファイト』(Mobys Record) で、それに続くのが本作だ。TBMにリーダー作はこれ一枚しか残されていないが、キャリアにおける初期にきちんとしたアルバムを吹き込ませたところがいかにもこのレーベルらしい。

内容もさることながら、集められた顔ぶれが興味深い。彼女と同世代の精鋭が一堂に会しているからだ。ジャズはいつの時代も若い芽によって発展と進化を遂げてきた。そのことを実感させてくれるのがこのメンバーだ。そして、音楽も若々しさが漲るフリー・ジャズになっている。

この時代、フリー・ジャズにも少々のマンネリズムが認められるようになっていた。それを断ち切るかのように、フレッシュな感性で大胆な演奏を繰り広げてみせるのがここに集められた面々だ。

※TBM-CD-5035、TBM-CD-5036は欠番

TBM-CD-5037

大野俊三
『マヤ』

[CD]
①マヤ(クインテット・ヴァージョン)
②ステラ・バイ・スターライト
③オータム・レイン
④ファースト・ステップ
⑤ヒー・セッド・ソー
⑥オン・ゴーイング
⑦ジ・エピキュリアン
⑧マヤ(ワン・ホーン・ヴァージョン)

○パーソネル
大野俊三(tp fgh)、リニー・ロスネス(p)、ジェームス・ジナス(b)、ビリー・ドラモンド(ds)
ゲスト=スティーヴ・ウィルソン(as-①③④⑥⑦)、レイ・スピーゲル(tabla-③)

1991年7月22、23日録音
ニューヨーク「シアー・サウンド・スタジオ」

レコーディング・エンジニア:マイケル・マクドナルド
マスタリング・エンジニア:小林良雄(ハイブライト)
アート・ディレクター:西沢勉

発売=TBMビデオ
再発=TBM-CD-1897(CD TBMレコード)

現在もニューヨークを拠点に活躍している大野俊三は一九七四年に彼の地に渡った。本格的なデビューから数年目のことだ。渡米前に参加していたジョージ大塚（ds）グループで驚異の新人ぶりを見せつけていた彼である。当時の演奏は大塚の『ゴー・オン』（TBM-13）と『イン・コンサート』（TBM-1002／3）で聴けるし、初リーダー作は七十二年に日本ビクターで吹き込んだ『フォルター・アウト』だった。

以来、大野はストレート・アヘッドなジャズも演奏すればファンクも演奏するといった具合で、自己のプレイに磨きをかけてきた。その彼が、ここでは信頼できる仲間を集め、堂々たるプレイを繰り広げる。

リニー・ロスネス（p）とビリー・ドラモンド（ds）は数年前から精鋭で結成されたグループのOTBで活躍していたし、ジェームス・ジナス（b）と五曲でアルト・サックスを吹くスティーヴ・ウィルソンはこの時代に頭角を現した注目株だ。ヴェテランの域に入ろうかという大野が活きのいい若手を結集して吹き込んだこのアルバムは、ニューヨーク派によるご機嫌なポスト・ハードバップ的内容である。

大野の迫力に富んだプレイも痛快至極。五曲のオリジナルを携え、スタンダードの②では斬新なアレンジも施してみせる（⑦のみスティーヴ・ウィルソン作）。二ヴァージョンが収録された①と⑧も魅力いっぱいだ。

TBM-CD-5038

藤原幹典グループ
『野ばら』

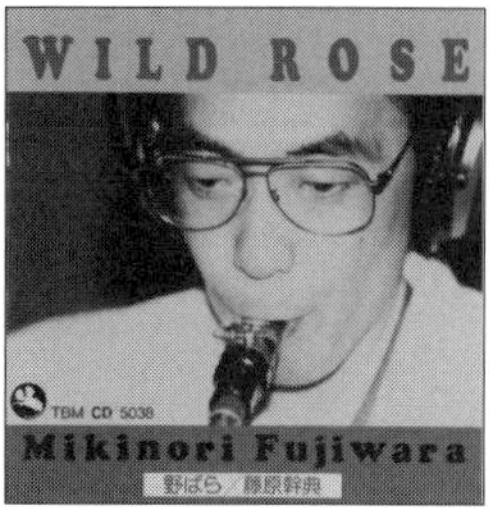

［CD］
①コンファメイション
②ラッシュ・ライフ
③ブルー・ボッサ
④野ばら
⑤サブコンシャス・リー
⑥ブルース・フォー・マイ・バディ
⑦ウィ・ラヴ・モンク
⑧ルビー、マイ・ディア

○パーソネル
藤原幹典（ts ss-④⑦のみ）、緑川英徳（as-③⑤で抜ける）、増井茂（g-⑤⑥）、永井隆雄（p-①⑥）、宮川浩哉（p-②③④）、田村博（p-⑦⑧）、久力譲二（b-①⑥で抜ける）、谷口雅彦（b-①⑥）、吉弘恵一（ds-①⑥で抜ける）、小針寛史（ds-①⑥）
ゲスト＝大野俊三（tp-②③）

1991年11月4日録音
東京「サウンド・デザイン・スタジオ」

レコーディング・エンジニア：神成芳彦
アート・ディレクター：西沢勉
プロデューサー：藤原幹典、藤井武

発売＝TBMビデオ
再発＝なし

藤原幹典のTBMにおける二作目にして最後のアルバム。前作『タッチ・スプリング』（TBM-CD-5033）で豪快なサックス奏者の印象を与えた彼が、今回もスタンダードを中心に、ジャズの王道を行きながらも少しはみ出すことで、独自の個性を発揮してみせる。

前作では恩師の金井英人（b）と杉浦良三（vib）の参加もあったが、今回はこの時期にライヴ・ハウスで共演していた仲間が中心に選ばれている。それだけに、世代的な点から音楽性に共通するものが多く、藤原も前作以上に本領が発揮できたに違いない。

今回は三種類のピアノ・トリオをバックに、曲によってアルト・サックス、ギター、トランペットが加わる趣向だ。それだけに、変化に富んだ顔合わせが楽しめる。なお、ニューヨーク在住の大野俊三（tp）は東京に滞在中だったことからの飛び入り参加で、久々に藤原との共演が実現した。

八曲中六曲でアルト・サックスを吹く緑川英徳は、この時期、宮間利之とニューハードの一員として注目を浴びていた。その彼が、この作品では大きくフィーチャーされており、それも収穫となった。堂々たる藤原のブローはいつ聴いても小気味がいい。興味深いのは、緑川とデュオで演奏されるビバップ曲①の冒頭や増井茂（g）が参加した⑤でレニー・トリスターノ一派を思わせる手法を試みていることだ。

TBM-CD-5039

細川綾子
『ア・ウイスパー・オブ・ラヴ』

TBM作品では中村照夫（b）の『ユニコーン』（TBM-18）、大野俊三（tp）の『マヤ』（TBM-CD-5037）と本作がアメリカ録音である。中村作品は彼がTBMにテープを持ち込んだもので、本作は藤井武と中野智安の共同でプロデュースがなされている。

ピアノとシンセサイザーを担当する長部正太は一九六八年から西海岸に住み、同地を中心に活動していることから、細川とも親交が深い。そのほかの外国人ミュージシャンも彼女にとっては気心の知れたメンバーだ。勝手知ったる本拠地での録音ということもあり、ここではこれまでの作品以上に日ごろのシンガーぶりが示されることになった。そのあたりのことを熟知し、五曲で編曲にあたった小川俊彦（p）の仕事も立派だ。

細川の帰国に合わせて日本で吹き込まれたこれまでの三作（TBM-3008 5005 5013）は「ジャズ作品」として聴き応えあるものだった。しかし本作は「ヴォーカル作品」の趣が強い。どちらがどうということではないが、日本録音はジャズ的な魅力が彼女のヴォーカルにも伴奏にも強く反映されていた。ところが本作は紛れもない「ジャズ・ヴォーカル作品」であるものの、ジャズへのこだわりを強調すること以上に、「細川綾子のヴォーカル」が自然な形で表出されている。シンセサイザーだけをバックに歌うエリック・クラプトンの⑬にほろりとさせられるのも、それが理由だ。

[CD]
①ドリーム・ア・リトル・ドリーム・オブ・ミー
②トゥ・ヤング
③シー・オブ・ラヴ
④サムワン・ザット・アイ・ユースド・トゥ・ラヴ
⑤ザッツ・オール
⑥二人でお茶を
⑦ジーズ・フーリッシュ・シングス
⑧アイヴ・ガット・ユー・アンダー・マイ・スキン
⑨フォー・オール・ウィ・ノウ
⑩アイ・ウイッシュ・ユー・ラヴ
⑪ア・コテージ・フォー・セール
⑫イッツ・オール・イン・ザ・ゲーム
⑬ティアーズ・イン・ヘヴン

○パーソネル
細川綾子(vo)、レイ・ロックウェル(fl-①⑤⑩ sax-⑤⑧)、ティー・カーソン(p-①②⑤~⑪)、ジョン・ヘッテル(b-①~⑫)、ジミー・スミス(ds-①~⑫)、長部正太(p-③④⑫ syn-④⑬)、小川俊彦(arr)

1993年7月1、2日録音
サンフランシスコ「ディファレント・ファー・レコーディング・スタジオ」

レコーディング・エンジニア：ハワード・ジョンストン
ミキシング・エンジニア：神成芳彦
アレンジャー：小川俊彦(①②⑤⑥⑧)、長部正太(③④⑫⑬)
カバー写真：水野操
レコーディング・ディレクター：藤井武
プロデューサー：中野智安、藤井武

発売＝TBMビデオ
再発＝TBM-CD-1899(CD TBMレコード)

TBM-CD-5040

酒井潮・フィーチャリング和田直
『ブルース・ミーティング』

［CD］
①ダウン・ステアーズ
②ルイーズ
③イレヴン・オクロック・ストンプ
④イン・ザ・ダーク
⑤ザット・ラッキー・オールド・サン
⑥アーリー・イン・ザ・モーニング
⑦ホワッツ・ニュー

○パーソネル
酒井潮（org）、和田直（g）、白井淳夫（as-②③⑥⑦）、藤井寛（vib-③~⑥）、水橋孝（b-②⑦）、深沢光治（hca-①）、パンリュウ博明（ds）

1993年11月21、22日録音
東京「スタジオ・スペース・ヴェリオ」

レコーディング・エンジニア：石井雅宏
アレンジャー：堀江真美
カバー写真&デザイン：コバヤシチエコ、ネヅヒロキ
プロデューサー&レコーディング・ディレクター：佐藤マサノリ

発売＝TBMビデオ
再発＝なし

一九六〇年代の時点でわが国におけるジャズ・オルガンのトップ・プレイヤーになっていたのが酒井潮だ。米軍のキャンプ巡りで磨いた腕前は黒光りのする極めてソウルフルなものだった。しかしその時代はレコーディングに恵まれず、残された作品は数枚にすぎない。

その酒井が自主制作盤も含めて活発なレコーディングを開始したのが九十年代に入ってからだ。そのきっかけがTBMで吹き込んだ唯一の作品＝本作である。ブルース・ギターの第一人者、和田直との共演は、いってみれば日本版ジミー・スミス（org）&ケニー・バレル（g）といったところか。ふたりは和田が七十四年に残した「5デイズ・イン・ジャズ」の実況録音盤『ブルース・ワールド』（TBM-25）以来の再会である。

本作の基本は酒井と和田に、酒井のよき相棒であるパンリュウ博明（ds）を加えたトリオ。そこに福井在住の白井淳夫（as）と東京で活躍する藤井寛（vib）が曲によって加わる。さらに、バレルの最高傑作『ケニー・バレルの全貌』（ヴァーヴ）でお馴染みの①にはブルース・ハープの深沢光治も名を連ねる。

思いのたけをぶつけるようにご機嫌なオルガン・ジャズを聴かせてくれるのがここでの酒井だ。二〇一二年にこの世を去った彼の存在は日本のジャズ・シーンにおいて目立ったものではない。しかし、その素晴らしさはこの作品によって永遠に聴くことができる。

TBM-XR-5041

加藤崇之
『ギター・スタンダード』

［CD］
①イン・ア・センチメンタル・ムード
②ユード・ビー・ソー・ナイス・トゥ・カム・ホーム・トゥ
③オレオ
④アイ・ヒア・ア・ラプソディ
⑤エスターテ
⑥ルビー、マイ・ディア
⑦オール・ザ・シングス・ユー・アー
⑧ダーン・ザット・ドリーム

○パーソネル
加藤崇之（g-①~③ ac-g-④⑤ gut-g-⑥~⑧）、是安則克（b-①⑤⑥⑧）、井野信義（b-②③⑦）、小山彰太（ds-①⑤⑥⑧）、山崎比呂志（ds-②③④⑦）

2001年2月17、18日録音
那須「雷庵スタジオ」

レコーディング・エンジニア：神成芳彦（スタジオ雷庵）
マスタリング・エンジニア：小鉄徹（JVC）
アート・ディレクター：K. Pat F.

発売＝TBMビデオ
再発＝TBM-CD-1841（CD TBMレコード）

前作『ギター・ミュージック』（TBM-CD-5032）から十二年近くがすぎてのTBMにおける二作目。今回も数種類のギターを用いて生音の素晴らしさをじっくりと堪能させてくれる。特記しておくべきは、長らくTBMの録音を担当してきた神成芳彦が那須に作った「雷庵スタジオ」で吹き込まれていることだ。居間を改装した小ぶりのスタジオながら、楽器音の再現度が実に高い。これも音質にこだわってきたTBMと神成ゆえのものだ。それだけに、加藤が目の前でギターを弾いているかのような錯覚にとらわれる。

基本は二種類のトリオによる演奏で、④のみ山崎比呂志（ds）とのデュエットだ。選ばれた曲はすべてがスタンダードかジャズ・ミュージシャンが書いたオリジナル。しかし、加藤はそれぞれの曲を安直に演奏するのではない。ひとつひとつに個性を与えるかのような音楽的な解釈や理由づけをした上で挑んでみせる。ギターの特質を活用したアプローチも奥が深い。まさに創造的にして個性的なスタンダード集である。フリー・ジャズの要素もあちこちで認められるが、総じて聴きやすい部分が多いのは原曲が持つメロディのよさを生かしていることが最大の理由だ。

なお、加藤はこのあとヴォーカルのさがゆきと組んで完全即興演奏による『シナプス』（TBM-CD-1890）をTBMで残している。

※TBM-CD-5042は欠番

TBM-XR-5043

赤松敏弘
『シックス・インテンション』

５０４２番が欠番なのは、『大隅寿男／ウォーターメロン・マン』の番号（ＰＡＰ-２５０４２）と混同されるのを避けるための措置と思われる。それはそれとして、赤松敏弘とぼくの出会いは、一九九〇年に友人と三人でプロデュースした『ナウズ・ザ・タイム・ワークショップ Vol.２』（ファンハウス）に起用したことがきっかけだ。これは将来性ある新人たちを結集させたレコーディングで、月に一回「新宿ピットイン」の「夜の部」で行なっていたライヴの成果を形にする企画だった。この趣旨は、奇しくもＴＢＭの創業精神と一致している。

その若手集団の中に赤松率いる「A Project」があった。アルバムにはこのグループの演奏が三曲収録されている。そしていずれは彼の単独リーダー作を作ろうと思っていたのだが、いつの間にか時間がすぎてしまった。しかし、ここに素晴らしい作品が登場した。

本作では、曲によってメンバーを替えながらヴァイブ奏者＝赤松敏弘の魅力があますところなく伝えられている。ヴァイブはジャズの世界にあってあまりポピュラーな楽器とはいえない。ところが、これほど魅力的な音色を奏でる楽器も珍しい。豊かな響きは美しい余韻を残し、幻想的に響く。それでいて、力強い演奏も思いのままだ。それは、テクニシャンとして人後に落ちない赤松だからこそのものでもある。そして、このアルバムでは望みうる最良の音質で彼のプレイが味わえる。

[CD]
①リミニシェンス
②ツイスト・フラワー
③パッセージ・オブ・ザ・タイム
④ラスト・スチューデント
⑤ドリーム・ウイズ・ザ・パスト
⑥ミストラル
⑦ネヴァー・レット・イット・パス・ユー・バイ
⑧ムーン・デザート
⑨ジャンプ・アヘッド
⑩アスターズ・ウイング〈アストル・ピアソラへの想い〉

○パーソネル
赤松敏弘(vib)、市川秀男(p-①④)、ユキ・アリマサ(p-②⑤⑦)、村井秀清(p-⑩)、新澤健一郎(key-③⑥⑧)、養父貴(g-②⑥⑧⑩)、鈴木良雄(b-③⑥)、金澤英明(b-①④)、平石カツミ(b-⑧ elb-⑨)、二本柳守(ds-①④)、斉藤純(ds-⑨)、岡部洋一(per-③⑥⑧)

2002年4月13、14、15、27日録音
東京「クレッセント・スタジオ」

レコーディング・エンジニア：森本八十雄
エンジニア助手：花島功武（クレッセント・スタジオ）
マスタリング・エンジニア：小鉄徹（JVC）
アート・ディレクター：クサノ・ナオヒデ
写真：Q佐藤、松島美紀
プロデューサー：赤松敏弘

発売＝TBMレコード
再発＝なし

※TBM-XR-5044『中山英二グループ with 今田勝／北の大地』(PAP-25022の再発)発売＝TBMレコード
※TBM-XR-5045『マーサ三宅とレッド・ミッチェル・トリオ／リメンバー』(PAP-25036の再発)発売＝TBMレコード

TBM-XR-5046

赤松敏弘
『スティル・オン・ジ・エアー』

赤松敏弘はＴＢＭに二枚の作品を残しており、こちらが二作目。この時期、ＴＢＭはほとんど開店休業状態にあった。この年（二〇〇三年）に録音されたのは、本作と、九月に「新宿ピットイン」で実況録音された加藤宗之とさがゆきのシナプスによる『シナプス』（ＴＢＭ-ＣＤ-１８９０）だけである。そして、その作品がレーベルの手がけた最後の録音となった。

そういう状況にあったためか、本作はプロデュースを赤松が務め、藤井武はコーディネーターとして参加している（前作もそうだった）。しかしそんな裏話とは関係なく、ここでの赤松は前作同様に素晴らしいヴァイブ・プレイを披露する。師匠であるゲイリー・バートン（vib）の超絶的な奏法を受け継ぎ、そこに独特の感性と斬新な音楽性を持ち込んでいるのが赤松だ。

ヴァイブはクリスタルな響きに通じた美しい音色が大きな武器だ。その特質を生かしながら、赤松は激しいプレイでもこの楽器の魅力をきちんと伝えてみせる。前作ではすべての曲が自身かメンバーのオリジナルだった。今回は半数がスタンダードかアメリカのジャズ・ミュージシャンが書いた曲である。それらを演奏しても、まるでオリジナル曲のように聴かせてしまうところが赤松の才能だ。それだけ弾き込み、練り上げた上でレパートリーにしているからだろう。そこに、彼の音楽に対するひたむきな姿もうかがうことができる。

［CD］
①ハード・エイツ
②イン・シークレット
③不思議の国のアリス
④ボリビア
⑤スティル・オン・ジ・エアー
⑥グリタリング
⑦エヴリシング・アイ・ラヴ
⑧オール・ライト
⑨ザ・プロフェット
⑩エンドレス・トラヴェラー

○パーソネル
赤松敏弘(vib)、ユキ・アリマサ(p-③④⑥⑧)、村井秀清(p key-①②⑤⑩)、中牟礼貞則(g-②⑦)、平石カツミ(b-①⑤⑦)、安田英司(elb-②⑩)、佐藤恭彦(b-③)、安藤正則(ds-①⑤⑦)、佐藤武美(ds-②⑩)

2003年8月17、25日、9月5日録音
東京「クレッセント・スタジオ」

レコーディング・エンジニア：花島功武(クレッセント・スタジオ)
エンジニア助手：菊池健太郎(クレッセント・スタジオ)
マスタリング・エンジニア：小鉄徹(JVC)
アート・ディレクター：クサノ・ナオヒデ(トーテム&ウォーターグルーヴ)
写真：赤松敏弘(Vibstation)、西野美幸、菊池健太郎、Q佐藤
プロデューサー：赤松敏弘(Vibstation)

発売＝TBMレコード
再発＝なし

TBM-CD-9001

V.A.

『フェイマス・サウンド・オブ・スリー・ブラインド・マイス VOL.1』

TBMが誇る名演を集めたコンピレーション三部作の一作目。レーベルの代表的トラック①で始まり、⑩で終わる構成が憎い。山本剛（p）の演奏では、デビュー作からのタイトル・トラックも二曲目に登場する。まずは鈴木勲（cello）と山本の演奏を聴いてTBMがどういうレーベルかを知り、あとはさまざまなタイプのパフォーマンスを楽しんでもらう趣向だ。

この『第一集』にはその山本の演奏が三曲含まれている。いかに彼の存在がTBMにとって大きかったか——そのことがこの事実からはうかがえる。ただし三曲も入れたせいか、『第二集』には一曲しか含まれていない。

一般的な感覚からいえば、この手のコンピレーションは総花的な内容がよしとされる。しかし、さまざまな点にこだわってきたオーナーでプロデューサーの藤井武は、そんなことよりリスナーに聴いてほしい演奏を集めたのだろう。そこも、このひとのこだわりだ。

そのことは、藤井がもっとも力を入れていた三木敏悟（arr）が高橋達也と東京ユニオンと組んで吹き込んだ③が含まれていることからも察することができる。自分が感動した演奏を優先させる——そのこだわりが、このアルバムの選曲からは見えてくる。

個人的には、名手、横内章次（g）の⑨が加えられていることも嬉しい。これは、彼の持ち味である品のいいブルース・フィーリングが楽しめる一曲だ。

[CD]

①アクア・マリーン〜『鈴木勲／ブロー・アップ』(TBM-15)より
②ミッドナイト・シュガー〜『山本剛／ミッドナイト・シュガー』(TBM-23)より
③ミッドナイト・サンライズ〜『三木敏悟&高橋達也と東京ユニオン／北欧組曲』(TBM-1005)より
④ザ・レディ・イズ・ア・トランプ〜『細川綾子／ミスタ　ワン・ダフル』(TBM-3008)より
⑤ラ・フィエスタ〜『宮間利之とニューハード／ニューハード』(TBM-32)より
⑥追憶〜『ヤマ&ジローズ・ウェイヴ(山本剛トリオ)／ガール・トーク』(TBM-59)より
⑦男が女を愛する時〜『水橋孝／男が女を愛する時』(TBM-28)より
⑧アローン・トゥゲザー〜『今田勝&ジョージ・ムラーツ／アローン・トゥゲザー』(TBM-5003)より
⑨柳はむせぶ〜『横内章次／グリーン・スリーヴス』(TBM-5011)より
⑩ミスティ〜『山本剛／ミスティ』(TBM-30)より

レコーディング・エンジニア：神成芳彦
アート・ディレクター：西沢勉

発売＝TBMビデオ(1988年2月25日発売)
再発＝なし

V.A.

『フェイマス・サウンド・オブ・スリー・ブラインド・マイス VOL.2』

［CD］
①イフ・アイ・シュッド・ルーズ・ユー～『大友義雄カルテット／ムーン・レイ』（TBM-3007）より
②プレイ・フィドル・プレイ～『鈴木勲カルテット＋1／ブルー・シティ』（TBM-24）より
③ファンシー・レディ～『今田勝／ソロ・ピアノ』（TBM-60）より
④ジャズ・オーケストラ '75 パート2～『水野修孝／ジャズ・オーケストラ '75』（TBM-1004）より
⑤モート～『ティー＆カンパニー／ドラゴン・ガーデン』（TBM-5006）より
⑥黒いオルフェ～『鈴木勲トリオ／黒いオルフェ』（TBM-63）より
⑦ホワット・ア・ディファレンス・ア・デイ・メイド～『中本マリ＆鈴木勲＝渡辺香津美デュオ／マリ・ナカモトⅢ』（TBM-56）より
⑧リオ・ローマ～『日野元彦カルテット＋1／流氷』（TBM-61）より（ボーナス・トラック）
⑨言い出しかねて～『山本剛トリオ／ジ・イン・クラウド』（TBM-52）より
⑩ステラ・バイ・スターライト～『日野皓正クインテット／ライヴ!』（TBM-17）より

レコーディング・エンジニア：神成芳彦（大川正義⑧）
アート・ディレクター：西沢勉

発売＝TBMビデオ（1988年12月8日発売）
再発＝なし

ＴＢＭの魅力を手っ取り早く味わうためのベスト盤。アルバムのタイトルからもわかるように、このレーベルの代表的なパフォーマンスやアーティストによる演奏が収められている。

若干の注釈をつけておこう。本作（ＣＤ）のブックレットでは、山本剛（ｐ）の⑨は『ブルース・フォー・ティー』（ＴＢＭ‐ＣＤ‐２５４１）が出典となっている。間違いではないが、データ欄に記載したとおり、初出はＬＰ盤の『ジ・イン・クラウド』（ＴＢＭ‐52）だ。ＣＤ化される際に、ボーナス・トラックとして『ブルース・フォー・ティー』に収録されたことから、こういうクレジットになったようだ。また⑧は、オリジナルＬＰ（ＴＢＭ‐61）には未収録で、ＣＤ化（ＴＢＭ‐ＣＤ‐２５６１）に際して陽の目を見た演奏である。

今回は藤井武の思い入れが強い水野修孝（arr）とティー＆カンパニーの演奏も収録されている。水野の④は彼の作編曲を、当時野心的なオーケストラ作品を次々と発表していた宮間利之とニューハード＋ゲストが挑んだもの。そして⑤のティー＆カンパニーは、藤井が集めたリーダー・クラスのミュージシャン八人が残した三作品からの一曲である。ただしアストル・ピアソラが作曲した本作収録の演奏は、ピックアップ・メンバーの、森剣治（fl）、高柳昌行（g）、今田勝（elp）、金井英人（b）によって演奏されている。

V.A.

『フェイマス・サウンド・オブ・スリー・ブラインド・マイス VOL.3』

本作にも藤井武が好むパフォーマンスがずらりと並ぶ。三作のすべてに収録されているのは、山本剛(p)、鈴木勲(b)、今田勝(p)の三人。そして宮間利之とニューハードも、『第二集』に収録された現代音楽の作編曲家、水野修孝(arr)の〈ジャズ・オーケストラ'75〉が実質的に彼らの演奏であることを考えれば、こちらもすべてのアルバムで紹介されたことになる。

前二作もそうだが、このアルバムを聴けばＴＢＭの魅力や特徴が端的にわかる。スウィンギーなピアノ・トリオからオーケストラ、そしてヴォーカルまでと、内容は多岐にわたっている。しかも、伝統的なジャズのビバップもあれば、斬新な演奏もある。

ひとつのレーベルでここまで幅広いスタイルをカヴァーしているのは珍しい。しかも、これら三枚はすべてが日本人アーティストによるものだ。サイドマンも含めてＴＢＭ作品に参加したほとんどのミュージシャンが日本人である。「日本のジャズ」、それも世界に通用する「日本のジャズ」を標榜してアルバム制作を続けたＴＢＭ。その輝かしい成果の一端を伝えているのがこれらのコンピレーションだ。

なお、⑤は『ホワット〜チャールズ・ミンガスに捧げて』(ＴＢＭ(Ｐ)-５０１５)が初出である。ジャケットに『アランフェス協奏曲』と記載されているのは、ＣＤ化の際にボーナス曲として収録されたためだ。

[CD]
①朝日の如くさわやかに〜『今田勝トリオ/スタンダード』(TBM-77)より
②あこの夢〜『鈴木勲セクステット/あこの夢』(TBM-76)より
③あなたは恋を知らない〜『松本英彦カルテット/スリーピー』(TBM-74)より
④ブルース・イン・ザ・クローゼット〜『和田直カルテット/ブルース・ブルース・ブルース』(TBM-5001)より
⑤テンションズ〜『金井英人グループ/ホワット〜チャールズ・ミンガスに捧げて』(TBM(P)-5015)より
⑥メッセージ〜『横内章次カルテット/ブロンド・オン・ザ・ロックス』(TBM-65)より
⑦スウィート・ハート・ブルース〜『宮間利之とニューハード/サンデイ・シング』(TBM-67)より
⑧レッツ・ゴー・ゲット・ストーンズ〜『細川綾子ウィズ宮間利之とニューハード/コール・ミー』(TBM-5013)より
⑨スクラップ・フロム・ジ・アップル〜大友義雄=土岐英史アルト・マッドネス/ラヴァー・マン』(TBM-51)より
⑩オールモスト・ライク・ビーイング・イン・ラヴ〜『山本剛トリオ/ライヴ・イン・モントルー』(TBM(P)-5019)より

レコーディング・エンジニア:神成芳彦
アート・ディレクター:西沢勉

発売=TBMビデオ(1989年7月28日発売)
再発=なし

V.A.

『フェイマス・サウンド・オブ・スリー・ブラインド・マイス』

音質にこだわるTBMは一九九六年からXRCDのリリースを始めている。このコンピレーションは、その高音質を手軽に聴いてもらおうという意図で制作されたもの。TBM作品の大半を手がけた録音エンジニアは神成芳彦で、本作に集められた十曲はすべて彼が担当したものである。TBMサウンド＝神成芳彦サウンドであることを考えれば、このアルバムはまさしく神成サウンドの真髄、エッセンスが楽しめる一枚でもある。

収録されたトラックは全部で十曲。ピアニストの演奏が多くを占めるが、中本マリと細川綾子のヴォーカルも楽しめるし、三木敏悟（arr）に高橋達也と東京ユニオンを組み合わせたオーケストラ演奏も聴くことができる。とりわけ、彼らによる⑤は圧巻のサウンドだ。通常のオーケストラの倍に相当する数のメンバーが集まった大所帯が生み出す分厚い響き――それがXRCDではリアルな音質で甦る。

ピアノの鳴りがナチュラルなことも特筆しておきたい。それを意識したのだろう。このコンピレーションでは、山本剛、市川秀男、今田勝のピアノ・プレイが堪能できる。同じ楽器を弾いてもそれぞれの響きはまったく違う。さらには鈴木勲（b）の①に参加した菅野邦彦が弾くエレクトリック・ピアノの音色も素晴らしい。LPでもCDでも再現できなかった楽器本来の音がXRCDでは味わえる。それがこのアルバムの魅力だ。

[XRCD]
①アクア・マリーン～『鈴木勲トリオ&カルテット／ブロー・アップ』(TBM-15)より
②ミッドナイト・シュガー～『山本剛トリオ／ミッドナイト・シュガー』(TBM-23)より
③タキシード・ジャンクション～『中本マリ～横内章次トリオ&セクステット／マリ』(TBM-3005)より
④黄昏～『市川秀男トリオ／明日への旅立ち』(TBM-73)より
⑤シベリウスの遺言～『三木敏悟&高橋達也と東京ユニオン／北欧組曲』(TBM-1005)より
⑥追憶～『ヤマ&ジローズ・ウェイヴ(山本剛トリオ)／ガール・トーク』(TBM-59)より
⑦ラヴ・フォー・セール～『ジョージ川口とビッグ4／ザ・ビッグ4』(TBM-66)より
⑧明日に架ける橋～『細川綾子／ミスター・ワンダフル』(TBM-3008)より
⑨アローン・トゥゲザー～『今田勝&ジョージ・ムラーツ／アローン・トゥゲザー』(TBM-5003)より
⑩ミスティ～『山本剛トリオ／ミスティ』(TBM-30)より

レコーディング・エンジニア：神成芳彦
アート・ディレクター：西沢勉

発売＝TBMビデオ(1997年11月発売)
再発＝なし

TBM-XR-9002

V.A.

『スーパー・アナログ・サウンド・オブ・スリー・ブラインド・マイス』

タイトルが紛らわしいが、このアルバムはアナログLPで出されたものでなく、「TBMが誇るアナログ・サウンドを最高の音質で再現できるXRCDで聴いてみよう」という趣旨で制作されたものだ。したがって、XRCDで発売された「音のサンプラー」といったところだろうか。

TBMは録音にも定評のあるレーベルだ。それをできる限りいい音で再生したい——その思いでさまざまな試行錯誤をした結果、藤井武は「XRCDこそが最高」との結論に達した。中でもTBMが採用した「xrcd24」は、24bitマスターによるダイレクト・カッティングと音質管理によって原音が維持され、通常のCDプレイヤーで24bit相当の音が再生可能、という利点を持つ方式だ（通常のCDは16bit相当）。その結果、これまでに四十タイトル強がこの形式で発売されてきた。それらの中から「ベスト・オブ・ベスト」のサウンド（もちろん演奏も最高のもの）を選んでまとめたのがこの作品である。

TBMはジャズのさまざまな形態をレコーディングしてきたが、この作品にはオーケストラによる⑤やヴォーカルの⑧も含まれてはいるが、スモール・コンボによる演奏を中心に編成がなされている。これは、それぞれの楽器の音をきちんと聴くには編成の小さなグループのほうがわかりやすい、という判断に基づくものだ。

［CD］
①スウィンギン・オン・ア・キャメル～『横内章次カルテット／ブロンド・オン・ザ・ロックス』（TBM-65）より
②マイ・メモリーズ～『中山英二／北の大地』（PAP-25022）より
③アイム・ア・フール・トゥ・ウォント・ユー～『山本剛トリオ／ミッドナイト・シュガー』（TBM-23）より
④ボリビア～『赤松敏弘／スティル・オン・ジ・エアー』（TBM-XR-5046）より
⑤ナチュラル・フロウ～『三木敏悟とインナー・ギャラクシー・オーケストラ／海の誘い』（TBM-5010）より
⑥枯葉～『稲葉國光＝中牟礼貞則デュオ／カンヴァセイション』（TBM-43）より
⑦ハニーサックル・ローズ～『山本剛トリオ／ミスティ』（TBM-30）より
⑧アイム・グラッド・ゼア・イズ・ユー～『マーサ三宅とレッド・ミッチェル・トリオ／リメンバー』（PAP-25036）より
⑨ラスト・スチューデント～『赤松敏弘／シックス・インテンション』（TBM-XR-5043）より
⑩ガール・トーク～『ヤマ&ジローズ・ウェイヴ（山本剛トリオ）／ガール・トーク』（TBM-59）より

レコーディング・エンジニア：神成芳彦（④⑧⑨を除く）、花島功武④、谷村裕⑧、森本八十雄⑨
マスタリング・エンジニア：小鉄徹（JVC）
アート・ディレクター：西沢勉

発売＝TBMレコード（2005年2月25日発売）
再発＝なし

TBM-CD-1885

ティー&カンパニー
『出雲阿国』

［CD］
①決闘
②夜の太陽は緑色
③ジャズ組曲・出雲阿国

○パーソネル
金井英人(b)、吉田哲治(tp)、佐藤春樹(tb)、早坂紗知(ss as)、高野正幹(ts fl)、藤原幹典(ts bs)、隅谷洋子(p key vo)、田村博(p key)、加藤崇之(g)、斉藤純(ds)、シン岡部(和太鼓 per vo)

1989年8月5日
島根県松江「水郷祭 水上ステージ」で実況録音

レコーディング・エンジニア：神成芳彦
エンジニア助手：吉野晃司

発売＝TBMレコード
再発＝なし

ティー&カンパニーはレーベルのオーナー、藤井武がバンド・マスターを務めるグループ。初代は一九七七年に結成されたが、今回は金井英人（b）ひとりを残し、すっかり異なるメンバーでのニュー・グループとなった。初代もそうだが、いずれもリーダーとして活躍している人材を集めてのスーパー・コンボである。ここでも十一人の素晴らしいミュージシャンが顔を揃え、フリー・フォームのジャズをベースに、過激で熱狂的で創造的な演奏を繰り広げる。

①と②は金井の作編曲、そして三楽章からなる③は、かつてＴＢＭで『ジミー・ヨーコ&シン／清少納言』（ＴＢＭ－４００１）を残したヨーコこと隅谷洋子（key）の三十分以上におよぶ大ネタだ。グループは六月からリハーサルを重ね、七月に数か所でライヴを行ない、万全の準備を経て最後に松江のステージに立った。小型オーケストラ編成の演奏は、それだけにフリー・ジャズでありながら野放図にならず、音楽的なまとまりのよさが大きな聴きどころになっている。

メンバーはＴＢＭと縁のあるひとが中心だ。①ではリーダー作の『ストレート・トゥ・ザ・コア』（ＴＢＭ－ＣＤ－５０３４）もある早坂紗知（as）がハイライトを演出し、②では佐藤春樹（tb）がフィーチャーされる。そして、コンサートの白眉となった③の日本的な響き。日本のジャズに活路を開いたＴＢＭの真髄がここにある。

TBM-CD-2842

蒲池猛
『スプレッド』

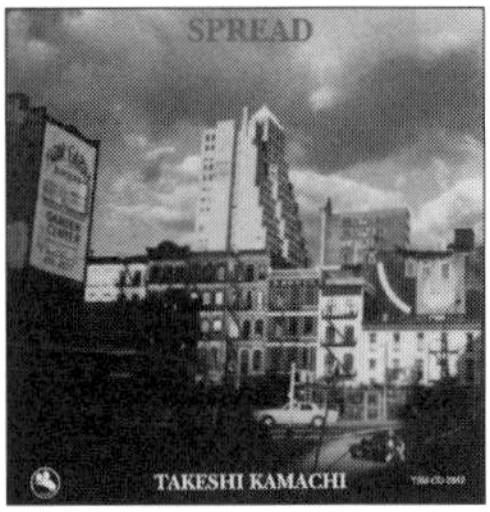

このアルバムだけカタログ番号に２８００番台が用いられているのは定価が２８００円になったことが理由だ。本作はプロデューサーが藤井武ではなく（クレジットはエクゼクティヴ・プロデューサー）、中村照夫（ｂ）と行方洋一（本作の録音エンジニア）が担当している。中村は一九六〇年代初頭にニューヨークに移っているが、蒲池猛とはそれ以前からつき合いがあった。その縁で、中村が来日したタイミングで、彼が連れてきたミュージシャンも加えて吹き込まれたのがこの作品だ。

蒲池（四十一年生まれ）は正統派のピアニストである。六十一年には、渡米前の中村を含む、唐木洋介（ts）と小原哲次郎（ds）のグループで活動していたし、七十年にはアート・ブレイキー（ds）＆ザ・ジャズ・メッセンジャーズに抜擢された鈴木勲（ｂ）に代わり、自由が丘の「ファイヴ・スポット」でハウス・ピアニストを務めている。その後は稲垣次郎（ts）のソウル・メディアに四年在籍し、七十五年から十年間は原信夫とシャープス＆フラッツで活躍していた。

本作は、その蒲池がデビューしてから四十年以上経ち、六十歳にして初めて発表するアルバムだ。全曲がオリジナルで、それぞれに個性があって面白い。基本はビバップで、それを発展させた楽想とピアノ・スタイルは小手先だけのものでない。大地にしっかりと根を降ろしているかのような骨太の安定感がある。そこが魅力だ。

［CD］
①スプレッド
②ダディーズ・サンバ
③オットット・ブルース
④オン・ザ・シルク・ロード
⑤アイ・ミス・ユー・ソー・マッチ
⑥ディア・アミーゴ
⑦ジャスト・ハング・アラウンド
⑧マンハッタン・セレナーデ～かおる～
⑨プリティー・グッド

○パーソネル
蒲池猛(p elp-④のみ)、峰厚介(ts-③⑦⑨ ss-⑥)、ヒューバート・ロウズ(fl-①④⑧ piccolo-②)、中村照夫(p)、ヴィクター・ジョーンズ(ds)、チャギー・カーター(per-①②④⑧)
⑤＝ピアノ・トリオ

2001年7月7 ～ 9日録音
東京「スタジオ・スペース・ヴェリオ」

レコーディング・エンジニア：行方洋一(ビデオ・サンモール)
プロデューサー：中村照夫、行方洋一(ビデオ・サンモール)
アソシエイト・プロデューサー：宮地貴士(ワンダー・クリエイト)
共同プロデューサー：蒲池猛
アルバム・デザイン：松葉良
アート・ディレクター：中村照夫

発売＝TBMレコード
再発＝なし

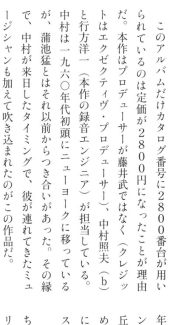

TBM-CD-1890

シナプス

『シナプス』

[CD]
①誰かが私を見つめている
②イメージ
③911又は二つの塔
④トランス・レイション
⑤914・東京

○パーソネル
加藤崇之（g effectors per）、さがゆき（vo effectors per）

2003年9月14日
東京「新宿ピットイン」で実況録音

レコーディング・エンジニア：神成芳彦（スタジオ雷庵）
カバー原画：凸凹（画題：911又は二つの塔）
協力：三木敏悟（スタジオ・インナー・ギャラクシー）

発売＝TBMレコード
再発＝なし

二〇〇二年五月に加藤崇之（g）とさがゆき（vo）が結成した完全即興ユニットがシナプスである。この手の音楽に目がない藤井武は躊躇なく彼らのレコーディングを計画する。リハーサルもなにもせずにひと前で行なうパフォーマンスがシナプスのやり方だ。ということから、スタジオ・レコーディングではなく、音楽に厳しいファンが集まることで有名な「新宿ピットイン」での実況録音となった。

シナプスの面白さは、白紙の状態でパフォーマンスに挑み、どこまで音楽の可能性を広げることができるかに尽きる。そのため、彼らは結成以来、月に一度くらいの頻度でライヴを重ね、この日を迎えた。同じことは二度とやらない——一曲目にジョージ・ガーシュインの曲を持ってきたのもチャレンジ精神の表れだ。この曲に限っては、決められたメロディをもとに即興的に音楽の世界を広げていく。まったくの白紙より足枷がある分、即興度もさらに高めなくてはならない。

この夜は、アンコールを含めて全部で八曲が演奏された。そこから選ばれた五曲はいずれも完成度が高い。即興で音を出しているにもかかわらず、ふたりがバラバラになる瞬間がない。いい意味での「持ちつもたれつ」感——それがこのユニット最大の武器だ。

なお二十三年にわたるTBMの活動だが、これをもってレーベルが行なうレコーディングの幕は閉じられた。

NKCD-1486

マユミ・ロウ

『It's my love』

　二〇〇四年二月二十日にリリースされたこの作品がTBMレーベルから出た最新作である。とはいうものの、TBMが関わるまでにアルバム・リリースの作業はほとんどが終わっており、発売レーベルもキングに決まっていた。ところが、ある事情から両社での同時リリースとなる。通常の規格番号と違うのはそれが理由だ。

　マユミ・ロウはソウル生まれのシンガーで、子供のころからハード・ロックを歌い、その後にカントリーやブルース、ポップス・シンガーとして活躍。一九九三年に来日してからはジャズ・シンガーに転じ、このアルバムでCDデビューを果たした。九十八年にはニューヨークに語学留学をしており、発音にも問題がない。伸びやかで低音に魅力がある歌声はジャズに向いている。いってみれば、実力派シンガーの登場である。

　バックは、納谷嘉彦（p）、俵山昌之（b）、黒田和良（ds）のピアノ・トリオで、曲によって岡淳《まこと》（ts fl）が加わる。彼らの演奏もこの作品の魅力だが、それに少しも負けず、堂々とした歌唱で個性を発揮するマユミ・ロウが素晴らしい。取り上げられる曲の大半はお馴染みのものだ。それでも彼女のジャズ的なセンスによって、それらの曲が新鮮な味わいに溢れるものとなった。なおアルバムのプロデュースはピアノで参加している納谷が務め、藤井武は関わっていない。あくまでTBMはリリースを担当しただけである。

[CD]
①ア・ロット・オブ・リヴィング・トゥ・ドゥ
②オール・ザ・シングス・ユー・アー
③アイ・キャント・メイク・ユー・ラヴ・ミー
④ロシアより愛を込めて
⑤ザ・マン・アイ・ラヴ
⑥ロック・ミー・オン・ザ・ウォーター
⑦マイ・フェイヴァリット・シングス
⑧ラッシュ・ライフ
⑨ラウンド・ミッドナイト
⑩テネシー・ワルツ

○パーソネル
マユミ・ロウ(vo)、納谷嘉彦(p key)、俵山昌之(b)、黒田和良(ds)、岡淳(ts-②⑤ fl-⑤⑦)

2003年11月17-19日録音
東京(スタジオの記載なし)

レコーディング・エンジニア：福留雅弘
プロデューサー&アレンジャー：納屋嘉彦
共同プロデューサー&カバー写真：中嶋健次

発売＝TBMレコード&キング・レコード
再発＝なし

TBM盤の帯

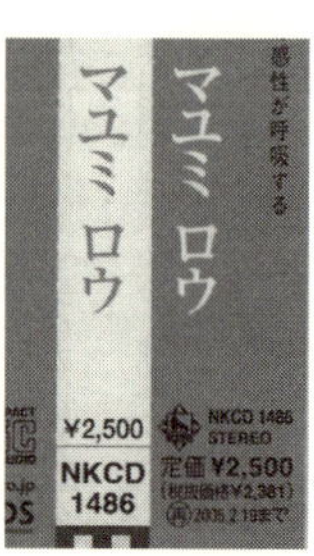

キング盤の帯

XRCD24-NT014

中村誠一クインテット＋2
『ザ・ボス』

［CD］
①オールド・フォークス
②突風：A Gust
③ザ・ボス

○パーソネル
中村誠一（ts）、向井滋春（tb）、田村博（p）、福井五十雄（b）、守新治（ds）
ゲスト（③）＝大友義雄（as）、渡辺香津美（g）

1974年3月23日
東京「日本都市センター・ホール」「5デイズ・イン・ジャズ '74」で実況録音

レコーディング・エンジニア：神成芳彦（アオイ）
XRCDマスタリング・エンジニア：小鉄徹（JVC）
アート・ディレクター：西沢勉
コンサート・ディレクター：魚津佳也

発売＝コンバック・コーポレーション
再発＝なし

ＴＢＭに中村誠一の作品は『アドヴェンチャー・イン・マイ・ドリーム』（ＴＢＭ－53）しか残されていない。録音されたのは一九七五年九月十一日である。しかしそれ以前の七十四年三月二十三日に「5デイズ・イン・ジャズ」で収録されたライヴがＴＢＭには眠っていた。素晴らしい内容であったものの発表されなかったのは、同じ時期のライヴ演奏集『ファースト・コンタクト』がキングから発表されることになっていたからだ。

結局この演奏は、二〇一四年にコンバック・コーポレーションからＸＲＣＤとして陽の目を見ることになった。ＴＢＭ作品ではないのに本書に収録したのは、藤井武のプロデュースであるのが理由だ。そして、このアルバムが現時点では藤井が送り出した最新作となる。

基本はクインテットで、三曲目にはゲストの大友義雄（as）と渡辺香津美（g）が参加する。「5デイズ・イン・ジャズ」という、ある種のお祭り気分の中での演奏である。それにもかかわらず、じっくりと腰を据えた内容になっているのは、ひとえにリーダーである中村の音楽的な充実によるものといっていい。彼の演奏に対する真摯な気持ちに応えたのが残りの六人だ。そしてこの演奏に限らず、「5デイズ・イン・ジャズ」で残された作品は押しなべて内容が優れている。それは藤井の日本のジャズに寄せる信頼を、参加したミュージシャン全員が感じ取っていたからに違いない。

第2章
インタヴュー編

TBM Interviews

藤井 武 インタヴュー

【ふじい・たけし】レコード・プロデューサー。一九四一年二月八日、東京市神田区（現在の千代田区）生まれ。大学卒業後、父親が経営する消毒関係の会社に就職。七十年にジャズ専門のレコード会社スリー・ブラインド・マイスを設立し、二〇一四年の倒産までに約百四十枚のアルバムを制作。山本剛、今田勝、鈴木勲、三木敏悟、高柳昌行など、レコーディングの機会に恵まれなかった新人や実力派を起用し、日本のジャズ界に新風を吹き込む。また六十三年に「銀巴里」で収録された『銀巴里セッション』を世に紹介したことも大きな功績のひとつ。現在も高音質ＸＲＣＤのコンサルタントとして音楽制作の仕事に携わっている。

神田で生まれて鵠沼で育つ

——お生まれは千代田区で。

当時でいうなら東京市神田区。昭和十六年ですから、大東亜戦争が始まるちょうど十か月前の二月八日です。

——そうすると終戦が四つのとき。

そうなりますか。

——じゃあぜんぜん覚えていない。

断片的には覚えているんです。あと先はわからないですが、東京から帰ってくるときに空襲警報で、大船で降りて、観音様の方へいっとき避難したことがあったとか、鵠沼海岸の家に防空壕があって、そこにもぐったりしたことも覚えています。父が退役の陸軍大尉だったから、藤沢の防空隊かな？　高射砲かなにかの指揮をやっていたみたいです。もう現役じゃないから、予備役で。

——神田で生まれて、そのあとが鵠沼海岸？

聞こえよくいえば、鵠沼に別荘（笑）、しもた屋がありまして。戦争が始まったんで、そこに住んでいたんです。

——神田にもお宅があって。

淡路町小学校の並びで生まれたんです。それですぐに戦争が始まったんで、やれ空襲だって来るから、そのころには家族は全部鵠沼に移っていたと思います。結局、東京大空襲で神田の家は焼け落ちていました。

——ご兄弟は？

そのときはぼくひとりなんですよ。弟が十九年生まれと、二十一年生まれと、妹が二十三年生まれなんで。

——では、ご長男で。

兄がいたんですが、衛生事情が悪いときにジフテリアですぐに亡くなっちゃった。だから、ぼくが事実上は長男みたいな形です。

——藤井さんのお宅はなにをされていたんですか？

防虫防除とかの消毒です。当時は電話が何軒かに一台しかない時代で、みんなが使うから電話口の消毒だとか、そういうことをやっていたんです。

——そういう薬を作っていたんですか？　それとも……

契約先に女性社員を訪問させて、消毒をする作業。そういう仕事があったんです。会社で調合したりしなきゃならないから、薬剤師の資格が必要なんです。

——それで薬学部を出られた。

そうするのが父親孝行だと思っていたわけです。あのころは十人にひとりぐらいしか大学に行っていない時代ですから。小川さんのときでも十人にふたりとか三人くらいじゃなかったかな？　いまみたいに、ほとんどのひとが大学に行く時代じゃなかったでしょ。

零細企業ですけど、父親が消毒関係の会社をやっていたものですから、薬剤師になったほうがいいだろうと思って、三科目で受けられる薬学部を調べたら日大理工学部の薬学科が三科目で受けられたんです。すべり止めにまったく同じ三科目で受けられる上智大学の経済学部も受けて、幸い両方とも受かったので日大に行きました。いまの薬学部は六年制ですけど、当時は四年で一七二単位を取らなきゃいけない。その間にジャズは聴きたい、本は読みたい、ラグビーもやっていたかったんで、たいへんでした。よく四年で卒業ができたと思っています。

——会社の名前は？

株式会社千代田商会。これは弟に譲りました。神田小川町で土地もビルも自分のところのものですから、家賃を払わなくていい（笑）。浄水器だとか、いろいろやっているみたいです。

最初の音楽体験

——四つのときに終戦になって。最初に印象に残っている音楽体験は？

演奏者の名前も覚えていないけれど、〈ブルー・ムーン〉とフォー・エイセズの〈慕情〉のＳＰとかはあったけれど。

いずれにしても、ジーン・クルーパ（ds）が来たとき（一九五二年）にはジーン・クルーパを知らなかったんです。だけど翌年、中一の十一月にＪＡＴＰ（ジャズ・アット・ザ・フィルハーモニック・ホール）が来たときには「日劇」に行きたくて。ところが鵠沼海岸からだと交通費ぐらいは出せても、中学一年生だからチケットは高額で買えない。それで涙を飲んだのは記憶しているから、そのときはもうオスカー・ピーターソン（p）とかエラ・フィッツジェラルド（vo）とかは知っていました。「そのひとたちが来るんだ」というんで、「行きたい！」と思ったのが、中一の秋です。

で、年を越してすぐの一月に『グレン・ミラー物語』がかかって。これね、アメリカより一か月か二か月早い公開だったんですよ。だけど公開直後は東京に行けなくて。二か月くらいして、藤沢の「オデオン座」に来たときに、一日がかりで二回だか三回だか（笑）、観て。高一のときには『ベニー・グッドマン物語』にしびれました。

――当時の映画館は入れ替え制じゃなかったから。ジャズが好きになったきっかけは？

やっぱりラジオじゃないかなあ。あのころはウイークデイの夕方にNHKの『リズム・アワー』という番組があって、野川香文先生とか河野隆次さんとか油井正一さんとか、そのような方々が毎週交代でやっておられた。中学に入ってからは、その放送、最初は『スウィング・クラブ』といったかな？ それを可能な限り聴くようにしていたんです。

――それでジャズの知識が入ってきて。

だけどレコードなんて買えないし。SPの時代だから、どこまで発売されていたかもわからない。

――ジャズ以外の音楽にも興味はあったんですか？

ぼくらはアメリカ文化、戦勝国の文化にどっぷり浸かったジェネレーションですから、ロックも出始めたころから知っているんです。でもブルース系が好きなので、ファッツ・ドミノやリトル・リチャードあたりは出てきたときから聴いています。エルヴィス・プレスリーでいえば、最初の〈ハートブレイク・ホテル〉とその次（〈アイ・ウォント・ユー、アイ・ニード・ユー、アイ・ラヴ・ユー〉）はSPで出たけど、三曲目の〈ハウンド・ドッグ〉はドーナツ盤（四十五回転のシングル盤）で出たんです。

――家でジャズ好きのひとは？

いません。上の弟はクラシック好きでしたが。

――ということは、家で誰かが聴いていたものに影響を受けたわけではない。

ではないですね。だからなんでだろう？ やっぱりラジオかレコードかは記憶がないけれど、『グレン・ミラー物語』の影響は大きかったと思います。そういうのを繰り返し聴いているうちに「いいなあ」と思ったんでしょう。でも本当に痺れたのは、もうちょっとあとの高校一年くらいになってですね。

――学校の友だちや、周りでそういう音楽を聴いていたひとは？「昨日、あのラジオ、聴いた？」とかを話す友だちはいたんですか？

いましたね。FEN（Far East Network＝米軍向けの極東放送網）の『トップ20』とかは、いまは『トップ40』になっていますけど、英語のリスニングを兼ねて、アナウンサーが早口で「第何位がエルヴィス・プレスリーのなんとか」というのを聞き取りしてね。わからなかったら、やっぱり好きなヤツがいるんで、学校に行って、「三位はなんだった？」（笑）。そんなことをしていたことはあります。

――中学と高校はそういう感じで、それが洋楽体験ですよね。日本の音楽にはあまり興味がなかった？

あのころ、ラジオで聴けたのが江利チエミの〈テネシー・ワルツ〉、雪村いづみの〈思い出のワルツ〉、このへんは覚えています。

――やはり洋楽系ですね。東海林太郎とか、そういうひとは聴かなかった？

ラジオで落語は聞いていましたが、邦楽を意識しては聴かなかった。だから歌謡曲系はダメなんです。そのうちポップスの『S盤アワー』が始まりました。

――それで高校に入って。

近所の辻堂にジャズ・ドラムをやっている立教大学のお兄ちゃん（漆山展安さん。のちのTBMニューヨーク連絡事務所長）がいましてね。バイトで米軍の基地に行っていたものですから、知り合ったひとにPX（post exchange ＝アメリカ軍基地内の売店）で買ってもらったのか、十インチのデビュー盤（ベーシストのチャールズ・ミンガスが設立したレコード会社）で『チャーリー・パーカー＆ディジー・ガレスピー／ジャズ・アット・マッセイ・ホール』を持っていたんです。

そのレコードにはチャーリー・パーカー（as）がチャーリー・チャンの変名で入っていて、顔は写っていなくて白いプラスチックのアルト・サックスを吹いている写真が載っていたんです。そのレコードで〈チュニジアの夜〉とか〈ソルト・ピーナッツ〉とかを聴いて、「なんだ、これは？」と思ったんですよ。おそろしく刺激的でしたね。一発で痺れて、「こんなところまでジャズって来ているんだ」と。それが中三の終わりか高校に入ったばかりのころです。

それまで聴いていたのは、グレン・ミラー（tb）のスウィング・ジャズとかルイ・アームストロング（tp）のニューオリンズ・ジャズとかで、ベースは2ビートか4ビートでもそんなに厳しく刻んでいない。だけどそのレコードに入っている（チャールズ）ミンガスのベースを聴いたらぜんぜん違うので、びっくりしちゃった。

――これ、五十四年の録音ですから、ほとんどリアルタイムですね。

五十六年の三月ぐらいだと思います。それで、可能な限りビバップのレコードを探すようになったんです。あのころだから、わざわざ銀座の「ヤマハ」か新宿の「マルミ」に行って、取り寄せてもらって。高かったなあ。当時で三千円ぐらいしたからねえ。

――お小遣いを貯めて？

そうそうそう。

——当時の感覚からいけばかなり高いですよね。

初任給が一万円いっていない時代だから、高いです。ぼくが大学を出て、六十三年でまあまあいいところは一万二〜三千円が初任給です。だから三千円は、いまでいえば七〜八万円ですよ（笑）。

——お小遣いをもらっている身ですから、買えるのは数か月に一枚ぐらい？

そうですね。

——最初に買ったレコードは覚えていますか？

さて、なんだったろうなあ？　覚えてないなあ。「このアルバムで痺れた」というのが、とくにその後はないんですよ。評判になっていたマイルス（デイヴィス）（tp）にしろ（ソニー）ロリンズ（ts）にしろ、そういうのは買いましたけどね。ただしいっぱいは買えないんで、マイルスだったら『ディグ』（プレスティッジ）かなにかじゃないかなあ？

——まだ十インチのＬＰ？

いや、十二インチでしたね。

ジャズのライヴに目覚めたころ

——個人的に進駐軍のひとと接した体験はありましたか？

占領下で来て、サンフランシスコ条約の実行が五十二年の四月じゃないかな？　だからそれまでは、〈オキュパイド・ジャパン〉だったわけです。その間は、ぼくも中一までだから、そういう体験はなしです。「横浜スタジアム」だって「ルー・ゲーリック・メモリアル・スタジアム」といって、五十五年までそう呼ばれていたんです。

ぼくの場合は、五十九年に大学に入ってからですね。大学の帰りに寄れるんで、横浜ではけっこう遊びました。すぐにポンコツの車を求めたもんだから、横浜あたりが近くて、行きやすい。六十三年の「銀巴里セッション」だって、終わって、「腹減ったから横浜まで帰っちゃおう」といって、銀座から横浜まで二十分ぐらいで。

——まだ高速はないでしょう。

ええ、でも車は少ないし。信号が深夜は全部点滅だから。それにあのころは飲みながらでも、お巡りさんが「ああ飲んでいるんだ、気をつけて行きなさい」という時代です。事故を起こしたときに飲んでいると、飲んでいないよりはペナルティが高くなっちゃうけど、事故さえ起こさなければなんでもなかった。

だいたい占領軍がみんなそうですからね。あっちは車でしか動かない。それでバーだろうがクラブだろうが、行くわけですよ。

——中学、高校のころは、まだアメリカの兵隊も残ってはいたでしょ。

いっぱいいましたけれど、交流はなかったです。

——だけど横浜まで行けば、そういうひとたちがたくさんいて。

そうです。大学に入ってからだと、本牧の「イタリアン・ガーデン」、ここはジュークボックスがあるんですよ。ジュークボックスで音楽をかけて、みんなで踊ってという店だとか、ピザ・ハウスの「リキシャ・ルーム」。それ以前の占領下では日本人はオフ・リミットだったんです。だけど占領下じゃなくなってからは、あれは第八軍（アメリカ陸軍部隊のひとつ）かな？　第八軍がどんどん帰国するようになってきたから、日本人もウェルカムにしないとお店がやっていけない。それで、入れるようになった。あそこでピザを初めて食べたんですから。

そのころは本牧が返還されていないから。いまの山手警察のあるところの向かいはPXとフットボール・グラウンドで、こっち側が野球場か。それからちょっと奥、山へ上がる手前に「ヨーハイ」、ヨコハマ・ハイスクール（Nile C. Kinnick High School）といって、向こうの占領軍のご子息の（笑）高校生が通うところだったりとか。そういうのは断片的に覚えていますけどね。ただし、交流はなかったです。

——藤井さんの記憶の中で、初めてジャズのライヴを聴いたのは？

当時はジャズ喫茶といっていたんですけど、伊勢佐木町に「ピーナッツ」と長者町に「トリス・クラブ」があって、「トリス・クラブ」は月のうち三分の一はジャズ・バンドが出ていたんですよ。「ピーナッツ」はロックのひとたちが出る店で。だから、「トリクラ」で聴いたのが最初かな？

——それが何年ごろ？

五十九年の夏ぐらいかな？

——たいして有名なバンドではない？

なんていったかな？　いろんなひとが出ていたんで覚えていないです。

ただね、あのころ、「草月会館（草月アート・センター）」ができまして、いまの「草月会館」じゃないですよ。そこで「草月ミュージック・イン」というジャズの会があったんです。三保敬太郎（p）、八木正生（p）、武満徹、前田憲男（p）、宮間利之、大橋巨泉、渡辺貞夫（as）、杉浦良三（vib）、後藤芳子（vo）、宮沢昭（ts）さんとかの新しいアレンジメントや試みを紹介したりする場でした。

よく覚えているのが、六十年に水島早苗（vo）先生の「ブルースの誕生」というステージ。これはサイラス・モズレーさんと一緒で。モズレーさんはアフリカ系アメリカ人で、ＩＣＵ（国際基督教大学）でアメリカ文化の教授をしていたんです。ご自分でもスピリチュアルやブルースやゴスペルを歌われる。そのモズレーさんと水島早苗先生がやられた「ブルースの誕生」という出し物。これは藝術祭で「奨励賞」かなにかを獲りました。

学校が東京だから、六十年くらいからは「草月会館」にずいぶん行ったんです。ジョン・ケージが初めてデヴィッド・チューダーというピアノのひとを連れてきて、例の〈4分33秒〉を日本で初演したときも（六十二年）、ぼくはそこで聴いたの。当時は一柳《いちやなぎ》慧《とし》さんと小野洋子さんが一緒のころだから、ふたりで「ハプニング」といって、ピアノの下からお尻を出したりとか、そんなのを全部目撃（笑）しましたけどね。小野洋子さんの「さよならコンサート」が六十四年にあって、それに行ったのも記憶しています。

「銀巴里」セッション

——当時ですから、ジャズでいうなら「銀巴里」にも行かれて、「ジャズ・ギャラリー8」にも？

もちろん行っています。「ジャズ・ギャラリー8」は宮川洋一さんといって、ドラムスを叩いていたひとのお店で。

——大学に入られたのが五十九年ですか。それで、毎日東京に出てきていた。よく行っていたジャズのスポットは？

日大の理工学部に入ったものですから、一年のときは教養課程が下高井戸だったんです。普通は二年間が教養課程で、三年、四年が専門課程でしょ。でも薬学部は単位数が多いんで、一年間で二年分やらされて。一年だけ通って、あとは駿河台でした。

一年のときは新宿の「木馬」と東京駅八重洲口はまん前の「ママ」。有楽町にも別の「ママ」があって、そこで金井英人（b）さんと知り合って。それで誘われて、六十一年だと思いますけど、「銀巴里」の午後のセッション、「フライデイ・ジャズ・コーナー」に、学校が抜け出せるときは極力行っていました。同じころ、新宿に「ＤＩＧ」ができて、新しいジャズが聴けるので行くようになりました。

——六十一年ということは、ごく最初のころから。

そうです。「ジャズ・アカデミー」という名称でスタートしたけれど、すぐに消滅して。今度はジョジョ（高柳昌行）（g）と作曲の内山平五郎さんと、画家でベースの影山勇さん、それに金井さんと、この四人が中心で引っ張っていたんです。勉強になるというんで、日野皓正（tp）君もいました。日野君はのちに弟（元彦）（ds）も連れてきたりして。そういう状況でやっていたんですが、いつ行ってもお客よりミュージシャンのほうが多い（笑）。

——ミュージシャンは何人くらい？

十人以上は来ていたんじゃないかな？　出たり入ったりで。

——その場でグループを組んで。

ＭＣに相倉久人さんがいて、相倉さんのアイディアで、「今

高柳昌行

井野信義(左)、高柳昌行(右)

日は六人しかお客さんがいないから、好きなコード・ネームを書いて」といって、それをシャッフルして、そのコード進行でアドリブだけやったりとか。

——グループのメンバーは誰が決めていたんですか？

どうなんだろう？　みんな「やりたい、やりたい」というのばっかりだったからねえ。適当に組んで、ずいぶん実験的なこともやっていました。石井剛《たけし》（ds）さんなんかドラムスをベルトで叩いてみたり。それから、コンテンポラリー・アートみたいな絵をそこで描かせて、それを見ながら演奏するとか。フリー・ジャズは五十九年にオーネット・コールマン（as）で聴いちゃったわけですから、その概念はとっくに入っている。

——よそでやっているジャズとはまったく違うことをやる場だった。

それまではアメリカのジャズを真似してきたわけでしょ。ジョジョだってそうだし、杉浦さんはテディ・チャールズ（vib）だし。彼らはレニー・トリスターノ（p）派のクール・ジャズをずっとやってきたわけだから。ところが「銀巴里」ではそこから離れて、自分たちのジャズを創り出していこうという気持ちがすごく強かった。

——その思いが根本にあって。

だから「新世紀音楽研究所」という名前をつけたわけです。

——金曜日の午後、何時から何時までやっていたんですか？

二時から五時前までですね。

——そこで終わって、シャンソンのライヴ・ハウスとして夜の営業が始まる。

だから五時にはあがらないと。

——夜中のセッションは月に一回ぐらい？

いや、三〜四か月に一回ぐらいじゃないかなあ？　年に三回ぐらいやったのかなあ？

——来ないとは思いますが、たとえばジョージ川口（ds）さんクラスのひとは？

そのクラスのひとたちは来ないです。若いひと中心で。だから鈴木孝二（as）さんとか、のちにはオマスズ（鈴木勲）（b）も来ていたけれど。でも、オマスズは金曜日の昼間は来なかったなあ。夜中のセッションのときは来ていましたけどね。

——ジョジョさんが一番年上？

どうだろう？　内山さんのほうが上じゃなかったかなあ？　影山さんだってけっこう……、みんな三十代でしたからねえ。

——四十代以上のひとはいなかった？

いなかったですねえ。あとは二十代。富樫（雅彦）（ds）君は十代だったから。

——そういう場があったからミュージシャンが鍛えられて、オリジナリティも身につけられて、その後の日本のジャズの世界が展開されていくわけですね。

理論的に分析していたわけじゃないけれど、相倉さんが喋っていますから、聞こうと思わなくても若いミュージシャンが聞いている。そうすると、「ああ、そういうのをやっているひともいるんだ」「自分もひとの真似じゃないものをやらなきゃいけない」という気分になっちゃう。

――相倉さんはそういう話をされていたんですか。

していましたねえ。相倉さんは一年半ぐらいやっていたのかな？　ぼくの記憶では、毎回ではなくて三回に二回くらいは来ていたかな？

あと覚えているのは、金曜の昼間にライオネル・ハンプトン（vib）のバンドの連中が何人かずつ来て、セッションをしたことですね。ぼくのメモによれば、あのときのハンプトン・バンドは、岩本町にある「ＴＵＣ」の田中伸介（当時はバリトン・サックス奏者で、現在は同店のプランナー）さんがハンプトン・バンドの極東ツアーに入っていて、それで連れてきたんじゃなかったかな？

――田中さんも、菊地雅章（p）さんに誘われて「銀巴里」セッションの常連でしたから、その関係でしょうね。

そのときのメモで、ベースのロウレンス・バーガンとトランペットのヴァージル・ジョーンズが来てセッションをしたけど、ロウレンス・バーガンに関しては「金井のプレイのほうがずっと上だろう」と書いてあった。そんなことをしていましたねえ。

TBM設立の動機

――話は戻りますけど、高校のときにチャーリー・パーカーのレコードを聴いて、レーベルを作ろうと思ったんでしたっけ？

高校三年の夏に決心したんですよ。大学に行かせてくれるのは、「あとの面倒は見てくれ」という父の期待だろうなと思ったんで、薬学部にしたけど、そのときですよ。三十歳になった時点でこういうマイナー・レーベルを誰もやっていなかったら、ぼくがトライしようと。

――そういうふうに思ったきっかけはなんだったんですか？

キング・レコードとかはいい仕事をされていたけれど、当時の日本人が作ったジャズのアルバムに「えっ！」と驚くような感動を与えてくれるものがほとんどなかったんです。「これは！」という、愛聴盤になるようなものがない。

向こうのでは、聴くと面白いのがあるでしょ。何か月に一枚しか買えないけれど、ラジオもあるし。それで、「これはどうしてだろう？」と思ったら、マイナー・レーベルではオーナー・プロデューサーが自分の好きなことをやっていることに気がついたんです。メジャー・レーベルは株主さんもいるわけだし、利益を出さなくちゃいけない。だから「何千枚以上売れるアルバムを作らなくちゃ予算が出ない」とか。これじゃあ、いいものができるわけない。

日本のジャズを発展させようと思うのならマイナー・レーベルがなくちゃダメだと。だったら三十になった時点で、「国内のジャズを育てていこう」というレーベルを誰もやっていなかったら、思い残すことのないように、「失敗してもいいからやろう」と決めて。それからはアンテナを立てて、どういうのだったらできるかを考えていたわけです。

――それで「銀巴里」とかに入り浸りになる。

そういうことです。

――ということは、「銀巴里」に行ったときに、イメージとして、「このひとだったらこんなものを作りたい」とか……。

そこまでは考えていなかったです。だけど「DIG」のオーナーの中平穂積さんや評論家の佐藤秀樹さんとか、どこかの大使館のひととかで「日本のジャズを聴く会」というんで、内田修先生のテープをお借りして聴く会があって、行けるときは行っていたんです。ジョジョの〈グリーン・スリーヴス〉(TBM-9の『銀巴里セッション』に収録)のアドリブは、現場で聴いたのが最初ですが、そのあともレコード化するまでに何回も聴いているんです。

――六十年代半ばにはタクトというレーベルができますよね。渡辺貞夫(as)さんなんかのレコードを次々と出して。藤井さんは、それをどういう思いで見ていましたか?

スター級が多いから、こういうのをやっていてもしょうがないと思っていました。

――藤井さんは無名のひとでやりたい。

無名のひとというか、自分が心の底から感動できるアーティストとしかやりたくない。

――有名・無名を問わず?

問わずです。デンマークのスティープルチェイスのニルス・ウインターとか、ブルーノートだってオーナー・プロデューサーはドイツ人のアルフレッド・ライオンじゃないですか。そういうひとたちが考えるように、アメリカでアメリカ人のアーティストによるレコードを作れば売れるだろうというのは、当たり前ですよね。

だけど、ぼくはニューヨークに住んでいない。それに、生き方まで知りえて、そのアーティストがなにをやろうとしているのかというところまで読めなかったら、プロデュースができない。だから身近な日本のアーティストになるんです。音楽的な教育はいっさい受けていないけれど、ジャズにはこれだけコミットできている。そのぼくがコミットしているジャズが本物なのかどうか、それがたしかめたかったのね。

ジャズはアメリカが生んだ二十世紀最高の音楽様式ですよ。けれど、六十年代後半以降は先進各国でアメリカ離れが進んで、それぞれで独自のジャズが発展している。ぼくはジャズを日本の新しい音楽文化として捉えているんです。

　当時は日本のジャズ・ミュージシャンにまで手が回らない。そういう思いが多くのファンにあったんですよ。いまでもありますけどね。ぼくの四十年間はその偏見との戦いです。ジャズの本がいろいろあるじゃないですか。ほとんど全部がアメリカのアーティストのことでしょ。どうしても載せなきゃいけないなら、秋吉敏子（p）、渡辺貞夫、日野皓正、せいぜい渡辺香津美（g）に小曽根真（p）、大西順子（p）まで。これだけじゃどうしようもない。

――大学を卒業されてしばらくは薬剤師のお仕事を。

　六三年秋の薬剤師国家試験に合格しました。それで、父の会社を手伝って。当時は右肩上がりの高度経済成長時代だったので、自分の力じゃなくても、普通にやってりゃ倍々ぐらいにはなったんで。

――それでも、その間にジャズを聴いて。

　もちろん、どんどん聴いて。横浜中華街の「ストーク」というピアノ・バー。ここは、週末になると厚木から兵隊が楽器を持ってきてセッションをしていました。松代美智子（vo）や大《だい》由《よし》彰（b）もこの店の出身です。

――「ピットイン」もできたし、その前には「ジャズ・ギャラリー8」や「タロー」があって。そうこうしているうちに、渡辺貞夫さんが留学から帰ってきて。

　帰ってきたのが六十五年の十一月ですか。

――「ピットイン」がライヴを始めるのは六十六年の三月ですから、いずれにしても渡辺貞夫さんが中心になって。そのあとに「ヒノテル（日野皓正）ブーム」が起こる。スリー・ブラインド・マイス（ＴＢＭ）の誕生がそのころですね。一部のミュージシャンにしかスポットライトは当てられていなかったけれど、けっこうテレビで取り上げられたりと、日本のジャズが話題になった時期じゃないですか。そういうタイミングでＴＢＭが立ち上がった。

　「大阪万博」があった七十年、二十九歳のときに友人ふたり（佐賀和光と魚津佳也）に手伝ってもらいながらＴＢＭを創立しました。

――先ほどおっしゃったようなことを高校三年の夏に思って、それから待っていたけれど日本でそういうレコードを作る会社が出てこなかった。

　そうですね。キング・レコードのほかに東芝やテイチクも日本のジャズ・ミュージシャンのレコードは出していました。けれどそういうレコードでは、向こうで受けてこっちでも流行っている曲を基本的にやっていたんです。

――六十年代はアメリカのジャズをコピーする時代でした。その前段があって、七十年にＴＢＭを立ち上げる。既成のレコード会社とは方針がまったく違いました。

オリジナル曲をメインでやろうと考えていました。これまでにレコードを出しているかいないか、あるいは有名か有名じゃないか、そういうことにいっさい関係なく、そのときぼくが興奮するぐらい感動した演奏だけを紹介したいな、と。

そういうわけで、「誰を」とか「なにを」とかではなくて、自分が聴いて感動した音楽しか紹介しないつもりだったんで、プロデューシングはやりたいようにやったということになるんでしょうね。やりたいようにやれるのがオーナー・プロデューサーであり、マイナー・レーベルです。それがあるかないかで、ジャズがどういうふうに発展するかが決まることもある。ここが一番の肝だと思っています。

だから、レコーディングのチャンスがあるひとはやらない。新人だけじゃなくて、ヴェテランでも、「いますごくいいのに、どうしてメジャーが録らないんだろう?」というひとはやりたい。あと、ジャンルは問わない。ディキシーだけとか、そういうことじゃなくて、フリー・ジャズからカクテルラウンジ・ピアノでも、実際に聴いてぼくがジャズとして感動させられるものなら、それを録りたい。それを、一般のジャズ・ファンにわかりやすいように構成して。

山本剛（p）君だったら、「このひとはブルースとバラードだけを聴けばいい」というのがファースト・アルバムの『ミッドナイト・シュガー』（TBM-23）ですよ。売れる売れないは考慮しない。ただし続けたいわけですから、十枚のうち七枚はメインストリームのスウィングする楽しいものを基調に作ろうと。フリー・ジャズが売れなかったら、続けざまにフリー・ジャズをやったら倒産しちゃう。だけど、残りの三枚は半歩でも前に向かっている作品を作りたい。そのくらいのバランス感覚はありました。

——藤井さん個人には好きなタイプのジャズがあるんですか？

タイプはないです。カクテルラウンジ・ピアノでも、「これはすごいな」と思えばやりたいし、フリー・ジャズだって好きですから。

TBM前後の日本のジャズ

——それでも、他社から少しはいいレコードが出始めていました。

TBMを作る前年の六十九年にビクター音楽産業がいい仕事をしましてね。山下洋輔（p）トリオが『ミナのセカンド・テーマ』を出して、あれはよかったんだけど。

——藤井さんとしてはまだ物足りない？

「まだまだいっぱいいるのになあ」というのが実感でした。

——佐藤允彦（p）さんの『パラジウム』（東芝音楽工業／エ

キスプレス）はどう思っていましたか？　あれも発売が六十九年ですけど。

　あれは、どっちかというと好きじゃなかった。それからあのころ、ニューハードが富樫雅彦君と組んで『牡羊座の詩』（日本コロムビア）（七十一年）とか、トーサ（佐藤允彦）と一緒に『邪馬台国』（東芝ＥＭＩ）とか、やっていたでしょ。あれは面白いと思ったけど。

――六十九年にはニューハードが『パースペクティヴ』（日本コロムビア）を出します。このタイトル曲も佐藤さんが書いていて、『スイングジャーナル』誌で「日本ジャズ賞」を獲りました。ぼくは六十五～六年からジャズを聴き始めたんです。それで六十年代末ごろからのめり込んで、新宿に大学があったから「ピットイン」に毎日のように通って。そのころから日本のジャズが変わってきたじゃないですか。それまでのコピーから脱却するようになって……

　じゃあ、ぼくと同じで「ピットイン」の「ニュージャズ・ホール」にも行って。

――よく行っていました。日本のジャズがコピーから脱却してオリジナリティのあるものをやろうという若いミュージシャンがたくさん出てきた時代じゃないですか。そのあたりは、藤井さんのほうがぼく以上に現場にいたからご存じだと思うんですけど。

　オリジナリティということでいうなら、六十八年にテイチクから金井英人のキングス・ロア・オーケストラで『オリジナル』というＬＰが出たんですよ。これに水野修孝（arr）さんが二曲、七《なな》ツ《つ》矢《や》博資《ひろし》さんが一曲、あとは金井さんの曲とかがあって、これでぼくは水野修孝を知ったんです。

　ＴＢＭがスタートした七十年だったかな？　七十一年になっていたかもしれないけれど、金井さんの紹介で水野さんと銀座のバーで会って、話し出したら、とにかく考えていることが同じだった。だから会うたび、深夜まで飲んで語って、「現代音楽の置かれている状況、現代ジャズの置かれている状況はひどいよね」（笑）、「聴いていて自然に体が動いちゃって、声が出ちゃうような作品をいずれ作ろう」と約束をして。それが思ったより早く、七十三年、七十五年と出せました。

――『ジャズ・オーケストラ’73』（ＴＢＭ－１００１）と『ジャズ・オーケストラ’75』（ＴＢＭ－１００４）ですね。メジャー・レーベルでも少しずつ、藤井さんがいいなと思うレコードも出すようになってきていたけれど、それじゃぜんぜん物足りないんで自分でレーベルを作ったということですか？

　物足りないというか、「こういうひとを出さないでなにを聴いているんだろう？」というのが多かったんです。出しても、売り上げを考えて、スタンダードを何曲か散りばめるとか。たとえば峰厚介（ts）君の『峰』（ＴＢＭ－１）にしても今田勝

(p)さんの『ナウ!!』(TBM-2)にしても、すべてミュージシャンのオリジナルだけ。それで一曲が十分ぐらいというようなね。昔の発想では考えられないことをやっていたもんですから。

――レーベルを始める前に、「録りたいな」というひとが何人かはいたんですか?

峰君と今ちゃんは、スタートする前からそう思っていました。それから、金井さん、笠井紀美子(vo)、戸谷重子(vo)、中本マリ(vo)……何人かは知っていましたから。

――そういうひとたちは、レーベルを作ったら録音しようと。

腹づもりはありましたけど、それまでにメジャーが出してくれればそれはそれでいい。メジャーでレコーディングのチャンスがあるひと、専属になっているひとは、ぼくがやる必要ないから。渡辺香津美君なんか十枚以上もつき合ってもらっているけれど、TBMには一枚もリーダー・アルバムがない。

――流れからいけば、どこかの時点でリーダー作を吹き込んでもおかしくはなかった。

香津美でいうなら、『ジャズ・オーケストラ'75』の〈パートⅡ〉とトコ(日野元彦)ちゃんの『流氷』(TBM-61)の〈ニュー・ムーン〉のアドリブが最高だと思っているんですけどね。

TBMがスタート

――TBMを旗揚げするにあたって、具体的に動き出したのはいつごろですか?

具体的もなにも。とにかく資本金だけ三百万円を目標で貯めようと思って。二五歳ぐらいからコツコツやっていたんですが、どうしても七~八十万円足りなかった。そこで父親に話して、「三百万の予算だけど、これだけ足りないんで出してくれないか」と頼んで、出してもらって。それでスタートしたんです。

というのは、LP二枚を作る制作費が、宣伝費も入れると二百数十万はかかるんです。ギャラとスタジオ使用料と広告代と、最低でもそれだけないと最初のレコードが作れない。二千円で千枚。それの七掛けで卸しているから、全部売ってもペイしない。

――じゃあイニシャル・プレスは千枚?

千枚売り切ってもダメですけど、千枚プレスしないことにはしょうがないんで、そうしました。

――毎回二枚ずつ新譜を出していたと記憶していますが。

広告一ページの値段が同じだし、チラシを作るんでもポスターを作るんでも、一枚ずつだと倍かかる。効率を考えて、半分にすれば一枚に対して半額になる(笑)。それで、なるべく四

〜五か月に一度は出したいと考えていました。いまみたいにレコード・センターもなにもない時代ですから、全部自分で持って歩いて、担当者に聴いてもらって。LPを百枚持つと重くてすごいんですよ。夕方までに全部なくなって、ホッとして帰ってくるという状態でした。

——問屋を通さないで、行商ですね。

問屋ということは、「新星堂」とかでしょ。「扱ってくれ」といえば扱ってくれるとは思うけれど、たぶん五掛けになっちゃう。ぜんぜん採算が合わないし、それとジャズが強いわけでもない。ジャズの得意な店、「あそこの店なら誰」とかいうのすらわからないでしょ。ぼくならわかるじゃないですか。そこからスタートしたんです。最初の年はどうだったんだろう？　大きいところばかりですけど、暮れまでで十五軒くらいしか置いてくれなかったと思います。最終的には全国で四百店くらい。

——会社を登記したのがいつかは覚えていますか？

七十年六月九日です。

——TBMの名前はどういう発想から？

三人でスタートすることと、全員がレコード業界はトーシロー（素人《しろうと》）だから、「メクラ蛇に怖じずというか、そういうんでやろうよ」と。スコットランドの童謡集の『マザーグース』に「スリー・ブラインド・マイス」があるのは知っていたし、その曲をやっているアート・ブレイキー（ds）とザ・ジャズ・メッセンジャーズの『スリー・ブラインド・マイス』がユナイテッド・アーティスツから出ているから、ジャズが好きなひとにならわかるだろうと思ったんで。ネズミはねずみ色で嫌だけど、ハツカネズミは真っ白だから、商業主義に毒されずにやっていくにはいいかなと。

それと、たとえば「トゥデイ」だと、「ツデイ」なのか「トウデイ」なのか、表記がわからない。「スリー」「ブラインド」「マイス」なら、全部座りがいいでしょ。「ドット」とか「ビクター」とか、ワン・ワードのレーベル名が多いから、長けりゃ、なんだか知らないけど「長いの」って覚えてくれたら、そのほうがいいかなと思ったんです。

——レーベル名を考えついたのはいつごろですか？

会社を設立しようと決めたときですから、七十年の春ぐらい。

——ほかに候補はなかった？

ないですねえ。ぼくが「それでどうだ？」といったら、ふたりが「ああ、それは面白い」「いいよ、やろうよ」といってくれたんで。

——三人が出会ったのはどういうことで？

高校一年のときですね。あのころの湘南は、広い庭のあるような家で、夏はパーティをやって、演奏もするようなライフ・スタイルがあったんです。魚津君はギターとヴォーカルで、佐賀君はジャズ・ピアノ。

——藤井さんは？

ぼくはブルース・ピアノしかやらなかったから、合わないんです。それに、限られたキーでしかやりたくない。というか、実は転調ができない（笑）。でもブルースのセッションで一緒にやったことがあるかな？　飛び入りで。

そういうところで、お互いにジャズが好きなことがわかってきた。順番に「じゃあ今日はオレのうち」「今日は佐賀のうち」みたいにして。「将来どうしようか？」とか、「いま、核戦争が起きたらどうなるんだろう？」とかをだべっていると、あっという間に夜中になっちゃう。そういう青春でした。

あのころはまだ占領軍の意向が強かったし、若死にしたくないと思っていたんです。「なにも経験しないで死にたくない」から、みんな結婚も早かったんじゃないかな？　「結婚すらしないで死にたくない」とかね。

——みんな同級生？

佐賀君がひとつ上で、魚津君は同級。学校はみんな違う。

——オーナーとプロデューサーは藤井さんですけど、佐賀さんと魚津さんの三人でチームという感じでしょうか。

そうです。

——学校を出て、それぞれが別々の道を歩んでいきますが、そのあともつき合いがあったんですね。

そうです。

——彼らも藤井さんがレーベルを作りたいという気持ちを知っていて。

「いつかと思っていた」と。

——それで「作る」という話になって。

「じゃあ、なにか手伝おう」というから、「給料ないよ」といったら、「どうせ毎日会社に行くわけじゃないんだから」ということで（笑）。

——それでも、それぞれに役割はあったんですか？

商品が入ったときに作業をするのと、あとはアドヴァイスですね。

——実質的にはほぼ百パーセント藤井さんが。

制作に関しては百パーセントやっていました。社員が増えてきてからは、毎月の会議は輪番で議長制にして、その日の題目は全部そのひとが決める。だけど、制作の発表はぼくが独断でやらせてもらうと。

——当時は日本のレコード会社も日本のミュージシャンのレコーディングをそんなにしていないし、実力があってレコーディングのチャンスがないひともいっぱいいたから、選《よ》り取り見取りの感じはあったんですか？

七十三年ぐらいまではね。その年の『スイングジャーナル』誌で「日本ジャズ賞」の一位、二位、三位を全部うちで獲っちゃったでしょ。そうしたら「商売になる」というんで、メジャーが出てくるんですよ。中本マリにしても鈴木勲にしてもみんなそうです。

――山ちゃん（山本剛）なんか、あちこちのレーベルから年に何枚もアルバムを出していた時期があります。

「専属にしないの？」といわれたけれど、専属にしちゃうと、年に二枚なら二枚と決めたら、いいものでも悪いものでもやらなくちゃいけない。だから「それはできない」といいましたけどね。

――ギャラは印税ですか？　それとも買い取り？

ケース・バイ・ケースで。まったく無名の場合は買い取り。だけど、そのひとたちも二枚目からは印税です。わずかとはいえ、ね。ひとによっては、「印税といったってたかが知れているから、一回でまとめてもらったほうがいい」（笑）というひともいるんです。みんな、生活が厳しいから。

――藤井さんとしては、レーベルを始めた時点でこんなに長く続くと思っていたんですか？

ＣＤなんていうものができるとさえ思っていなかったから、ＬＰがなくなるはずがないと。だから、「細々とでもできればいい」とは思っていました。ただ、七十八年ごろかな？　会社を八年ぐらいやった時点で、「いちおう役割は果たせたんじゃないかな」とは思いました。つまり、ＴＢＭ以外にも日本のアーティストを取り上げるレーベルがたくさん出てきましたから。でも純粋な日本人の、しかも無名に近いミュージシャンは、自分でやるしかなかったとは思うけれど。

――それはすごい大冒険というか、誰もやらなかったことですから。

そうです。

内容、録音、デザインの三拍子が揃う

――プロデューサーといっても、経験はないですよね。たとえばスタジオはどうするか、エンジニアはどうするか、ミュージシャンとも交渉しないといけないし。

まったく経験なしで、とにかく「こうしたい」というのをミュージシャンに話して、ＯＫを取ったら、スタジオをリザーヴして。

――ＴＢＭを始めるにあたって、「やめたほうがいいよ」といわれたこともあるんですか？

真っ先に『ダンスと音楽』の編集長だった榛名静男さんに相談しました。偶然、行きつけのバーに榛名さんも来ていたので、年中顔は合わせていたんです。でも、話をするようになるまで三～四年（笑）はかかったかな？　そのうちに親しくなって、音楽に限らず、文化、政治、いろんな話題で飲んでいたんです。

それで「やろう」と決めたときに、榛名さんに「油井（正一）先生に紹介願いたい」と。「油井先生はご自分でもロックウェルというレーベルをおやりになっていたので、ぼくもそういう形でやりたいと思うんです」といったら、榛名さんは、「やめたほうがいいと思うよ。必ずミュージシャンに裏切られて、泣きを見るから。ぼくも長い間いろんなお手伝いをしてきたけれど、やってよかったことのほうが少ない」。でも熱意は買ってくださって、油井先生に手紙を書いていただきました。

　油井先生ともそのバーで会って、「これこれこうだ」といったら、「それはおやめになったほうがいい。ぼくも岩味潔（レコーディング・エンジニア）君とやったけれど、二枚か三枚か出して、ほとほと疲れ果てて、手を引いたんだ」と。「だけど藤井さん、やめる気はないんでしょ？」というから、「決心はしているんです」といったら、「じゃあ、おやんなさい。あなたは骨相がいいから成功するよ」（笑）。油井先生は骨相を見るんですね。「骨相を見てね、だいたいどういうひとかわかる」とおっしゃっていました。

――エンジニアの神成芳彦さんを紹介してくれたのが油井先生でしたっけ？

　そう。最初の録音は、「アオイ・スタジオ」がたまたま空いていたから「そこで録る」といったら、「アオイ・スタジオだったら、この前ビクターで宮沢昭の『いわな』を入れたときにやってもらった神成君という若いのがすごくよかった」というんで。それが神成芳彦さんでした。

　スケジュールを見たらチーフ・エンジニアが大河原克夫さんで、アシスタントにたまたま神成さんの名前が入っていたんです。大河原さんもよかったけれど、「それじゃ、次から神成さんを指名しよう」ということで、五日か六日後に入れた二枚目の今田勝さんのときは神成さんにお願いしました。そうしたら、そのアルバム（『ナウ‼』）が『ステレオ・サウンド』誌の「録音グランプリ」で〈金賞〉をいただいて、「ああ、やっぱりすごいんだ」と思いました。以後は神成さんの都合がつくときは彼でいく、と。

――ぼくのイメージとして、ＴＢＭはプロデューサーの藤井武さんと録音の神成芳彦さんとデザイナーの西沢勉さん、この三人のことだと思っていたんです。

　そうじゃなくて、さっきもお話ししたように、高校時代からのジャズ仲間のことなんです。

――ジャケットのデザイナーはどうやって決めたんですか？

　佐賀君の友人に絵描きさんがいて、峰君と今田さんの最初のアルバムをなんの条件もつけずにお願いしたら、峰君のは顔のジャケット、今田さんのは写真のコラージュみたいのができてきて、「わあ、これは面白いな」と。それが西沢勉さんで、あとはずっとお願いすることに。

——ということは、最初からプロデュースが藤井さん、エンジニアが神成さん、ジャケット・デザインが西沢さんでやられるようになった。

たまたまですけどね。

——一作目を峰さんに決めた理由は？

佐賀君の本業は建築屋ですが、彼がピアノも弾いていて、村上寛（ds）君なんかとつき合いがあったんです。そこから村上君の伝手《つて》で峰君を紹介してもらいました。一番活きいきしているアルト・サックスが峰君だったんで、「やりたいなあ」と思っていたんですよ。

——今田勝さんは？

今田さんは、その年のたしか三月に「紀伊國屋ホール」でリサイタルがありまして、これがすごくよかったんです。それで楽屋に飛んで行って、「実は今度こういうものをやろうとしているけれど、できたらつき合ってくれないか？」といって、決めました。

日本のジャズにこだわりながらも

——外国のミュージシャンで藤井さんの好きなひとを何人か挙げてもらえますか？

『ビッチズ・ブリュー』（コロムビア）以前のマイルス・デイヴィスは好きです。あとは、『ゴールデン・サークルのオーネット・コールマン』（ブルーノート）のコールマン（as）。それから、初期のホレス・シルヴァー・クインテット時代のホレス（p）ですね。ジョン・コルトレーン（ts）もインパルスの初期……『至上の愛』の前まではよかったけど。だから『ライヴ・アット・ザ・ヴィレッジ・ヴァンガード』でしたっけ？ 長いブルースの〈チェイシン・ザ・トレーン〉が入っているレコード、あれが一番好きかなあ？

——あれだって、かなりフリー・ジャズ的なところがあります。

でも、基調はブルースだから。あとは、「これが聴きたい」というのを作ってきたから、そっちを聴いちゃう（笑）。

——率直なところ、ＴＢＭの作品には満足している？

大半は、ですね。大分で七十年代から続いている「湯布院映画祭」というのがあって、マキノ雅弘先生があるときの講演で、「日本の映画は情緒がある点で海外のものとは違うから、日本の映画だけを観ていればいいんです」と、お話をされた。ぼくは、それがジャズもまったく同じと思っているわけ。

六十年代にフリー・ジャズが出てきて、ヨーロッパでも日本でもあちこちで、油井先生がいうところの、「それぞれの国で自分たちのジャズはこうだ」という動きがあったでしょ。油井先生は「ジャズ・ナショナリズム」といっていたかな？ 「ジャズ・ナショナリズム」が台頭してきたちょうどそのときに、

「日本にはＴＢＭがある」という紹介をしてくださったけれど、たしかにそれはいえると思うんです。

——日本にＴＢＭがあって、ドイツにエンヤ・レコードがあって、デンマークにスティープルチェイスがあってと、ヨーロッパのあちこちに個人運営のレーベルができてきた。

ただ、スティープルチェイスもそのひとつですが、彼（オーナーのニルス・ウインター）もやっぱりアメリカのアーティストを録音しているんですよ。コペンハーゲンのアーティストをやっているわけじゃない。「これじゃあ、いつまで経っても日本の評論家の視点と同じだなあ」と、ぼくは思ちゃうんだけれど。

ぼくは「日本人にとってのジャズ」という視点で捉えていましたので。フリー・ジャズでも、山下洋輔君のフリーには情緒があるんです。シナプスのさがゆき（vo）ちゃんのヴォイスも、そう。ウィーン・アート・アンサンブルにローレン・ニュートン（vo）が入った最初のＬＰ（Extraplatte から発表された『Tango from Obango』のこと）が七十九年に出たのかな？　それを買って、「わあ、こんな歌の捉え方があるんだ」と思ってびっくりしました。だけど彼女がゆきちゃんと共演したのを聴くと、ここ（ハート）にくるものがゆきちゃんのとは違う。やっぱり情緒があるのね。そこが外国人との決定的な違いです。ローレンの歌はメカニックに聴こえる。美しくて情緒があるのが日本文化の特徴です。

——それでは具体的にいきますけど、最初が『峰』と『ナウ!!』。これが同時発売で、出たのが……

八月に録音して、寝かせておく余裕がないから、発売が九月二十日です。

——次のレコーディングをする資金は、売ったお金で作ったんですか？

その段階ではまだ回収できていません。だから3番（『植松孝夫／デビュー』）と4番（『峰厚介／セカンド・アルバム』）はすぐその秋に録音したけれど（どちらも十一月）、ニッポン放送のスタジオを安く借りて。ジャズの好きなニッポン放送の局員に「安くしてくれない？」といって（笑）。そういうことはずいぶんやりました。

——峰さんの作品は立て続けに出ました。

一作目の『峰』は今井尚（tb）と市川秀男（p）で、『セカンド・アルバム』は増尾好秋（g）とチンさん（鈴木良雄）（b）とで。

——『セカンド・アルバム』は一枚目が出た直後、つまり『峰』が売れるか売れないかわからない時点で吹き込んでいます。ということは、峰さんにはかなりの思い入れがあった？

コーちゃんはすごくよかったからねえ。市川君もすごくよかったけれど、秋口ぐらいに増尾君が入って、ガラッと音楽が変わったんです。それで、そっちも録ろうと。

――一般的な感覚からいけば、普通は少し間を開けませんか？

それはそうだけど、あとのことが読めないですから。

――5番のアルバート・マンゲルスドルフ（tb）は「ＤＵＧ」でライヴを録って。

これは中平穂積さんの紹介で、エンヤのホルスト・ウェーバー（プロデューサー）から電話がかかってきたのかな？「いま、ジャーマン・オールスターズでマンゲルスドルフのカルテットが来ている。どうしてもやりたいレコーディングがあるんで、一緒にやらないか？」という話で。

それで、「アルバートがなにをやりたいのかわかれば、やってもいい」ということで、中平さんと三人で話をして。「厚生年金会館ホール」のコンサートが終わったあとに中平さんの「ＤＵＧ」でライヴはやることが決まっていたので、それを録ろうと。そういうことにしたんですが、とにかく日にちがない。すぐに神成君を手配して。

打ち合わせをしたら、「練習ではしていたけど、マウスピースで効果音を出したりするのはレコーディングでやったことがない。そういう奇妙なことをやってもいいか？」。ぼくはびっくりすること、奇妙なこと、荘厳で美しいこと、こういうことを常に求めているんで、「ぜひやってくれ」。それで録音したんです。

――だけど、日本のミュージシャンのレーベルにしようと思っていたわけですから、抵抗はなかったんですか？

ぼくがニューヨークに住んでいればニューヨークのミュージシャンを録るように、東京に来て話す機会があって、気持ちがわかれば、外国のミュージシャンでもそれは同じことですから。

7番のアラン・プラスキン（as）は、金井さんから紹介されて。「ピットイン」で日野君のところや菊地（雅章）さんのところで、飛び入りでやっていて。その週末にぼくの家に泊まったので、翌日、鎌倉を案内しながら、「この次、東京に来たら録音したい」といったら、「自分は兵隊だから、もう休暇がなくて、アメリカに軍用機で帰っちゃう。だからこの数日しか夢のような時間はない」というんです。どうしても彼を録りたかったから、「じゃあ日野君のリズム・セクションでどうだ？」といって。それでスタジオを慌てて押さえて、一発録りで。

初期の作品群

――金井さんや高柳さんは「銀巴里」時代からの知り合いで。

六十一年からの知り合いです。

――だからレコード会社を作ったら彼らの作品も、と。彼らのレコードはほとんど出ていない状態でしたし。

これ（『銀巴里セッション』）も四曲のうち一曲は高柳さんを

フィーチャーしているんですよ。

――TBMはこの六十三年のセッションを七十二年に発売しました。どういう経緯で出すことになったんですか？

その年の三月に大学を出て、春の国家試験を受けなかったので暇だったんです。それであの夜のセッションを聴きに行ったら内田先生がいて、マイクをセットして録音している。それが遠くから見えました。だけど向こうは大先輩ですから、声もかけられない。そんな状態で、隅で聴いていたんですが、録っていたのは知っていました。

――その場に居合わせたんですね！

まさしくその日です。それで明け方の五時近くに〈グリーン・スリーヴス〉を高柳さんが弾いて、それが終わったあと、菊地雅章さんがソロ・ピアノで締め括って。それをやっている間に、お勘定をしたりしてみんなパラパラと帰っていく。ぼくは最後までいて、それからどうしたかな？　そうだ、横浜まで車で帰ったんだ。クラウンのポンコツで。

――『銀巴里セッション』に収録されているのは、午後のセッションではなくて、朝までやっていた夜中のセッションですね。

毎週やっていた金曜午後のセッションはガラガラでしたが、こちらは通路まで座り込んじゃうくらい毎回いっぱいだった記憶があります。

――そういうライヴを内田先生が録音していた。

それで、「これはいつか発表しないと日本のジャズにとっての損失になる」と思い、先生に相談したら、「じゃあレコードに入れるミュージシャンが十人なら十人全員の了承を取って、均等割りでいいからお金を払ってくれれば、音源を喜んで提供します」ということだったんで、全員を回って、「ひとり五万円ずつしか払えなくて申しわけないけれど、了承してくれ」ということで、出したんです。

――このアルバムが出たときはそうとうな反響を呼んだと記憶していますが。

そうでもないです。せいぜいが二千枚だったんじゃないかなあ？

――でも、二千枚だったらまあまあ？

それまででは、ですね。最初にそれだけ出たのは……、ああ、笠井ケメコ（笠井紀美子）の『イエロー・カーカス・イン・ザ・ブルー』（TBM-8）がちょっと出たかな？　人気があったから。

――でも、彼女のアルバムは難解ですよね。

二曲は峰厚介カルテットだけの演奏で。歌といっても、菊地雅章が書いた〈イエロー・カーカス・イン・ザ・ブルー〉（作詞は笠井紀美子）ですし（笑）。

――難解だけど売れました？

ケメコの人気で、そこそこは売れました。

峰 厚介（右は増尾好秋）

——『銀巴里セッション』の続編を出すつもりはなかった？

なかったですね。というのは、これ以外では鈴木孝二のアルトが入っている演奏が、まあ入れられたら入れたいなという程度で。あのレコードは、高柳昌行が弾いた〈グリーン・スリーヴス〉のアドリブのためだけに作ったようなものですよ。ただし、「そのときに一緒にやっていたよ」というんで、山下洋輔、日野皓正、菊地雅章はそれぞれ一番初めのレコーディングとして残るだろうと。「あ、若いころはこんなことをやっていたんだ」というのを伝えたいと思ったんで。それと、「こうやって一緒に研鑽してきた若手が、いまどんどん花開いてきている」ということをジャズ・ファンにわかってほしかったんです。

——和田直（g）さんは東京のひとじゃないですが。

名古屋です。ワンちゃんのプレイはいつごろから知っているんだろう？　ＴＢＭを始めるより前に、彼がやっている「ココ」という店にも行っているし。名古屋は、内田先生が「ヤマハ・ジャズ・クラブ」の例会をやっていたから、うちで録音したアーティストは必ずのように呼んでもらいました。それにぼくも行って、夜はワンちゃんのところ、というコースだったんです。デューク・エリントン（p）のオーケストラが来たときなんか、ポール・ゴンザルヴェス（ts）が酔っ払って、ドラム・セットにひっくり返ったとか、そういうのも目撃しています。

——宮本直介（b）さんも関西。

直ちゃんも、そうです。

——ビッグ・フォアのメンバーで、東京にしばらくいたんですよね。

それはほんのわずかじゃないかな？　あとは遊びというか、オマスズと一緒に、道場荒らし（笑）じゃないけれど、「やらせろ」といってセッションに飛び入りして。

——その時期に藤井さんは知り合って。

そうです。それと、やっぱり関西のレコード店を訪ねますから、せっかくあっちに行ったら何軒か、たとえば大阪で三軒回ったら、明日は神戸と京都を回って帰ろうとか、一泊するじゃないですか。夜がもったいないから、古谷充（vo as）さんが出ていればそこにも行くし、宮本さんが出ていればそこにも行くという感じで。

——それで関西系のひとのレコードもあるんですね。

そうです。

——中村照夫（b）さんの『ユニコーン』（TBM-18）は売り込みですか？

これは照夫が日本で出したくて、マスターテープを持って東京に来たんですよ。それでレコード会社をあっちこっち回ったけれど、全部ダメで。いよいよ「翌日はニューヨークに帰らなきゃ」という最後に電話がかかってきて。「いろいろ話すより、音を聴かせてよ」。それでぼくのところに来て、当時だからカセットですよ。聴いたらスティーヴ・グロスマン（ts）にしろ、まったく無名だったけれど、みんな生きいきしているんです。

それで、「わあすごいな、これやろうか」となった。ニューヨークで録っているんで、ノイズリダクションにdbxを使っていたんですが、日本ではまだ売られてなかった。その年（七十三年）の九月ぐらいに売り出すというんで、それが入ってからじゃないと出せない。それで数か月待って、dbxを一番に使わせてもらって（笑）。

――ジョージ大塚（ds）さんはタクトからすでに何枚かアルバムを出していましたが。

タクトはトリオ編成でしょ。このときは初めて大野俊三（tp）と山口真文（ts）を入れたクインテットで、「わあ、面白い」というんで、録音したんですけどね。

――それが最初に出した『ゴー・オン』（TBM-13）。

ジョージさんのところには、山口君の前に植松孝夫（ts）君がいっとき入っていたんです。そのときの植松君のプレイがよかったんで、TBMの三枚目は彼のリーダー作にしました。

――『デビュー』（TBM-3）ですね。ジョージさんのバンドで聴いてよかったからリーダー作を作ったんだ。

タイコはジョージさんにつき合ってもらったと思います。一回か二回しか聴いていないけれど、「おそろしくすごいテナーが出てきたな」と思ったんですね。

――ぼくも、「よくぞ作ってくれたなあ」と思いましたし、いまになって、なおさらそう思います。そうか、ジョージさん絡みだったんだ。

そうなんです。

TBMのヒット作

――それで、15番目の『ブロー・アップ』（TBM-15）で鈴木勲さんが出てきますけれど、鈴木さんは「銀巴里」で聴いて、知っていた。

挨拶したわけじゃないですが、初めは例の六十三年六月の「銀巴里」セッション。あのときに鈴木勲さんがチェロを抱えてやって来て、〈キャット・ウォーク〉を弾いたんです。彼がチェロを弾くのはそこで初めて観ました。

そのあとは、評論家のいソノてルヲさんが自由が丘でやっていた「ファイヴ・スポット」のハウス・バンドのリーダーになったんで、行くたびに会っていました。「ファイヴ・スポット」へは、レコード会社の社長の中でぼくがダントツで行っていましたから（笑）。

――鈴木勲さんはアート・ブレイキーのザ・ジャズ・メッセンジャーズでアメリカに行って（七十年）、戻ってきてこのレコーディングをされました。

『ブロー・アップ』は七十三年三月の録音ですが、この年の十月に三木道朗さんが「ミスティ」を六本木でオープンさせて、ピアノのスガちゃん（菅野邦彦）が最初にハコで入るんです。翌年の一月一日《いっぴ》からは山本剛君が入るんだけど。

この作品では「とにかく鈴木さんをフィーチャーしたい」。これが理由でしたが、ぼくにはもうひとつ隠れた夢がありまして。それが名人、菅野邦彦を紹介すること。このメンバー、菅野邦彦、鈴木勲、ジョージ大塚は、菅野さんが学習院大学を卒業して最初に組んだピアノ・トリオなんです。その後、トニー・スコット（cl）がこっちに来ていたときのリズム・セクションを三人でやって、二年で終わったあと、そのまんま松本英彦（ts）カルテットのリズム隊になったんです。

――どういうわけか、菅野さんはレコーディングになると本領が発揮できない。

とにかく繊細でガラス細工みたいなひとなんです。お兄さまで録音エンジニアの菅野沖彦先生がやった録音でも、硬くなって、演奏が白い。ライヴでのご機嫌なノリが出せない。それで鈴木さんのアルバムにもかかわらず、二曲は実質的に菅野トリオで録音しました。それなら彼もリラックスできるのでは？と考えたんです。

――これが鈴木さんの初リーダー作になりました。レコーディングは、実質的には菅野邦彦トリオの演奏も含むということで。鈴木さんとの間で話はすぐにまとまったんですか？

まとまりました。それで、「オレがチェロのときはゴンさん（水橋孝）のベースでどうか？」と。

――じゃあ音楽的にもメンバー的にも問題はなかったと。出した直後はとくに売れたわけではないんですよね。

売れるようになったのは、賞を獲ってからです。

――アルバムが出た次の年の『スイングジャーナル』誌でした。

七十三年度の賞ですから、七十四年一月の発表ですね。

――先ほどもお話に出ましたが、その年の「日本ジャズ賞」ではＴＢＭが三位まで独占してしまった。

一位が『ブロー・アップ』で二位が『日野皓正ライヴ』（ＴＢＭ-17）、三位が水野修孝の『ジャズ・オーケストラ'73』。

――ついでに補足すると、『福村博／モーニング・フライト』（ＴＢＭ-19）が録音賞の第二位。これでＴＢＭが大注目されます。

『日野皓正ライヴ』はヨーロッパ・ツアーをする前のコンサートですね。メジャー各社にマネージャーが相談しに行ったけれど、どこも「昔の『ハイノロジー』（日本コロムビア＝タクト）みたいのならいいけれど、これはフリー・ジャズすぎて」といわれたみたいです。それで、「藤井さんやってよ」「思い切ったことをしてくれるならいいよ」といって、思い切ったことをしてもらったんです（笑）。

鈴木 勲

——TBMで一番売れたのが山本剛さんの『ミスティ』（TBM－30）でしたっけ？

そうです。『ミッドナイト・シュガー』が七十四年三月の録音で、評判がよかったんで同じ年の八月に『ミスティ』を録音したんです。ただし、マイクのアレンジはまったく変えて、ね。『ミッドナイト・シュガー』はノイマンを使って、『ミスティ』はエレクトロヴォイスのRE20。ベース・ドラムによく使うあれです。

それで、音も演奏もぼくは『ミッドナイト・シュガー』のほうがいいと思っているんです。だけど、『ミスティ』のほうに知っている曲が多いでしょ？　だから『ミスティ』が『スイングジャーナル』誌の「録音賞」（七十四年度）では一位で、『ミッドナイト・シュガー』は三位だったんです。その後のXRCD時代になって、海外のハイエンド・ショウに行くでしょ。そうすると、名札を胸につけているから、向こうからぼくの名前を見て挨拶してきたひとの半分くらいは、「これが自分のリファレンスだ」といって『ミッドナイト・シュガー』のLPを持っているんです。音がいいのと、ノルから（笑）。だから海外では『ミッドナイト・シュガー』のほうが売れましたけど。海外で通用したということは、ぼくの感覚は間違っていない証拠のひとつになっているわけです。

——藤井さんのポリシーが、日本のジャズを作って海外でも売れれば、「日本のジャズは本物と認めてもらえたことになる」ですからね。そうすると、トータルで一番売れたのが『ミスティ』で……

二番目が鈴木勲さんの『ブロー・アップ』。これら二枚がずば抜けています。いまだに売れていますし。

——その山本剛さんとは、どういうふうにして知り合ったんですか？

山本君とは、彼が「ミスティ」に出るようになった少し前ですね。「ミスティ」に出るようになったのが七十四年一月からで、その前は「ロブロイ」やまだ南青山にあった「ミスティ」などで何回か聴いています。

——そのときは、「これは当たるな」って予感がありましたか？

ファースト・アルバムが例の『ミッドナイト・シュガー』ですけど、これでおわかりのとおり、彼の魅力はブルース・プレイとバラード・プレイですよ。だからこのアルバムに入っているのはブルースとバラードだけ。新人で無名にもかかわらず、一曲目がオリジナルのスロー・ブルースで、しかも十三分ほどかかる。普通なら知っているブルースの曲を入れるのが常道です。「売る気があるのか？」といわれちゃうかもしれないけれど、これが彼の本質だと思うから、その形でどうしても出したかった。ですから、売れるかどうかという質問なら、そういうことは考えずにレコーディングした、というのが実際のところです。

――そのへんが個人レーベルの強みですね。

やりたいようにやれますから。

――これら二枚で軌道に乗れた。

ＴＢＭを七十年に始めて、ぼくとしてはどんなことがあっても三年間は黒字にならないと思っていました。それで四年目の七十三年に出した『ブロー・アップ』が『スイングジャーナル』誌の「日本ジャズ賞」をいただき、その翌年に『ミスティ』が「録音賞」をいただいて、ようやくしのげるようになったんです。

――軌道に乗ったと。でも儲けるつもりで始めたわけじゃない。

そうです。どう計算しても、商業主義をいっさい排したジャズ専門のマイナー・レーベルでは成功する理由がまったく見当たらない。「でもやりたい！」。常識は覆さないとしょうがないと思ったんで。それでお給料をいただけるようになったのがそのころですが、きっかけが『ブロー・アップ』。

「5デイズ・イン・ジャズ」

――「5デイズ・イン・ジャズ」コンサートを始めたのも七十四年から。

そうです。七十四、五、六、七年の四年間です。

――銀座の「ヤマハ・ホール」でやったのは覚えているんですが、最初は違いました。

七十四年と五年は「都市センター・ホール」で、そのあとが「ヤマハ・ホール」です。あれは、本当に良心的なコンサートで。

――チケットが安かった。

七十四年で、あれだけのメンツ（和田直カルテット&クインテット、菅野邦彦トリオ＋1、森剣治＋市川秀男トリオ、水橋孝カルテット＋2、ジョージ大塚クインテット、山本剛トリオ＋2他）で、しかも毎晩違う出し物。それで六百円だもの。最初からえらい赤字になりました（笑）。ただ、ぼくとしてはお礼のつもりだったんですよ。なんとか三年もったと。三年もつかどうか、四年はもたせたいなと。だから、五年目ですね。お礼をするなら「ジャズの真髄は生《なま》」といい続けてきたから、「聴きに来てよ」という祈りを込めて六百円にしたけれど、客席はスカスカだったねえ（笑）。

――ぼくも会場で「もったいないなあ」と思っていました（笑）。

ほんとにガッカリしちゃった。

――「5デイズ」ではライヴ・レコーディングもしました。あれは全部録ったんですか？

全部録りました。

――じゃあ、出ていないものもある？

もちろんあります。

——そのテープはどうなったんですか？

その中の中村誠一（ts）クインテットによる演奏（七十四年三月に開催された「5デイズ」で収録）は一昨年（二〇一四年）、『ザ・ボス』（コンバック・コーポレーション）として出しました。あれはちゃんと使えるのがわかっていたから。なんであのときに出さなかったのかというと、誠一のファースト・アルバム（『ファースト・コンタクト』）が七十三年十二月に青山の「ロブロイ」で録ったライヴなんですが、それが翌年の春にキングから出るというんで、それならうちは遠慮しようと。「ロブロイ」は、ママが遠藤瓔《よう》子《こ》で旦那が安部譲二なもんですから、昔から知っている。それで、せっかく「ロブロイ」で録ったファースト・アルバムにケチをつけたくないなと思って。音はこっちのほうがいいと思っていたけれど（笑）、時期が重なるのでオクラにしたんです。

オクラにしちゃって、翌年（七十五年）『アドヴェンチャー・イン・マイ・ドリーム』（ＴＢＭ-53）というスタジオ録音盤を出したんで、「5デイズ」のライヴはころっと忘れていた（笑）。それでテープ整理をしていたら、「あれ!?　こんなのが出てきた」と思って、聴いたらいいんだ。それで出したんです。

——ほかにもあるんですか？

あるけど、聴けてない。

——そのテープは藤井さんが持っているんですか？　それともソニーが？

出してないから、全部ぼくが持っています。

——じゃあ将来的に出す可能性はある？

ただテープの状態がね。十年ぐらい前までは、毎年何十万も払ってちゃんとした倉庫で温度と湿度の管理をして、年に一度は巻いて戻してという作業をしていたから完璧だったんです。だけど引き取って十年ぐらいになるから、コンディションが悪いかもしれません。使えるかどうかはわからないけれど、誠一のぐらいだったらいけると思います。あれは、香津美がまだ二十歳、守新治（ds）と田村博（p）が二十一歳。

——いまはみなさんヴェテランになっていますが、サイドマンも含めて新人や若手ばかり。ＴＢＭにはそういうひとが多いですね。

香津美君の場合でいうと、将来売れるのを期待して（笑）、十七歳でリーダー・アルバム（東芝ＥＭＩ／エキスプレスから出た『インフィニット〜渡辺香津美ファースト』）を入れたでしょ。その後が続かなかったじゃないですか。七十四年の三月に、鈴木勲の『ブルー・シティ』（ＴＢＭ-24）を録るときに、井野信義（b）と香津美君は暁星高校の先輩後輩だから一緒に使って。それが香津美君にとってはスタジオで二度目のレコーディングになるんです。それの数日後のセッションが七十四年の「5デイズ」で、誠一のところに加わったもの。

山本 剛

——同じ年の「5デイズ」で菅野邦彦さんの『慕情』（TBM-26）も録音される。

そうです。

——これは名盤中の名盤。

名盤といっていいのかわからないけれど、スガちんのライヴそのものをちゃんと押さえたのはこれぐらいかなと思います。

——レコードでは『慕情』が一番神がかり的なプレイに近いですね。天才の片鱗が出ています。

もっとすごい演奏も知っているけれど、録音しようと思ってできるわけじゃないから。そういうことを考えると、これがベストかもしれません。

ヴォーカルとオーケストラ作品にも名盤が多い

——TBMはコンボ作品が中心だったかもしれません。だけどヴォーカルにもいいアルバムがいろいろありましたし、いいシンガーをたくさん紹介してくれました。それからオーケストラ作品も多かったですね。

ヴォーカルでは、中本マリのデビュー作『アンフォゲタブル』（TBM-21）とかもありますけど、笈田敏夫さんと水島早苗さん、このふたりのファースト・アルバムを制作したことは自慢ができます。

——『水島早苗ユーヴ・ガット・ア・フレンド』（TBM-50）と『笈田敏夫／ヴェリー・グッド・イヤー』（TBM-64）ですね。水島さんにしても笈田さんにしても、キャリアは長かったけれど、なぜかアルバム単位での吹き込みがなかった。

水島先生は一九三二年から溜池の「フロリダ」で専属シンガーとしてジャズを歌ってこられた方で、『ユーヴ・ガット・ア・フレンド』を録音したのが七十五年、彼女が六十五歳のときです。

ぼくが水島先生の歌を最初に聴いたのは、彼女が五十歳になっていた六十年の「ブルースの誕生」ですから。それまでは聴いたことがなかった。だけど、「わあ、こういうことをやっているひとがいるんだ」と思って、それから注目して。そうしたら、戸谷（重子）さんも「水島ヴォーカル研究所」を出たというし、マーサ三宅さんもそうだというんで。「そんなにすごいんだ」と思って。だけどいつまで経ってもアルバムが出ないから、水島先生が六十五歳のときに『ユーヴ・ガット・ア・フレンド』を録音したんです。

その録音はけっこう気張ってやりました。アルバムではタイトル曲の〈ユーヴ・ガット・ア・フレンド〉やビートルズの〈イエスタデイ〉など、新しい曲が三曲ありまして、その新しい曲では市川秀男君のトリオのほかにアンサンブルを加えて8ビートでやりました。

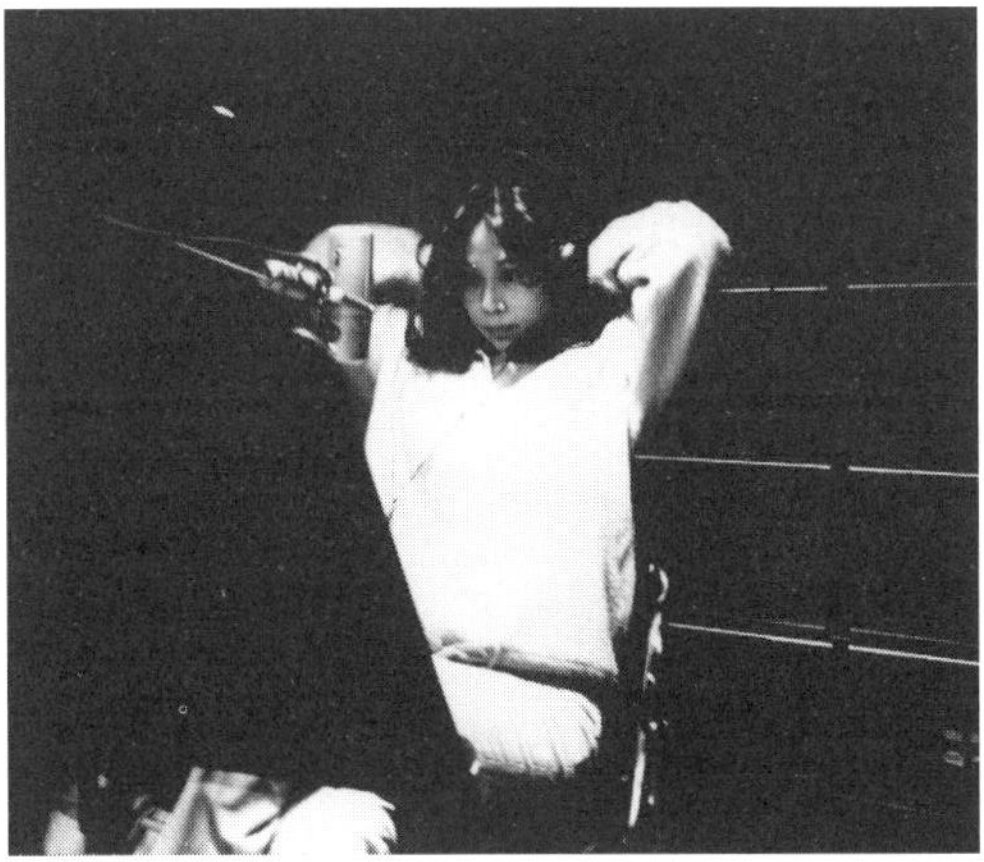

中本マリ

水島早苗

後藤芳子

――大御所中の大御所が新しい曲をやったということで、あのときは大きな話題になりました。

日本のジャズ・ヴォーカル界の母的存在だったですからね。

――続編を作る予定はなかったんですか？

翌年、ビクターがあと追いで録音してくれたんですよ（『サタデイ・ナイト&サンデイ・モーニング』）。それで亡くなっちゃったから。

――お元気だったら。

もう少しゴスペル・ライクなものを作りたかったですね。

――ＴＢＭは若いアーティストを中心に作品を作っていました。けれど、ジャズ界の財産みたいな方の作品もいろいろあります。

どうしても残しておきたかったんです。水島先生のお葬式では、そのＬＰからテープに落としたものをエンドレスで流して見送ったんです。

――ビクターといえば、森山浩二（vo）さんと中本マリさんもＴＢＭから移りました。

そうです。中本マリは七十七年に移って、七十九年の『アフロディーテの祈り』だったかな？

――あのアレンジが三木敏悟さんで。

ロンドンでレコーディングしていますよね。

――ＴＢＭでは、七十三年の『アンフォゲタブル』が最初で、七十四年に『リトル・ガール・ブルー』（ＴＢＭ-33）、このバックが横内章次（g）トリオとオルガンの田代ユリさん。

そうでした。その次が七十五年に入れた『マリ・ナカモトⅢ』（ＴＢＭ-56）。これは渡辺香津美君とオマスズ（鈴木勲）のデュオがバックです。七十六年の「5デイズ・イン・ジャズ』から『シゲコ&マリ』（ＴＢＭ-71）。これは戸谷重子の弾き語りと、中本マリはバックが山本剛トリオで。このときのライヴでは、山ちゃんのトリオによる『サマータイム』（ＴＢＭ-69）も出しました。それで最後が七十七年の『マリ』（ＴＢＭ-３００５）。これは曲によって横章（横内章次）のギターから、管を入れたセクステットまでのバックも面白い。

――ヴォーカル・アルバムは売れるものですか？

女性ヴォーカルはそこそこ売れました。男性ヴォーカルはダメ。それからオーケストラもダメ。

――オーケストラの録音にはお金がかかりますよね。

お金はかかるし、「これだけすごいことをやって、なんでわかってくれないの？」ですよ。だけどファンの人口自体は多いんです。買わないファンがね（笑）。

――アマチュアでやっているひとがいっぱいいるから。

でも、自分たちが真似できないような音はダメ。カウント・ベイシー（ｐ）のスタンダード物だったら買ってくれるのに、コンテンポラリーなアプローチだとぜんぜん売れない。

——だけどそういうものを作っちゃう（笑）。

ぼくが聴きたいからね。

——けっこう作っていますね。

ニューハードだって、なんだかんだいって八枚作っていますから。山木幸三郎（g）さんの曲集も二枚出しているし。みんな地味で売れない。悔しかったねえ、本当に。

——単独で四枚と、ほかに水野修孝さんの『ジャズ・オーケストラ'73』『同'75』『水野修孝の世界』（TBM-70）、歌伴で細川綾子さんの『コール・ミー』（TBM-5013）があります。

ニューハードは七十四年の「モンタレイ・ジャズ・フェスティヴァル」に出演して、帰って二日目に「モンタレイ」のプログラムをそっくりそのまま録音したんです。それが最初の作品になった『ニューハード』（TBM-32）。だから、「モンタレイ」をそのレコーディングのリハーサル会場に使ったようなもので（笑）。

——「モンタレイ」のライヴはカセット・テープで録音したものがトリオから出ています（『モンタレイのニューハード』）。

それよりTBM盤のほうが音はぜんぜんいい。

音はいいし、演奏は生きているし。

——『ジャズ・オーケストラ'75』がCD化されたときには、ボーナス・トラックとして一曲ライヴが入りました。あれは「5デイズ」で残された演奏。

七十六年の「5デイズ」からで、アルバムでいうと『水野修孝の世界』に入っていた演奏です。LPで出した『ジャズ・オーケストラ'75』は理想的なカッティングをしたかったんで、片面を十五分と決めたんです。だから〈パート1〉が十四分何十秒かで、〈パート2〉が十五分ゼロゼロ秒。足して二十九分半しかない。ところが〈パート2〉のライヴ・ヴァージョンは、誠一と香津美が延々とソロをやったものだから二十七分かかっている。書かれたパートは同じですけど、アドリブ・パートが倍近くになっちゃった。そこがまたジャズの面白いところで（笑）。

——67番の『サンデイ・シング』はニューハードで、68番の『ガット・ザ・スピリット』は高橋達也（ts）と東京ユニオンの作品。日本を代表するオーケストラによるアルバムを同時に出しています。

ニューハードのは山木幸三郎作品集でスタジオ録音。東京ユニオンのは七十六年の「5デイズ・イン・ジャズ」のライヴです。

——この時期になるとオーケストラ作品の比率も増えてきました。それで、TBMのオーケストラ作品といえば三木敏悟（arr con）さんのインナー・ギャラクシー・オーケストラ。

三木敏悟がヨーロッパとアメリカで学んで帰ってきて初めて入ったのが東京ユニオン。四番サックスでアレンジャー兼務ということで。なにかのコンサートのときに敏悟の曲で〈白夜の悲しみ〉を聴いて、ものすごく感動しました。それで楽屋に行き、「この曲を中心にした組曲を作ってくれ」といって、半年後ぐらいに録音したのが『三木敏悟&高橋達也と東京ユニオン／北欧組曲』（TBM-1005）。これは七十七年度『スイングジャーナル』誌の「ディスク大賞」で「日本ジャズ賞」を獲りました。

それで翌年の一月に、敏悟がインナー・ギャラクシー・オーケストラというリハーサル・バンドを組織して、これには松本英彦（ts）さんだの今田勝さんだの、大御所がいっぱい入りました。名古屋からは森剣治（sax）が来るし、古谷哲也（per）さんなんかも大阪から毎回リハーサルに来るといった具合で。

——編成も普通のオーケストラの倍くらい。

楽器の編成も変わっていて全部で二八人。たまたま前年の「モントルー・ジャズ・フェスティヴァル」に東京ユニオンと中本マリが出たんです。そのときに、クロード・ノブス（フェスティヴァルのプロデューサー）から、「来年は日本のジャズの日（ジャパン・トゥデイ）をやりたい」と話がありまして。そこに敏悟のインナー・ギャラクシー・オーケストラと山本剛トリオを連れていったんですが、ほかにも鬼太鼓座や慶応のライト・ミュージック・ソサエティも一緒に行きました。「カジノ」という広いホールでやって、トリを取ったのがインナー・ギャラクシー・オーケストラ。そこにリチャード・デイヴィス（b）、ジョン・ファディス（tp）、ボブ・ブルックマイヤー（vtb）、ジョー・ベック（g）がゲストで加わって。夜の十時から〇時半ぐらいまで、立錐の余地もなくて、すごかったです。そのときは、最初のアルバム『北欧組曲』から〈シベリウスの遺言〉もやりました。

——そのライヴもTBMは出しています。

はい、『三木敏悟&インナー・ギャラクシー・オーケストラ／モントルー・サイクロン』（TBM(P)-1801／2）です。

——三木さんは独特の雰囲気と作風を持っていますね。

通常の十六人編成では出せないカラフルなサウンドが魅力です。

——三木さんは日本でまったくの無名だったじゃないですか。そのひとの演奏を、しかもオーケストラの四番サックスを聴き、彼の曲を聴いただけでアルバムを作ってしまう。しかもオーケストラはお金がかかるでしょ？　それをやっちゃうところが藤井さんのヴァイタリティですね。

インナー・ギャラクシー・オーケストラは九十一年までポツポツとやっていましたからね。九十一年にオランダの「ノースシー・ジャズ・フェスティヴァル」に出たのが最後で、そのあとにバブルが弾けて、スポンサーがいなくなって、運営ができなくなったんです。余談ですが、二〇一四年に二十三年ぶりに

三木敏悟

水野修孝(右)と森剣治(左)

再開しましたが、リハオケ（リハーサル・オーケストラ）の運営は難しいですね。

注目作が目白押し

――個人的に「よくぞ録った」と思うのがキングス・ロアの作品。

『鳥の歌』（TBM-45）ね。

――金井英人さんもTBMのレコーディングで知られるようになったと思うんですけど。

それでも知られていないな。『Q』（TBM-6）にしても『鳥の歌』にしても、ねえ。『アランフェス協奏曲』（TBM-5012）くらいは知っているひと、多いですけど。金井さんをけっこう聴いているひとからも、「こんなのやっていたの？」といわれるもの。

――中牟礼貞則（g）さんと稲葉國光（b）さんのデュオ作品『カンヴァセイション』（TBM-43）も、中牟礼さんのレコーディングがほとんどなかったから、よくぞ残してくれたと思っています。

これも素晴らしいアルバムだけど。

――あまり売れなかった？

地味ながら、コンスタントに出てはいました。

――このふたりで後藤芳子（vo）さんのバックも。

『ア・タッチ・オブ・ラヴ』（TBM-54）ですね。それは、このあとに録音しました。

――後藤さんはTBM以前にデンオンで何枚かアルバムを録音していましたけど。

はい。少し間が空いて、『デイ・ドリーム』（TBM-40）がTBMでの最初のアルバムですね。ほかで出ないから出しました。

――後藤さんの歌も以前から聴いていたんですか？

聴いていました。年齢がマーサさんや中牟礼さんと同じだから（三十三年生まれ）、キャリアが長い。稲葉ちゃんがひとつ下か。後藤さんは、あの「草月ホール」で八木正生（p）さんが出るときのヴォーカルだったんですよ。

――植田日登美（vo）さんが入った『ブルース・フォー・バード』（TBM-49）も貴重です。彼女はニュー・ミュージックみたいなアルバム『人生はカルナバル』（東芝EMI／エキスプレス）も出しているんですよね。

だけど鳴かず飛ばずで、名古屋に戻って。彼女はスキャットでアドリブを延々とやるのが得意で、このときも（七十五年の「5デイズ・イン・ジャズ」）〈ナウズ・ザ・タイム〉を彼女のスキャット・フィーチャーでやったんですよ。だいたい二十分くらい（笑）。間にアルト・サックスだとかのソロは入るけれど、ヴォーカルだけで十分はやっているな。

――ＴＢＭのイメージからすると超大物なので意外な印象を覚えたんですが、七十六年には『ザ・ビッグ４』（ＴＢＭ―66）も出しています。

亡くなるまでジョージ川口（ds）さんが「ぼくのベストはこれだよ」といってくれた作品です。どこに行っても、「全部オリジナルだから」といってましたが、実は〈ラヴ・フォー・セール〉が入っているんです（笑）。

――そこはジョージさんだから（笑）。カタログ番号でいえばそのアルバムのひとつ前、自分もギターをやっていたんで、横内章次さんの『ブロンド・オン・ザ・ロックス』（ＴＢＭ―65）が出たのも嬉しかった。

ぼくが作るスウィング物では、彼の理解が一番深いから、章ちゃんにはずっとアレンジでお世話になっていたんです。

――横内さんの場合、「歌のない歌謡曲」やムード・ミュージックのアルバムはたくさん出していたけれど、本格的なジャズ・アルバムはほとんどないでしょ？

ないです。

――これともう一枚、『グリーン・スリーヴス』（ＴＢＭ―５０１１）ですか。本格的なジャズ・アルバムはＴＢＭから出したこれら二枚と、中本マリさんの伴奏（『リトル・ガール・ブルー』）ぐらいですから。テレビの「モーニング・ショウ」に出ていたのは覚えていますけど。

横内さんのような実力派にはもっとスポットライトが当たるべきだと思っていました。

――ＴＢＭのカタログは１番からきて、途中で１００１番の『ジャズ・オーケストラ'73』が出てきます。

『ジャズ・オーケストラ'73』は三周年記念で、１００２／３番の『ジョージ大塚／イン・コンサート』は二枚組だから特別番号（１０００番台）になったんです。次の１００４番は『ジャズ・オーケストラ'75』で、これは五周年記念。

――『ジャズ・オーケストラ』の二枚は価格も少し高かったと記憶しています。

両開きのジャケットで解説もたっぷりつけて、三千円だったかな？『ジャズ・オーケストラ'73』が三千枚限定で、『ジャズ・オーケストラ'75』が五千枚限定。五千枚なんて売れるとは思わなかったけれど（笑）、万一売れた場合が困っちゃうんで、いちおうそうして。

――３０００番台もあります。

30インチ・パー・セカンド、つまり76センチ・パー・セカンド＝サンパチ（38センチ）の倍速で回したから音はいい。そういうシリーズですね。

――４０００番台は？

４０００番台はコンテストに優勝したグループの作品。

――このコンテストはＴＢＭが主催で。

そうです。「日本ジャズ・グランプリ」。

――優勝したらＴＢＭからレコード・デビューができるというコンテストで、何回かやりましたね。

二回です。

――５０００番台は？

３０００番台は76センチで回しているから、演奏によっては音が綺麗すぎちゃって。ジャズの場合、必ずしも「音がよければ、いい」ではないんです。ティー＆カンパニー（ＴＢＭ−５００４ ５００６ ５００８）は音が割れるというか、音楽的には歪《ひず》んだほうが面白い。そういうのは５０００番台で発売しました。３０００番台はお金もかかるんです。テープ代も高いし。ギリギリで十五分は録れるけれど、一曲で七分くらい使っちゃうと、次が長くなると怖いからテープを替えないといけない。こんなのが続くとテープ代がたいへんなのでやめにして、サンパチに戻して。

――番号としてはＴＢＭの１番から始まって、そのまま続けていく考えはなかった？

新しいシリーズにしたほうがいい、という考えで。

高柳昌行への想い

――ティー＆カンパニーの「ティー」は藤井さんの「ティー」でしょ。

あれはぼくがバンド・リーダーで、高柳さんと金井さんがミュージカル・ディレクターですね。

――それで好きなメンバーを集めて、全部オリジナルで。ティー＆カンパニーはいろいろな意味で画期的なグループでした。

そうだと思います。フリー・ジャズを体験して、なおかつバンド・リーダーばかり八人を集めましたから。あれは、ぼくにしては画期的なことなんです。ハービー・ハンコック（ｐ）のＶＳＯＰみたいに「very special one-time performance」じゃなくて、一年ぐらい前からディスカッションをして、曲も持ち寄って。

それで半年前から、決めるところはバシッと決めるところまでリハーサルをやって。自由に突っ込んでいいところは自由に突っ込む。リハーサルはだいたい一か月にいっぺんくらいやって、最後の一か月間はほかの仕事は入れない。ギャラはひとり五十万。その代わり、練習はこういう形でやってもらうとか。七十七年の十一月から十二月にかけて一か月間だけバンドとして活動しました。新潟、大阪、名古屋、和歌山、藤沢、東京の「よみうりホール」などでライヴをやりましたし、レコードも三枚発表しました。のちに「七十年代日本ジャズの金字塔」といわれましたけど。

——それにしても、こんなに手間ひまをかけたグループは前代未聞です。

ぼくがやりたかったのはこういうことなんです。ジャズはたぶんひとりの天才が出れば新しい道を進むんです。ビクス・バイダーベック（cor）、ルイ・アームストロング、チャーリー・パーカー、ジョン・コルトレーンというように、ひとり天才が出ればいい。だけどいまは天才が出にくい時代になってしまいました。ちょっと才能があると、寄ってたかってレコーディングをさせて、才能を枯渇させてしまう。だとすれば、われわれになにができるか？

通常のバンド活動ではなかなか食えません。オマスズのクラスになれば、若いひとは「使ってくれるならタダでもいいです」。そういう若手を安く使って、自分はギャラをそれなりに取らないと家庭が維持できない。そうなれば若いひとの尻も引っ叩くし、教えもするから伸びるけれど、伸ばしている間は自分のバンドとしては未熟なわけです。だけどＴＢＭでは未熟な若手は使いたくない。オマスズでやるなら、最初のアルバムのようにスガちんとジージョ（ジョージ大塚）みたいなミュージシャン、それから新人を入れるなら香津美君みたいにわかっているひとを使わないと、というのがありました。

だからそういうことを考えなくていい八人、お互いに一目が置けるバンド・リーダーばかりを集めて、なおかつリハもやり、入っていいところは自由に入って、あるいは「ここはこういうふうにしよう」と決めたら決めたとおりにやるということで、もしかしたらひと皮むけた演奏ができるんじゃないかと思ったのがきっかけです。曲作りより、タイムの変化やセカンド・リフがあって、思わず指が動いてしまうような神がかった演奏を引き出すのが狙いでした。

——あと、藤井さんの思い入れといえばジョジョさん、高柳昌行さんですね。

ひとにはそういわれるけど、そうですかねえ。

——実はそうでもない？

いや、普通以上には買っているけれど。そうね、ジョジョはとにかく六十三年の「銀巴里」の〈グリーン・スリーヴス〉のアドリブがぼくの中の原体験、日本のジャズの原体験として残っているんです。彼もぼくと同じで、「抽象画をやるなら、デッサンがしっかりできないひとはダメだ」「前衛をやるなら、古典をきっちり勉強しているひとじゃないと信用できない」という考えなんです。だもんですから、よく話が合うんで、ずーっとおつき合いして、場面場面だけ録ったんですけどね。六十年代の「タロー」のライヴなんか、終わってからも駄じゃれ交じりで長々と話してましたね。

――そういうおつき合いが、結果としてすごいものを構築することに繋がった。

『高柳昌行とニュー・ディレクション・フォー・ジ・アーツ／フリー フォーム組曲』（ＴＢＭ-10）、『高柳昌行セカンド・コンセプト／クール・ジョジョ』（ＴＢＭ（Ｐ）-５０１８）、『高柳昌行とニュー・ディレクション・ユニット／メールス・ニュージャズ・フェスティヴァル'80』（ＴＢＭ（Ｐ）-５０２３）、ソロ・アルバムの『ロンリー・ウーマン』（ＰＡＰ-２５０３０）というように、節目で一枚ずつ押さえていたつもりなんで。

――高柳さんはそんなにアルバムを残していません。だから、ＴＢＭが質量ともに優れたものをきちっと記録した印象があります。素晴らしい財産になりました。

ただ「ノイズ」は録音していません。「ノイズ」はその場で一回聴くだけ。それが勝負だから、レコードとして何度も聴く必要はない。それに売れっこないし（笑）。だからやらなかったけれど、フリーの完全即興は録音したかったですね。

――藤井さんにとっての高柳さんは？

このときＴＢＭが目指していたジャズはスウィングして楽しく、なおかつ個性的で創造的なジャズだったんです。でも、高柳さんはスウィングする楽しさより個性と創造性が勝っているアーティストでした。

――ぼくは中でも『フリー フォーム組曲』が最高の一枚だと思っています。

やはりタイトル・トラックの〈フリー・フォーム組曲〉がいいですね。このアルバム、一曲目はクラシックな〈ザ・ブルース〉から始まって、スタンダード曲の〈あなたは恋を知らない〉をやって、モードの〈東の太陽〉でＡ面が終わり、Ｂ面全部が三部構成の〈フリー・フォーム組曲〉なんです。その〈第二楽章〉では、リードが森剣治、ドラムスが山崎弘、パーカッションがジョー水木。パーカッションといっても電化アンプリファイド・パーカッションですね。それに高柳さんのギター。このアルバムのハイライトがこのトラックです。

――ニュー・ディレクションのライヴはすごくテンションが高かったことを覚えています。だからこちらも一音たりとも聴き逃せない。そういう雰囲気でした。

亡くなって十年ぐらいして、海外から「高柳は〈ゴッドファーザー・オブ・ノイズ〉だから、ノイズの作品は出してないの？」なんて聞かれました（笑）。とくに九十年代後半から海外での評価が高まって、向こうからの問い合わせもずいぶん多くて。アメリカに高柳さんのアルバムはまとめて何百枚か輸出した記憶があります。

――ＴＢＭの作品は外国にも積極的に輸出しています。藤井さんは覚えていないかもしれないけれど、ぼくもだいぶ前に、藤井さんから頼まれて、見本を向こうのレコード会社のプロデューサーに届けたことがあります（笑）。
ミューズ・レーベルのオーナー、ジョー・フィールズのところに持っていってもらいました。覚えています。

――藤井さんは積極的に自分が作った作品を外国に出して、これはもちろんビジネスという面もあるでしょうけれど、日本のジャズを紹介したい。そういう思いが強く感じられたので、お手伝いではないけれど、やらせていただきました。あのときは不調に終わりましたが（笑）、外国でも売れていたんですか？

一番初めはスウェーデンなんです。ヨーロッパ一大きなパン屋さんの役員をやっているオレフ・ケルトさんが、道楽でストックホルムでオーディオ・ショップを経営していまして。そこが音のいいＬＰを世界中から集めたんです。なんのきっかけかわかりませんが、ＴＢＭも扱ってくれるようになって、そうとうな数を売ってもらいました。それから香港のゴールデン・ストリングスのウインストン・マーさんも山本剛が大好きで、たくさん扱ってくれました。

――先ほども話に出ましたが、海外でもレコーディングをいくつかやられて。

そんなわけで、「ジャパン・トゥデイ」のプログラムでモントルーに連れていったり、翌年はメールスのジャズ・フェスティヴァルに高柳昌行のニュー・ディレクションを連れていってレコーディングもすると。それから大野俊三の『マヤ』（ＴＢＭ-ＣＤ-５０３７）はニューヨーク、細川綾子さんの『ウィスパー・オブ・ラヴ』（ＴＢＭ-ＣＤ-５０３９）はサンフランシスコで録音しました。

CD、そしてXRCDに

――また番号の話に戻りますが、高柳さんのソロ・アルバム『ロンリー・ウーマン』で使われたＰＡＰという品番はトリオ（レコード）の規格ですか？

そうです。八十二年に原盤を譲渡したんです。ところが二年か三年でオーディオ不況になって、レコード事業部をやめたもんですから、宙に浮いて。それを買い戻すんで、東京地裁で争って、八十七年に和解勧告が出て、何百万だかを払って返してもらいました。

八十二年にＣＤが生まれて、八十六年ごろから新譜はＣＤしか出ない状態になった。ところが、音を聴くとあまり満足できない。ＬＰみたいにカッティングに立ちえないというし。「どうしたらいいんだろう？」と思っているときに、係争していたのが解除されて。そうしたらドイツのオーディオ・トレード社（ＡＴＲ）が「ＣＤで出したい」と。「一緒にやったほうがコスト的にいいんじゃないの？」ということで、西ドイツ・プレスのＣＤを、全ヨーロッパはＡＴＲ、そのほかはＴＢＭが発売しました。

――それでドイツ盤ができたんだ。

あのときはビクターでも作ってもらって、比べてみたらドイツ・プレスのほうがいいかなあと。値段も少し安かったし。

――そのドイツ盤が日本でも出たんですね。

ドイツ・プレスを輸入して、ドイツ語と英語と日本語の解説をつけて、国内盤仕様で出しました。

――XRという品番はXRCDで出したものですよね。

これはビクターでプレスして、TBMから出したものです。XRCDはビクターの技術陣が九十五年ごろから、アメリカにいる田口晃君だとか、本社工場の野見山静夫さんとかが何度も何度もいろいろやって、発表したのが九十六年五月のニューヨークのハイエンド・ショウ。それが、おそろしく評判がよくて。

ぼくは翌月の六月にロスに行ったんです。これまたビクターの小鉄徹さんにカッティングしてもらった重量盤LPのプレスを頼むんで。そのときに、田口君から「ぜひ時間を作ってくれ」といわれて、会社に行って、聴いて。その音がいままでのCDとあまりにも違うんで、疑問点を全部聞いたんです。

会社が終わるまでいても話が尽きない。それで田口君の家まで行って、深夜の一時ごろまで「これはどういうふうにやったんだ?」とかを聞いて。それで納得したら、目からウロコですよ。「ああ、これやりたいな」と思って、そこから始まったんです。いまでいえば超ハイレゾです。

――XRCDは何枚ぐらい出したんですか?

四十何タイトルか出しました。九十六年の十二月に『ミスティ』『ミッドナイト・シュガー』『マリ』を出して、あとは三月、六月、九月、十二月に三枚ずつ出したんです。

――基本は旧譜のXRCD化ですが、新録もいくつか出されています。加藤崇之(g)さんの『ギター・スタンダード』(TBM-XR-5041)が一作目で、赤松敏弘(vib)さんの『シックス・インテンション』(TBM-XR-5043)と『スティル・オン・ジ・エアー』(TBM-XR-5046)。マーサ三宅さんの『リメンバー』(TBM-XR-5045)はLPのXRCD化ですね。

あのアルバムが好きだったから、音のいいXRCDで出しました。

――この品番(TBM-XR)は五枚しかありません。残る一枚、中山英二(b)さんの『北の大地』(TBM-XR-5044)は再発で。

そうです。

――デューク・ジョーダン(p)の『ソー・ナイス・デューク』(TBM-CD-1889)というのもTBMにあります。

それはね、森剣治が名古屋でやっていたジャズ・クラブの「ソー・ナイス」に出たときの録音。

——最初はアナログ（PAP-25028）で出ましたよね。

だからこの番号（TBM-CD-1889）は再発です。

——シナプスはいまだに関わっているんでしょ？

もちろん好きなアーティストです。ほかもみんなそうですけどね。シナプスが一番新しいかなあ？　加藤君の『ギター・スタンダード』が二〇〇一年の十一月で、『シナプス』（TBM-CD-1890）は二〇〇三年九月か。

——新宿「ピットイン」のライヴ録音ですね。

シナプスは、高柳昌行亡きあと、ぼくが一番信頼しているギタリストの加藤崇之君と、高校生ぐらいのころからずっと注目してきたシンガーのさがゆきのデュオ。高柳昌行の〈フリー・フォーム組曲〉にはメモみたいな譜面があって、タイム・キーパーが時間の経過を伝えるということがあったんですけど、シナプスは譜面も打ち合わせもなんにもない、まったくの完全なる即興演奏。

——最後のレコーディングがこれですか？

そうです。あと、レコーディングではありませんが、去年（二〇一六年）九月に彼らが「アートフォーラムあざみ野」でやったロビー・コンサート・ライヴのプロデュースもしました。

倒産、そしていまは

——TBMが倒産したのはいつでしたっけ？

東京地裁に破産申し立てをしたのが二〇一四年六月二十日です。ソニーに権利を売ったのが二〇〇五年十月一日です。本当は二〇〇六年に整理して解散したかったのですが、残念ながら負債が残って、破産せざるをえませんでした。せめてもう六、七年前に譲渡先を決めればよかったと反省しています。結局、家屋敷を売って。家内の老後の蓄えも全部吐き出してもらってゼロになりましたから、サッパリしたといえばサッパリしたけど（笑）。家内には頭が上がりません。

——答えるのは難しいかもしれないですが、藤井さんにとってTBMはなんだったんですか？

ぼくの人生そのものかな。つまり死ぬときに、「あのとき無理だと思ったからやめたけれど、やっておけばよかった」という後悔だけはしたくなかったんです。七十年にスタートしたでしょ。「三年か四年で潰れるかも」といわれていたから、潰れたら潰れたで、それは仕方がない。「トライしたんだから、いつかまた余裕ができたら再挑戦もできるし」と、そのときは思って始めたんです。

だけど潰れたのが七十三歳になっちゃうと（笑）、人生、もう終わりだから、再挑戦もなにもない。ということは、一生かかってゼロになるまでやり尽くしたと思うしかないなあと。だから恨みもなければやり残したこともない、と思っています。

――録りたかったけれど、録っていないひとは？

いますけど、それをいっても詮ない話でね。

――やりたいことはだいたいやったと。

当時まではね。ただ九十年にファースト・エディション（リーダーはドラマーの芳垣安洋）は録音したかったですね。資金繰りが厳しくてやれなかったんです。そのあとのひとでいうなら、たとえばスガダイロー（p）、大友良英（g）、西尾健一（tp）、「カルテット魔法」の完全即興とかね。

――いまだにプロデューサーの意識が……

ありますね。

――プロデューサーを二〇〇三年までやられて、三十三年。けっこう長いですよね。

いってみれば一生ですよ。それで実質的にできなくなったでしょ。レコード店はどんどん店を畳んじゃうし、『スイングジャーナル』誌は休刊しちゃうし（笑）。

――藤井さんがやられていた時代は、藤井さんにとってもいい時代だったでしょ。

夢が見られた時代ですね。

――いまだったらこんなことはできない。

七十年の「大阪万博」前からずっと高度成長期だったでしょ。その中には石油ショックとかもあったけれど、基本的には右肩上がりで。それでバブルに突き進んでいった。だから敏悟のインナー・ギャラクシーも作れたんです。あれ全部連れて、山本剛トリオも連れて、スイス遠征（七十九年の「モントルー・ジャズ・フェスティヴァル」出演）までしてるんだから（笑）。

――いい時代を生きて、いい時代にいいレーベルが作れたということでしょうか？

まだアナログ時代は続くと思っていたら、突然ＣＤの時代になっちゃって。音は悪いは、使い勝手は悪いは、値段は高いはで、なんにもいいことなし。

――ＴＢＭは日本のジャズを底上げし、なおかつ海外でも評価されるべきものをきちんと評価されるものにした。そのことだけでも大きな実績があると思います。

比べるものがなかったからね。実質三十三年ですけど、そのうちで黒字は十年ですよ。

――それだって、すごい黒字ではないでしょ？

そうそう。あとの二十五年はちょぼちょぼか赤か、苦労の連続。やりたいことをやっているから、音楽的な苦労はなにもない。だけど、資金繰りはたいへんでした。

――それが長いこと続いたのは、好きなことがやれて、音楽的に満足ができていたから？

それはそうですね。やりたいことがやれるか、名誉を選ぶか、お金を選ぶか。だから、お金のため、家族を食べさせるための生業《なりわい》として、やりたくないけれどやるという仕事のひとには、報酬はたっぷりあるべきだと思うんです。政治家みたいに名誉のあるひと、やりたいことがやれるひとにはお金がなくてもいい。ぼくみたいにやりたいことをやっている以上は、ゼニがないのはしょうがない。名誉がないのもしょうがない。

――でも、大きななにかが残ったじゃないですか。

残ったとすれば嬉しいですけどねえ。ＴＢＭ三十周年のときに、『産経新聞』の石井健記者が「世界には演奏家でもないのにジャズに全人生を捧げた愚かなひとびとがいるが、ＴＢＭの藤井社長は日本代表のひとりだろう」と書いたとおりでしょうね。

――藤井さんの手は離れたけれど、いまだにＴＢＭの作品が出ているわけですから。求めているひとがいまもいるということは、日本のジャズに大きな貢献を果たしたことになると思います。日本のジャズの財産を作ったというのかな？

たしかに、ぼくがいなかったら残っていないものもあるでしょうね。

――たくさんありますよ。消えていったアーティストもたくさんいますし。日本のジャズ自体が新しい時代に向かって発展していったものを記録したことも重要です。

七十三年から七十七年ぐらいにかけては、ひょっとしたら次のジャズの変革者は日本のアーティストから出るかな？　という夢が描けた時代ですよ。ところがなりそうもないと思ったんで、ティー&カンパニーという方策を考えて、やったんです。

――本当にＴＢＭの作品は内容がどれも優れている。

それしかないから、そういっていただけると嬉しいです。

――いま、同じことをやろうとしても無理ですね。

そうでしょうね。

――やっぱりいい時代に始められたし、こういうと藤井さんは否定しますけれど、ぼくはＴＢＭが「日本のブルーノート」だと思っています。音もいいし、ジャケット・デザインもいいとかね。

そういうのでいうと、リバーサイドのオリン・キープニュースが、同じアメリカ人でアメリカにいて、アメリカの若手もヴェテランも録音しているから、そちらのほうが近いんじゃないかなと思っています。

――ずいぶん長いことお話しをうかがいました。ありがとうございます。

こちらこそ長い時間おつき合いしていただき、楽しかったです。

2016-10-07 Interview with 藤井武 @ 横浜「藤井武」邸

神成芳彦 インタヴュー

【かんなり・よしひこ】レコーディング・エンジニア。一九四三年十月十二日、樺太（現在のサハリン）生まれ。六十四年、東京電子専門学校卒業。東映動画で働き、翌年アオイ・スタジオに入社。アシスタントを経て、七十年にはスリー・ブラインド・マイスの二作目『今田勝／ナウ!!』でチーフ・エンジニアを務め、これを機に大半のTBM作品の録音を手がける。同作は『ステレオ・サウンド』誌で「録音賞（金賞）」を受賞。その後もTBM作品で各種録音賞を多数受賞。七十四年には「ヤマハ音楽振興会」が運営するエピキュラス・スタジオに移籍。八十四年からは「ヤマハ音楽院」でミキサー科講師も兼任。九十九年に退職し、二〇〇〇年には栃木県那須に「スタジオ雷庵」を開設。

音響に興味があった少年時代

——まずはバックグラウンドからお聞きしたいのですが。

一九四三年に樺太で生まれました。

——もともとはどちらの出で？

よくわからないのですが、ほとんどのひとの名前が「神成」という神成村が秋田にあるみたいです。

——神成さんがその村と関係あるかどうかはわからない？

そうですね。

——本土に来られたのはいつですか？

三歳ぐらいのときに宮城県の石巻に移りました。東日本大震災で津波に遭ったところです。そこで育って、中学一年までいました。中学一年の夏休みから、父親の転勤で秋田に引っ越すんです。秋田にいたのは高校を卒業するまで。

——それで、東京電子専門学校に入られる。この学校ではどういう勉強をされていたんですか？

主にテレビの技術を学ぶというか、そういうところでした。

——行かれた理由は？

高校時代から放送関係というか、クラブ活動でもそういうことをやっていたんです。放送局を見学したりして、「こういう仕事がやってみたいな」ということで入りました。

——卒業後は東映動画で。

アニメを作っている会社で、わたしが行ったときは『狼少年ケン』とか、そういうのをやっていました。

——ということは、中学や高校のときから映画やアニメが好きで。

いや、そうでもなかったんですよ（笑）。音楽は好きでしたけど。

——どんな音楽が？

ラジオで洋楽のヒット曲をよく聴いていました。秋田ですからFENはなかったように思います。民放だったんでしょうね。当時は誰が好きだったのかなあ？　コニー・フランシスとかクリフ・リチャードとか、そのころ流行っていた曲です。

——ビートルズよりちょっと前ですか。

　そうです。ビートルズだってとくに「好き」という感じではなかったです。

——いま、個人的にはどんなジャンルの音楽に興味があるんですか？

　なんだろう？　演歌も聴きますし（笑）、なんでも聴いています。好きだったのはシンディ・ローパーで（笑）。

——エエッ？

　これはずっとあとの話ですけど。

——そういうのを聴きながら、「この音は」とか思うんですか？（笑）。

　歌謡曲もやってきたけれど、これで聴くと（スタジオにある装置）、「こんな緻密にちゃんと録っているんだ」というのがわかります。楽器はなにとなにとなにが入ってるなとか。そういうトレーニングをしましたから、聴き方にしても、出来上がった音楽をバラバラにして聴くというか。

——無意識のうちにエンジニア的な聴き方をしちゃう。

　そういうのはあります。

——歌謡曲でも、以前はフル・オーケストラが一般的でしたが……

　いまは打ち込みの音楽になっちゃいましたから、ちょっとね。なにがなんだかわからなくなっている。

——レコード会社がいっぱいあるじゃないですか。この会社の音はいいな、というのはありますか？

　とくに感じたことはないです（笑）。

アオイ・スタジオに入社

——東映動画に入られて、どんなお仕事をされていたんですか？

　『狼少年ケン』などのアニメを完成させるための音声というか。音楽とセリフと効果音をミックスさせますよね。そういうものの音楽を出したり、効果音を出したり、セリフがずれているのを直したりとか。そのころの録音はテープでしたけど、そういうことをやっていました。

——音楽がメインではなくて、音響的なことを。

　ですから、実は音響的なこと以外はぜんぜん知らないんです（笑）。

——いわゆるレコーディングのエンジニアとはタイプが違う仕事で。

　まったく違っていました。東映動画には派遣されて行っていたんです。派遣元では、放送局に行くひとと、映画に行くひととふた手に分かれていたんです。わたしも「放送局に」といったけれど、そっちはもう埋まっていたので、大泉学園にある東映動画に「行きなさい」といわれて。でも、そこは一年で終わりました。そのあと、みんなは東映動画と個人的に契約をしたんですけど、わたしは契約をしないで、アオイ・スタジオ、音響のスタジオですね、そこに就職することになったんです。

——アオイ・スタジオは、ぼくたちの間ではレコーディング・スタジオのイメージが強いですが、映画やテレビの仕事が主ですか？

入ったのは東京オリンピックの海外版を制作していた六十五年で、わたしは35ミリの映写機を回したりしていました。

——市川崑さんが監督した六十四年の東京オリンピックのドキュメンタリー映画ですね。

入った時点で国内版は完成していたので、その海外版を作っていたんです。

——それの音響を。

映写機を回すとか、そういう仕事で、まだ音響まではいかないです。あそこは映写機を回す部屋が二階にあって、そこから映すんです。そうすると、下から「お二階さん」という感じでいわれて。そのころはキセノンという電球を用いた映写機で映していました。あと、アーク・ランプの映写機もありました。そういうものをいじくって。

——それで音響エンジニアのアシスタントを数年やられて。

レコーディング・エンジニアになったのは六十年代の後半です。

——藤井武さんがおっしゃっていましたけれど、油井正一先生がビクターで監修された宮沢昭（ts）さんの『いわな』を神成さんが担当された（録音は六十九年六月三十日、七月十四日）。その前からレコーディング・エンジニアの仕事はされていたんですか？

アシスタントをしながら、そういうのもちょこちょことはしていました。テレビ・ドラマの音楽とかはやっていたんです。

——レコードのエンジニアは『いわな』が最初？

そのあたりははっきりしないんですが、メジャーのレコード会社からちゃんとした形で出たのは『いわな』ですね。個人的なものでは何枚かあったと思います。それと、そうだ、URCというフォークソングのレーベル、そこのレコーディングはその前からやっていました。

——URCはアオイ・スタジオをよく使っていましたものね。

加川良や三上寛とか。あとはなぎらけんいちとか、そういうひとのレコーディングもやっていました。

——それは、アシスタントではなくチーフ・エンジニアとして。

そうです。

――初期はＵＲＣとか『いわな』のエンジニアを務められて。もともと、レコーディング・エンジニアになりたかったんですか？

　わたしは目がどうも疲れやすいんで、「音楽に回してください」といって。だから、音楽のスタジオに入る形にしてもらったんです。音楽に関わるようになったのはそこからです。

――ということは、先ほど音楽は好きだったとおしゃっていましたが、滅茶苦茶に好きでやりたかったわけではない。

　はい、違います。

――当時は六十年代の後半ですよね、そのころの日本のレコーディング・スタジオは、機材的、エンジニアの技術的にどうだったんでしょう？

　技術的にはそんなに進んでいなかった気がします。機材も基本的にはモノラルか2チャンネル。ちょうどアオイ・スタジオには4チャンネル……3チャンネルが最初にあったのかしら？　3チャンネルがありまして、それからすぐにアンペックスの4チャンネルが入ってくるといった、そういう時代でした。

――アオイ・スタジオは日本にあるスタジオの中ではトップ・クラスですよね。

　映画にしても、進んでいました。

――先輩のエンジニアにも優れたひとが。

　どうなんでしょう（笑）。音楽ではとくにこれというひとはいなかったですね。先輩である四家《よついえ》秀次郎さんからは音楽のことについていろいろ教えてもらいましたけど。

――四家さんもＵＲＣとか、いろいろやっていますよね。

　はっぴいえんどの最初のレコード『（七十年録音の『はっぴいえんど』）とか。そういうときのアシスタントはやらせてもらいました。

――グループ・サウンズのレコーディングもアシスタントでいろいろ担当されていたとか。

　自分がメインでザ・ジャガーズを何曲か録りました。そのころはグループ・サウンズが最後の時期で、次の年になったら下火になりました。

――これも六十年代の終わりの話で。歌謡曲もやっているんですか？

　よく録りました。西川峰子や橋幸夫とか、そういうのが仕事で入ってきてました。

――ということは、歌謡曲でも自社のスタジオではなく、アオイ・スタジオなど外部のスタジオを使っていたんですね。

　そういうのが多かったんですよ。こぼれてきて、どうしてもというのがね。オケ（伴奏）は録ってあって、歌入れだけ。沢田研二や郷ひろみもやりました。

――アオイ・スタジオはそういうひちたちもけっこう使っていた。

多かったですね。

――エンジニアの仕事はアシスタントになってから教わるんですか？

そうです。アオイ・スタジオに入るまでは、レコーディング・エンジニアのノウハウはなにもなかったですから。

――そこで学んで、ひとり立ちする。当時、「こういう音で録りたい」とかはあったんですか？　ジャズだったらこんな感じとか、ロックだったらこう、とか。

とくにそういうのはなかったです。

――アメリカのジャズやロックのレコードを聴いて参考にしたとかは？

それもないんです。

――それじゃ、いい方は悪いけれど自己流で。影響を受けたエンジニアはとくにいない？

うーん、そうですね（笑）。どのエンジニアの音がいいとか、そういうのはとくになかったですね。

――「このひとの音が好き」というのもなかった？

ないです。

――藤井さんからもいわれなかった。

いわれなかったですね。だから、ブルーノートの音もなにも聴いてないし（笑）。

――ジャズのエンジニアでは（ブルーノートのアルバムを数多く録音した）ルディ・ヴァン・ゲルダーが有名ですが、TBMを担当するようになっても意識はしていなかった。

当時は名前も知らなかったです（笑）。

――TBMの仕事が多いから、ジャズの録音が中心？

そうでもなかったです。TBMをのぞけば、なんでも録音していました。

――社員ですから、アオイ・スタジオが受けた仕事をやっていたんですものね。

そういうことです。

――クラシックも録っていたんですか？

アオイ・スタジオでは録ったことがないです。でも、ヤマハ（エピキュラス・スタジオ）に移ってからはクラシック系もいろいろやりました。

――エンジニア同士で「ああだ、こうだ」ということもあまりなかったんですか？

吉野金次さん、あのひとは親しくしていて、中津川のフォーク・ジャンボリー（六十九年）は吉野さんとわたしとでアンペックスの４４０という機材を持って、録音しに行ったんですよ。

――キングから出た『第一回全日本フォーク・ジャンボリー』ですね。

はい。

――吉野さんは、もうフリーになっていたんですか?

まだ東芝のエンジニアだったかもしれません（七十年に独立）。吉野さんはビートルズに凝り固まっていたひとで、ビートルズの録音の仕方や機材を一所懸命に研究していました。アオイ・スタジオに来て、一緒にやったこともあります。そういうことで交流があったんです。でも技術的なことで話した記憶はあまりないです。

――吉野さんとはどちらが上ですか?

わたしが上です（吉野は四十八年生まれ）。

スリー・ブラインド・マイスの録音を担当

――話を戻しますと、『いわな』を録音して、油井先生が神成さんを藤井さんに紹介します。TBMの一作目ではアシスタント・エンジニアだったんですよね。

一作目は大河原克夫さんという先輩がエンジニアをやって、わたしがアシスタントについて。

――一作目が峰厚介（as）さんの『峰』（TBM-1）。その六日後に録った今田勝（p）さんの『ナウ!!』（TBM-2）から……

わたしがメインでミキサー（エンジニア）をやりました。

――藤井さんと初めて会ったのが峰さんのレコーディングの現場で、ということですか。

そうです。

――次のレコーディングを神成さんが担当するのは、そのときに決まったんですか?

いや、まとめて二枚録ることになっていたから、スケジュールは組まれていたと思います。

――その時点で、神成さんはチーフ・エンジニアとしての仕事もされていた。

ほかのところでは少しずつやっていました。

――音に関しては、事前に藤井さんと相談したんですか?

最初は、「マイクをセットしたら、あとはあまりいじらないように」なんて（笑）いわれたりしていたんですが、いじらないわけにいかないですから。でもその程度で、音に関してはあまり要求された記憶がありません。

――「ピアノはこんな感じで録ってほしい」とか、「サックスはこんな感じで」とか……

まったくなかったですね。好きにやらせてもらいました。

――それは、その先もずっと?

そうです。だから、「いい音で録って」といわれたことはないです。

――今田さんのレコードが『ステレオ・サウンド』誌で「録音賞（金賞）」を獲りました。「録音賞」を獲って、ほかのレコード会社からも指名が来るようになりましたか？

いや、あまりなかったです（笑）。何年かあとにディー・ディー・ブリッジウォーター（vo）が来たとき（七十四年）、トリオ・レコードから頼まれて録音したことがあった程度です（『アフロ・ブルー』）。そのことはよく覚えています。

――じゃあTBMはご指名でしょうけど、ほかはスタジオが受けた仕事のレコーディング・エンジニアをされて。

そうです。

――TBMのほとんどが神成さんでしょ。

九十パーセント以上はそうでしょうね。

――一番たいへんだったレコーディングは覚えていますか？

なんだろう？　これというのはとくにないです（笑）。ただ、何枚目かでトロンボーンのアルバート・マンゲルスドルフですか？「DUG」のライヴ・レコーディング（TBM-5の『ディギン』）、あれはやりづらかった。そのときに、油井先生から、「ここでちゃんとした音が録れたら本物だよ」というようなことをいわれたんです。あそこはすごく狭いですから、「そんなことをいわれたって」と思った記憶があります。でもその録音を先生が聴かれて、とてもびっくりしたみたいです。「あんなところでよくこんな音が録れた」って。

――スタジオでいい音が録れるひとでも、ライヴになると条件が違いますから、別物ですよね。

あそこぐらいの狭い地下だと、目の前までお客さんが入っていますから、音も被ります。

――ライヴ・レコーディングはまだほとんどやっていなかった時代ですね。

ほかは、中津川のフォーク・ジャンボリーぐらいですか。このあとになると、TBMの「5デイズ・イン・ジャズ」が始まりますけど。

――「5デイズ・イン・ジャズ」は五日間、毎日何組かが登場します。その場合は、バンド・チェンジのときに次のマイク・セッティングをするわけでしょ？　そうとうたいへんだったんじゃないですか？

たいへんという意識はなかったです。

――ライヴ・コンサートということでステージが進行しますから、流れは中断できません。

そうですけど、まあなんとかなっていたんでしょう。

――あれは全部録っていたんですか？

全部録りました。

――当時はテープの収録時間がありますから、途中で交換しますよね。

テープ・レコーダーを二台用意して、途切れないように録音していたんだと思います。どうしてもダメなときはMCを繋ぎにして、そこでテープの交換をしました。ですから、「この曲が終わったらちょっとMCを長めに」とか頼んで。

エピキュラス・スタジオに移る

――七十四年になって、神成さんは渋谷にできたヤマハのエピキュラス・スタジオに移ります。アオイ・スタジオとヤマハのエピキュラスと、スタジオ的な違いはどういうところでしょうか？

コンセプトがまったく違いました。アオイ・スタジオはクラシックの音楽も録れるような形の、広くて天井が高くて、あまりブースが分かれていない、そういうスタジオだったんです。でも、エピキュラスはポップスがメインで。いまは「ポプコン」（ヤマハ・ポピュラーソング・コンテストの略。「ヤマハ音楽振興会」主催で六十九年から八十六年まで行なわれたフォーク、ポップス、ロックの音楽コンテスト）がなくなっちゃいましたけど、そのころは「ポプコン」から出たアーティストのレコーディングをするので、ドラムスのブースとピアノのブースと、あと普通にやる広いブースとで、ブースが三つぐらいに分かれていたんです。天井もそんなに高くない。だからコンセプトとしてはポップスを録るスタジオと、クラシックまで録れる、なんでもできるようなスタジオとの違い、そういうのはありました。

――エピキュラスは新しいスタジオですから、当時の最新のレコーディングの仕方を導入して。一方のアオイは昔からあるスタジオ。ということは、機材も違ったのかしら？

アオイ・スタジオのときはモノラルから3チャンネル、2チャン、4チャン、8チャン、それから16にいって、24にいって、と、少しずつ変わっていくんですけど。24チャンネルまではアオイ・スタジオにもありました。

――エピキュラスは最初から24チャンネル？

16チャンネルからですね。アオイ・スタジオはフルオケも入れるスタジオで。大きな衝立てを使って、そういう録音もやっていました。

――そのうち、外国でも録るじゃないですか。たとえば中本マリさんの『アフロディーテの祈り』（ビクター）は七十八年にロンドン（オリンピック・スタジオ）で録っていますし。七十九年の「モントルー・ジャズ・フェスティヴァル」でもインナー・ギャラクシー・オーケストラや山本剛（p）さん、あとはロスのウォーリー・ヘイダーのスタジオでも録音しています。

ウォーリー・ヘイダーのところでは三木敏悟（arr con）のインナー・ギャラクシー・オーケストラの『Mystic Solar Dance』（キティ）を録りました。

――ウォーリー・ヘイダーはスウィング・ジャズの時代から活躍していた有名なエンジニアですけど、彼のスタジオは広いんですか？

広かったですね。

――外国と日本のスタジオの一番の違いは？

どうでしょう？　大きなスタジオは日本とあまり変わらない気がしました。

――アシスタントはそこのスタジオのひとで。

ええ。

――アシスタントも日本とあまり違わない？

スタジオでの違いはあまり感じなかったですね。

――ということは、外国に行っても変わりはなかった。

ええ、いつもやっているのと同じ感じで。

――モントルーのジャズ・フェスティヴァルはライヴですから、セッティングも含めてたいへんだったんじゃないですか？

あれは向こうのエンジニアが録っているんです。モントルーの場合は、出演料がないみたいで、代わりに24チャンネルのマルチ・テープがもらえるんですよ。それがギャラの代わり。

――ラジオ放送用に全部録っているとか。

それを持ち帰って、トラックダウンはこちらがやりました。

――神成さんが現場のエンジニアじゃなかったんだ。

じゃあないんです。

――でも、神成さんも行かれたんですよね。

ええ、行って、様子を見てきて、その感じでトラックダウンをこっちでやったんです。

――それじゃ、マイクのセッティングとかはしていない。

していません。あのフェスティヴァルではみんなそうやっていると思います。だから、「これはこうしてくれ」とか、バランスのことはいえばやってくれるけれど、基本的には録音機材に触ることはなかったです。

理想の音

――神成さんがいままでに録音されたアルバムはどのくらいあるかわかりますか？

数えたこともないからわからないですね（笑）。百枚以上はありますけど。

――ＴＢＭだけで百枚以上はありますから。

あとはフォークとか。歌謡曲はそんなにないけれど、シングル盤まで数に入れれば、かなりの枚数にはなるでしょうけど。

――一番の自信作は？

これからやることのほうがもっといいだろうな、と思っています。

――過去じゃなくて、次が、ということですね。

はい。

――八十四年からは「ヤマハ音楽院」でミキサー科の講師も務

められて。

やっていました。「ヤマハ音楽院」が日吉にあったんですよ。

——そこで後進の指導をしながらエンジニアの仕事も続けて。

はい。

——その間もＴＢＭでレコーディングをされて。それで九十九年までヤマハにいて、その後はフリーで。那須に引っ越されたのが二〇〇〇年。那須にはゆかりがあるんですか？

いや、ないです（笑）。突然、移ったんです。

——ここにスタジオを作ろうと思われて。

スタジオを作るのが夢というか。のぞき窓から演奏しているのを見ながら、録音するイメージがあったものですから。そういう気持ちがあったところに、早期退職の話があったんで、「じゃあ、定年になる前に辞めちゃえ」ということで、こちらに来たんです。

——長いことエンジニアをやられてきて、録音方法もアナログからデジタルになったとかいろいろあります。メディアも、ＬＰからＣＤになって、ＣＤでもＸＲＣＤやＳＡＣＤがあったり、いまはハイレゾの時代になってきていますけど、神成さんが一番いいと思う音は、どのメディアですか？

どうですかね、物にもよると思うんです。昔はテープヒス、あの「シャー」という音が気になっていたんです。それがデジタル録音になって、ぜんぜんシャーが出なくなった。そのときに、「オッ、すごいな」と思ったことがあります。あと、レコードの場合、「プチプチ」っていうノイズ、あれがどうも気になるんですよ。

——ＬＰでもＣＤでもいいですけど、実際に演奏している音とはかなり差があるでしょ？

それはどうしようもないですね。でも、ジャズを録音するときは、カーテンのうしろにスピーカーしかないけれど、聴くと実際に演奏者がいるような感じの音を目指していたんです。

——理想は生と間違えられるような音。

そうです。

——みなさん、それを目指されるんでしょうね。でも、そうはならない。

だからアルバムによってはですけど、ＴＢＭのライナーノーツには「マイクはなにを使った」とかを、敢えて書いておいたんです。

——ライナーノーツにスタジオのセッティング配置図が載っているものがあります。だけど、同じことをやっても神成さんの音にはならない（笑）。

それは感性の問題じゃないかと思います。同じマイクを使っても、ほかのマイクとのバランスとか、いろんなものが絡み合いますから。音に対しての感性がみんな違うんです。音楽院で「これはこうだ」と教えても、同じ音にはならないですから。

――音楽をよく聴いているほうがいい音で録れるということでもない。

でもないですね。

――好きだからいい音で録れるものでもない。好きだと、変にのめり込んじゃうかもしれません。

生の音を再現する、それが目指していた音です。だからどんどんオンマイク（音源の近くで録ること）になっていったんです。何枚目かのときに、あとはどうすればいいのか？　と、ちょっと行き詰まったことがあって。それだったら逆に引いてみようかという感じで、オフマイク（音源から離れて録ること）の成分を入れるようにしたんです。

ヤマハにいたとき、ＪＯＣ（ジュニア・オリジナル・コンサート）という子供の音楽のコンサートがあったんです。クラシック的なものとか、ポップス的なものとか、ジャズ的なものとか、いろんなジャンルの音楽を録音しなきゃいけない。そのときに、オフマイクを立てながら、オンマイクもそれぞれにセットして。それとのミキシング具合で、両方いけるような形でやっていました。

ところがクラシックだと、ワンポイントの位置で録音しますから、その位置を探すのがたいへんなんです。一日かけてもできないときがあるかもしれないし。そういうときは、ある程度マイクのセットをしておいて、オンマイクも使って、それとのバランスで。ただ空気感というんですか？　オフマイクとオンマイクだと距離があるんです。その間を同じにミックスしちゃうとディレイ成分が発生しますよね。それをなくすため、オンマイクのほうに何ミリかずつディレイ成分を入れるんです。そうするとオフマイクとのズレがなくなって、濁りのない音が録れるんです。そういうことをずっとやってきて。

――そういうやり方は神成さん独自のもの？

うーん、どうかな？　わからないですけど。

――ほかにも同じことをやっているひとがいるかもしれないけれど、神成さんが自分で考えられて。

そうですね。そういうふうにしたら位相差がなくなるから、濁りがなくなると。実際にいろいろなひとに聴いてもらって、「たしかに濁りがないですね」といわれましたから。距離感があると、どうしてもそこにいろんな成分が入ってきちゃって。

――ＴＢＭではインナー・ギャラクシーとか、人数の多いオーケストラも録っているじゃないですか。それもそういうやり方で？

どうだったかなあ？　そのときどきによってですけど。

――人数が多いと録音はたいへんでしょう？

ええ。あのころはアナログ録音ですから、デジタル成分というか、そういうものは入らないですよね。いまはデジタル・ミキサーとかでそういうのは作れるから簡単ですけど。アナログのときは、やはりたいへんでした。

――楽器ごとにマイクはどうしようとか、いろいろ考えますよね。

編成が決まったら、「これにはこのマイク」というのは考えます。考えたとおりにいくことが多かったですね。「これはまったく違う」ということはあまりなかったです。

――だいたい思ったとおりに録れたんだ。やはりすごいですね。

事前の準備が大切です。

――鈴木勲（b）さんは、TBMのレコーディングでは「とにかく音を大きく録ってくれ」といったことを覚えていると。そうすると、藤井さんが「そんなにやったら音が歪んじゃう」「それでも大丈夫だから」。実際にそういうやりとりはあったんですか？

ないっていうことはないかもしれない（笑）。わたしもそうだったんですけど、ただ綺麗に録るんじゃなくて、ですね。彼の『ブロー・アップ』（TBM-15）の電気ピアノなんか、歪むギリギリ手前までレヴェルを上げましたから。そのほうが却っていいのかもしれません。そういうパンチみたいなもの……歪みがパンチとなって、逆にインパクトを与えるというか。

――音楽次第でしょうけど、セオリーどおりではなくて……

すべて綺麗に済まそうということではなかったです。音に関してはいってくれるひとがいなかったから、自分でやりたいようにやっていたんです。スピーカーを飛ばすとかマイクを壊すとかをしなければ、ギリギリのところまでやってもいいかなとは思っていました。

エンジニアとしての矜持《きょうじ》

――TBMは演奏もそうですけど、音がいいことで評判になりました。

音にうるさいミュージシャンがけっこういましたからね。プレイバックを聴いて、「ああだ、こうだ」といわれたこともあります（笑）。

――「もうやだ」といって帰ったミュージシャンはいなかったですか？

録音ができなくなったことはないです。

――神成さんとしては、できる範囲でミュージシャンの希望に沿った録音をする。

そうです。音に関しては、「もうちょっと迫力のある音がいい」とか、「下がもうちょっと出たほうがいい」とか、ほとんど解決できることではあるんですけどね。機材的にこれ以上はどうしようもないというか、そういうところまでいった場合もあります。「音が違う」といわれて、マイクを交換したこともありますし。

――どこかで妥協点を見出さないとなりません。

「この音しか出ないんだったらやめた」ということはなかったですね。みんな大人ですから（笑）。

――レコーディングで参考にするものはなかったとおっしゃっていましたが、そうすると生演奏の音が基準になるんですね。先ほども、生演奏と間違えられるような音が理想とおっしゃっていました。

どういうふうに音が出ているかを聴いて、それだったらこうしようと、現場で変えることはあります。なにかお手本があると、「こういうふうにしなけりゃ」となる。なにもなければ、逆に自由にできますから。

――神成さんが苦手な楽器はあるんですか？

なんだろう……ストリングスは録るのが難しいですかね。

――山本剛さんがストリングスとやったレコード『スターダスト』（ＴＢＭ-３００９）がありました。でも、あれは先にピアノ・トリオの演奏を録音して……

あとでストリングスをオーヴァダブしたものです。

――同時録音するときは、バンドとストリングスのサウンドをブレンドするのに気を使うんですか？

バンドの音が被らないように、衝立ては使いますね。なんのレコーディングだったかな？　イギリスのオリンピック・スタジオで中本マリの……

――『アフロディーテの祈り』。

あのスタジオは映画の音楽も録るところだったんで、リズム隊を囲んじゃって、そのうしろにストリングスを配して、同時に録音しました。わたしがメインじゃなくて、キース・グラントというそこのミキサーがやられたんですけど。それを見に行って、「ああ、こんなふうにやるんだ」。マイクにしても、それぞれ工夫していますよ。

――神成さんは見よう見まねでやってこられた。それでも初期のころからいい音で録られていたから、才能なんでしょうね。

とくに「こういう努力をした」というのがないんです（笑）。今田さんのアルバムを録るまでは、「ジャズの音ってどういうんだろう？」という状態でした。

――いい方は悪いですけど、「こんなものかな？」と思って録ったわけですよね（笑）。

自分の思うように、ですね。

――それで「録音賞」をもらって。そのときはびっくりしました？

びっくりしたというより、「ああそうなんだ」ですかね（笑）。

――最初のころはルディ・ヴァン・ゲルダーの名前も知らなかったそうですが、エンジニアとして彼のことはどう思われていますか？

『無線と実験』という雑誌のオーディオ評をやっていたんです

が、あるときルディ・ヴァン・ゲルダーが録音したアルバムが回ってきたんです。でもよくなかったの。「エエッ、これ、ヴァン・ゲルダー？」。それで、「これ、ちょっと評価できないんで辞退します」と。それが誰かに回って、そうしたら「さすがヴァン・ゲルダー」と書いてあった（笑）。「こんな評論が載るなら、雑誌に書くのは辞めよう」と思って、辞めました。

——ヴァン・ゲルダーの音にも問題はありますよね。

なんかねえ、ヴァン・ゲルダーって少ない編成だといいけど、そのときに回ってきたのが大きな編成で。それが「ちょっとね」という音だったんですよ。だから、「もう評論はできない」と考えて、辞めちゃった（笑）。

——「ヴァン・ゲルダー神話」みたいなものがあります。

ヴァン・ゲルダーにしたって、常にいい音かっていうとそうでもない。楽器の編成によっても違うんじゃないかなと思うんです。エンジニアだったらそのことがわかるんですよ。「こういう楽器が入っていたら、こんな音に濁る可能性はあるよな」。そう思うから、「ああ、この録音は苦しかったんだろうな」（笑）。そういうことはちょっと書けないじゃないですか。

——楽器はやらないんですか？

やらなかったですね。アオイ・スタジオで「音楽のほうに回してくれ」といったときも、音楽の知識はあまりなかったです。そのときに先輩から音楽のことを——楽典とかを教えてもらって。だから、譜面を見て「その音を出せ」といわれても出せないです。ミキサーに必要なのは、いまどこに行って、次になにが出てくるか、そういうのがわかればいいかなと。簡単なレコーディングなら、リード・シートみたいなものを作ってもらうんです。何小節目からなにが出てくるかがわかれば、それを追っていきながら、次はなにが来るから、そこに手をやると。そういうことはできるんです。そういうのは勉強しました。

ジャズは譜面のないことが多いんですよ。そうすると、トラックダウンのときにストップウォッチを持って、スタートしたときから何秒でサックスが出るとか、何秒でベースが出るとか、全部書いていくんです。それでそのとおりにやって、「この曲はこれでいける」となったらトラックダウンです。それまでの時間がけっこうかかります。

——その準備をしないと……

できないですね。ＴＢＭはほとんどの場合、いまどの楽器が鳴っているかがはっきりしているんです。中途半端には鳴っていないから。必ず、「ここは誰のソロ」だってわかります。

——神成さんは淡々としていますね。那須に移って、スタジオをやられて、野菜も作っておられる。

いま、そっちの方に畑を借りて、野菜を作っています。

——そういう生活がしたかった？

そうですね。

――いまはどういう毎日をすごされているんですか？

朝起きたら畑に行って、水をやったり、採れるものをとったり。夏だと、トマトやきゅうりやナスとか、そういうものを植えて、食べて（笑）。

――素晴らしいですね。いまはどんなものを？

この時期はほとんどの夏野菜が終わって、採れるものがないんです（笑）。

――こういう生活環境の中で、現在の「神成サウンド」が作られているんですね。今日は興味深いお話をお聞かせいただきどうもありがとうございました。

こちらこそありがとうございました。

2016-11-11 Interview with 神成芳彦＠那須「雷庵スタジオ」

左からジョージ大塚、藤井武、神成芳彦

塙 耕記 インタヴュー

【はなわ・こうき】ディスクユニオンのジャズ部門リーダー、THINK! RECORDSプロデューサー。一九七二年八月十七日、茨木県水戸市生まれ。二〇〇六年スタートの「昭和ジャズ復刻シリーズ」が大ヒットし、和ジャズ・ブームの仕掛け人として有名。二〇一一年から三年間続いた「BLUE NOTEプレミアム復刻シリーズ」が国内LP生産量に大きな影響を与え、アナログ盤ブームの火付け役としても知られている。CD・LP制作におけるこだわりのアート・ワークはアーティストとユーザー双方から支持され、メジャー・レーベル作品の監修も多い。最近では原田知世やザ・コレクターズのジャケットが話題となった。著書に『和ジャズ・ディスク・ガイド』がある。

実家がジャズ喫茶を経営

――塙さんは和ジャズだけでなく、外国のジャズもお好きでしょ？

小川さんが一番得意なブルーノートも大好きですし、ジャズ全般が好きですね。ヨーロッパのジャズも好きですし。

――好きになったきっかけは？

両親が水戸でジャズ喫茶をやっていまして、一九七〇年のオープンですから、そろそろ五十年が見えてくるんですけど。

――なんというお店？

「サウンド&フューリー」、〈音と響き〉ですか、「S&F」というロゴなんです。それで、わたしも物心がついたころからジャズのレコードが部屋に散乱している中で育ってきました。ですから、まったく抵抗がなく……。ロックやJ-POPも大好きですけど、高校生くらいから本格的にジャズが好きになりました。

――塙さんは何年生まれ？

いま四十四歳で、七十二年生まれです。

――じゃあ、生まれたときには実家のジャズ喫茶がすでにできていた。だから、物心がついたときには音楽に囲まれていたんですね。

はい。そういうことになります。物心ついたときからレコードに針を落としていました（笑）。音楽業界に身を置く立場としては恵まれていたなと思います。

――自分でお小遣いを貯めて買っていたのがレコード時代の最後あたりかしら？

CDに移行していく時期でしたが、レコードで買っていたものもあります。そのころは「友&愛」とかのレンタル店が多かったんです。借りてきて、できるだけプチプチが出ないように盤面を綺麗にして、カセットテープにコピーしたりしていました。

――そのころ聴いていたのは？

中学のときは普通のポップスで。「ベスト・ヒットＵＳＡ」みたいなものですね。あれが一番の情報源で、それをメモして、買いに行ってました。だから、まだアナログの時代ですよ。

――ということは、かなり熱心な音楽ファンだった。

子供のころからずっと好きでした。子供のときに新譜で一番オッと思ったのが、小学校の五年生だったと思うんですけど、マイケル・ジャクソンの〈スリラー〉。ほんとに何回も繰り返し聴いたんですよ。

――〈スリラー〉はニューヨークに留学していたときのヒット曲だから。それが小学校の五年生とは……時代の差ですね（笑）。『ＳＯＮＹ　ＭＵＳＩＣ　ＴＶ』なども観ていました？

観れなかったです。

――当時はＴＶＫ（神奈川県が放送エリア）での放送だったから、水戸では観れなかったのか。

やってないですからね。いま、息子がレコードに針を落として聴くなんていうことは考えもできないですけど、わたしたちは小学校の一年生か二年生でやっていました。その前に、雑誌の付録でソノシートがついていたりもしたじゃないですか。そういうものもあったんで、針で聴くことは小さなころからやっていました。

――レコード針で音楽を聴く文化の最後の世代なんでしょうね。

はい。そういう時代に生まれて本当によかったと思っています。

――ジャズにハマったきっかけは？

中学のときは「ベスト・ヒットＵＳＡ」で流れている音楽以外に、オールディーズも大好きだったんです。リトル・リチャードやクリフ・リチャードなんかが好きで。そういうのを聴いていると、バックにサックスをゴホゴホいわせるカッコいいホンカーが入っているんです。あと、途中でオルガンが入ってきたり。それで、「これ、カッコいいな」となって。そういうことを中学校三年生とか高校一年生のときに純粋に思いまして。そこからジャズに、ですね。「じゃあ、そのサックスを聴こう」「オルガンを聴こう」ということで、ジャズをいちから聴いていったんです。

そういうのから入ったんですけど、「やっぱり名盤も勉強したいなあ」と。ところが、家がやっているジャズ喫茶で聴いていたものがけっこうあったんです。「あ、あの音楽ってこれだったんだ」。それが楽しかったですね。「あの曲、なんだったんだろう？」というときは、親父に聞いてみると、「それはこれだ」なんていって。「ああ、マイルス・デイヴィス（tp）だったんだ」。そういう聴き方はちょっと特殊ですね。

――家がジャズ喫茶をやっていた特権ですね。

「和ジャズ」ブームの仕掛け人

——そういうことで、「レア・グルーヴ」といわれていたジャズが好きなんだ。

当時、そんな言葉は生まれていなかったですけどね。わたしがディスクユニオンに入社した前後に『元祖コテコテ・デラックス Groove, Funk & Soul』（ジャズ批評ブックス）が出たのですが、ああいうのは好きでした。あの本を書いた原田和典さんも同世代で、わたしと同じような趣向だと共感を持ちました。

——そのあたりから「和ジャズ」に入っていくんですか？

「和ジャズ」はまったく別の切り口です。お店（ディスクユニオン）で売り子をして、オリジナル盤を扱っていたときに、日本人のジャズが好きなひとってほとんどいなかったんです。珍しいのが入って聴いていると、カッコいいものがかなりある。だけど、誰も知らない世界で。日本人のジャズのコレクターって、ディスクユニオンでも五人ぐらいしかお客様の顔が見えてこない。そういうお客様に教わりながら、いろいろ聴いていったら、「いろんなひとに聴いてもらうには、ＣＤにしたらどうかな？」ということで、二〇〇五年に初めて白木秀雄（ds）さんの『祭の幻想』（テイチク）を作ったんです。

その前に、『ジャズ批評』誌で「和ジャズ特集」を書かせてもらって。それが意外と盛り上がりました。その盛り上がったときに、「昭和ジャズ復刻シリーズ」というのを展開したんです。二〇〇六年から翌年にかけて、メジャー・レーベル各社が持っている音源をずいぶんＣＤで出させていただいて。そこで一定の評価をしていただけましたし、市場も盛り上がってきたので、そのときの集大成としてこの本、『和ジャズ・ディスク・ガイド Japanese Jazz 1950s-1980s』（リットーミュージック）を二〇〇九年に出しました。この本が出てからまたいろいろ盛り上がって。いまは「和ジャズ」という言葉が定着して、ひととおり掘り起こされたかなあとは思います。

——「和ジャズ」という言葉は、塙さんが考えた？

誰が考えたかはわかりません。「昭和ジャズ」というひとと、「和ジャズ」というひとがいて。短いほうが語呂がよかったんでしょう、そちらが定着しました。この「和ジャズ」という言葉が出てきたときも、評論家の方からは「変なネーミングをつけて」みたいなのがありました（笑）。この本（『和ジャズ・ディスク・ガイド』）には「二〇〇五年に生まれた造語」と書かれていますから、そのころに誰かがいい出したんでしょう。

——塙さんの手がけた第一弾が『祭の幻想』。それで、塙さんの思う「和ジャズ」はいままでに何枚くらい出したのかしら？　いまもときどき出しているでしょ？

ＴＢＭもそのシリーズなんですよ。

——レーベルでいうならThink! レーベルですか。

はい、日本人のジャズは数えないとわからないですが、Think!レーベル自体が……

――洋物も入っているから。

番号が四〇〇を超えているので、そのうちの七割ほどが「和ジャズ」です。

――向こうのソウル・ジャズやブラジル系もこのレーベルで出している。

はい。歌謡曲やシティ・ポップ、普通のジャズもあります。

――一番売れたのは？

『祭の幻想』です。

――これは最初からワッといったんですか？

初めは数百枚ですね。それで『ジャズ批評』誌が出てから、一年間ドッといって、実はいまでも売れています（笑）。レギュラーでいまでも買える一番初めに出したもの、モノラルで紙ジャケにしたりアナログ盤も出しましたね。具体的な数字はお伝えできませんが、累計するとかなりの枚数です。

――七インチ（シングル盤）も出しましたよね。

そうです。『祭の幻想』だけでかなり商売をさせてもらっています（笑）。

――CDも買えば、LPやシングル盤も買う。そこが「和ジャズ」の面白さかもしれません。

出回ったレコードの数がとにかく少なかったんでしょう。だから、十万だ、二十万だ、三十万だという値段がついているものもあります。みんな三桁、つまり千枚は出ていない気がします。しかもあまり大事にされていなかった。捨てられたものもたくさんあったと思うんです。

――ぼくは六十年代半ばからジャズを聴き出して、タクト・レコードから日本人の演奏するジャズ作品が出てきた時代をリアルタイムで聴いていましたが、やはり日本のジャズって偏見の目で見られていたんです。ぼくは外国のものと日本のものとどちらも好きだから、日本人のレコードも買っていたけれど、大半のジャズ・ファンが日本のジャズをひとつ低く見ていた。それで、レコードを買うひとが圧倒的に少なかった。

どなたか忘れてしまいましたけど、評論家の先生がなにかの記事で「日本のジャズはアメリカの模倣だといって馬鹿にしているファンが多い」と、嘆いておられた。いま小川さんがおっしゃったこともそうですが、一段低く見るという意識が根づいていたんでしょうね。二〇〇六年に日本のジャズを出したときも、そういう声をものすごくいただいたんです。それ以上に支持していただける声が多かったので、自分が聴きたいものはみんな出そうと思いました。

――そういう仕事、羨ましいな（笑）。ぼくはブルーノートとか、そっちの人間と思われがちだけど、基本的には日本のジャズが好きなのね。

ウワー。それは、わたし知らなかったです。

——だって、新宿の大学に行ったのは「ピットイン」があったからだもの。あのころは「オザワ」や「トガワ」といった中古レコード屋さんもあったし。そういうところを回るのが好きで、大学は迷うことなく新宿にしました。あまりお金がなかったので中古のレコード屋さんに行くんだけれど、いわゆる「和ジャズ」があると必ず買っていたのね。競争相手がいないから、出れば安いし。いまにしてみれば、夢のような時代でした。

小川さんと「和ジャズ」の関係は知りませんでした。

——日本人だから、日本のひとがやっているジャズってすごく好きだし、興味があったんです。それで、「ピットイン」や「タロー」にもちゃんとお客さんは来ているんです。ところが、そういうひとたちがレコードを買っていたかどうかはわからない。ライヴが好きなひととレコードが好きなひとは違うから。

そうなんですよ。

TBM発売へ

——だから、日本のジャズはそんなには売れなかったんでしょうね。ぼくが聴くようになったころはタクト・レコードができて、そこから出た渡辺貞夫（as）さんのアルバムは別格でしたけど。

そうですね。ひとによって売れ行きは違いますから。それこそＴＢＭでも、山本剛（p）さんと鈴木勲（b）さんの二枚はすごい数が出ています。

——だけどほかはなかなか厳しかった。そういう状況の中で、TBMは頑張っていろいろ出していたと思うけど。

わたしもそういうところから、日本のジャズを洗い直して。好きでも、商売を考えないといけないですし、弊社に原盤のないものがほとんどですから他力本願しないとリリースができません。そのために各レコード会社の方々と必死に人間関係を築いていきました。人間関係がなにもないと、簡単に音源を貸してくれないですよね。そういうことで実績を作りながら、「これくらい売れますから、やりましょう」ということで、ずいぶんやらせていただいて。

あと、歌謡曲も好きだし、日本人のヴォーカルも好きなんです。なんていうんでしょうね、ジャズ・ヴォーカルを聴くというより、ジャズ歌謡を聴いているような感じですね。江利チエミさんや美空ひばりさんは本当に大好き。

——だけど、詳しくなければ出せない。

そうですね。頑張って勉強しました（笑）

——塙さんは作品のバックグラウンドもわかっていらっしゃる。繋がりとかもね。それがわかっていないと、闇雲に出しても、出しただけで終わってしまうと思うんです。

たとえばですけど、二十万円ぐらいするレコードがあって、みんなが聴きたがっている。そういう視点から、「それじゃ、これはＣＤにしよう」となります。今度は、「二十万円でもほしがっているってことはアナログ盤でも売れる作品だな」となる。アナログ盤だって、なんでもかんでも出していたらたいへんなことになってしまうので、「これは売れるだろう」というもの、「これはＤＪがほしがっているからアナログ盤で」と選ぶことになるんです。今回でいえば、細川綾子（vo）さんの『ミスター・ワンダフル』（ＴＢＭ－３００８）がそれです（対談直後に、『中村照夫／ユニコーン』（ＴＢＭ－18）、『日野元彦／流氷』（ＴＢＭ－61）、『細川綾子／ミスター・ワンダフル』の三枚がＬＰで発売された）。

――そのあたりが面白い。細川さんのアルバムをＬＰ盤で出すって、普通ならないですよね。今回の三枚はどれもないかもしれない。これだけＴＢＭにカタログがあって、ＬＰはいままでに何枚か出ているけれど、ＬＰにする優先順位からいけば……

　かなり低いですよね。ＬＰ盤は、ＴＢＭに関しては九枚しか出してないけれど、今回出した三枚を含めて、これ（細川盤）が一番数が出たんです。

――そこの目利きというか、それが塙さんのすごいところですよ。

　でも、これを五年前に出してもぜんぜん売れなかったと思うんです。いま、出すべきものだったんですね。

――時期があって、どれがいまなら売れるかがわかっている。そこに、塙さんがこの業界でいろいろ仕事をされてきた蓄積があるんでしょうね。

　店舗のあることが一番の強みです。お客様のほしがっているものが肌で感じられる。そこが重要だと思うんです。このＬＰも急に評価されて、オークションで本当に高くなってしまったので。三年前まではそんなことなかったんですよ。

――だから、いまなんですね。

　いまなんです。

――細川さんは、一部のヴォーカル・ファンだけが騒いでいたひとですよね。

　アメリカでずっと活躍しているひとですから、英語がうまい。歌唱力があっても、英語の発音がしっかりしてないと、ジャズ・ヴォーカルとしては厳しいですから。細川さんは、本当に一部のひとしか評価していなかったんです。だけど、それに加えてちょっとＤＪの流れも来たのがよかった。だから、「あ、これはいましかない」という作品なんです

――ＴＢＭを出すようになったきっかけは？

　ＴＢＭの原盤はソニー様が持っていて、一度まとめて二十五枚を出したんです（二〇〇六年）。ですが、そのあとは動きがなくて。それからずいぶん経って、ソニーの渡辺康蔵（ディレク

ター）さんや後輩の坂本涼子（ディスクユニオンのディレクター）が「やれませんか?」と。一度ソニーさんでいいところを出しているのでどうかな? と思いましたが、わたしのシリーズ（「昭和ジャズ復刻シリーズ」）がだいぶ市場に認知されてきていたので、そのラインに乗せれば勝機（商機）があるかなと。

それで、「わたしが自分でコメントも全部書きますから」ということで、「やってみましょうか」と。だからこのＴＢＭの案件は、渡辺康蔵さんや坂本涼子から提案がなければそもそも成り立っておりません。深くＴＢＭに関わるきっかけを作ってくれておふたりにはとても感謝しています。

個人的なTBM体験

――塙さんの中で、ＴＢＭはそれ以前どういう認識だったんですか?

わたしが研究しているレーベルのひとつでした。一番好きだったのは、ビクターの「日本のジャズ・シリーズ」で、ミュージシャンにやりたいことをやらせるというコンセプトはＴＢＭも同じですよね。

――あれは油井正一先生が監修して。山下洋輔（p）さんの『ミナのセカンド・テーマ』とか、宮沢昭（ts）さんの『いわな』とか。

フリー・ジャズ系も好きなので、あのシリーズが自分の中では別格だったんです。それで、『銀巴里セッション』（ＴＢＭ-9）。これは発掘音源ですけど、高柳昌行（g）さん、金井英人（b）さん、富樫雅彦（ds）さんとかが聴けるというので、このアルバムを聴いたのが最初です。

――その前からＴＢＭの存在は知っていたんですか?

知っていました。

――『銀巴里セッション』を聴いたときはどう思いました?

発掘音源なので、レーベルのコンセプトで録音したものとは違います。歴史的音源のひとつとして聴いていました。そのあと、一番印象に残ったのが、峰厚介（as）さんの『峰』（ＴＢM-1）です。これがカタログ番号の1番。これを聴いたときに、趣味に合うというか、エッジの効いた作品なので、「こういうのは大歓迎だな」ということで、いいレーベルだと思いました。

――塙さんが興味を持ったときは、もう新録はしていなかったのかしら?

そうです。

――個人的にLPを買ったりはしていた?

当時はまだ安く買えました（笑）。お店でもＴＢＭはけっこう売れていたんです。日本のレーベルとしては、リアルタイムで大成功したレーベルですよ。再発して何回も出せるレーベルですから。オリジナル盤の枚数はそこまで多くないと思いますけれど、タイトルとしてはかなり出回っているはずです。

――それで、一番好きなのが『峰』ですか？

そういわれるといろいろ出てきちゃうんですけど（笑）。

――そもそも塙さんが企画して出したセレクションの理由は？

ほんとに迷ったんです。鈴木勲さんとか山本剛さんとかは、いままでにもずっと売れ続けていて、CDになってからでも何回もいろいろな形で出ているじゃないですか。そういうところからやったら意味がないと思ったんです。

さっきもいいましたが、TBMって峰さんのような、そのときの若手でバリバリやっていたひとがいろいろいます。ですから、まずはそういう音楽の流れ。あとは、鈴木勲さんと山本剛さんの流れ。ちょっとフリー・ジャズっぽい流れでは、高柳昌行（g）さんとかの作品があるじゃないですか。こんなにいろいろなタイプの音楽――ヴォーカルもあり、ビッグバンドもありますよというのを総体的に万遍なく出そうと。その代わり、なんでもかんでもは出せないことがわかっているから、その中でクォリティの高いものだけを選んだということです。

――最初は七期までやったんでしたっけ。

そうです。それで終わりにしようと思ったけれど、結局、これ（二〇一六年九月二十一日に発売した十枚）が十一期です。

――トータルで何枚かしら？

七十九枚CDが出て、LPレコードが現時点で九枚ですね。

――TBMは、塙さんにとってどんなレーベルなんでしょう？

ご本人に聞いたわけではありませんが、プロデューサーの藤井武さんが気に入ったひとに声をかけて、「君の一番いいところを見せてくれ」といって作らせたんじゃないかなあと思って。オリジナル曲も多いですし。ミュージシャンがそのときにやりたかったことが聴けるレーベルだと思っています。メジャー・レーベルでしっかりプロデューサーがいて、「この曲をやって」とか、「こういうコンセプトでやって」とかいわれたものとは違うのかなと。先ほど触れたビクターの「日本のジャズ・シリーズ」も同様ですが、次にそういうことをやったのがTBMだと思います。あとは、音楽が偏っていないんで、聴いていて飽きないですよね。

私的ベストの五枚

――さっきの話に戻りますが、順番をつけるのは難しいでしょうし、出している立場上、差はつけたくないでしょうけど、「これだけは聴いてほしい」という五枚を教えてもらえませんか？

順不同で、まずは『クール・ジョジョ』（TBM（P）-5018）。高柳昌行（g）さんのアルバムですけど、この作品ではフリー・ジャズをやっていない。レニー・トリスターノ（p）やリー・コニッツ（as）の流れを汲むものですが、わたし、そのへんのジャズも好きなんです。「ああ、高柳さん、こういうことをやるとほんとにいい」。家で聴いているとすごく充実するんです。お酒もうまいし、本物のジャズを聴いた気持ちになれる。アメリカのジャズやヨーロッパのジャズと比べても遜色のない作品だと思っています。白状すると、これが一番好きなんです（笑）。

あとは変わり種を先にいっちゃいますと、森山浩二（vo）さん。彼の『ナイト&デイ』（TBM-58）がいいですね。粋でスウィンギーで。

——ぼくは、彼を「ミスティ」で何度も聴いていますけど、話す言葉自体がスウィングしているのね。

そうなんですよ、そこがすごい。

——だから歌っても自然にスウィングしちゃう。稀に日本人でもそういう歌手がいるんです。歌詞をうまく歌うだけじゃなくて、歌うとそれだけでスウィングしちゃうひと。そのごく稀なひとりでしたね。同じころに活躍していた東郷輝久さんもそういうシンガーでした。こちらはTBMじゃなくてビクターからアルバムを出していたけれど、このひとも自然にスウィングしている。

ビクターといえば、森山さんもアルバム（『ライヴ・アット・ミスティ』）を出していますね。あれもいいんです。あとは、さっきいいましたけれど峰さんの作品。これはストレート・アヘッド・ジャズの傑作。素晴らしい内容です。

——最初のアルバム（『峰』）のほう？

一枚目が好きですね。ファースト・アルバムって、なんか好きなんですよ。あれ、なんでしょうね？　なにか愛着があるんです。

——やりたいことがいっぱいあって、それを吐き出してるから。

そうですね。これで三枚いいましたよね。わたしの趣味が入っちゃいますけど、金井英人さんの『Q』（TBM-6）。六十年代の初めから、金井さんはアメリカのジャズの模倣ではないことをやろうと、すごく研究していて。というか、初めから模倣がないひとです。そういう音楽性なんで、「こういうひとがいたんだよ」ということをいろんなひとに聴いていただきたいというか。

最後は水野修孝（arr）さんの『水野修孝の世界』（TBM-70）。店でかけていると、プログレの担当者が「なんですか、これ？」って聞いてくるんですよ。ほかのジャンルのひとが「カッコいいじゃないですか」という作品ですね。小川さんの好きな五枚は？

——自分が選ぶとなると、困っちゃいますね（笑）。順不同だけど、水橋孝（b）さんの『男が女を愛するとき』（TBM-

28）と菅野邦彦（p）さんの『慕情』（TBM―26）。ジョージ大塚（ds）さんの『ユー・アー・マイ・サンシャイン』（TBM―35）もゴスペル・ライクで大好きな一枚。

これはCDになっていないです。

――ジャケットが漫画っぽいから、それで敬遠されているのかな？　内容は最高ですけどね。

今回、どうしようかと悩んだ一枚です。

――ああ、出してほしかったなあ（笑）。このアルバムでピアノを弾いていた市川秀男さんの『明日への旅立ち』（TBM―73）、これもぼくの中では名盤です。市川さんがキース・ジャレットみたいなピアノを弾いていて、いいんですよ。でもこれは五枚には入れないで、あとは稲葉國光（b）さんと中牟礼貞則（g）さんの『カンヴァセイション』（TBM―43）。

ぼくもあれは大好きです。いまだに中牟礼さんはすごいですよね。

――八十を超えて、いまもカッティング・エッジなプレイをしているでしょ。しかも、ずっと立ったままで弾いている……。

フラッーと現れて、「お願いしまーす」。ほんとにいいですよね。

――自分でギターとアンプを持って、電車で来ますから。

それで、決して古くない。

――バリバリ弾いちゃいますから。稲葉さんとのデュオではもう一枚、後藤芳子（vo）さんのバックを務めた『ア・タッチ・オブ・ラヴ』（TBM―54）もよかった。この手のアルバムだと、鈴木勲さんと渡辺香津美（g）さんがバックを務めた中本マリ（vo）さんの『マリ・ナカモトⅢ』（TBM―56）もあったでしょ。

青いジャケットの。あれもいいですよね。

――これはLPでも出しています。

はい、いまはもう買えないかもしれないですけど。

――それで、最後は和田直（g）さんの『ココズ・ブルース』（TBM―12）。TBMには名古屋のミュージシャンによる作品が多いですね。

名古屋には独特のシーンがありますから。

――森剣治（as）さんが代表格かしら。ベースの宮本直介さんもTBMから一枚『ステップ』（TBM―20）を出しています。大阪のひとだけど、アルト・サックス奏者の古谷充さんがヴォーカル・アルバムの『ソリチュード』（TBM―38）も出しているし。

森剣治さんもとんがっていて、わたし、好きですね。

――（チャーリー）パーカー（as）派だけど、フリー・ジャズもすごいという。高柳さんとやっていたりね。名古屋のシーンを紹介したのもTBMの功績です。

普通のレコード会社はなかなか手をつけませんから。

――どうしても東京で活躍しているひとが中心になってしまう。

わたしは新録もやっているんですが、関西だけで活躍しているミュージシャン、東京では知られていないけれど向こうではすごい人気のひとがいっぱいいます。当時は名古屋もそうだったんでしょう。

――いまより東京との距離間があったから、なおさら伝わりにくい状況だったし。東京にもめったに出てこない。そういうことだったんでしょう。

ＴＢＭのリリースについて

――リリースに関しては、エッジの効いた作品の優先順位が高いということですね。

そういうのが好きですから。

――ということは、塙さんの好みで出している。

もちろんセールスは考えないといけないけれど、可能な限りこの機会にリリースできるものを盛り込みました。ただし、やはりトンガリ系や初ＣＤ化のものはそこそこで、結果的には鈴木勲さんの『ブロー・アップ』（ＴＢＭ-15）と『ブルー・シティ』（ＴＢＭ-24）、それと山本剛さんの『ミスティ』（ＴＢＭ-30）がダントツに売れました。敵わなかったです（笑）。

――それらは落とせない。

出さなきゃいけないものはありますから。

――中古の市場価格も参考にするんですか？

その視点でも検討します。それから、高くなくてもほしがっているひとが多い作品も考慮します。あとはＤＪが密かに探している作品。ＤＪは面白い世界で、ＤＪとそのＤＪが好むアルバムをコレクションするひとがいるんですよ。そのあたりのひとたちがほしがっているものは、けっこういいセールスになるんです。ひと昔前でいうなら橋本徹さんの「サバービア」、ここ数年では須永辰緒さんの「夜ジャズ・シリーズ」などを買っているひとが注目している作品はセールスに繋がる。

それから日本人のジャズがいまは海外で評価されていて、かなり輸出されているんです。ＤＪ文化が根づいているようなロンドンやカナダあたりからは、「なに、これ？　日本人のジャズはすごいじゃない」といって、買いつけに来ますから。それで、ずいぶん向こうに流れています。カナダで働いているわたしのお客様が、向こうでＤＪをやると超人気者になるんですって。「塙さんのおかげです」なんていわれたこともあります。みんな知らない音楽をかけるから、超ヒーローになっちゃう（笑）。そうすると、ＤＪとそのＤＪのファンがほしがるので、カナダではずいぶんなムーヴメントになったみたいです。

――そういうことが起こるんですねえ。

起こるんです。

——いま出ているＴＢＭのＣＤは売り切れてしまえばそれまでですか？

あまり動かなくて止まってしまえば、紙ジャケを新しく作り直すにはお金がかかるので、自然に廃盤になります。そのままオーダーが途絶えないものは在庫がなくなっても追加プレスをします。

——いまのところすべて残っている？

止まっているのはないと思います。

——とりあえずこれで打ち止め？

まだわからないです（笑）。すいません、今回（十一期）も「ファイナル」と書いちゃいました。でもこれ、閉店商売じゃないんですよ（笑）。ほんとにそのつもりでいつもいるんです。最初に七期まで出したときはそのつもりでしたから。今回も「ほんとにファイナルだから」といったんですけど、小川さんが本を出すというから、じゃあもう一回なにかやろうかなと（笑）。そのときは新しくなにかを出すより、間違いのない作品を特別な仕様でやってみようかなと思っています。

——それはせっかくだからやってほしいです。ぼくも買いたいし（笑）。手前味噌になっちゃうけど、この本が出れば、また「これを聴いてみたい」というひとも出てくるでしょうし。

本の発売記念でなにかを出したいとは考えているんです。たとえばですけど、「ＴＢＭは音がいい」ということであるのなら四十五回転の二枚組ＬＰを出すとか。「シングル盤を作ってくれ」という声もあるんです。ＴＢＭのシングル盤は出てないですから。

——そうするとそれがオリジナル盤になるし、これまたコレクター心理がくすぐられる（笑）。十インチ盤もいいなあ。十二インチＬＰをＡ面とＢ面にわけて、それぞれを十インチのＬＰにして二枚組。

——ＴＢＭはジャズ・ファンから見れば生粋のジャズ・レーベルです。だけど、いまはジャズ・ファンじゃないひともけっこう聴いている。

今回のシリーズはそういうひとたちにも買っていただいています。いろんなひとに買ってもらえるようなものをということで、幅広いレーベルですよね。同時に、やはり生粋のジャズ・レーベルといってもいいかもしれないです。

（注）このインタヴュー後に、本書との連動企画として四十五回転二枚組ＬＰ仕様の『鈴木勲カルテット＋1／ブルー・シティ』と『山本剛トリオ／ミスティ』の発売が決定した。

演奏、音質、デザインの三拍子が揃ったレーベル

——塙さんから見て、音はどうですか？

音質は、全体的にかなりいいと思っています。ライヴ音源は

別として、スタジオでやっているものはこだわっているなと思います。ライヴでも、たとえば日野元彦（ds）さんの『流氷』（TBM-61）。根室のホール録音ですから一流の機材はないはずですけど、臨場感があります。

——オーディオ・ファイル（オーディオ・マニア）もＴＢＭには注目していますよね。

　もともとオーディオ・ファイルの間で評価されていて、オーディオ・ファンにずっと愛されてきたレーベルという側面があります。

——「ヴァン・ゲルダー・サウンドがいい」というのと同じで、「ＴＢＭは音がいい」というファンがいます。ＴＢＭは「神成芳彦サウンド」だけれど、そのファンが確実にいる。それも基礎票になっているかも。

　そうですね。あとは評価も定まっていますし。購入する方々は、保証がついて買っている感じを受けますね。小川さんがリアルタイムで聴かれていたときも評価はされていたんですか？

——ぼくらの間でも、「ＴＢＭ作品は音がいい」ということで話題になっていました。ぼくらはＴＢＭを「日本のブルーノート」と呼んでいたんです。ジャケットと音と演奏の三拍子が揃っている。これって、ブルーノートの作品と同じでしょ。それがリアルタイムでの話。だからオーディオ・ファンはけっこう買っていました。面白いのは、大半のアルバムでエンジニアを担当した神成さんが、「音質がいい」といわれていたことをぜんぜん意識していなかったこと（笑）。ところで、ディスクユニオンから復刻されたＴＢＭのＬＰは「フロム・ジ・オリジナル・マスター・テープス」と謳っています。以前に出ていたものと音は明らかに違いますか？

　もしかしたら、ＴＢＭはこれまでの再発でもオリジナル・テープを使っていたのかもしれません（笑）。でもわたしにこだわりがあるので、ＬＰの場合は明示しました。そのほうがわかりやすいですし。このロゴはブルーノートのシリーズでも使っています。オリジナル・テープを使っているものには敢えてこのロゴをつけて。すごく音のいいものは、やはりわかってもらいたいですから。配信やデジタル・サウンドだけで聴いているいまのひとにも、昔のように「アルバムを大事にしたいな」「再発盤でも大事にしたいな」となってもらえたらと。ですから、こういうふうにレコードとわけて収納することで（ディスクはジャケットの中に入れず、別の白ジャケットに収納）、大切に扱えるようにして。わたしにはパッケージ（ジャケット）へのこだわりもありますから。

　小川さんがさっきおっしゃっていましたけれど、やっぱりジャケットと内容、それに音質、そのへんが全部一緒になっていないと。ブルーノートの『クール・ストラッティン』はずっと人気がありますけど、あれが野原を写したようなジャケットやタバコの吸い殻のジャケットだったらあんなに売れてはいないんじゃないですか？　だから、ジャケットは大事ですよね。

――「ジャケ買い」という言葉があるぐらいだから。

そうです。

――不思議なのは、ブルーノートにはジャケットのデザインに統一感があるけれど、ＴＢＭからはあまり感じられない。だけど、なんとなくＴＢＭの作品だってわかる。やはり、デザイナーが西沢勉さんひとりでやっていたからなんでしょうね。

今回ＬＰで出すこの三枚（『中村照夫／ユニコーン』『日野元彦／流氷』『細川綾子／ミスター・ワンダフル』）だってまったく違いますものね。

――それでもＴＢＭらしさというか、共通するテイストがある。エンジニアが基本的に同じ、デザイナーが同じ、もちろんプロデューサーが藤井さん。そのことが統一感を生み出しているんでしょうね。

初期のジャケットは同じ系統なんですよ。それが、だんだんといろいろな冒険をしたり洗練されたりしていく。

――デザイナーはデザイナーなりに、自分の表現ということで冒険しているんでしょう。それにしても一枚目の『峰』で、もう突っ走っていますから。

これは本当にすごいですよ。音のことでいうなら、以前、東洋化成（アナログ・レコード・プレス・メーカー）のひとと話をしていたんですけど、「マスター・テープが劣化していなければ、同じ条件で作ったらいまのほうがいい音がする。当時よりいま使っている機材、とくにアンプが昔とは物がぜんぜん違うから」ということをいっていました。

――レコードの素材もいまのほうがいいでしょう。

そうですね。以前は再生素材が使われていたかもしれないですし。いまはそういうこと、やっていないですから。

――ＴＢＭに関していうなら、ディスクユニオンさんが出しているのは１８０グラム盤でしょ。オリジナル盤より少し重くなっているから、安定感があるし。ついでにいうと、ディスクユニオンさんが出しているＬＰはジャケットの質感もいい。

これは本当にこだわりました。色校には何万円もかかるんです。それで、下手をすれば三回も四回もやるときがあって。でもそこを妥協したら、やっぱりいけないので。Think! レーベルでは、自分が担当したものについては絶対にこだわっています。そこは、お金がかかっても仕方がないです。

――最高のものを作らないと意味がなくなる。とくにジャケットは顔ですから、それがチープな印象を与えたらすべてに影響しますものね。

今回の『流氷』はかなり難しかったんです。これはジャケットの裏面もそうですが、この色が微妙でなかなか出せない。

――これは、オリジナルのＬＰジャケットから起こした？

そうです。フィルムが残っていないので。

——ＬＰのジャケットから起こしてこのレヴェルに持っていくのはかなりたいへんだったでしょ？

微調整が難しいんです。赤味が強くなったり。でもこのあたりのレコードは、ジャケットの作りが不定形だったり特別なものだったりしていないんで、まだいいですよ。ブルーノートの復刻シリーズを出したときは凝りすぎちゃって、ジャケットにすごく手間をかけたんです。その代わり、いい色でできました。

——ブルーノートのときは、アメリカで盤のプレスをしたんですよね。

ディスクの溝にまでこだわりましたから。そうなるとプレスの機械が日本にはなくて。

——あれって、オリジナル盤との見分けがつかない。

はい。そのレヴェルで作りました。盤に関してはマトリックス・ナンバーで見分けられますが、ジャケットに関してはディスクユニオンのブルーノートは見た目オリジナルとまったく同じです。帯に全部の情報を入れて、ジャケットとディスクと内袋はまったくオリジナルどおりにして。とにかく二度と真似されないようなモノを作ろうと頑張りました。

——あと、ＴＢＭではこの解説書。小さめブックレットといえばいいのかしら？　ＴＢＭの特徴のひとつがライナーノーツの書かれたブックレットですね。ＣＤでもその縮小版がついていましたけれど、ＬＰではオリジナルどおりのサイズで。これはファイルできるんで、ふたつ折りにしたこのサイズだった。専用のバインダーがあって、それに収めるんです。これもファン心理というかコレクター心理をくすぐるもので、ぼくも見事、その思惑に引っかかった口です（笑）。

だから、解説書なしの中古盤がすごく出回っているんです。解説書は別にファイルして、売るときにそのことは忘れて、ということでしょう。

——ぼくは番号順に集めるのが好きだから、全部買って、解説書も番号順にファイルして、あれはどこにやっちゃったんだろう？　その行方は今度探すとして、ぼくとしてはまだまだＴＢＭの作品を復刻してもらいたい気持ちです。ここまできたんですから、全部復刻しませんか？

うーん、それは……。

——（笑）無理難題を吹っかけてしまったところで、そろそろ終わりにしましょうか。今日は、お忙しい中、どうもありがとうございました。

これからもよろしくお願いいたします。

2016-12-02 Interview with 塙耕記 @ 千代田区「ディスクユニオン本社」

山本 剛 インタヴュー

【やまもと・つよし】ピアニスト。一九四八年三月二十三日、新潟県佐渡郡相川町生まれ。六十七年にプロ入り。ミッキー・カーティスのグループを振り出しに英国〜欧州各国をツアー。 七十四年、TBMから出した『ミッドナイト・シュガー』でレコード・デビュー。続く『ミスティ』が大ヒットして人気者に。七十七年に「モンタレイ・ジャズ・フェスティヴァル」、七十九年に「モントルー・ジャズ・フェスティヴァル」に出演。その間にはニューヨーク生活も体験。前後して、来日した一流ミュージシャンとも多数共演し、国際的な名声を確立。豊かなスウィング感を伴ったブルージーで歌心満点のプレイはいまも多くのファンの心を虜にしている。

ジャズに目覚めたころ

——山ちゃんとはずいぶん古いよね。

いつからだろう?

——「ミスティ」がオープンしてすぐだから、四十年以上前?

それはそれとして、生まれは新潟県の佐渡でしょ?

うん。佐渡で生まれたけど、佐渡はお袋の実家だから、産みに帰っただけ。

——そうなんだ。じゃあ、家はどこに?

新潟市。

——旅館かなにかやってるんだっけ?

いや、うちは旅館じゃないよ。

——あれ? 旅館の息子とばかり思ってた。(笑)

下宿はやってたけど、そうじゃないよ(笑)。

——そうか。ピアノを始めたのはいつから?

ピアノは小学校の二〜三年かな? やらされたんだよ。よくあるパターンで、「妹と一緒におまえも行け」って。

——妹さんとはいくつ違い?

三つかな。

——妹さんは音大に入るんでしょ?

あいつは国立音大に入るの。

——最初はクラシックから……。

クラシックっていうか、バイエルね。それも半分で辞めたから。

——そのあともピアノは弾いていた?

あまり好きじゃなかったから、弾いてないんだよ。それで、トランペットをやったり。

——トランペットでなにをやってたの?

最初はトロンボーンをやって、唇が慣れてきたら、トランペットでいい音が出るようになって。それでブラスバンドに入ったの。

――それは中学で？

中学の終わりごろかな？

――部活動？

そうそう。なんかのときはブラスバンドで表を行進したりね。

――そういうの、やってたんだ。

パレードみたいなの、やってたね。譜面が読めないから、吹いてもらって覚える。それを高校でもやって。

――ピアノは弾いてなかった？

弾いてなかったけど、中学の謝恩会で歌の伴奏をやったのは覚えている。〈いつでも夢を〉とかを歌うヤツがいたんだね。ズンチャズンチャってコードだけ弾いて。そのときはトランペットもやったけど、大失敗しちゃった。一番いいところでプスって音を出しちゃったの。緊張してたんだね。いつもなら楽々と出せる音だったのに、がっかりだよ。

――ジャズに目覚めるのは？

高校になって、うちに下宿していたお兄さんが〈ダイアナ〉とかのいわゆるポップスのレコードをいろいろ持ってて、それを夜なよな聴きに行ってたの。そうしたら突然アート・ブレイキー（ds）とザ・ジャズ・メッセンジャーズの〈ノー・プロブレム（危険な関係のブルース）〉を聴かされて。「あれ？　なに、これ？」。それで「ピアノ、いいな」と思って、ピアノに目が覚めたっていうか。それが高校の二～三年だね。自分の知っているピアノとは違うピアノがあるんだなと思ったのがそのとき。「バイエルだ、ツェルニーだ」じゃなくて、もっといいのがあるんだなと。それで、すぐに始めたんだよ。

――そういうのをコピーし始めた。

レコードの針を落として、急いでピアノのところに行ってフレーズを拾うとかね（笑）。譜面が読めないから、コピーするしかない。いまみたいに情報も多くないし。せいぜいあって、『モダン・ジャズ・メモランダム』っていったかな？　宇山恭平さんってギタリストが書いた楽譜集。それが七百円だったかいくらかで、それを買って。キーがちょっと違ったりするんだけど、それにスタンダードが何曲か書いてあるから、それを見たりして。

あとコードはね、『コード表』っていうのがあるんだよ。五百円だったかな？　鍵盤が書いてあって、そこにドッツ（印）がついているわけ。それで真ん中のドッツが半音下がるとマイナーだとか、ドッツの真ん中と上が下がるとディミニッシュだとか。なんでもそういうふうに考えればいいというようなことをやっていたのね。

――見よう見まねで。

適当にね。それで、高校の謝恩会で「バンドをやらないか」っていわれたんだよ。学校で譜面を見てたら、サッカー部の小林っていうのが「おまえ、ピアノを弾くのか？　オレはドラムスを叩きたい」って。そういうことがあって、小林のうちへ、中学校のときの友だちふたりとで行って、カルテットを始めるの。そのうちクインテットになるんだけど。

　それで月に二〜三回、小林のうちに集まって練習する。そのころにバンドのスコアが売られるようになって、〈ドキシー〉とかの類いだよね。〈モリタート〉も出ていたかな？　何曲もなかったけど、サックスとピアノ・トリオとか、トランペットとピアノ・トリオとかで、それを練習して。

――アドリブはできるようになっていたの？

　アドリブはいい加減。小節の長さを頭の中で把握していないから、八小節ぐらいのエンディングを作って、〈モーニン〉なんか、それが出てきたらポンと止まるようになってるの（笑）。フリー・ジャズと似てるよね。

――ソロはコード進行に則って？

　どうだったかなあ（笑）。則ってるとは思うけどね。レコードを聴いていても全曲はコピーできないから、雰囲気だけ真似して、いいところや自分の好きなところだけコピーする。

――それを謝恩会でやって。

　そうしたら、先輩が「どうやってるんだ？」。カラクリを教えてないから、「おまえたちすごいな、あれ、ジャズだろ」なんて驚かれちゃって。

――その謝恩会って、先輩の卒業式ってことだよね。山ちゃんはまだ在校生で。

　そう。明訓高校ね。

――野球で有名な。

　一番有名なのは漫画の『ドカベン』。

――あのモデル高校だ。山ちゃんは野球はやらなかった？

　オレはやってないの（笑）。

――それで、受験して東京に。

　日大を受けたら、教養学部は世田谷と三島に校舎があって、静岡って書いてない。オレにしてみれば引っ掛け問題みたいなもんだよ（笑）。日大だから、東京にあるとばかり思ってるじゃない。世田谷は東京の端だからみたいに考えて、三島に印をつけちゃった。それで三島に一年いたけど、それもよかったよ。

――音楽はやってたの？

　合唱部に入ったんだよ。

――似合わないなあ（笑）。

　いや部活には出ないで、終わったころに行って、ピアノばっかり弾いてたの。それで、校歌とかを弾いてると女の子が集まってくるんだよ。「山本君、ピアノ弾けるじゃない」。女の子が「あれ弾いて、これ弾いて」「知らないよ」というような感じで。

　あとは下宿で、みんなは麻雀なんかをやってるけど、オレはステレオを持ち込んでジャズを聴いてたの。そうしたら、周りのヤツもだんだん好きになってきて。三島時代はそういう感じ。それで東京に出て、経緯は覚えてないけど、すぐに仕事をやってたなあ。

――どういう音楽を？

ジャズを。

――じゃあ、ジャズ・ピアニストになっちゃったんだ。

まあねえ。

――どういうところで？

池袋の「ＪＵＮ」とか。

――洋服のＶＡＮジャケットとかＪＵＮとかのＪＵＮがやってたジャズ喫茶でしょ。

ジローさん（小原哲次郎）（ds）とかに誘われてね。

――その時点で、ジローさんとは知り合ってたんだ。

まだ青山にあった「ミスティ」に行くようになって、そこで「ボーヤ、弾くか？」「はい」みたいなことをやっているうちに、声をかけてもらえるようになったんだよね。あそこがすごく勉強になった。オマサン（鈴木勲）（b）は来るし、菊地のプーさん（菊地雅章）（p）は来るし、不思議な場所だった。

ミッキー・カーティスのバンドでヨーロッパに

――ミッキー・カーティスさんのバンドに入るのがそのころ？

それはもう少しあと。飯倉に「ニコラス」ってあったじゃない。あそこに小さなハモンド・オルガンがあったんだよ。アメリカ人のメガネをかけたテナー・サックスがいて、名前はなんていったっけかな？　たまたま誰かにトラを頼まれて。そのときにお客さんで来てたのがミッキーのマネージャー。マイクっていうアメリカ人で、奥さんが日本人だから、赤坂の「ホテル・ニュージャパン」とかで日本語の漫才ができるくらい日本語がペラペラ。

彼に呼び止められたのが「ニコラス」。「なんでしょう？」「ヨーロッパに行かない？」。ヨーロッパなんて、そのころ誰でも行けるわけじゃないでしょ。「行きたいなあ」という気持ちはあったけど、「一晩考えさせてくれ」。それで、次の日に銀座の「ヤマハ」の前で待ち合わせて、「行きます」。日大紛争だったんだよ。渡りに船だと思って。

――それが二十歳のとき？

大学二年のとき。アンカレッジ経由で、まずはスイスに行くの。ところがアンカレッジでエンジンの調子が悪いって、飛行機から降ろされちゃった。待ってたけどぜんぜんダメ。ウエスタン航空に乗ったけど、今度は「凍ってて車輪が入らない」。「もう一回やってみる」とやったけど、「ダメだから一度引き返す」。それでも機長が「もう一回やる」と。そうしたらブーンって音がして、入ったんだよ。「ヤッホー」みたいな感じで、全員拍手（笑）。「さあ、飲んでくれ。みんなタダで出しちゃえ」みたいな。それでシアトルに行って、デンマークに行って、翌日チューリッヒ経由でジュネーヴ。宿泊先はモーテルで、それから音楽生活。

――編成は？

エレクトリック・ベースとギターとピアノとドラムス、それにミッキー。ミッキーはギターも弾くでしょ。曲によってはフルートも吹いて。

――それでポップスとかボサノヴァを？

それもやるけど、日本の曲とか、いろいろだね。ビートルズとか。ショウみたいにして作るから。

――どういうところで？

オレたちが泊まっていたのはジュネーヴからけっこう離れたペルネーってところで、そばにフランスの国境があるんだよ。国境を越えると、すぐのところに有名なカジノがあるの。小さな村だけど、映画館があって。毎日国境を超えて、そこの「カジノ・デ・ヴァン」でやってた。

――どのくらいの期間？

一か月くらいかな？　そのあとはイギリスに行くの。ショウであちこちを回って、あとはテレビにも出たし。着物を着てさ。だから着物を畳むのが初めは下手だったけど、スッとできるようになっちゃった（笑）。

――日本から来たバンドということで。

バンドの名前がサムライズだからね。ビートルズの曲とかもやるんだよ。あとは日本の民謡とか。「金毘羅船々お池にはまってしゅらしゅしゅしゅ～」とかね。それをオレが大正琴で弾くと、受けるわけだよ。でっかいナイト・クラブみたいなところでそういうショウをやるバンドだったの。「ビートルズよりいい」とかいわれるんだから。

――じゃあ、向こうでけっこう話題になったんだ。

なってたみたいよ。あのころはマキシのパンタロンが流行ってたでしょ。イギリスの女の子はみんなマキシのパンタロンを履いてて。「サインしてくれ」って来るけど、でっかい女ばかりで、驚いちゃって、半分こわくてさ（笑）。「いいな」って感じはぜんぜんなかった。

――イギリスのあとは？

スイスに戻って。そのころまでに何回かホームシックにかかってたの。そのときはすごいのが来てて、家に電話したんだよね。トンズラしようと思って、「航空券を送ってくれ」って。「ダメだ、ダメだ」っていわれてたけど、あるときお袋が『週刊新潮』だかなんだかの記事を見たんだよ。「ミッキー・カーティスのバンドはヨーロッパで貧困生活を送っている」「宿の下に流れている河で魚を釣って、それを食べている」みたいなことが書いてあったの。それで、「たいへんだよ」となって、

「これはお金を送らなきゃならない」（笑）。日航に連絡して、話をつけて。それで「カジノ・デ・ヴァン」の仕事が終わったある夜、車がないからヒッチハイクでジュネーヴまで着の身着のままで戻って、帰ってきたの。

――「辞める」といって帰って来たの？

なんにもいわないで。

――じゃあ、ピアノがいなくなってたいへんだったんじゃない？

ミッキーが帰って来たときに、すぐに電話を入れたんだよ。「あのときはごめんなさい」って。「ヤマか、バカヤロー。でも、いいよいいよ、終わったことだから」。それでまた会うようになったの。

――ヨーロッパにはどのくらいいたの？

半年ぐらいかな？

――給料はよかった？

微妙だね。一日で、タバコ代か手紙を出す切手代、そんなもんだよ。金回りもよくなかったんだろうけどね。それがあったからチケットを送ってもらったの。片道のチケットで来てるから帰れない。パスポートを取り上げられなかったからよかったけど。親父は「みんなはいるんだから、おまえだけどうのこうのはダメだ」といってたけど、お袋が見た記事のおかげで帰ってこれた（笑）。

――サムライズはそのあとプログレ系のロック・バンドになったじゃない。

ハモンド・オルガンを買ってくれるっていってたけどね。オレが発つ日にハモンド・オルガンが着いているんだよ。

――そのままいたら山ちゃんもロック・ミュージシャンになってたね。

そのあとはイギリスからジョンとかなんとかっていうキーボード奏者が来たみたい。

「ミスティ」で人気者に

――帰国したあとは？

キャンプとかクラブで仕事を始めて。でもたいした仕事はないし。

――学校は？

休学届けを出して、ヨーロッパに行って、そのまま。まだ紛争をやってたもの。親父から「学費を払えって催促が来たけど、どうしたらいい？」「休学だから払う必要なし」。だから、抹消されてるだろうけど、休学のまま終わっちゃった。

――「ミスティ」に出るようになったいきさつは？

ヴォーカルとコンガが森山浩二でベースが海野欽児、このひとは松岡直也（p）さんなんかとやってたラテンのひとで、この三人でコンガ・トリオを組んで、銀座の一流クラブとかでやってたの。あとは浩二とふたりで、オレがエレクトーンを弾いてデュエットとか。引っ張りダコだったんだよ。その仕事が終わると、夜中はアイ・ジョージさんとか俳優とかがお客さんで来る青山の「仮面」でやって。当時は「十万円プレイヤー」が憧れの的で、それくらい稼いでいた。そんなことをやってるうちに、「ミンゴス・ムジコ」「O&O（オー・アンド・オー）」とかね、あのころは仕事が終わったあとに集まる場所があったんだよ。溜まり場みたいなね。

　それで、「ミスティ」にもよく行ってたの。仕事が終わって行くと、菅野（邦彦）（p）さんがいつも練習してるんだよ。そのあと菅野さんが辞めて、レジー・ムーア（p）のトリオが入って。シンガーはおカマちゃんだったけど。

――なんとなく覚えてる。全員が黒人のトリオでしょ？　すぐに辞めちゃったけど。

　そう。そのあとに、オーナーの三木（道朗）さんから話が来たんだよ。ところが、あそこのピアノはニューヨーク・スタインウェイでしょ。あれが弾きこなせない。たいへんなのよ。ヤマハなんかだったらパアッと弾けるけど、ニューヨーク・スタインウェイは鍵盤が重くて、ぜんぜん違う。じゃじゃ馬みたいに跳ね返されちゃう。

――それはスタインウェイの特徴？

　ニューヨーク・スタインウェイのね。いまはわかんないけど、昔のはそうだった。でも、音がぜんぜんいい。それで弾けないから恥ずかしくて、一週間くらいで辞めようかなと思って。オクちゃんて覚えてない？　オクちゃんが、「ヤマは練習もしないで、なんだ？」って秋田弁でいうんだよ。それもそうだなと思って、毎日三時ぐらいに行って、練習をするようにしたの。

「ミスティ」には一月（七十四年）に入ったんだよね。寒いからって、「ミスティ」の加藤さんが石油ストーヴをそばに置いてくれて、それで練習したんだから。二十日間くらいやってたらだんだん手が慣れてきて、それからは問題なく弾けるようになった。

――やっぱり、あのピアノはいい？

　いいピアノだった。あのころ、ニューヨーク・スタインウェイはあそこに一台と、壊れて使えないのがＮＨＫに一台ぐらいしかなかったんだから。

――「ミスティ」のは、ニューヨークから飛行機で運んできたでしょ。

　ＪＡＬに三木さんの友だちで慶應の後輩かな？　野崎さんていうひとがいたんだよ。「開店に間に合わないから、飛行機で運べ」って。先輩だから文句をいわせずに、運ばせたらしい。それで地下の店に運び込めないって、できてた壁を壊して、やっと入れたんだから。

――あのピアノ、まだあるんだよね。

お兄さんの会社、三木プーリにね。オレも弾きに行こうかなと思ってるけど。

――あのピアノで山ちゃんがコンサートをやればいいのに。

ああ、そうだね。

――「ミスティ」には毎日出てたの？

ジローさんと福井（五十雄）（b）ちゃんでメンバーを固定して、日曜日以外は毎日。それで、歌手は曜日で違うの。ペコ（伊藤君子）ちゃんもいいかなと思って、貿易センターで歌ってたから、話をして、入れて。あとは安田南でしょ。歌手は動いていたけど、トリオのメンバーは変わっていない。それで、旅にもあんまり出してくれないから。

――だからずっと東京にいたんだ。

「ミスティに来て、入ったとたんに地下からいつも同じ音が聴こえてこないと意味がない」「おまえがいつも弾いていることがいいんだから、旅はダメだ」。それでずいぶん経ってから、やっと「旅に出ていいよ」といわれるようになった。

――最初のころはほとんど「ミスティ」でしか山ちゃんのピアノは聴けなかった。

でも、仕事が終わってからあちこちに遊びに行ってたし、夜中にみんなが「ミスティ」にも集まってきたし。

――外タレも来てたね。

「ミスティに行ってみろ」って、みんないわれてたみたい。そういう店がほかになかったからね。みんな来て、盛り上がってたわけよ。そういうのがいい勉強になったよね。いろんなひととやったり、聴いたりが。

――「ミスティ」で歌伴の腕も磨いたでしょ。

そうだけど、その前から森山浩二とやってたから歌伴は苦手じゃなかった。そういえば、山本文郎ってアナウンサーがいるじゃない。あのひとが司会の『街の人気者』っていう、ＴＢＳのテレビ番組に森山浩二と海野欽児と出たことがあるんだよ。そのテープがあったんだけど。

――それって、「ミスティ」に出る前だよね。

うん。そのトリオはスウィングすることにかけては日本で一番だったと思うよ。オレはそう思ってたもの。〈いそしぎ〉とかね。浩二の声が、またよく伸びるんだ。

――森山さんのヴォーカルっていいよね。普通に歌うだけでスウィングしてるんだもの。

そうなんだよ。それでタップ踏んでみたりね。

ＴＢＭから次々とアルバムを発表

――それで、いよいよＴＢＭ。

「ミスティ」のころに「やらないか？」っていう話がきたの。

――藤井（武）さんから？

「ミスティ」のお客さんというか、オレの噂を聞いたというか、それで店に来てたんだよね。あと、ジローさんがＴＢＭでやってたから、そういうのもあったんだと思うけど。でかい声で「イエイ」とかいってるのが藤井さんだった（笑）。

――それで、最初のアルバムが『ミッドナイト・シュガー』（ＴＢＭ-23）。これは、藤井さんにいわせると、「山本剛はバラードとブルースだけを聴けばいい」となるけど、実際にそういわれたの？

いわれはしなかったけど、「ブルースを入れよう」という話はあったね。というか、オレがスロー・ブルースをやりたかったんだよ。フィニアス・ニューボーン・ジュニア（p）がやってたブルースとか、アンドレ・プレヴィン（p）のライオンのジャケット（コンテンポラリー盤の『キング・サイズ！』）に入っていたブルース。あんなのを聴いてたから、これはそのイメージ。〈アイム・ア・フール・トゥ・ウォント・ユー〉はビリー・ホリデイ（vo）の『レディ・イン・サテン』（コロムビア）を聴いてて、それがあったから。

――いつもやってた曲ばかり？

「ミスティ」でやってたと思う。初めてのスタジオ録音だから、いろんなことがあったかもしれないけど、あまり覚えてない。

――初レコーディングで、しかもリーダー・レコーディングだから。

うん、そうだね。

――山ちゃんはあまりサイドマンをやらないよね。

そうだねえ、なんでだろう？　森山浩二のときは三人が集まってドンて感じだったし。

――「ミスティ」以降は基本的にリーダーでしょ。

頼まれてやることはあったけど、そうだね。自分がリーダーならやりたい曲をやればいいから気楽でいいじゃない。ふと思い出した曲をバッとやるから、メンバーには「なにやるの？」というのはあるかもしれないけど、黙ってやっちゃう。

――この間、神成芳彦さんの那須にあるスタジオまで行って話を聞かせてもらったの。そのときに山ちゃんの『ミスティ』とか、いくつか聴かせてもらったんだよね。

あれ、ガガーンってくるでしょ。

――そんなにすごい装置じゃないのに、音が生々しくてびっくりした。

あのひとの録り方もすごいんだよ。リミッターとかコンプレッサーとかを使わないで、そのまま録っちゃう。

――セッティングも早いほう？

早いと思うよ。あのひとにはあのひとなりの録り方があるん

山本 剛（「ミスティ」の入口）

山本 剛（「ミスティ」の店内）

だよね。

――『ミスティ』に限らないけど、ＴＢＭのレコーディングって、藤井さんにいろいろといわれるの？

「よかったよ、聴いてみる？」とかね。二回目くらいからは、オレから「聴かないで、次にいきます」「そっちがよければよし」。どんどんいっちゃったほうが気持ち……テンポがいいからね。いちいち聴いて、「ここやだな」と思う必要もないし。

――じゃあ、藤井さんはレコーディングの最中にあまりいろんなことをいわないタイプ？

いや、なにをいわれたかは覚えてないけど、いろんなことってたんじゃない？（笑）オレも「バカヤロー」とか、いい返してたと思う。喧嘩になりそうなことがあったかもしれないね。

――やりたいようにやってたんだ。このころは「ミスティ」の専属だから、「ピットイン」や「ジャンク」とかのジャズ喫茶にはあまり出ていなかった。

「ピットイン」はたまにやったかな？

――「ミスティ」に行ってもいない日があったからね。

（同行した編集者に向かって）小川ちゃんはいつもオレのうしろにいるんだよ。

――だいたい席が決まってるのね。

それで、「ピーピー」って音がするんだ。「なんの音だろうなあ？」。そうしたら、そこでカセットを回してるんだよ。テープが終わると「ピーピー」って鳴るの（笑）。それがいっぱいあるらしいんだ。だから、「それを聴いて、一枚ＣＤを出してよ」っていってるんだけどね。いいヤツを選んで。

――いいの、いっぱいあるんだよね。だけど、音がどうかな？

音は、いまならどうにでもできるから。そんなの持ってるの、小川ちゃんしかいないんだから。「これは盗撮ＣＤです」といってね。いや、盗撮じゃない、盗録か。世界七不思議、盗録ＣＤね（笑）。

――本人公認の（笑）。

「出せ、出せ」ってずっといってるんだけど。メンバーはふたりともいなくなっちゃったけど。

――ジローさんと福井五十雄さんと組んだ最初のトリオはね。

でも、大隅（寿男）（ds）ちゃんと大由（彰）（b）さんのもあるでしょ。

――それにもいいのがあるんだよね。でも、最初のトリオが多いかな？

それで毎日やってるから、気持ちの中にいろんなものが溜まってくるじゃない。ジローさんと福井ちゃんは、「オレはおまえの伴奏をしてるんじゃねえ」っていうし。そんなこんなで「辞める」となって。夜は飲んじゃってるから、「わかった。じゃあ、明日の昼間に会おう」。昼間に「ミスティ」のすぐそばで会って、話をして。そんなに嫌だったら仕方がないんで、

「いままでお世話になりました。ありがとう。でも代わりを探さなきゃいけないから、一か月くれ」。

それで大隅ちゃんと大由さんになるんだけど、演奏を聴いて、相性がいいかなと思ったんだよね。大由さんは横浜の「ストーク」って店に出てたから、そこに行って、「ミスティに来てくれないかな？」。そうしたら、「わかりました。行きます」。「ストークス」には悪いことしちゃったけどね。店の看板ベースだった大由さんを引っ張っちゃったんだから。そのことは重々わかった上で「来てくれないか？」って、本人にいったんだけどさ。それで、第二期が始まったの。

——これでまたガーンときたものね。大由さんのベースは豪快だった。

ああいうベースは世界でひとりだね。彼とか岡田勉（b）とか。昨日、『スピーク・ロウ』（ヴィーナス）を聴いてたんだけど、やっぱり岡田のベースは最高だよ。

——それで、これは覚えてる？「5デイズ・イン・ジャズ」のライヴ盤（TBM-29の『ナウ・ザ・タイム』）。『ミッドナイト・シュガー』が七十四年の三月一日で、これは三月二十六日の録音。

オマさんとやってるんだよね。それで、和田（直）（g）さんが入って。よく覚えてる。ＴＢＭの看板のひとたちを集めたコンサートでしょ。ジョージ大塚（ds）さんとかね。

——それで次が『ミスティ』（TBM-30）。

これは、アレンジなりなんなりをいろいろ考えたんだよ。

——すごいなあと思うのは、いまだに「ミスティ」を弾いてて、それこそ何千回ってやってるでしょ。毎回、違うんだよね。そのアイディアがすごい。

いやいや（笑）。その日の気分で演奏するから。決まったことをやってると自分が煮詰まるじゃない。アバウトなところしかないから、却っていいんだよ。

——その場でポーンと音を出して、そこからなにも考えずに始めていくんだ。

その日の流れを決めてじゃなくて、ブルースをやって、それから考えようって感じなの。だから、慣れているひとじゃないとサイドは務まらない。

——なにかフレーズを弾きながら、そのうちにメロディが出てくるスタイルだよね。

それに慌てふためいちゃうひとはできない。いまは香川（裕史）（b）がいるし、大隅ちゃんは昔から一緒にやっているし。

『ミスティ』の大ヒットで人気者に

——山ちゃんが影響を受けたのはエロール・ガーナー（p）？

ほかにもレッド・ガーランド（p）とかザ・スリー・サウンズのジーン・ハリス（p）とかボビー・ティモンズ（p）とか。

――そういうバックビートを強調してスウィングするピアニストが好きなんだ。

そうだね。マッコイ・タイナー（p）なんかも聴いて、好きだけど、自分の中に取り入れる音とは違うじゃない。だから、あんまり器用じゃなくてよかったと思ってる。譜面が読めて、ワーワーって書いてあるものをバリバリ弾いたり、誰のコードでも弾けちゃうとか、そういうのがないから。自分の音で特徴が出せるんで、却ってよかったと思う。

――山ちゃんの魅力は間《ま》だよね。

それはわからないけど、どっちにしろ誰かとおんなじに弾くことはできない。それがいいんだろうね。

――『ミスティ』は大ヒットしたけど、実感はあった？

うーん、なんだったんだろう？

――あのころ、年に何枚もアルバムを出して、すごかったじゃない。

そうだけど、あまり気にしないでやってたんじゃないかな？

――そういうこと、意識しないひとだから（笑）。

アッハッハ（笑）。

――いまだからなんだけど、「オレ、すごいな」とか、思わなかった？

思うことはあったかもしれない。でも、「なんなんだろうな？」というほうが強かったね。

――そうとうな売れっ子だったよ。

ついてるな、ラッキーだなとは思ってた。

――自分で弾いてて「いいなあ」と思うことはあるの？

あるよ。泣いたりさ。泣き女って知らない？「ミスティ」でピアノを弾いていると、オレのうしろの席にいるんだよ。

――泣き女？　いたっけ？

月に一、二回、来てたみたい。

――覚えてない。

背の高いモデルみたいな娘《こ》で、綺麗だったんだよ。綺麗だったって、オレはそんなにまじまじと見たことはないけど。みんなが「山ちゃん、泣き女が来たぞ」っていうんだよ（笑）。

――ひとりで来るの？

うん。それでピアノを弾き始めると「グスッ」、だんだん泣き始める（笑）。そうすると、オレもそれにはまって泣いちゃうの（笑）。漫画だよ。「泣き女が来たぞ」っていわれると、「嫌だなあ、また泣かされるのかなあ」って（笑）。上手に泣くから、ピアノを弾きながらオレも感情が入って、いい音が出せる。

――話したことはないの？

ないんだよ。だいたいオレは綺麗な女性にフラフラっていってたほうだから、あのころのオレが静かにしてたのは珍しい。

泣き女には一日置いてたんだろうね（笑）。

――泣きたい気分のときに来てたのかも。

「今日は泣きたいから泣かせてくれ」って？　こっちとしては、「オレを泣かせに来なくていいよ」みたいな。もらい泣きして、気分が入っちゃうんだよ（笑）。

あと、弾いてて、自分で気持ちが高まってくることもあるよ。センチになりやすいときがあったり。なんだろう？　急にくるんだよね。そういうのが一番いいんだけど。しょっちゅうなるはずはないし。どっちにしろ、気を入れるようにして弾く。それを一番大事にしてるから。

――それって、歌伴をやってることにも関係があるんじゃない？

そうかもね。

――歌の世界に自分の気持ちを込めるとか。

あるだろうね。歌伴だけでなく、トリオでもそうだよね。

――山ちゃんは歌手と同じだよね。

ピアノで歌ってるから。サーカスみたいなことをやることないんだよ。それをやっちゃうと、オレの場合はなんにもなくなっちゃう。ひとによって、違うとは思うけどね。オレの場合は無駄なことだと思う。余計な音はなるべく排除して、心のままに音を出す。

――だからよく歌うピアノなんだ。

そうかもね。「こんなに指が動いたっけ？」って、たまに弾きながら自分の手を見ることがあるよ。

――自分でびっくりしちゃうんだ（笑）。

そうそう。こうやって見てるんだけど、勝手にいっちゃう。不思議だよね。「今日はどうしたの？」「オレ、こんなこと弾けるんだ」。

――いまだにそういう発見はあるの？

あるある。そういうときっていろんなことを思い出すんだよ。曲を覚え始めていたときに、バラードをぜんぜん違うふうにやってみたこととか。それがいいか悪いかは別にして、やってみる。毎日が実験室みたいなもので、その演奏がはまると、「やっぱりオレが考えたのでよかったんだ」って。

――やってて、自分で発見するわけだ。

自分で「へぇえ」と思うことがあるよ。いつもとおんなじことはやらないで、「今日はこうやってみよう」みたいなのが多いかな。

――違うことをやりたいタイプ？

そうだと思う。元のをぶっ壊して、別のことをやろうとか。そういう考えが強いから。

――オリジナルはどうなの？

曲としてはけっこうあるんだよ。あるけど、バラード系が多いよね。あと、ミディアムくらいの曲もあるけど。〈ガーナー・トーク〉なんていうのは〈ミスティ〉と同じコード進行で、メロディがまったく違う。そういうのが勝手に出てくるんだよ。

――「ミスティ」でライヴ・レコーディングをしたでしょ。

一日で録音して、三枚（TBM―37 41 52）出してる。

――このときもぼくはうしろにいたの。泣き男じゃなかったけどね（笑）。

「グスッ」じゃなくて、「ピーピー」のほうか（笑）。

――レコード会社が録音してるから、それをやったらつまみ出されちゃうよ（笑）。

アッハッハ。（ジャケットの写真を見ながら）髪の毛を縛る前だよね。汗でくっついちゃうし、鬱陶《うっとう》しくて。それで面倒だって、ヒュッとやってから、ずっとこれだよ。だから何十年だよね。ほかに束ねてるヤツはプーさんぐらいじゃない？　プーさんが先輩で、オレが二番目。プーさんも亡くなったよね。懐かしいな。

――このレコードのピアノがまたいい音をしている。このときは森山（浩二）さんがコンガを叩いて。

「コンガ、叩いてくれよ」って頼んで、何曲かでね。

――あの日演奏したほとんどの曲が三枚のアルバムに収録されて。

何曲かは残ってるんだろうけど。

――テープ・チェンジのときの演奏がね。録音テープを交換するときに、短い演奏をして、それは途中でテープが終わっちゃうからアルバムに収録できない。だからちゃんと録音された演奏は全部入っているって、藤井さんがいってたけど。

〈ジ・イン・クラウド〉が入っているでしょ（TBM―52の同名アルバムに収録）。これが売れたんだよ。

――ラムゼイ・ルイス（p）のレコードと同じで、いい雰囲気で手拍子が入っている。

そういう感じになる曲だよね。

――次がヤマ＆ジローズ・ウェイヴの『ガール・トーク』（TBM―59）。

これ、トコちゃん（日野元彦）（ds）が名前をつけてくれたの。「山ちゃんね、ヤマ＆ジローズ・ウェイヴ……いいでしょ？　これにしなさいよ」。それで、決まり。トコちゃんともけっこう長くやってたかな？　勉強になったよ。このレコードはそのころに作ったのよ。ドラムスはトコちゃんじゃなくてジローさんだけどね。

一曲目に入っている〈追憶〉は、譜面をポンと置いて、ワン・コーラスかツー・コーラス。すごく短いんだよね。でも、こういうのがいいの。

――七十六年の『サマータイム』（TBM―69）も「5デイズ・イン・ジャズ」のライヴ盤。

森山浩二(左)と山本 剛(右)

これは「ヤマハ・ホール」じゃない？　これもいいんだよ。〈ミスティ〉やってるでしょ。イントロに〈スプリング・キャン・リアリー・ハング・ユー・アップ・ザ・モスト〉をやって、それから〈ミスティ〉になるの。それが面白い。

——次の『スターダスト』（TBM-3009）はストリングス・アルバム。

　これはトリオで録って、あとからストリングスを被せたの。「こんな感じにしてください」って、アレンジしてくれた横内章次（g）さんに頼んで。だけど、ストリングスを入れなくてもいいように出来上がってたのよ。だから、トリオだけの演奏も別に出せばいいと思うんだけど。

——これはエロール・ガーナーに捧げた作品？

　ガーナーがやってる曲をね。それで一曲、ガーナーに捧げた〈ブルース・フォー・エロール〉を書いて。うなぎの「野田岩」に予約して、座敷に上がって、「今日はレコーディングよろしく」って、みんなで一杯引っ掛けてからスタジオに入ったの。

——これも基本はワン・テイク？

　だったと思う。

人気絶頂でアメリカに

——これが終わって、アメリカに行っちゃうんだ。

かな？　それでバークレー（音楽大学）に行くんだよ。秋吉（敏子）（p）さんや（渡辺）貞夫（as）さんが行ってたころは寺子屋みたいで、切磋琢磨できてよかったんだろうけど、そのころはたいしたことないと思ってたの。オレのところには、福村博（tb）のおかげでニュー・イングランド・コンサヴァトリーから、「試験を受けなくてもどうぞ」というのがきてたの。ところが貞夫さんと秋吉さんが「ミスティ」にわざわざ来てくれて、バークリーの紹介状を書き始めたんだよ。それで、「コンサヴァトリーに行きます」っていえばいいものを、ふたりの圧でいえなかった。

　で、行ったけど、面白くないから十日くらいで辞めちゃった。しかも学長の部屋に行って、入学金からなんだかんだ、払い込んだものを全部取り返してきた（笑）。いい訳が、「カミさんが調子悪くなって、帰らなくちゃいけない。だからお金がいる」。それをオウムみたいに三十分くらいずっといってた。向こうもなんかいってるけどわからない。こっちはわざとそれしかいわない。「アイ・ニード・マネー」「マイ・ワイフ・イズ・シック」をずっといってたわけ。「OK、ヤマモト、ユー・カムバック・サマー・セミナー？」「イエス！」とかいいながら、全部取り戻して。

　そのあとは三か月くらいボストンにいたのかな？　それでニューヨークに行って、チンさん（鈴木良雄）（b）のところでしばらくお世話になってたの。そのときに、ブリーカー（ストリート）とどこの通りだったかな？　グリニッチ・ヴィレッジに「サーフメイド」っていうピアノ・バーがあったでしょ。そこでジョアン・ブラッキーン（p）がやってたの。チンさんが紹介してくれて、「弾くか？」っていうから「うん、はい」。

　で、弾いたんだよ。終わったら店の奥からひとり出てきて、「オーナーだけど、おまえ、仕事ほしいか？」「イエス」「じゃあ何曜日と何曜日、ブラッキーンが忙しくなったから、日本人はスペシャルだし、やれ」。それで週二回、やって。それからほかのところでもやるようになって、週に四日とか、けっこう仕事をしてたんだ。ところが事情もあって、しばらくして日本に戻ったのね。

　そうしたら、仕事がどんどんくるんだよ。そのころは麻布十番の仙台坂に住んでいて、麻布信用金庫から「口座を作ってくれないか」って勧誘が来たの。それで口座ができて、仕事がバンバンくるから、「お金は全部そこに入れて」といって。あるとき見たら、「あ、二十万」「三十万、ええッ？」「五十万」。いつもあるだけ使ってたのが、貯まっていくから面白くなっちゃって（笑）。あと、その場でもらったのはベビー箪笥にしまって、「貯まったなあ」と思うと、銀行に行くわけ（笑）。

　それで夜型だから、お昼に起きて、夜に出ていくじゃない。だから、朝ごはんは「一時ぐらいにたぬき蕎麦とカツ丼を持ってきて」って、蕎麦屋に頼んであるの。それで「ピンポン」と来て、半分食べる。残りを冷凍庫に入れて、飲んで帰ってから温めて食べる。だからお金がかからない（笑）。

　でも、お金は飲むのに使った。終わってからメンバーとか遊びに来たのとかに「飲め～、食え～」って、奢っちゃう。オレは酒を飲むだけで、ちょこちょこってつまむぐらいだけど。そんなことはやったけれど、知らないうちにいくらぐらい貯まったかなあ？　いまあればほしいぐらいだけどさ。四百万か五百万ぐらい貯まったんじゃないかな？　それで、「よし、カネが続くまでアメリカに行こう」って。それでまた行ったんだよ。

　まず、行ったのは「モンタレイ・ジャズ・フェスティヴァル」。客演だったけどね。プロデューサーのジミー・ライオンだっけ？　「ミスティ」に来たんだよ。それで聴いて、「おまえ、来い」って。そうしたらあるひとがツアーを組んで、それにひとがけっこう集まったの。四国のジャズ・クラブのマスターとか、全国から集まって、何十人かでツアー。オレはギャラの代わりにニューヨークまでのチケットをもらうようにして、スッと行っちゃった。

――そのときに、弾いた曲は覚えてる？

〈ミッドナイト・サン〉だよ。

――ソロで？

　リチャード・デイヴィス（b）とロイ・バーン（ds）と。

——大受け？

あれは忘れられないね。こっちもドキドキしてるけど、メロディを弾き始めてちょっとしたら津波みたいに歓声がきたんだよ。終わったらみんなざわざわしちゃって、もうたいへん。弾いてるときからそれは感じてたけど、弾くことに入っちゃってるから、実感したのは終わってから。ワン・コーラスしか弾いてないんだよ。「もっとやらせろ」みたいなのもあったけど、次のひとが出てきてやってるから。

——じゃあ、それ一曲だけで。

最後のセッションにまた出て。終わって、戻っても拍手がやまないから、「もう一回行ってこい」っていわれて、挨拶だけさせられて。

——そのあとがサンフランシスコの教会？　フェスティヴァルみたいなところで演奏したんでしょ？

「グレート・キャセドラル」ね。「モンタレイ〜」の演奏を聴いたひとが楽屋に来て、チケット代出すから「やってくれ」って。ニューヨークに行ったのはそのあと。

——ぼくと会ったのがそのときだ。

イーストの七丁目のアパートを借りて。そのときに小川ちゃんが来たんじゃない？

——そうか。

借りたばかりだから、電気が入ってなくて、ランプを借りてね。そのときに来たんだよ。ランプをつけてたの覚えてる。普段ランプなんか使うことないよね（笑）。

——そのときはどこかで仕事をしてたわけじゃない。

やってない。

——山ちゃんが飛び入りして受けたのは覚えているけど、場所がどうしても思い出せない。

どこだっけ？　ふたりでほっつき歩いてたんだよね。

——そうしたらピアノの音が聴こえてきたから、その店に入って。

そのことは覚えてるけど、オレも場所は覚えてない。

——「銀嶺」っていうジャパニーズ・レストランでもやったよね。あのときは、一週間、ニューヨークにいる日本のミュージシャンが日替わりで出て。日野さんとプーさんのバンドとか。山ちゃんはトリオでやったと思うけど。大森明（as）さんがいたかも。

あったね。

——そのあと日本に戻って。

また「ミスティ」でやるんだよ。

——ニューヨークにいた岸田（恵士）（ds）さんが入るのは……

そのあとに、追っかけて来たんだよ。

——ニューヨーク時代に知り合ったんだよね。ぼくも一緒にいたときで。

それで、お金もなくなってきたから、帰る前にトニー木庭（ds）とブラジルに行ったんだよ。あいつは辞めちゃったけど、一時人気があったでしょ。ところが寒いニューヨークが恋しくなっちゃって。うたた寝してたら、サンバのリズムを練習してるのが聴こえてきて。子供のときに昼寝してると、祭りの音が向こうから聴こえてくるなんてのがあったじゃない。あんなふうに聴こえてきて、「なんだ、同じじゃないか。盆踊りみたいなもんだな」。そう思ったとたんに興味がなくなって、「ニューヨークに帰りたい」。それでちょっと早めに帰ってきたの。

村上龍に会ったのがそのときだよ。村上龍は「ミスティ」によく来てたの。でも、そのときは話したことがない。リオとイパネマの間に「京都」ってレストランがあって、そこで「山本さん、村上龍です。初めまして」とかなんとかいわれたの。「なんで来てるの？」「プレイボーイ誌のなんとかで」。そうしたらニューヨークまでの帰りの飛行機でも一緒になっちゃって。ふたりで「ああでもない、こうでもない」って話して、それで繋がるようになったんだね。

——そこから『Ryu's Bar 気ままにいい夜』（八十七年十月四日から九十一年三月三十一日までTBS系列で放送された村上龍がホストのトーク番組）が始まる。

『Ryu's Bar』のときは連絡が来て、「山ちゃん、やってよ」。いい番組だったよね。

再び「ミスティ」で

——『ミッドナイト・サン』（TBM-5009）は帰ってきたあとのレコーディング（七十八年六月三、四日の録音）。

そうだね。

——岡田さんと岸田さんだものね。このトリオで「ミスティ」もやって。

やってた。

——このあと、「モントルー・ジャズ・フェスティヴァル」にも出ちゃう。それで『ライヴ・イン・モントルー』（TBM（P）-5019）が残された（録音は七十九年七月十一日）。

これはTBMがやりたいと。

——TBMと「モントルー～」が共同で企画した「ジャパン・トゥデイ」というプログラムで。

三木敏悟（arr）のオーケストラに中本マリ（vo）が入って。オレはトリオで、あとは鬼太鼓座。そのときのライヴ・レコーディングだね。

——ベースは稲葉國光さんでドラムスがジローさん。

このときは松本英彦（ts）さんも行ってたよね。

——インナー・ギャラクシー・オーケストラでね。

奥さんと来てたよ。

――これはでかい会場で。

そうそう。

――これも大受け？

すごかった。

――このころから、外国でもときどきやるようになって。

そうだね。

――それで、このライヴ盤がＴＢＭとしては、最後なの。

ああ、これが最後か。

――リーダー作以外では森山浩二さんとの二枚（ＴＢＭ―58 5002）とか、大友義雄（as）さんの『ムーン・レイ』（ＴＢＭ―3007）。大友さんとはライヴをやってた記憶がないけど。

一緒にやってないから、急に頼まれたんじゃないかな？

――これがアメリカに行く前だから、ストリングス・アルバムを吹き込むちょっと前（七十七年四月二十一、二十二日録音）。

連発して出してるんだねえ。ほかの会社でも吹き込んでるから、知らないうちにお金が貯まったんだよ。

――そういえば、森山さんとはどうして知り合ったの？

はっきり覚えてないんだよね。だけど長かった。

――そのうちいなくなっちゃったでしょ？

ハワイに移って、そのまま皮膚がんかなにかで亡くなったんだよ。素晴らしいシンガーだった。

――大分前の話だよね。

奥さんも亡くなったし。

――そうだったんだ。それで山ちゃんにとってのＴＢＭは七十年代の終わりぐらいまで。

そのあとはあちこちでいろいろね。

――「ミスティ」も八十年代の始めごろまで。オーナーの三木さんがニューヨークで死んじゃうじゃない。

それで「店を閉める」となって。だから、それまではやってた。

――ぼくは三木さんと同じ時期にニューヨークにいたから、向こうでも親しくしてもらっていたの。面倒見のいいひとだから、よく大勢でチャイナタウンに行ったり、インディアン・レストランに行ったり。それで、その日もご馳走になって、「明日からインドに行って、そのまま帰ってこないかもしれない」なんていってるんだよね。

前にもインドに行ってたからね。

――こっちは「はあ？」なんて思って。三木さんがアパートから転落したかなにかで亡くなったのがその数時間後。もうびっくりしちゃって、あとがたいへんだった。

ハーレムのマツ（植松良高）（ds）のところにいたんだよ。それで、オレにもマツから電話があって、「エエッ」だよ。それにしてもショックだった。でも、マツが一番ショックだったんじゃない？　寝てたんだって。そしたら「ピンポン、どんどんどん」ときて、「下で日本人みたいなのが死んでる」。「あそこに日本人が住んでるな」っていうんで、マツのところにひとが来たんだって。

――植松さんも最後のころは日本に戻ってきて、そのあとはどうしちゃったの？

それで『スピーク・ロウ』とかを作ったじゃない。だけど、手遅れの肝臓がんだったの。

――ニューヨークが長かったよね。

あと、キーウエストにもいたからね。なかなかいないタイコだったけど。

――派手じゃないけど、趣味のいいスウィングをするドラマーだった。

そうだね。

――「ミスティ」がクローズしたあとは？

リオープンする話があって、見に行くんだけど、ぜんぜんオープンする気配がない。それ、エイプリール・フールだったんだよ（笑）。「騙されたあ～」みたいな。だからその間に、「休んでるのもなんだから」って、「ボディ（&ソウル）」のママが「週に二回くらいやらない？」。そうしたら、「ボディ～」がいっぱいになっちゃって。

――そのころの「ボディ～」はまだ六本木だよね。

「ジャーマンベーカリー」の上。お客がどんどん入るようになって、「ミスティ」のお客も来るし。それで週に三回やるようになって、そのときは稲葉さんと守（新治）（ds）とでやってたのかな？

――「ミスティ」がなくなったから山ちゃんもあちこちでやるようになったんだよね。

そうね。

――ということで、今日は長々とありがとうございました。

とんでもないです。

2017-02-12 Interview with 山本剛＠芝公園「ジョナサン」

あとがき

藤井武さんと個人的に知り合ったのは、ぼくが音楽の仕事をするようになって間もないころで、あれから三十年以上がすぎてしまった。しばらく会わない時期が続いたが、この数年はいくつかの機会を得て旧交を温めている。そんな折、編集者からこの企画の提案があった。

となれば、どうしても藤井さんに協力していただく必要がある。その申し出を快諾してくださり、長時間のインタヴューや貴重な資料提供、そして多くの有益なアドヴァイス——こうした彼の全面的な協力がなければこの本は完成しなかった。ぼくは密かに、本書を『藤井武物語』と位置づけ、その趣旨に沿って書くことにした。

本書を書き終えるにあたり、藤井武さんを筆頭に感謝の言葉を贈りたいひとが何人かいる。現在のＴＢＭの権利を所有しているソニー・ミュージックダイレクトの渡辺康蔵さんには、忙しいさなかに何度もさまざまなことで協力をしていただいた。

ＴＢＭの復刻シリーズを手がけているディスクユニオンの塙耕記さんからも、インタヴューをはじめ貴重なお話をうかがうことができた。同社でＴＢＭ復刻のディレクターを担当している坂本涼子さんからもさまざまな資料を提供していただいた。

ＴＢＭサウンドの担い手といっていい神成芳彦さんには那須のご自宅兼スタジオでＴＢＭサウンドについてのお話を聞かせていただいた。飄々と生きている氏だからこそＴＢＭのサウンドが生まれたことが実感できた次第である。

そしてＴＢＭの顔ともいえるピアニストの山本剛さんには、自身のお話とその時代のことについて語っていただいた。

企画の段階からぼくのわがままに呆れながらも忍耐強く最後までつき合ってくれたひとま舎の内藤丈志さん、そしてこの企画の立案者である駒草出版の浅香宏二さん。こうしたみなさんにはこの場を借りて厚くお礼を申し上げたい。

最後に触れておくべきは、ＴＢＭを創立した残りのふたりについてだ。本来ならこのおふたりからもお話がうかがいたかった。しかし佐賀和光さんは、一九九九年八月六日、サーフィン中に心臓マヒで急逝されている。魚津靖太郎（佳也改め）さんはお元気と聞くが、病気がちのためお会いするのは遠慮した。もうひとりの重要人物、ジャケットのデザインを担当した西沢勉さんは、奇しくも佐賀さんがこの世を去ったちょうど一年後の二〇〇〇年八月六日に病でこの世を去られたという。おふたりのご冥福を心からお祈りしたい。

二〇一七年四月

小川隆夫

第1期（2015年3月18日発売）
THLP-346『鈴木勲トリオ&カルテット／ブロー・アップ』（TBM-15）
THLP-347『鈴木勲カルテット＋1／ブルー・シティ』（TBM-24）
THLP-348『山本剛トリオ／ミスティ』（TBM-30）

第2期（2015年12月16日発売）
THLP-365『山本剛トリオ／ミッドナイト・シュガー』（TBM-23）
THLP-365『ヤマ&ジローズ・ウェイヴ／ガール・トーク（TBM-59）
THLP-365『中本マリ&鈴木勲＝渡辺香津美デュオ／マリ・ナカモトⅢ』（TBM-56）

第3期（2016年12月7日発売）
THLP-409『細川綾子／ミスター・ワンダフル』（TBM-3008）
THLP-410『日野元彦カルテット＋1／流氷』（TBM-61）
THLP-411『中村照夫グループ／ユニコーン』（TBM-18）

*45回転／2LP（2017年4月19日発売）
THLP-423『鈴木勲カルテット＋1／ブルー・シティ』（TBM-24）
THLP-424『山本剛トリオ／ミスティ』（TBM-30）

*本書の発売と連動した特典サンプラー『three blind mice "THE COMPLETE DISC GUIDE" SPECIAL SAMPLER Selected by Takao Ogawa 小川隆夫のこれがTBM（Tremendous Beautiful Music）だ！』（TDCD-91291）
収録曲
①ミスティ from『山本剛トリオ／ミスティ』（THCD-243-30）
②慕情 from『菅野邦彦トリオ＋1／慕情』（THCD-256-26）
③フォー・ワンス・イン・マイ・ライフ from『森山浩二&山本剛トリオ／ナイト・アンド・デイ』（THCD-246-58）
④フロッギー・デイ from『高柳昌行セカンド・コンセプト／クール・ジョジョ』（THCD-234-5018）
⑤枯葉 from『稲葉国光＝中牟礼貞則デュオ／カンヴァセイション』（THCD-305-43）

10.その他
38cm/sec.2トラックテープ（1977〜78年）
*スリー・ブラインド・マイス・レコードが受注生産で100本もしくは200本を発売、定価18000円
UL38-0015『鈴木勲トリオ&カルテット／ブロー・アップ』（TBM-15）
UL38-0023『山本剛トリオ／ミッドナイト・シュガー』（TBM-23）
UL38-0030『山本剛トリオ／ミスティ』（TBM-30）
UL38-1005『三木敏悟&高橋達也と東京ユニオン／北欧組曲』（TBM-1005）
UL38-3001『高橋達也と東京ユニオン／処女航海』（TBM-3001）
UL38-3005『中本マリ〜横内章次トリオ&セクステット／マリ』（TBM-3005）
UL38-5007『今田勝カルテット／リメンバー・オブ・ラヴ』（TBM-5007）

*ドイツのEnjaからCDで発売（1972年3月）
CD-2006-2『アルバート・マンゲルスドルフ・カルテット／ディギン』（TBM-5）

*CISCO MUSIC, INC.（USA）の依頼により45回転のLP2枚組で発売、定価7980円、限定1000セットのシリアル・ナンバーつき（2004年10月）
TBM-23-45『山本剛トリオ／ミッドナイト・シュガー』（TBM-23）
TBM-30-45『山本剛トリオ／ミスティ』（TBM-30）

*IMPEX RECORDS（USA）より45回転のLP6枚組ボックス・セット『the best of tbm 45-rpm box』（IMP6022-45）発売、定価31,320円（2015年1月）
『鈴木勲トリオ&カルテット／ブロー・アップ』（TBM-15）
『山本剛トリオ／ミッドナイト・シュガー』（TBM-23）
『山本剛トリオ／ミスティ』（TBM-30）

THCD-259『ジミー・ヨーコ&シン／清少納言』(TBM-4001)
THCD-260『日野皓正クインテット／ライヴ!』(TBM-17)
THCD-267『山本剛トリオ／ライヴ・アット・ミスティ』(TBM-37)

＊第7期には全タイトルを買うとDJ大塚広子監修『SPECIAL SAMPLER Selected by HIROKO OTSUKA』(TDCD-91249)が特典としてついてきた(フェイドイン・フェイドアウトあり)
収録曲
①インヴェーダー7 from『ジョージ川口とビッグ4／ザ・ビッグ4』(THCD-247)
②コンボ '77 from『ティー&カンパニー／ソネット』(THCD-231)
③エアー・パートII from『今村祐司とエアー／エアー』(THCD-241)
④ジブラルタル from『宮間利之とニューハード／テイク・ジ・A・トレイン』(TBM-48 復刻シリーズ未収録)
⑤ライト・ダウン・ステップ from『松本英彦カルテット／スリーピー』(TBM-74 復刻シリーズ未収録)

第8期(2014年6月4日発売)
THCD-301『今田勝カルテット／ナウ!!』(TBM-2)
THCD-302『アルバート・マンゲルスドルフカルテット／ディギン』(TBM-5)
THCD-303『和田直カルテット&セクステット／ココズ・ブルース』(TBM-12)
THCD-304『鈴木勲カルテット＋1／オール・ライト!』(TBM-36)
THCD-305『稲葉國光＝中牟礼貞則デュオ／カンヴァセイション』(TBM-43)
THCD-306『大友義雄＝土岐英史アルト・マッドネス／ラヴァー・マン』(TBM-51)
THCD-307『辛島文雄トリオ／ギャザリング』(TBM-3004)

第9期(2014年7月9日発売)
THCD-308『戸谷重子とジャズ・フレンズ／ファイン・アンド・メロー』(TBM-16)
THCD-309『中本マリ 大沢保郎トリオ＋2／アンフォゲタブル』(TBM-21)
THCD-310『後藤芳子&水橋孝カルテット／デイ・ドリーム』(TBM-40)
THCD-311『後藤芳子&稲葉國光＝中牟礼貞則デュオ／ア・タッチ・オブ・ラヴ』(TBM-54)
THCD-312『戸谷重子&中本マリ／シゲコ&マリ』(TBM-71)
THCD-313『細川綾子／ミスター・ワンダフル』(TBM-3008)
THCD-314『早坂紗知とStir Up／ストレート・トゥ・ザ・コア』(TBM-CD-5034)

第10期(2014年8月6日発売)
THCD-315『鈴木勲&和田直＋山本剛トリオ・ジョージ大塚クインテット＋2／ナウズ・ザ・タイム』(TBM-29)
THCD-316『山本剛トリオ／ブルース・フォー・ティー』(TBM-41)
THCD-317『山本剛トリオ／ジ・イン・クラウド』(TBM-52)
THCD-318『山本剛トリオ／サマータイム』(TBM-69)
THCD-319『山本剛ウィズ・ストリングス／スターダスト』(TBM-3009)
THCD-320『山本剛トリオ／ミッドナイト・サン』(TBM-5009)
THCD-321『山本剛トリオ／ライヴ・イン・モントルー』(TBM-5019)

第11期(2016年9月21日発売)
THCD-391『中本マリ&横内章次トリオ＋1／リル・ガール・ブルー』(TBM-33)
THCD-392『横内章次トリオ＋1／グリーンスリーヴス』(TBM-5011)
THCD-393『水野修孝&宮間利之とニューハード・プラス・ゲスト／水野修孝の世界』(TBM-70)
THCD-394『古谷充&大塚善章トリオ＋1／ソリチュード』(TBM-38)
THCD-395『金井英人グループ／アランフェス協奏曲』(TBM-5012)
THCD-396『市川秀男トリオ／明日への旅立ち』(TBM-73)
THCD-397『太田邦夫クインテット／俺たちの青春』(TBM-3002)
THCD-398『今田勝トリオ／ワン・フォー・デューク』(TBM-47)
THCD-399『松本英彦カルテット／サンバ・デ・サン』(TBM-5014)
THCD-400『アラン・プラスキン・カルテット／エンカウンター』(TBM-7)

＊〈マスター盤プレッシング180g重量アナログLP復刻シリーズ〉
【再発】

THCD-221『鈴木勲カルテット＋1／ブルー・シティ』(TBM-24)
THCD-222『今田勝トリオ＋2／グリーン・キャタピラー』(TBM-39)
THCD-223『三木敏悟&高橋達也と東京ユニオン／北欧組曲』(TBM-1005)

第2期(2013年7月10日発売)
THCD-224『福村博／モーニング・フライト』(TBM-19)
THCD-225『水橋孝カルテット＋2／男が女を愛する時』(TBM-28)
THCD-226『鈴木勲カルテット＋2／オラン・ウータン』(TBM-44)
THCD-227『土岐英史カルテット／トキ』(TBM-46)
THCD-228『ヤマ&ジローズ・ウェイヴ／ガール・トーク』(TBM-59)
THCD-229『森山浩二&山本剛トリオ／スマイル』(TBM-5002)

第3期(2013年8月7日発売)
THCD-230『高柳昌行とニュー・ディレクション・フォー・ジ・アーツ／フリー・フォーム組曲』(TBM-10)
THCD-231『ティー&カンパニー／ソネット』(TBM-5004)
THCD-232『ティー&カンパニー／ドラゴン・ガーデン』(TBM-5006)
THCD-233『ティー&カンパニー／スパニッシュ・フラワー』(TBM-5008)
THCD-234『高柳昌行セカンド・コンセプト／クール・ジョジョ』(TBM-5018)
THCD-235『高柳昌行とニュー・ディレクション・ユニット／メールス・ニュー・ジャズ・フェスティバル '80』(TBM-5023)
THCD-236『高柳昌行ギター・ソロ／ロンリー・ウーマン』(TBM-PAP-25030)

第4期(2013年9月11日発売)
THCD-237『笠井紀美子＋峰厚介カルテット／イエロー・カーカス・イン・ザ・ブルー』(TBM-8)
THCD-238『鈴木勲トリオ&カルテット／ブロー・アップ』(TBM-15)
THCD-239『ジョージ大塚クインテット／フィジカル・ストラクチュア』(TBM-62)
THCD-240『福井五十雄カルテット／サンライズ／サンセット』(TBM-78)
THCD-241『今村祐司とエアー／エアー』(TBM-3006)
THCD-242『原信夫とシャープス・アンド・フラッツ／活火山』(TBM-5017)
THCD-264『山本剛トリオ／ミッドナイト・シュガー』(TBM-23)

第5期(2013年10月9日発売)
THCD-243『山本剛トリオ／ミスティ』(TBM-30)
THCD-244『水橋孝カルテット／フー・ケアズ』(TBM-31)
THCD-245『中村誠一トリオ&クインテット／アドヴェンチャー・イン・マイ・ドリーム』(TBM-53)
THCD-246『森山浩二&山本剛トリオ／ナイト・アンド・デイ』(TBM-58)
THCD-247『ジョージ川口とビッグ4／ザ・ビッグ4』(TBM-66)
THCD-248『鈴木勲セクステット／あこの夢』(TBM-76)
THCD-265『中本マリ&鈴木勲＝渡辺香津美デュオ／マリ・ナカモトIII』(TBM-56)

第6期(2013年11月6日発売)
THCD-249『峰厚介クインテット／セカンド・アルバム』(TBM-4)
THCD-250『ジョージ大塚クインテット／ゴー・オン』(TBM-13)
THCD-251『今田勝ソロ&トリオ／ポピー』(TBM-14)
THCD-252『宮本直介セクステット／ステップ』(TBM-20)
THCD-253『大友義雄カルテット／ムーン・レイ』(TBM-3007)
THCD-254『三木敏悟&インナー・ギャラクシー・オーケストラ／海の誘い』(TBM-5010)
THCD-266『鈴木勲トリオ／黒いオルフェ』(TBM-63)

第7期(2013年12月04日発売)
THCD-255『金井英人グループ／Q』(TBM-6)
THCD-256『菅野邦彦トリオ＋1／慕情』(TBM-26)
THCD-257『日野元彦カルテット＋1／流氷』(TBM-61)
THCD-258『森剣治カルテット／ファイアバード』(TBM-3003)

TBM-XR-0043『稲葉國光＝中牟礼貞則デュオ／カンヴァセイション』（TBM-43）
TBM-XR-0059『ヤマ&ジローズ・ウェイヴ／ガール・トーク（TBM-59）
TBM-XR-5010『三木敏悟&インナー・ギャラクシー・オーケストラ／海の誘い』（TBM-5010）
TBM-XR-5023『山本剛トリオ／ミッドナイト・シュガー』（TBM-23）
TBM-XR-5030『山本剛トリオ／ミスティ』（TBM-23）
TBM-XR-5044『中山英二グループ with 今田勝／北の大地』（PAP-25022）
TBM-XR-5045『マーサ三宅とレッド・ミッチェル・トリオ／リメンバー』（PAP-25036）
TBM-XR-0054『後藤芳子&稲葉國光＝中牟礼貞則デュオ／ア・タッチ・オブ・ラヴ』（TBM-54）
TBM-XR-9001『V.A.／フェイマス・サウンド・オブ・スリー・ブラインド・マイス』（コンピレーション）
TBM-XR-9002『V.A.／スーパー・アナログ・サウンド・オブ・スリー・ブラインド・マイス』（コンピレーション）

7.ソニー・ミュージックダイレクト（2006年）

＊〈スリー・ブラインド・マイス名盤シリーズ〉　限定紙ジャケット仕様　DSDマスタリング、CD/SACDハイブリッド・ディスクで11月22日と12月20日に全25タイトル発売

【再発】

MHCP-10022『鈴木勲トリオ&カルテット／ブロー・アップ』（TBM-15）
MHCP-10023『高柳昌行と新世紀音楽研究所／銀巴里セッション〜1963年6月26日』（TBM-9）
MHCP-10024『山本剛トリオ／ミッドナイト・シュガー』（TBM-23）
MHCP-10025『和田直カルテット&セクステット／ココズ・ブルース』（TBM-12）
MHCP-10026『中村照夫グループ／ユニコーン』（TBM-18）
MHCP-10027『土岐英史カルテット／トキ』（TBM-46）
MHCP-10028『宮本直介セクステット／ステップ』（TBM-20）
MHCP-10029『戸谷重子＋今田勝トリオ／マイ・ファニー・ヴァレンタイン』（TBM-11）
MHCP-10030『中本マリ 大沢保郎トリオ＋2／アンフォゲタブル』（TBM-21）
MHCP-10031『細川綾子／ミスター・ワンダフル』（TBM-3008）
MHCP-10032『松本英彦カルテット／スリーピー』（TBM-74）
MHCP-10033『ジョージ川口とビッグ4／ザ・ビッグ4』（TBM-66）
MHCP-10034『金井英人グループ／アランフェス協奏曲』（TBM-5012）
MHCP-10035『今田勝トリオ／スタンダード』（TBM-77）
MHCP-10036『鈴木勲カルテット＋1／ブルー・シティ』（TBM-24）
MHCP-10037『福村博／モーニング・フライト』（TBM-19）
MHCP-10038『山本剛トリオ／ライヴ・アット・ミスティ』（TBM-37）
MHCP-10039『日野皓正クインテット／ライヴ!』（TBM-17）
MHCP-10040『横内章次カルテット／ブロンド・オン・ザ・ロックス』（TBM-65）
MHCP-10041『後藤芳子&水橋孝カルテット／デイ・ドリーム』（TBM-40）
MHCP-10042『峰厚介クインテット／峰』（TBM-1）
MHCP-10043『今田勝カルテット／ナウ!!』（TBM-2）
MHCP-10044『笠井紀美子＋峰厚介カルテット／イエロー・カーカス・イン・ザ・ブルー』（TBM-8）
MHCP-10045『金井英人グループ／Q』（TBM-6）
MHCP-10046『鈴木勲トリオ／黒いオルフェ』（TBM-63）

8.ディスクユニオン（2013年〜）

＊〈スリー・ブラインド・マイス復刻シリーズ〉
THINK! RECORDSから紙ジャケット仕様・Blu-spec CDでの発売
第7期までの予定だったがその後も継続され、第11期が〈ファイナル〉となっている

【再発】

第1期（2013年6月5日発売）
THCD-217『峰厚介クインテット／峰』（TBM-1）
THCD-218『植松孝夫カルテット&クインテット／デビュー』（TBM-3）
THCD-219『高柳昌行と新世紀音楽研究所／銀巴里セッション〜1963年6月26日』（TBM-9）
THCD-220『中村照夫グループ／ユニコーン』（TBM-18）

TBM-CD-1820『宮本直介セクステット／ステップ』(TBM-20)
TBM-CD-1821『中本マリ 大沢保郎トリオ＋2／アンフォゲタブル』(TBM-21)
TBM-CD-1822『金井英人グループ／アランフェス協奏曲』(TBM-5012)
TBM-CD-1823『高柳昌行とニュー・ディレクション・ユニット／メールス・ニュー・ジャズ・フェスティバル '80』(TBM-5023)
TBM-CD-1824『鈴木勲カルテット＋1／ブルー・シティ』(TBM-24)
TBM-CD-1826『菅野邦彦トリオ＋1／慕情』(TBM-26)
TBM-CD-1828『水橋孝カルテット＋2／男が女を愛する時』(TBM-28)
TBM-CD-1829『山本剛トリオ／ミッドナイト・シュガー』(TBM-23)
TBM-CD-1830『山本剛トリオ／ミスティ』(TBM-30)
TBM-CD-1832『加藤崇之／ギター・ミュージック』(TBM-CD-5032)
TBM-CD-1833『中本マリ&横内章次トリオ＋1／リル・ガール・ブルー』(TBM-33)
TBM-CD-1834『早坂紗知とStir Up／ストレート・トゥ・ザ・コア』(TBM-CD-5034)
TBM-CD-1835『ジョージ大塚トリオ／ユー・アー・マイ・サンシャイン』(TBM-35)
TBM-CD-1836『鈴木勲カルテット＋1／オール・ライト!』(TBM-36)
TBM-CD-1837『山本剛トリオ／ライヴ・アット・ミスティ』(TBM-37)
TBM-CD-1838『古谷充&大塚善章トリオ＋1／ソリチュード』(TBM-38)
TBM-CD-1839『今田勝トリオ＋2／グリーン・キャタピラー』(TBM-39)
TBM-CD-1840『後藤芳子&水橋孝カルテット／デイ・ドリーム』(TBM-40)
TBM-CD-1841『加藤崇之／ギター・スタンダード』(TBM-XR-5041)
TBM-CD-1846『土岐英史カルテット／トキ』(TBM-46)
TBM-CD-1849『和田直クインテット・植田日登美・酒井潮トリオ／ブルース・フォー・バード』(TBM-49)
TBM-CD-1850『水島早苗／ユーヴ・ガット・ア・フレンド』(TBM-50)
TBM-CD-1851『大友義雄＝土岐英史アルト・マッドネス／ラヴァー・マン』(TBM-51)
TBM-CD-1852『山本剛トリオ／ブルース・フォー・ティー』(TBM-41)＋『ジ・イン・クラウド(2曲のみ)』(TBM-52)
TBM-CD-1853『中村誠一トリオ&クインテット／アドヴェンチャー・イン・マイ・ドリーム』(TBM-53)
TBM-CD-1855『水野修孝／ジャズオーケストラ '75』(TBM-1004)
TBM-CD-1856『中本マリ&鈴木勲＝渡辺香津美デュオ／マリ・ナカモトⅢ』(TBM-56)
TBM-CD-1858『森山浩二&山本剛トリオ／ナイト・アンド・デイ』(TBM-58)
TBM-CD-1859『ヤマ&ジローズ・ウェイヴ／ガール・トーク』(TBM-59)
TBM-CD-1860『今田勝／ソロ・ピアノ』(TBM-60)
TBM-CD-1861『日野元彦カルテット＋1／流氷』(TBM-61)
TBM-CD-1863『鈴木勲トリオ／黒いオルフェ』(TBM-63)
TBM-CD-1869『山本剛トリオ／サマータイム』(TBM-69)
TBM-CD-1872『太田邦夫カルテット＋1／フリー・アンド・ラヴリー』(TBM-72)
TBM-CD-1874『松本英彦カルテット／スリーピー』(TBM-74)
TBM-CD-1877『今田勝トリオ／スタンダード』(TBM-77)
TBM-CD-1879『細川綾子／ミスター・ワンダフル』(TBM-3008)
TBM-CD-1882『山中良之クインテット＋2／ベギーズ・ブルー・スカイライト』(TBM-CD-5031)
TBM-CD-1883『藤原幹典カルテット＋2／タッチ・スプリング』(TBM-CD-5033)
TBM-CD-1884『細川綾子ウィズ宮間利之とニューハード／コール・ミー』(TBM-5013)
TBM-CD-1887『原信夫とシャープス・アンド・フラッツ／活火山』(TBM-5017)
TBM-CD-1888『和田直カルテット／ブルース・ブルース・ブルース』(TBM-5001)
TBM-CD-1889『デューク・ジョーダン・トリオ／ソー・ナイス・デューク』(PAP-25028)
TBM-CD-1890『今村祐司とエアー／エアー』(TBM-3006)
TBM-CD-1891『高柳昌行セカンド・コンセプト／クール・ジョジョ』(TBM-5018)
TBM-CD-1892『森山浩二&山本剛トリオ／スマイル』(TBM-5002)
TBM-CD-1893『高柳昌行ギター・ソロ／ロンリー・ウーマン』(PAP-25030)
TBM-CD-1895『大隈寿男トリオ・フィーチャリング青木弘武／ウォーター・メロン・マン』(PAP-25042)
TBM-CD-1897『大野俊三／マヤ』(TBM-CD-5037)
TBM-CD-1899『細川綾子／ア・ウイスパー・オブ・ラヴ』(TBM-CD-5039)

【XRCD】
TBM-XR-0030『山本剛トリオ／ミスティ』(TBM-23)

TBM-XR-0032『宮間利之とニューハード／ニューハード』（TBM-32）
TBM-XR-0033『中本マリ&横内章次トリオ＋1／リル・ガール・ブルー』（TBM-33）
TBM-XR-0037『山本剛トリオ／ライヴ・アット・ミスティ』（TBM-37）
TBM-XR-0041『山本剛トリオ／ブルース・フォー・ティー』（TBM-41）
TBM-XR-0044『鈴木勲カルテット＋2／オラン・ウータン』（TBM-44）
TBM-XR-0047『今田勝トリオ／ワン・フォー・デューク』（TBM-47）
TBM-XR-0048『宮間利之とニューハード／テイク・ジ・A・トレイン』（TBM-48）
TBM-XR-0054『後藤芳子&稲葉國光＝中牟礼貞則デュオ／ア・タッチ・オブ・ラヴ』（TBM-54）
TBM-XR-0056『中本マリ&鈴木勲＝渡辺香津美デュオ／マリ・ナカモトIII』（TBM-56）
TBM-XR-0059『ヤマ&ジローズ・ウェイヴ／ガール・トーク（TBM-59）
TBM-XR-0061『日野元彦カルテット＋1／流氷』（TBM-61）
TBM-XR-0063『鈴木勲トリオ／黒いオルフェ』（TBM-63）
TBM-XR-0064『笈田敏夫／ヴェリー・グッド・イヤー』（TBM-64）
TBM-XR-0066『ジョージ川口とビッグ4／ザ・ビッグ4』（TBM-66）
TBM-XR-0073『市川秀男トリオ／明日への旅立ち』（TBM-73）
TBM-XR-0076『鈴木勲セクステット／あこの夢』（TBM-76）
TBM-XR-1005『三木敏悟&高橋達也と東京ユニオン／北欧組曲』（TBM-1005）
TBM-XR-3004『辛島文雄トリオ／ギャザリング』（TBM-3004）
TBM-XR-3005『中本マリ～横内章次トリオ&セクステット／マリ（TBM-3005）
TBM-XR-3007『大友義雄カルテット／ムーン・レイ』（TBM-3007）
TBM-XR-3008『細川綾子／ミスター・ワンダフル』（TBM-3008）
TBM-XR-3009『山本剛ウィズ・ストリングス／スターダスト』（TBM-3009）
TBM-XR-5003『今田勝&ジョージ・ムラーツ／アローン・トゥゲザー』（TBM-5003）
TBM-XR-5009『山本剛トリオ／ミッドナイト・サン』（TBM-5009）
TBM-XR-5020『三木敏悟&インナー・ギャラクシー・オーケストラ／モントルー・サイクロン』（TBM（P）-1801/2）

---

6. TBMレコード（1999~2005年）

【新録】
TBM-XR-5041『加藤崇之／ギター・スタンダード』
TBM-XR-5043『赤松敏弘／シックス・インテンション』
TBM-XR-5046『赤松敏弘／スティル・オン・ジ・エアー』
TBM-CD-1885『ティー&カンパニー／出雲阿国』
TBM-CD-2842『蒲池猛／スプレッド』
TBM-CD-1890『シナプス／シナプス』

【再発】
TBM-CD-1801『水野修孝／ジャズオーケストラ '73』（TBM-1001）
TBM-CD-1802『三木敏悟&高橋達也と東京ユニオン／北欧組曲』（TBM-1005）
TBM-CD-1803『植松孝夫カルテット&クインテット／デビュー』（TBM-3）
TBM-CD-1804『ティー&カンパニー／ソネット』（TBM-5004）
TBM-CD-1805『ティー&カンパニー／ドラゴン・ガーデン』（TBM-5006）
TBM-CD-1806『金井英人グループ／Q』（TBM-6）
TBM-CD-1807『アラン・プラスキン・カルテット／エンカウンター』（TBM-7）
TBM-CD-1808『笠井紀美子＋峰厚介カルテット／イエロー・カーカス・イン・ザ・ブルー』（TBM-8）
TBM-CD-1809『高柳昌行と新世紀音楽研究所／銀巴里セッション～1963年6月26日』（TBM-9）
TBM-CD-1810『三木敏悟&インナー・ギャラクシー・オーケストラ／海の誘い』（TBM-5010）
TBM-CD-1812『和田直カルテット&セクステット／ココズ・ブルース』（TBM-12）
TBM-CD-1814『今田勝ソロ&トリオ／ポピー』（TBM-14）
TBM-CD-1815『鈴木勲トリオ&カルテット／ブロー・アップ』（TBM-15）
TBM-CD-1817『日野皓正クインテット／ライヴ!』（TBM-17）
TBM-CD-1818『中村照夫グループ／ユニコーン』（TBM-18）
TBM-CD-1819『山本剛トリオ／ライヴ・イン・モントルー』（TBM-5019）

TBM-CD-2515『鈴木勲トリオ&カルテット／ブロー・アップ』(TBM-15)
TBM-CD-2517『日野皓正クインテット／ライヴ!』(TBM-17)
TBM-CD-2518『中村照夫グループ／ユニコーン』(TBM-18)
TBM-CD-2519『福村博／モーニング・フライト』(TBM-19)
TBM-CD-2521『中本マリ 大沢保郎トリオ＋2／アンフォゲタブル』(TBM-21)
TBM-CD-2523『山本剛トリオ／ミッドナイト・シュガー』(TBM-23)
TBM-CD-2524『鈴木勲カルテット＋1／ブルー・シティ』(TBM-24)
TBM-CD-2525『和田直カルテット&クインテット／ブルース・ワールド』(TBM-25)
TBM-CD-2526『菅野邦彦トリオ＋1／慕情』(TBM-26)
TBM-CD-2528『水橋孝カルテット＋2／男が女を愛する時』(TBM-28)
TBM-CD-2530『山本剛トリオ／ミスティ』(TBM-30)
TBM-CD-2532『宮間利之とニューハード／ニューハード』(TBM-32)
TBM-CD-2537『山本剛トリオ／ライヴ・アット・ミスティ』(TBM-37)
TBM-CD-2540『後藤芳子&水橋孝カルテット／デイ・ドリーム』(TBM-40)
TBM-CD-2541『山本剛トリオ／ブルース・フォー・ティー』(TBM-41)
TBM-CD-2543『稲葉國光＝中牟礼貞則デュオ／カンヴァセイション』(TBM-43)
TBM-CD-2551『大友義雄＝土岐英史アルト・マッドネス／ラヴァー・マン』(TBM-51)
TBM-CD-2556『中本マリ&鈴木勲＝渡辺香津美デュオ／マリ・ナカモトⅢ』(TBM-56)
TBM-CD-2559『ヤマ&ジローズ・ウェイヴ／ガール・トーク』(TBM-59)
TBM-CD-2560『今田勝／ソロ・ピアノ』(TBM-60)
TBM-CD-2561『日野元彦カルテット＋1／流氷』((TBM-61)
TBM-CD-2563『鈴木勲トリオ／黒いオルフェ』(TBM-63)
TBM-CD-2565『横内章次カルテット／ブロンド・オン・ザ・ロックス』(TBM-65)
TBM-CD-2567『宮間利之とニューハード／サンデイ・シング』(TBM-67)
TBM-CD-2574『松本英彦カルテット／スリーピー』(TBM-74)
TBM-CD-2576『鈴木勲セクステット／あこの夢』(TBM-76)
TBM-CD-2577『今田勝トリオ／スタンダード』(TBM-77)
TBM-CD-3007『大友義雄カルテット／ムーン・レイ』(TBM-3007)
TBM-CD-3008『細川綾子／ミスター・ワンダフル』(TBM-3008)
TBM-CD-3009『山本剛ウィズ・ストリングス／スターダスト』(TBM-3009)
TBM-CD-5001『和田直カルテット／ブルース・ブルース・ブルース』(TBM-5001)
TBM-CD-5003『今田勝&ジョージ・ムラーツ／アローン・トゥゲザー』(TBM-5003)
TBM-CD-5004/5008『ティー&カンパニー／ソネット＋スパニッシュ・フラワー』(TBM-5004/5008)
TBM-CD-5005『細川綾子＋今田勝カルテット／ノー・ティアーズ』(TBM-5005)
TBM-CD-5010『三木敏悟&インナー・ギャラクシー・オーケストラ／海の誘い』(TBM-5010)
TBM-CD-5011『横内章次トリオ＋1／グリーンスリーヴス』(TBM-5011)
TBM-CD-5012『金井英人グループ／アランフェス協奏曲』(TBM-5012)
TBM-CD-5013『細川綾子ウィズ宮間利之とニューハード／コール・ミー』(TBM-5013)
TBM-CD-5019『山本剛トリオ／ライヴ・イン・モントルー』(TBM-5019)

【コンピレーション】
TBM-CD-9001『V.A.／フェイマス・サウンド・オブ・スリー・ブラインド・マイス VOL.1』
TBM-CD-9002『V.A.／フェイマス・サウンド・オブ・スリー・ブラインド・マイス VOL.2』
TBM-CD-9003『V.A.／フェイマス・サウンド・オブ・スリー・ブラインド・マイス VOL.3』

【XRCD】
TBM-XR-0010『高柳昌行とニュー・ディレクション・フォー・ジ・アーツ／フリー・フォーム組曲』(TBM-10)
TBM-XR-0012『和田直カルテット&セクステット／ココズ・ブルース』(TBM-12)
TBM-XR-0015『鈴木勲トリオ&カルテット／ブロー・アップ』(TBM-15)
TBM-XR-0019『山本剛トリオ／ライヴ・イン・モントルー』(TBM-5019)
TBM-XR-0024『鈴木勲カルテット＋1／ブルー・シティ』(TBM-24)
TBM-XR-0026『菅野邦彦トリオ＋1／慕情』(TBM-26)
TBM-XR-0030『山本剛トリオ／ミスティ』(TBM-30)

PAP-20023『笠井紀美子＋峰厚介カルテット／イエロー・カーカス・イン・ザ・ブルー』(TBM-8)
PAP-20024『鈴木勲セクステット／あこの夢』(TBM-76)
PAP-20025『山本剛ウィズ・ストリングス／スターダスト』(TBM-3009)
PAP-20026『中本マリ〜横内章次トリオ&セクステット／マリ』(TBM-3005)
PAP-20027『日野元彦カルテット＋1／流氷』(TBM-61)
PAP-20028『細川綾子／ミスター・ワンダフル』(TBM-3008)
PAP-20029『今田勝ソロ&トリオ／ポピー』(TBM-14)
PAP-20030『後藤芳子&水橋孝カルテット／デイ・ドリーム』(TBM-40)
PAP-20031『峰厚介クインテット／峰』(TBM-1)
PAP-20032『金井英人グループ／Q』(TBM-6)
PAP-20033『山本剛トリオ／ライヴ・アット・ミスティ』(TBM-37)
PAP-20034『鈴木勲とジャズ・フレンズ／タッチ』(TBM-57)
PAP-20035『今田勝トリオ／ワン・フォー・デューク』(TBM-47)
PAP-20036『宮間利之とニューハード／テイク・ジ・A・トレイン』(TBM-48)
PAP-20037『高柳昌行と新世紀音楽研究所／銀巴里セッション〜1963年6月26日』(TBM-9)
PAP-20038『高柳昌行とニュー・ディレクション・フォー・ジ・アーツ／フリー・フォーム組曲』(TBM-10)
PAP-20039『和田直カルテット／ブルース・ブルース・ブルース』(TBM-5001)
PAP-20040『土岐英史カルテット／トキ』(TBM-46)

4.ディスクユニオン(1985~86年)

*アートユニオン・レーベルからの発売　TBM初のCD化

【再発】

ART-1『鈴木勲トリオ&カルテット／ブロー・アップ』(TBM-15)
ART-2『高柳昌行と新世紀音楽研究所／銀巴里セッション〜1963年6月26日』(TBM-9)(SJではこれもART-6)
ART-3『菅野邦彦トリオ＋1／慕情』(TBM-26)
ART-4『鈴木勲カルテット＋1／ブルー・シティ』(TBM-24)
ART-5『山本剛トリオ／ミスティ』(TBM-30)
ART-6『中本マリ 大沢保郎トリオ＋2／アンフォゲタブル』(TBM-21)
ART-7『日野皓正クインテット／ライヴ!』(TBM-17)
ARTCD-10『三木敏悟&高橋達也と東京ユニオン／北欧組曲』(TBM-1005)
ARTCD-11『笠井紀美子＋峰厚介カルテット／イエロー・カーカス・イン・ザ・ブルー』(TBM-8)
ARTCD-13『鈴木勲トリオ／黒いオルフェ』(TBM-63)

---

5. TBMビデオ(1985~1999年)

【新録】

TBM-CD-5031『山中良之クインテット＋2／ベギーズ・ブルー・スカイライト』
TBM-CD-5032『加藤崇之／ギター・ミュージック』
TBM-CD-5033『藤原幹典カルテット＋1／タッチ・スプリング』
TBM-CD-5034『早坂紗知とStir Up／ストレート・トゥ・ザ・コア』
TBM-CD-5037『大野俊三／マヤ』
TBM-CD-5038『藤原幹典グループ／野ばら』
TBM-CD-5039『細川綾子／ア・ウイスパー・オブ・ラヴ』
TBM-CD-5040『酒井潮／ブルース・ミーティング・フィーチャリング和田直』

【再発】

TBM-CD-1002『ジョージ大塚クインテット／イン・コンサート』(TBM-1002/3)
TBM-CD-1004『水野修孝／ジャズオーケストラ '75』(TBM-1004)
TBM-CD-1005『三木敏悟&高橋達也と東京ユニオン／北欧組曲』(TBM-1005)
TBM-CD-2501『峰厚介クインテット／峰』(TBM-1)
TBM-CD-2502『今田勝カルテット／ナウ!!』(TBM-2)
TBM-CD-2505『アルバート・マンゲルスドルフカルテット／ディギン』(TBM-5)

TBM(P)-5010『三木敏悟&インナー・ギャラクシー・オーケストラ／海の誘い』(TBM-5010)
TBM(P)-5011『横内章次トリオ+1／グリーンスリーヴス』(TBM-5011)
TBM(P)-5013『細川綾子ウィズ宮間利之とニューハード／コール・ミー』(TBM-5013)

15PJ-1021『峰厚介クインテット／峰』(TBM-1)
15PJ-1022『笠井紀美子+峰厚介カルテット／イエロー・カーカス・イン・ザ・ブルー』(TBM-8)
15PJ-1023『鈴木勲トリオ&カルテット／ブロー・アップ』(TBM-15)
15PJ-1024『日野皓正クインテット／ライヴ!』(TBM-17)
15PJ-1025『中本マリ 大沢保郎トリオ+2／アンフォゲタブル』(TBM-21)
15PJ-1026『山本剛トリオ／ミスティ』(TBM-30)
15PJ-1027『水野修孝／ジャズオーケストラ '73』(TBM-1001)
15PJ-1028『今田勝／ソロ・ピアノ』(TBM-60)
15PJ-1029『日野元彦カルテット+1／流氷』(TBM-61)
15PJ-1030『三木敏悟&高橋達也と東京ユニオン／北欧組曲』(TBM-1005)

18PJ-1008『宮間利之とニューハード／テイク・ジ・A・トレイン』(TBM-48)
18PJ-1013『鈴木勲カルテット+1／ブルー・シティ』(TBM-24)

BT-5312『高柳昌行と新世紀音楽研究所／銀巴里セッション〜1963年6月26日』(TBM-9)

3.トリオ・レコード(1982~83年)

【新録】
PAP-25021『森剣治クインテット／ビ・バップ '82 ライヴ・アット・ソー・ナイス』
PAP-25022『中山英二グループ with 今田勝／北の大地』
PAP-25028『デューク・ジョーダン・トリオ／ソー・ナイス・デューク』
PAP-25030『高柳昌行ギター・ソロ／ロンリー・ウーマン』
PAP-25036『マーサ三宅とレッド・ミッチェル・トリオ／リメンバー』
PAP-25042『大隈寿男トリオ・フィーチャリング青木弘武／ウォーター・メロン・マン』

【再発】
PAP-20001『山本剛トリオ／ミスティ』(TBM-30)
PAP-20002『中本マリ 大沢保郎トリオ+2／アンフォゲタブル』(TBM-21)
PAP-20003『今田勝トリオ／スタンダード』(TBM-77)
PAP-20004『三木敏悟&高橋達也と東京ユニオン／北欧組曲』(TBM-1005)
PAP-20005『鈴木勲トリオ&カルテット／ブロー・アップ』(TBM-15)
PAP-20006『山本剛トリオ／ミッドナイト・シュガー』(TBM-23)
PAP-20007『菅野邦彦トリオ+1／慕情』(TBM-26)
PAP-20008『中本マリ&鈴木勲=渡辺香津美デュオ／マリ・ナカモトIII』(TBM-56)
PAP-20009『三木敏悟&インナー・ギャラクシー・オーケストラ／海の誘い』(TBM-5010)
PAP-20010『鈴木勲トリオ／黒いオルフェ』(TBM-63)
PAP-20011『今田勝／ソロ・ピアノ』(TBM-60)
PAP-20012『和田直カルテット&セクステット／ココズ・ブルース』(TBM-12)
PAP-20013『日野皓正クインテット／ライヴ!』(TBM-17)
PAP-20014『水野修孝／ジャズオーケストラ '73』(TBM-1001)
PAP-20015『鈴木勲カルテット+1／ブルー・シティ』(TBM-24)
PAP-20016『中本マリ&横内章次トリオ+1／リル・ガール・ブルー』(TBM-33)
PAP-20017『今田勝カルテット／リメンバー・オブ・ラヴ』(TBM-5007)
PAP-20018『松本英彦カルテット／スリーピー』(TBM-74)
PAP-20019『ジョージ川口とビッグ4／ザ・ビッグ4』(TBM-66)
PAP-20020『原信夫とシャープス・アンド・フラッツ／活火山』(TBM-5017)
PAP-20021『ヤマ&ジローズ・ウェイヴ／ガール・トーク』(TBM-59)
PAP-20022『今田勝&ジョージ・ムラーツ／アローン・トゥゲザー』(TBM-5003)

TBMアルバム・リスト

1.スリー・ブラインド・マイス・レコード株式会社（1970〜79年）

＊アルバムタイトルについては第1章 ディスクガイド編を参照

TBM-1〜78
TBM-1001〜1005
TBM-3001〜3009
TBM-4001〜4002
TBM-5001〜5013

2.日本フォノグラム（1979〜81年）

【新録】

TBM(P)-1801/2『三木敏悟&インナー・ギャラクシー・オーケストラ／モントルー・サイクロン』
TBM(P)-4003『ZAP／ドリーム・トラヴェラー』
TBM(P)-5014『松本英彦カルテット／サンバ・デ・サン』
TBM(P)-5015『金井英人グループ／ホワット〜チャールズ・ミンガスに捧げて』
TBM(P)-5016『宮間利之とニューハード／ギャラリー』
TBM(P)-5017『原信夫とシャープス・アンド・フラッツ／活火山』
TBM(P)-5018『高柳昌行セカンド・コンセプト／クール・ジョジョ』
TBM(P)-5019『山本剛トリオ／ライヴ・イン・モントルー』
TBM(P)-5020『中本マリ／縁は異なもの〜中本マリ・アンソロジー』
TBM(P)-5021『V.A.／スターダスト〜スタンダード・ジャズ・ピアノ』
TBM(P)-5022『ZAP／オー! サンシャイン』
TBM(P)-5023『高柳昌行とニュー・ディレクション・ユニット／メールス・ニュー・ジャズ・フェスティバル '80』

【再発】

TBM(P)-2515『鈴木勲トリオ&カルテット／ブロー・アップ』(TBM-15)
TBM(P)-2517『日野皓正クインテット／ライヴ!』(TBM-17)
TBM(P)-2518『中村照夫グループ／ユニコーン』(TBM-18)
TBM(P)-2523『山本剛トリオ／ミッドナイト・シュガー』(TBM-23)
TBM(P)-2524『鈴木勲カルテット＋1／ブルー・シティ』(TBM-24)
TBM(P)-2526『菅野邦彦トリオ＋1／慕情』(TBM-26)
TBM(P)-2530『山本剛トリオ／ミスティ』(TBM-30)
TBM(P)-2533『中本マリ&横内章次トリオ＋1／リル・ガール・ブルー』(TBM-33)
TBM(P)-2543『稲葉國光＝中牟礼貞則デュオ／カンヴァセイション』(TBM-43)
TBM(P)-2556『中本マリ&鈴木勲＝渡辺香津美デュオ／マリ・ナカモトIII』(TBM-56)
TBM(P)-2557『鈴木勲とジャズ・フレンズ／タッチ』(TBM-57)
TBM(P)-2559『ヤマ&ジローズ・ウェイヴ／ガール・トーク(TBM-59)
TBM(P)-2563『鈴木勲トリオ／黒いオルフェ』(TBM-63)
TBM(P)-2574『松本英彦カルテット／スリーピー』(TBM-74)
TBM(P)-2576『鈴木勲セクステット／あこの夢』(TBM-76)
TBM(P)-2577『今田勝トリオ／スタンダード』(TBM-77)
TBM(P)-1005『三木敏悟&高橋達也と東京ユニオン／北欧組曲』(TBM-1005)
TBM(P)-2581『高橋達也と東京ユニオン／処女航海』(TBM-3001)
TBM(P)-2585『中本マリ〜横内章次トリオ&セクステット／マリ(TBM-3005)
TBM(P)-2587『大友義雄カルテット／ムーン・レイ』(TBM-3007)
TBM(P)-2589『山本剛ウィズ・ストリングス／スターダスト』(TBM-3009)
TBM(P)-5001『和田直カルテット／ブルース・ブルース・ブルース』(TBM-5001)
TBM(P)-5007『今田勝カルテット／リメンバー・オブ・ラヴ』(TBM-5007)
TBM(P)-5009『山本剛トリオ／ミッドナイト・サン』(TBM-5009)

2月20日	『鈴木勲／黒いオルフェ』(TBM-63)録音。76年度「ジャズ・ディスク大賞 最優秀録音賞 第5位」
5月17、18、25～27日	銀座「ヤマハホール」で「5デイズ・イン・ジャズ '75」開催
10月19日	『鈴木勲／あこの夢』(TBM-76)録音。77年度「ジャズ・ディスク大賞 最優秀録音賞 第7位」

1977年

1月6、7日	『森剣治／ファイアバード』(TBM-3003)録音。77年度「ジャズ・ディスク大賞 最優秀録音賞 第6位」
4月	一部が再プレスされ、オリジナル・ナンバーに2500番をプラスして再発売開始(キャット・シリーズ)
4月15日	『TBM-NEWS』に代わって月刊の『JAZZ TIMES』刊行(定価100円)。80年2月発行の32号で終了
5月12、13、17～19日	新宿「厚生年金会館小ホール」で「5デイズ・イン・ジャズ '77」開催
5月15、22日	『三木敏悟&高橋達也と東京ユニオン／北欧組曲』(TBM-1005)TBM7周年記念盤として録音。77年度「ジャズ・ディスク大賞 日本ジャズ賞 第1位」、「同 最優秀録音賞 第2位」

1978年

	「第1回日本ジャズ・グランプリ」開催。最優秀グループのジミー・ヨーコ&シンによる『清少納言』(TBM-4001)を6月22、23日に、優秀グループのウインドウ・ペインによる『ウインドウ・ペイン』(TBM-4002)を6月5、6日に録音
6月20、27～29日	『三木敏悟&インナー・ギャラクシー・オーケストラ／海の誘い』(TBM-5010)録音。78年度「ジャズ・ディスク大賞 日本ジャズ賞 第1位」

1979年

	「第2回日本ジャズ・グランプリ」開催。最優秀グループのZAPによる『ドリーム・トラヴェラー』(TBM-4003)を6月13、14日に録音
3月21日	日本フォノグラムと5年間の販売委託契約を交わすも81年3月20日に解消
7月11日	スイス「モントルー・ジャズ・フェスティヴァル」でTBM提携の「ジャパン・トゥデイ」開催。『三木敏悟&インナー・ギャラクシー・オーケストラ／モントルー・サイクロン』(TBM(P)-1801/2)、『山本剛／ライヴ・イン・モントルー』(TBM(P)-5019)録音

1982年

	トリオ・レコードと原盤譲渡契約を結ぶも2年余で同社のレコード部門が閉鎖。原盤の買い戻し交渉が長引き、87年に東京地裁で和解。

1985年

9月1日	スリー・ブラインド・マイス・レコード株式会社を解散
9月12日	TBMビデオ株式会社設立
	ディスクユニオン(アートユニオン)が初CD化。翌年にかけて『鈴木勲／ブロー・アップ』(ART-1)、『山本剛／ミスティ』(ART-5)など10作を発売

1987年

	西独のオーディオ・トレード社(ATR)と共同でCD販売。西独プレスで全ヨーロッパはATR、その他はTBMが担当(99年まで)

1996年

12月	日本で初のXRCD発売

1999年

4月	TBMレコード株式会社と社名変更

2003年

9月14日	『シナプス(加藤崇之+さがゆき)』(TBM-1890)を「新宿ピットイン」でライヴ録音。これがTBM最後の制作

2005年

10月1日	株式会社ソニー・ミュージックダイレクトとTBMの原盤独占譲渡契約締結

2006年

11月22日、12月20日	ソニー・ミュージックダイレクトが「スリー・ブラインド・マイス名盤シリーズ」全25タイトルを初の紙ジャケット仕様で発売

2013年

6月5日	ディスクユニオンで復刻シリーズ発売開始。2016年9月21日の「第11期ファイナル」までに79作品が紙ジャケ仕様で復刻。併せてLPも3回にわたり9作品が復刻された

2014年

6月20日	TBMレコード株式会社倒産、東京地裁に破産申し立て(15年5月20日、破産手続き完了)

TBM年表

(注)「ジャズ・ディスク大賞」は『スイングジャーナル』誌主催の賞

1969〜1970年

	TBM設立について藤井武が榛名静男と油井正一両氏に相談

1970年

6月9日	藤井武、佐賀和光、魚津佳也の3人でスリー・ブラインド・マイス・レコード株式会社創設(資本金の300万円は藤井が出資)。本社は東京都渋谷区桜丘町30-4 渋谷アジアマンションビル504号
8月4日、5日	『峰厚介/峰』(TBM-1)録音。70年度「ジャズ・ディスク大賞 日本ジャズ賞 第5位」
8月10日、11日	『今田勝/ナウ!!』(TBM-2)」録音。70年度『ステレオ・サウンド』誌「録音グランプリ金賞」
9月20日	第1回作品として『峰』と『ナウ!!』を発売

1971年

5月9日、17日	『金井英人グループ/Q』(TBM-6)録音。71年度「ジャズ・ディスク大賞 日本ジャズ賞 第5位」

1972年

1月	TBMが72年度「ジャズ・ディスク大賞 特別賞」受賞。
5月19日	『高柳昌行/フリー・フォーム組曲』(TBM-10)スタジオ・ライヴ録音。72年度「ジャズ・ディスク大賞 日本ジャズ賞 第3位」
6月20日	『高柳昌行と新世紀音楽研究所/銀巴里セッション〜1963年6月26日』(TBM-9)復刻発売

1973年

3月29日、30日	『鈴木勲/ブロー・アップ』(TBM-15)録音。73年度「ジャズ・ディスク大賞 日本ジャズ賞 第1位」
6月2日	『日野皓正/ライヴ!』(TBM-17)録音。73年度「ジャズ・ディスク大賞 日本ジャズ賞 第2位」
6.月21日	「神奈川県立音楽堂」で初のコンサート開催(第1回TBMジャズ・スペシャル)。『今田勝トリオ+戸谷重子/横浜コンサート』(TBM-22)録音
8月22日	『福村博/モーニング・フライト』(TBM-19)録音。73年度「ジャズ・ディスク大賞 最優秀録音賞 第2位」
8月23日、9月2日	『水野修孝/ジャズ・オーケストラ '73』(TBM-1001)を3周年記念盤として録音。73年度「ジャズ・ディスク大賞 日本ジャズ賞 第3位」

1974年

3月1日	『山本剛/ミッドナイト・シュガー』(TBM-23)録音。74年度「ジャズ・ディスク大賞 最優秀録音賞 第3位」
3月20日	隔月刊『TBM-NEWS』第1号発売(定価10円)。77年3月の第20号まで刊行
3月22日〜26日	赤坂「都市センターホール」で「5デイズ・イン・ジャズ '74」開催
3月25日	『和田直/ブルース・ワールド』(TBM-25)録音。74年度「ジャズ・ディスク大賞 最優秀録音賞 第5位」
7月	本社を東京都千代田区神田鍛冶町2-5-15 小幡ビル2Fに移転
8月7日	『山本剛/ミスティ』(TBM-30)録音。74年度「ジャズ・ディスク大賞 最優秀録音賞 第1位」
9月27日	『宮間利之とニューハード/ニューハード』(TBM-32)録音。74年度「ジャズ・ディスク大賞 日本ジャズ賞 第3位」

1975年

1月20日、22日	『今田勝/グリーン・キャタピラー』(TBM-39)録音。75年度「ジャズ・ディスク大賞 最優秀録音賞 第5位」
2月	大阪営業所を開設
4月5日	『稲葉國光=中牟礼貞則/カンヴァセイション』(TBM-43)録音。75年度「ジャズディスク大賞 日本ジャズ賞 第5位」「同 最優秀録音賞 第6位」
5月2日、16日	『金井英人/鳥の歌』(TBM-45)録音。75年度「ジャズ・ディスク大賞 最優秀録音賞 第3位」
5月19、20、26〜28日	赤坂「都市センターホール」で「5デイズ・イン・ジャズ '75」開催
9月	ニューヨークに連絡事務所開設
9月3日	『水野修孝/ジャズ・オーケストラ '75」(TBM-1004)を5周年記念盤として録音。75年度「ジャズ・ディスク大賞 日本ジャズ賞 第3位」
12月17日	『ヤマ&ジローズ・ウェイヴ/ガール・トーク』(TBM-59)録音。76年度「ジャズ・ディスク大賞 最優秀録音賞 第7位」

1976年

1月26日	『今田勝/ソロ・ピアノ』(TBM-60)録音。76年度「ジャズ・ディスク大賞 日本ジャズ賞 第2位」

や

ら

わ

ま

た

な

は

さ

か

アルバム参加アーティスト索引

※番号は、各アーティストがTBMで発表した作品番号を指している。
例：1＝TBM-1、4003＝TBM（P）-4003、25021＝PAP-25021、5031＝TBM-CD-5031、5041＝TBM-XR-5041
※ただし、9001、9002は通常CD版とXRCD版があるため、「9001（TBM-CD）」などと記した。
※太字は、各アーティストのリーダー作品、またはそれに準じる作品である。

あ

［著者］

小川隆夫（おがわ・たかお）

1950年、東京生まれ。東京医科大学卒業後、81～83年のニューヨーク大学大学院留学中に、アート・ブレイキー、ウイントンとブランフォードのマルサリス兄弟などのミュージシャンをはじめ、主要なジャズ関係者と親交を深める。帰国後、整形外科医として働くかたわら、音楽（とくにジャズ）を中心にした評論、翻訳、インタヴュー、イヴェント・プロデュースを開始。レコード・プロデューサーとしても数多くの作品を制作。著書は『TALKIN' ジャズ×文学』（平野啓一郎との共著、平凡社）、『証言で綴る日本のジャズ』、『同 2』（駒草出版）、『マイルス・デイヴィスが語ったすべてのこと』（河出書房新社）、『マイルス・デイヴィスの真実』（講談社＋α文庫）など多数。2016年からはマイルス・ミュージックにオマージュしたバンド、Selim Slive Elementzを結成。2017年に5月にはレコーディングも予定している。

［協力］

株式会社ソニー・ミュージックダイレクト
株式会社ディスクユニオン

藤井武、神成芳彦、塙耕記、山本剛
渡辺康蔵、坂本涼子、赤松敏弘、マユミロウ、大橋美加

装丁＝川名潤（prigraphics）
編集協力・組版＝（株）ひとま舎

伝説のジャズ・レーベル
スリー・ブラインド・マイス
コンプリート・ディスクガイド

2017年4月23日　初版発行

著　者　小川隆夫
発行者　井上弘治
発行所　**駒草出版** 株式会社ダンク出版事業部
〒110-0016　東京都台東区台東1-7-1　邦洋秋葉原ビル2階
TEL 03-3834-9087　FAX 03-3834-4508
http://www.komakusa-pub.jp

印刷・製本　シナノ印刷株式会社

落丁・乱丁本はお取り替えいたします。
定価はカバーに表記してあります。

ISBN978-4-905447-79-5 C0073